U0801616

刑期折抵制度研究

石经海——著

Research on the Offsetting of Prison Term

法律出版社
LAW PRESS·CHINA
北京

图书在版编目(CIP)数据

刑期折抵制度研究 / 石经海著. -- 北京 : 法律出版社, 2022

ISBN 978 -7 -5197 -6450 -0

Ⅰ. ①刑… Ⅱ. ①石… Ⅲ. ①刑罚–研究–中国
Ⅳ. ①D924.134

中国版本图书馆 CIP 数据核字(2022)第 030126 号

刑期折抵制度研究
XINGQI ZHEDI ZHIDU YANJIU

石经海 著

责任编辑 王 珊
装帧设计 李 瞻

出版发行 法律出版社
编辑统筹 学术·对外出版分社
责任校对 晁明慧
责任印制 陶 松
经 销 新华书店

开本 710 毫米×1000 毫米 1/16
印张 20.75 字数 314 千
版本 2022 年 9 月第 1 版
印次 2022 年 9 月第 1 次印刷
印刷 三河市兴达印务有限公司

地址:北京市丰台区莲花池西里 7 号(100073)
网址:www.lawpress.com.cn
投稿邮箱:info@lawpress.com.cn
举报盗版邮箱:jbwq@lawpress.com.cn

销售电话:010 -83938349
客服电话:010 -83938350
咨询电话:010 -63939796

版权所有·侵权必究

书号:ISBN 978 -7 -5197 -6450 -0
定价:88.00 元

凡购买本社图书,如有印装错误,我社负责退换。电话:010 -83938349

目录

前　言 /1
原作序一 /1
原作序二 /1

第一章　基本梳理：有最多解释的刑法事项 /1
一、刑期折抵概念的基本界定 /1
二、82 个相关解释的内容特点 /14
三、出台众多解释的原因分析 /64
四、具有众多解释的现象评价 /73

第二章　比较观察：比较视野下的立法状况 /92
一、我国刑期折抵立法概况 /92
二、域外刑期折抵立法概览 /101
三、域内外立法的比较评析 /112

第三章　制度考究：一个被忽视的刑法制度 /124
一、刑期折抵制度的理论定位 /124
二、刑期折抵制度的刑法精神 /135

三、刑期折抵制度的价值取向 /145
四、刑期折抵制度的制度渊源 /152

第四章　前提厘定：刑期折抵的先行羁押 /162
一、可予折抵刑期的逮捕措施 /162
二、可予折抵刑期的四种拘留 /174
三、可予折抵刑期的隔离审查 /181
四、可予折抵刑期的监视居住 /192
五、可予折抵刑期的特定减刑 /200

第五章　制度展望：一体化下的相应完善 /214
一、刑期折抵立法的完善 /214
二、羁押立法体制的完善 /219
三、相关刑法立法的完善 /227
四、刑期折抵司法的完善 /232

附　录　我国刑期折抵的立法与司法规范 /235
一、刑法的规定 /235
二、附属刑法的规定 /236
三、司法解释的规定 /244

参考文献 /308

前　言

本书是对我第一本个人专著《我国刑期折抵制度之检讨》(法律出版社 2008 年版)的修订。基于修订后的本书在体系、内容和书名上均有较大改变,按出版社建议,只能算作在原作《我国刑期折抵制度之检讨》基础上修订完善的“新作”。可事实上,本书在大多数内容和观点上与原作存在较大承继关系。

原作《我国刑期折抵制度之检讨》,是我单独承担司法部 2005 年“法治建设与法学理论研究”部级中青年科研项目“关于刑期折抵的 77 个司法解释研究”(05SFB3008,结项等级为优秀)的成果,是对我的硕士学位论文《论刑期折抵》(中国社会科学院研究生院 2004 年硕士学位论文)的延伸研究,并吸收了我主持的 1998 年安徽省教育厅社科基金项目“我国拘留的理论与实践研究”(JW98080)、2005 年安徽省高校人才规划项目“刑事实体法视域的审前羁押研究”(2005jqw079)和 2007 年中国法学会部级法学研究课题自选项目“刑法视野的我国羁押体制完善研究”(C0734)的研究成果,包括如下专题论文的内容:《刑期折抵的理论定位》(载《现代法学》2008 年第 2 期)、《刑期折抵立法比较研究》(载《环球法律评论》2008 年第 2 期)、《我国羁押制度的法文化考察》(载《法律科学(西北政法大学学报)》2008年第3期)、《论违法适用羁押的刑事责任》(载《法学杂志》2008年第3期)、《刑期折抵制度的刑法精神》(载《现代法学》2004年第6期)、《论刑期折抵的若干问题》(载《法律科学(西北政法学院学报)》2004年第6期)、《刑法视域中的羁押探究》(载《中国社会科学院研究生院学报》2006年第4期)、《死缓、无期徒刑减为有期徒刑之刑期折抵》(载《中国刑事法杂志》2008年第1期)、《略论"刑事拘留"的若干问题》(载《安徽大学学报》2002年第2期)、《司法拘留与民事拘留关系新论》(载《法学杂志》2005年第2期)、《谈谈我国的拘留》(载《法律科学》1998年增刊)、《论司法拘留与民事拘留》(载《西南政法大学学报》2002年第2期)、《论刑事拘留主体》(载《阜阳师范学院学报(社会科学版)》1998年第1期)、《"民事制裁拘留"适用探析》(载《青海师专学报》2001年第4期)、《司法拘留适用的几个问题》(载《经济与法》2001年第5期)、《审前羁押的刑事实体救济论纲》(载《刑事法前沿》第3卷,中国人民公安大学出版社2006年版)。①

在原作《我国刑期折抵制度之检讨》于2008年出版后,我们又梳理出了以前没梳理到或新出台的6个相关司法解释,即最高人民法院研究室《关于管制刑期能否折抵有期徒刑刑期问题的电话答复》(1986年10月6日,已失效)、最高人民法院《关于取保候审、监视居住期间是否折抵刑期问题的答复》(1996年6月7日,已失效)、最高人民法院研究室《关于监视居住期间可否折抵刑期问题的答复》(2001年11月30日,已失效)、最高人民法院办公厅《关于印发一审未成年人刑事案件适用普通程序的刑事判决书样式和一审未成年人刑事公诉案件适用简易程序的刑事判决书样式的通知》(2009年10月12日)、最高人民法院《关于办理减刑、假释案件具体应用法律若干问题的规定》(2012年1月17日,已失效)、最高人民法院《关于办理减刑、假释案

① 在《我国刑期折抵制度之检讨》一书出版后刊发的《论羁押制度的内核》(载《中国刑事法杂志》2009年第2期)、《我国羁押立法之实体规范检讨》(载《刑事法评论》第25卷,北京大学出版社2009年版)等论文成果的部分内容,吸收到了本书中。

件具体应用法律的规定》(2016年11月14日)。以上梳理的规范性文件,使得相关内容中涉及的关于刑期折抵的司法性文件达到82个(以前统计的77个中有个内容重复)。这些梳理的司法性文件,虽基本不影响原作《我国刑期折抵制度之检讨》所阐述的观点,但作为本研究的有机组成部分,应补充到相应内容中。

同时,我国立法机关于2012、2018年新增了两个关于刑期折抵制度的规定:一是2018年《监察法》规定监察留置须折抵刑期,即"被留置人员涉嫌犯罪移送司法机关后,被依法判处管制、拘役和有期徒刑的,留置一日折抵管制二日,折抵拘役、有期徒刑一日"(第44条第3款);二是2012年和2018年修订的《刑事诉讼法》新增指定居所监视居住须折抵刑期的规定,即"指定居所监视居住的期限应当折抵刑期。被判处管制的,监视居住一日折抵刑期一日;被判处拘役、有期徒刑的,监视居住二日折抵刑期一日"(两次修订分别为第74条、第76条)。对于以上新增规定,虽然在本书原作中都作了较为详细的主张刑期折抵的探讨,但毕竟立法现已作了明确的折抵规定,本书的相应内容应予更新。

而且,原作作为笔者的第一本个人专著,形成于较为青涩的博士生低年级阶段,需修订以提升在行文和表述上的学术性和可读性,特别是凸显"刑期折抵"这一有着如此众多司法文件的刑法制度和量刑制度,以及其所蕴含的理论实践价值与需要进一步研究的问题(如因超期羁押而使得其适用让整个刑事追诉的刑罚乃至刑法的目的和功能被消解)。

基于以上缘由,我决定启动对《我国刑期折抵制度之检讨》一书的修订。所修订的内容,主要为如下方面:

一是内容的增减。主要是四个方面的内容:(1)基于2018年《监察法》关于刑期折抵的规定,增加了对监察留置及其刑期折抵问题的论述。(2)基于2012年《刑事诉讼法》关于刑期折抵的规定,增加了对指定监视居住及其刑期折抵问题的论述。(3)基于新发现或新出台的6个和1个内容重复的关于刑期折抵的司法解释,对相应内容进行修订。(4)删除原作"导论"部分。这个部分本是关于原作研究缘起、研究目的、研究方法、观点介绍等的引导性内容,存在的意义不大且所占篇幅较大。本次修订,对其予以删除。

二是书名的变更。原作名为"我国刑期折抵制度之检讨",是基于刑期折抵制度在理论上被视为一个"不值得研究的'技术问题'",而在实践中又有最多司法解释(当时梳理出77个)的现象,所进行的反思性探讨。在这个意义上,原书名还是契合研究目的和内容的。本次修订,拟侧重于凸显刑期折抵的"制度"地位而将其作为一个制度予以专题研究,以补充刑法学理论在这个方面研究的不足。因而,将书名改为"刑期折抵制度研究"。

三是体系的调整。原作《我国刑期折抵制度之检讨》的内容体系,是按"我国刑期折抵制度之检讨"这个书名及其所涉内容展开的,共五章,分别是"刑期折抵制度之考察""刑期折抵司法之检讨""刑期折抵立法之检讨""刑期折抵适用之检讨""刑期折抵完善之展望"。应当说,这个体系与书名"我国刑期折抵制度之检讨"是契合的。现将书名改为"刑期折抵制度研究",内容体系也相应调整为"基本梳理:有最多解释的刑法事项""比较观察:比较视野下的立法状况""制度考究:一个被忽视的刑法制度""前提厘定:刑期折抵的先行羁押""制度展望:一体化下的相应完善"五个部分(五章)。

四是内容的更新。原作《我国刑期折抵制度之检讨》形成于2008年,其中所涉拘留、逮捕、监视居住等"先行羁押"措施,都随着2012年和2018年《刑事诉讼法》的修正而修改。这些修改,虽然对"先行羁押"厘定的影响不大,但在法律条文的序号和表述等方面有所不同。本书对这些内容作了相应更新。

五是观点的修正。原作《我国刑期折抵制度之检讨》在一些问题上所持的观点,如"刑期折抵可折抵的'刑期'只能是宣告刑",经过笔者近年对刑罚运行中的"法定刑""处断刑""宣告刑""执行刑"的进一步深入研究,发现这个观点有问题,因为"宣告刑"实际上针对的是个罪而不是全案,在案件具有数罪等情况下,刑期折抵所针对的不是某个个罪，而是全案所有个罪，这意味着，刑期折抵可折抵的“刑期”是理论上所主张的“执行刑”。本书据此作了观点和论述的修正。

经过以上内容的修订，笔者认为，本书基于刑期折抵“制度”的逻辑体系与内容展开，要相对清晰合理些，期待本次修订对大家认知、思考这个在刑法理论中被忽视的刑法制度有所裨益，也真诚欢迎各位专家、同仁予以批评指正。

另外，需特别说明的是，书中梳理了“劳改/劳教”“收容审查”“禁闭审查”“新生公学”“群众监督劳动”“先行管制”等与我国目前的法律制度不相一致的做法、概念表述与内容。这是因为，这些做法与制度，是在我国法律制度还不够完善的历史背景下的产物与表现，是新中国刑事司法发展史上的特定探索与做法，是中国法律制度演进与走向完善所经阶段与客观存在。因此，梳理这些做法与制度，对完整地阐述我国刑期折抵制度的发展流变，具有重要的理论和学术意义。

衷心感谢我的硕士生阶段和博士生阶段导师陈泽宪教授对我的硕士学位论文写作和本课题研究的深入指导与多方帮助，感谢他对我的悉心培养；衷心感谢我的博士后合作导师陈忠林教授对我后续量刑问题等研究给予的深入指导和多方帮助；衷心感谢陈兴良教授作序对我的鼓励、鞭策和提携；衷心感谢陈兴良教授、张明楷教授、熊秋红教授、张旭教授等为本书作为司法部课题结项成果时所作的专家鉴定评价与完善建议；衷心感谢刘宪权教授给我的刑法启蒙和长期关照；衷心感谢周少华教授在本书写作过程中的学术指导和其他帮助。

衷心感谢法律出版社学术分社原社长茅院生先生和现任社长、原作责任编辑孙东育女士在原作和本书出版过程中给予的帮助。衷心感谢责任编辑王珊为本书出版所付出的辛劳。

石经海

2022 年 6 月于西政敬业楼工作室

原作序一*

陈兴良**

刑期折抵是刑罚制度中一个小而又小的问题,但关系到对被告人的人权保障,因而又是一个十分重要的问题。对于这个问题,我国刑法理论往往一笔带过,未作深入探讨。石经海副教授承担了司法部"法治建设与法学理论研究"项目——关于刑期折抵的77个司法解释研究,经过研究形成项目最终成果《我国刑期折抵制度之检讨》,并即将付印出版。石经海邀请我对结项成果作专家鉴定,并嘱我为该书作序,我乐而为之。

刑期折抵,在我国《刑法》中多有规定。例如,《刑法》第41条规定,对于管制,判决执行前先行羁押的,羁押1日折抵刑期2日;第44条规定,对于拘役,判决执行前先行羁押的,羁押1日折抵刑期1日;第47条规定,对于有期徒刑,判决执行前先行羁押的,羁押1日折抵刑期1日。这些规定,为司法机关适用法律提供了法律依据。当然,在具体法律适用中还存在一个对法律规定的正确理解问题,尤其是对"先行羁押"如何理解,直接关系到刑期折抵制度的正确适用。

---

* 原文有改动。——编者注

** 北京大学法学院教授,当代中国著名的刑法学家。

为此,石经海专门搜集了关于刑期折抵的77个司法解释,以司法解释为视角,对我国刑期折抵制度进行了较为深入的探讨。尤其是在本书的讨论中,相当一部分内容涉及这些关于刑期折抵的司法解释,并且采取了实证分析的方法,我认为这是十分可取的。由于法律规定的抽象性,在法律适用中往往出现一些复杂疑难问题需要划清界限,这一职能在我国主要是由司法解释来承担的,因而司法解释具有二次立法的性质,是对法律的一种细则化规定。实际上,司法解释本身就是法律规定的一部分,在这种情况下,对一种法律制度,例如刑期折抵制度的研究,必须将司法解释纳入理论视野中来。在本书中,石经海对关于刑期折抵的77个司法解释进行了相当细致的分析。在横的向度上,将77个司法解释分为涉及先行羁押的、涉及刑期折抵本刑的、涉及刑期折抵计算的、涉及刑期折抵的折抵原则及相关问题的、涉及刑期折抵的关联性的以及涉及刑期折抵在裁判文书中的表述的等6个方面问题,加以逐一分析。在纵的向度上,将77个司法解释分为无刑期折抵立法时期与有刑期折抵立法时期这两个阶段,分别加以论述。这些学理上的探讨,对于我们理解刑期折抵制度的形成及其内容,都是十分重要的。

石经海的这本书可以说是一种“小题大做”式的研究成果,其对刑期折抵制度的研究达到了相当的理论深度。在传统刑法教科书中,一般都把刑期折抵当作一个法律规定进行解读,认为刑期折抵只不过是刑期计算中的一个技术性问题。但当石经海透过77个司法解释考察刑期折抵的时候,就不再仅仅把它当作一种法律规定,而是当作一种法律制度来把握,由此揭示刑期折抵制度的精神实质。我较为欣赏的是本书对刑期折抵制度的理论定位这一部分的内容,作者提出了以下三个命题:(1)从适用所处的时间阶段来看,刑期折抵是一种刑罚裁量制度。(2)从羁押折抵刑罚的本质来看,刑期折抵是一种刑事实体救济制度。(3)从适用的法律后果上看,刑期折抵是一种刑罚消灭制度。这一理论定位,表明石经海能够站在一个刑罚理论的高度,深刻地揭示刑期折抵制度的法律性质。尤其是石经海从刑罚执行权消灭这一视角界定刑期折抵制度,我以为是十分独到且具有新意的。从刑法关于刑期折抵的简单法律规定,能够解读出如此丰富多彩的内容,这表明石经海对刑期折抵制度的理解达到了他人所未及的程度。

刑期折抵在我国刑法中并不能被认为是一个小问题,这一论断不是就问题的理论意义而言,而是就问题的实践意义而言的。在世界各国刑事追诉活动中,都不可避免地存在先行羁押问题,因而各国刑法中也都不可或缺地存在关于刑期折抵的法律规定。似乎没有哪一个国家的刑期折抵制度有我国这么重要,这么与被告人的权利息息相关。需要结合羁押制度,才能从根本上厘清刑期折抵制度的救济性质及其局限性。关于这个问题,本书有刑事一体化角度的探讨,但未加以深究,这是美中之不足。当然,对于第一次独立完成如此重要项目成果的年轻作者,没有必要苛求。

学术是一个由浅入深、由小及大的逐渐推进的过程,方法是相通的,只是问题不同而已。既然石经海能较为圆满地完成对刑期折抵制度的研究,我们有理由期待石经海将来会有更多的研究成果问世,需要的只是时间,时间定能说明一切。

是为序。

2007年9月18日

谨识于北京海淀锦秋知春寓所

原作序二

陈泽宪*

石经海副教授曾是我指导的硕士研究生，他以"论刑期折抵"为题完成其硕士学位论文。一开始，我并不主张他以此为其硕士学位论文选题，因为虽然法学研究的细密化趋势推崇学位论文"小题大做"，但在我国传统刑法理论中，对一个被认为只需几百字似乎就能解读清楚的刑期折抵问题，试图做成一篇硕士学位论文，其难度和挑战性可想而知。不过，在石经海提交详尽的写作纲要后，我发现他对该问题有些思考深度和独到见解，于是支持他以此为题完成论文。他最终以近五万字篇幅写就，无论是评阅还是答辩专家都给论文以较高评价，论文答辩最终以全票评定为优秀。

从石经海完成的硕士学位论文来看，显然他对刑期折抵问题的学术兴趣远未终了。在进一步收集资料和整理研究思路的基础上，他又以"关于刑期折抵的77个司法解释研究"为题，单独申报司法部"法治建设与法学理论研究"部级中青年科研项目，并如愿以偿，获准立项。其后，他考取了中国社会科学院法

---

* 中国社会科学院国际法研究所原所长，中国社会科学院大学教授、博士生导师，中国刑法学研究会原常务副会长。

学研究所我指导的刑法专业博士研究生。本来他完全可以继续以刑期折抵作为博士学位论文的选题，这样项目结项之日即是学位论文完成之时，可谓一举两得、事半功倍。然而，他为了挑战自我和开阔研究视野，毅然选择了另一论题。如此他在攻读博士学位期间，相当于要完成两篇博士论文。经过不懈努力，现在他终于完成司法部项目的最终成果——《我国刑期折抵制度之检讨》。成果鉴定专家陈兴良教授、张明楷教授、熊秋红教授、张旭教授和我，都给予了优秀等级的评定。

综观本书，我以为具有如下几个突出特点：

研究方法可行。作者采用了作为研究导向的问题研究法、针对主要研究对象的实证研究法、有利于借鉴与鉴别的比较研究法、追寻刑期折抵制度发展源流的历史研究法等研究方法。这些综合研究方法决定了其研究成果既具有相当的理论说服力，又切合中国的立法和司法实际。

学术视角独特。作者在梳理和探究刑期折抵理论的基础上，分别从关于刑期折抵的77个司法解释的视角对我国刑期折抵司法，以及从域外关于刑期折抵立法借鉴的视角对我国刑期折抵立法，进行双重检讨和反思，并选取具有代表性的几个突出问题进行特别探讨，从而避免平铺直叙，有利于问题的挖掘和把思考引向深入，显示了研究的学术追求。

思路逻辑清晰。该研究成果按照从问题到理论现状，从基础理论到立法和司法具体问题，从提出问题到分析、解决问题的逻辑进路展开，使各部分内容彼此衔接、前后呼应。例如，先提出实践中存在的问题，接着梳理相关理论研究的现状，以揭示既有理论没有解决所提出之问题，表明研究的理论和实践价值；先交代或探究基础理论，为后续研究提供基础和逻辑起点，同时也为后续的司法、立法及具体问题研究提供理论工具；先揭示司法中存在的实际问题，接着探讨立法中存在的缺陷，既揭示了司法问题的立法原因，也指明了完善立法的实际需求；选择若干有代表性的难点和突出问题进行专门研究，以点带面，把研究引向深入；最后关于完善立法和改进司法研究的结论，既是研究的归宿，也是完整研究之所需。

创新见解颇多。从该研究成果看，作者提出或重新论证了许多有新意的观点。例如：

1. 关于刑期折抵制度的法律文化渊源，认为刑期折抵制度是文明的产物，是启蒙思想运动及资产阶级革命的成果，是罪刑法定原则在刑法中确立及刑法人权保障机能实现的结果。

2. 关于刑期折抵制度的理论定位，认为从宏观上看，刑期折抵制度因体现了刑法的人权保障、人性关怀、公平公正等现代刑法精神而成为一种重要的刑法制度；从微观上的不同视角看，刑期折抵分别是刑事实体救济制度、刑罚适用制度和刑罚消灭制度。

3. 关于刑期折抵的“先行羁押”，认为在我国羁押立法体制下，作为刑期折抵事实前提的先行羁押，实指以剥夺或限制人身自由方式适用且在同一事实被刑事判决为法定可折抵刑罚时的各种强制措施，包括刑事诉讼中的剥夺或完全限制人身自由的法定刑事强制措施，以及那些以剥夺或限制人身自由方式适用的准刑事强制措施（海关扣押、盘问留置等）、司法强制措施（司法拘留）、行政强制措施（行政拘留、劳动教养等）、部分或全部已执行的自由刑（如再审或域外犯罪已执行的自由刑罚等）等。

4. 关于无刑期折抵立法时期的解释依据，认为这些无文本法律依据之解释，并非政策解释，也不是空穴来风，而是有利于被告的司法所造之“法”。

5. 关于四种拘留的刑期折抵问题，认为在我国当前的立法现状下的四种具体拘留形式都存在适用刑期折抵的可能。

6. 关于监视居住的刑期折抵问题，认为出于保障受刑人人权的需要，应把部分地限制人身自由的状态或措施视为“先行羁押”而适用刑期折抵，这既有域外立法例的参照，也有域内诸多司法例的实践。

7. 关于死缓、无期徒刑减为有期徒刑后的刑期折抵问题，认为死缓或无期徒刑减为有期徒刑后原未决羁押折抵刑期，本在刑法关于刑期折抵的立法旨意之内。

8. 关于羁押立法体制的完善问题,认为实践中存在的刑期折抵制度适用弊害,都直接或间接地同我国当前羁押体制问题有关;刑期折抵制度适用弊害的解决,在很大程度上依赖于我国羁押立法体制的完善,关键在于重构我国羁押的立法体制,使我国的程序性羁押在立法上特定化,以处于"法定原则"控制之下。

9. 关于折抵原则的立法完善问题,认为新中国刑法仅采法定主义的单一折抵原则,是使刑期折抵适用出现诸多弊害的另一重要根源所在,为衡平其人权保障的立法价值取向与其实践适用带来的诸多弊害,有必要改用以法定主义为主体、以裁定主义为补充的混合折抵原则。

对于作者的上述观点,虽然有的只是浅尝辄止,还需进一步论证,但这些理论探索,对于我国刑法理论研究的深化与刑事法治实践的改进,均具有重要意义。

该研究成果也暴露出一些不足。例如,对关于刑期折抵的77个司法解释的研究,有的似乎挖掘得还不到位,尚有深挖的空间;对外国关于刑期折抵的资料似乎也掌握得不够全面,理论上的比较分析尚待深入。但瑕不掩瑜,对于第一次独立完成近三十万字专著的年轻学者来说,已属难能可贵。我期待并相信他会继续努力,更上一层楼。

2007年10月30日

谨识于北京景山东隅

第一章　基本梳理：有最多解释的刑法事项

据考证，在我国实践中，自新中国成立至今，就已出台了至少82个关于刑期折抵的专门和相关司法解释。"区区"一个刑期折抵问题，竟出台如此多的司法解释，不仅在国外没有先例，[①]在国内其他任何问题上也不曾出现，因此刑期折抵问题可以被认为是出台最多司法解释性文件的刑法事项。如此实践和解释现状，一方面表明了我国刑期折抵相关立法存在诸多漏洞，另一方面也意味着如此解释现象及其原因等需要理论上给予较为深入系统的研究。

一、刑期折抵概念的基本界定

（一）刑期折抵的概念与特征

刑期折抵，简言之，是把先行羁押的时间折抵判决中确定的可折抵法定刑罚。具体就刑期折抵的功能来说，它是一种审判机关对受刑人在判决或新判决执行之前由于非医学观察等原因而被办案机关强制剥夺或限制人身自由的时间，在一定条件下可以折抵判决中确定的某

① 笔者认为，国外之所以没有如此司法解释现象，是因为：一方面，它们的刑期折抵立法本身较为完善；另一方面，法官本就有对法律的解释权和相对更大的自由裁量权，无需最高司法机关特别出台统一的司法解释。

些法定可折抵刑罚的量刑制度。具体包含如下5个主要特征:

1. 刑期折抵是一项重要的量刑制度。

这是刑期折抵的基本功能所在。制度,按照通常的理解,包括两方面的含义:一是"要求大家共同遵守的办事规程或行动准则";二是"在一定历史条件下形成的政治、经济、文化等方面的体系"。[①] 前者作为"办事规程或行动准则",是微观、具体的,如工作制度、财政制度等,它既具有实体上的具体内容,又包括实体内容被实现的程序体现;后者作为长期形成的"体系",是宏观、抽象的,如社会主义制度、宗法制度等。刑期折抵,作为刑事法律的一个具体内容,应为第一层次的"制度",即刑期折抵实质上是关于什么是刑期折抵以及如何进行刑期折抵的"办事规程或行动准则",它为判决以前依法"先行羁押"的期间、折抵判决后某些可折抵的刑期提供具体的操作标准和规格。因此,从应用和制度层面(微观层面)上看,刑期折抵在刑法中的地位,应像缓刑、减刑、假释、时效、赦免等一样,是一项刑罚裁量制度(详见后文的分析)。

2. 刑期折抵可被折抵的"刑期"只能是执行刑。

这是就刑期折抵的对象而言。自然,刑期折抵是"刑期"的折抵。但什么样的"刑期"可被折抵?是不是所有的"刑期"都可被折抵?如此等问题之回答,需先解读何为"刑期"。刑期,从其字面意义上看,是指"服刑的期限"或"刑罚执行的期限"。但作为一个法律术语,从严格意义上说,它应有立法中的刑期和司法中(刑事审判中)的刑期之分。对于前者,是指"刑事法律规定具有时间因素的刑罚期限",在理论上名为"法定刑期"。对于后者,根据其分别所处的不同司法阶段或案件本身的特殊情况,具体有宣告刑期、处断刑期和执行刑期之分。[②] 对于刑期折抵而言,

① 《现代汉语词典》(珍藏本),商务印书馆2019年版,第1689页。

② 其中,宣告刑期是法院在刑事判决中宣告的犯罪人受刑罚的时限,它通常是以法定刑为基础,在法定刑的范围内判处。但若遇到案件本身的特殊情况,需要在法定刑以上或以下判处刑罚时,这时的宣告刑期就以加重或减轻后的法定刑为基础,在法定刑的以上或以下的一定范围内判处。这种对法定刑加重或减轻后的、作为宣告刑基础的刑度,在学理上称为"处断刑"。至于执行刑期,是在宣告刑的基础上根据特定事实(如先行羁押的刑期折抵)在裁判中确定的移至行刑阶段执行的刑罚期限。需特别指出的是,执行刑并不是由执行机关确定的,而仍是由法院审判庭量定的。

用于折抵的刑期，须是针对本案而非个罪（除非个案只有一个具体犯罪）拟移交执行的执行刑。因为，在应用层面上，刑期折抵是一种刑罚裁量制度，其适用必须发生在特定判决确定过程中的后期，而法定刑期因自身的存在不受具体判决的影响、处断刑期因发生在判决形成过程中的前期、宣告刑因是针对个罪在法定刑或处断刑基础上依从重从轻量刑情节所宣告，只有执行刑才是针对个案在数罪并罚等所分别宣告刑期的基础上作出。对此，我国台湾地区高仰止教授早在20世纪80年代就指出，“折抵刑期，仅系折抵刑之执行，而非抵消刑之宣告”。① 如此认识应是正确的，符合了以上刑罚的运行特点和要求。②

3. 刑期折抵的本刑可以是有期自由刑、有数额的财产刑或有刑期的资格刑。

刑期折抵之“刑期”，应有广义和狭义之分。狭义之“刑期”，仅指字面意义上的“服刑的期限”或“刑罚执行的期限”。广义之“刑期”，不限于字面意义，除可以指自由刑的“服刑的期限”或“执行的期限”外，还可以指财产刑的数额或资格刑的期限。与这种意义相适应，刑期折抵的本刑则可以是作为主刑③的有期自由刑、有数额的财产刑或有刑期的资格刑，即在裁判中能够具体确定时间、金钱、财物、资格等数额的刑罚方法，原则上都可作为刑期折抵的本刑。④ 但对于那些在裁判中不能够具体确定的时间、金钱、财物、资格等数额的刑罚，也即作为生命刑的死刑，作为自由刑的无期徒刑，作为财产刑的全部没收财产，作为资格刑的永久驱逐出境、永久吊销驾驶执照、剥夺政治权利终身等，则不能

---

① 高仰止：《刑法总则之理论与实用》，台北，五南图书出版公司1986年版，第539～542页。

② 原作《我国刑期折抵制度之检讨》中主张“刑期折抵可折抵的‘刑期’只能是宣告刑”。经近几年的进一步研究，笔者发现这个认识忽视了刑期折抵并不是针对个案中的个罪（除非个案只有一个罪）和宣告刑只是针对个罪的事实。因此，在本次修订中，笔者作了与高仰止教授认识一致的订正。

③ 从世界各国的立法例来看，附加刑都是不允许折抵的。这样，对于财产刑和资格刑，在作为主刑的国家允许折抵，而在作为附加刑的国家都不允许折抵。从全球视角看，附加刑一般都只是附加适用而非单独适用的刑罚方法，与我国的附加刑并不一样。

④ 这种情况下的刑期折抵，严格地讲，应当称为“羁押的刑罚折抵”。但为了维护“术语”的约定俗成习惯，仍称为“羁押的刑期折抵”。

用于折抵。对于不能单独适用的附加刑,无论是财产刑还是资格刑,往往是基于特定目的而设置,绝对不允许折抵,这是世界各国的立法通例。[①] 从当今世界各国刑期折抵立法来看,采用狭义"刑期"立法模式的,目前仅我国,我国以外的国家几乎都采用广义"刑期"立法模式。例如,在德国,根据1998年11月13日公布、1999年1月1日生效的《德国刑法典》第38条、第40条、第41条、第44条和第51条的规定,可被折抵的刑种包括:有期自由刑、金钱刑(包括作为主刑的金钱刑和作为附加刑的金钱刑,二者均为有数额的刑罚方法)等;在意大利,根据现行《意大利刑法典》第18条、第24条、第26条和第137条的规定,可被折抵的刑种包括:计时监禁刑(包括有期徒刑和拘役)和财产刑(包括罚金和罚款,均为有数额的刑罚方法);在俄罗斯,根据现行《俄罗斯联邦刑法典》第72条的规定,可被折抵的刑种包括:剥夺自由、军纪营管束、拘役、劳动改造、限制军职和强制性工作(均为计时的刑罚方法);等等。

4.刑期折抵以"先行羁押"的事实存在为前提。

这里的"先行羁押",即作为刑期折抵事实前提的"羁押",是一个刑法学中的特定范畴,既不同于刑事程序法中的程序性羁押,也不同于从实质意义上界定的任何剥夺或完全限制人身自由的强制措施。在外延上,它比前者广,法定程序性羁押以外的剥夺或限制人身自由的强制措施甚至部分已执行之刑罚,也可因刑事追诉并被判处法定可折抵刑罚而进入刑法视域,成为这里的"先行羁押"。同时它比后者窄,并非所有剥夺或限制人身自由的强制措施和已执行之刑罚,都可进入刑法视域成为这里的"先行羁押",是否是这里的"先行羁押",取决于被剥夺或限制人身自由者是否被判处法定可折抵之刑罚(本刑),以及被剥夺或限制人身自由的事实理由与本刑的事实理由间是否有关联性(详见后文分析)。这里的"先行羁押",具体包括如下几种情形:

一是刑事程序法中剥夺或完全限制人身自由的程序性羁押(包括在外国的"预先羁押"),如所有作为独立刑事强制措施的羁押,在我国,为

① 参见[德]李斯特:《德国刑法教科书》,徐久生译,法律出版社2006年版,第481页。

刑事拘留、逮捕。①

二是刑事程序法中的部分限制人身自由的刑事强制措施，如我国的指定监视居住，国外的住地逮捕等。这是为了保障受刑人的人身自由权利免受功利性法律行为的侵害，而把这些部分限制人身自由的刑事强制措施视为"先行羁押"，折抵判决中确定的法定刑罚。对此，国外有立法作了明确规定，如《意大利刑事诉讼法典》(1988 年)第 284 条第 5 款规定，"处于住地逮捕状态的被告人被视为处于预防性羁押状态"；②《意大利刑法典》第 137 条第 2 款规定，"从扣除意义上讲，预防性羁押被视为有期徒刑或者拘役"。③

三是限制人身自由的非刑事强制措施(或准刑事强制措施)，如我国实践中适用的盘问留置、收容审查、隔离审查、监察留置、海关扣留、管训、先行管制、行政拘留和司法拘留等。这些措施，本不是刑事强制措施，不在刑事强制措施法定体系内，但在刑事司法实践中，它们要么为刑事拘留或逮捕等刑事强制措施的准备或辅助措施，如盘问留置、收容审查、隔离审查、监察留置、海关扣留、管训、先行管制，要么为行政强制措施，如行政拘留，要么为司法强制措施，如各种司法拘留(包括刑事司法拘留、民事司法拘留和行政司法拘留)。这些措施客观地以限制甚至剥夺人身自由的方式适用，在行为人的行为事实又被刑事追诉和判处法定可折抵刑罚时，为了保障受刑人人身自由权利免受这些法律措施的功利性侵害，而把它们视为"先行羁押"，折抵判决中确定的法定刑罚。

四是部分或全部已执行的自由刑。也就是说，已经执行的自由刑刑期，在原行为因改判或因刑事管辖权改变而重新判处法定可刑期折抵之刑罚时，它们也就成为适用刑期折抵的事实前提。这个事实前提，在折抵刑期时，也符合刑期折抵的全部要件，也应是一种"先行羁押"。对此，世界上绝大多数国家立法都有明确规定。例如，在德国，根据现

---

① 实为刑事拘留、逮捕适用的法定状态和必然结果。下同。

② 《意大利刑事诉讼法典》，黄风译，中国政法大学出版社 1994 年版，第 48～49、96～97 页。

③ 《意大利刑法典》，黄风译，中国政法大学出版社 1998 年版，第 42～44 页。

行《德国刑法典》第 51 条第 2 款和第 3 款第 1 项的规定,“前罪所判刑罚在以后的诉讼程序中被其他刑罚取代的,前罪的刑罚折抵后罪的刑罚,但以前罪已执行或已折抵完毕为限”,“被判决人因同一行为在国外已受处罚的,其在国外已执行的刑罚算入新判刑罚内”。这里的“前罪的刑罚”“被判决人因同一行为在国外已受处罚”,事实上就是作为刑期折抵事实前提的“先行羁押”。又如,在意大利,根据现行《意大利刑法典》第 138 条的规定,这个“先行羁押”可以是在国外已执行的而在意大利领域内重新进行审判的刑罚。在俄罗斯,根据现行《俄罗斯联邦刑法典》第 72 条的规定,这个“先行羁押”可以是在国外已执行的而依《俄罗斯联邦刑法典》第 13 条的规定引渡的犯罪人的“依照法院判决服的剥夺自由刑”。在我国,“先行羁押”是否包括某些已执行的刑罚,实际上在立法上已有明确规定,即 1979 年《刑法》第 7 条和 1997 年《刑法》第 10 条关于“在外国已经受过刑罚处罚的,可以免除或者减轻处罚”的规定。从司法实践来看,也有司法解释作出了明确的规定。例如,最高人民法院针对云南省高级人民法院的请示,于 1956 年 3 月 19 日作出了《关于在国外逮捕的反革命罪犯刑期之折抵从何时起算问题的复函》,规定,“关于在国外逮捕的反革命罪犯折抵刑期从何时起算问题,我们的意见,应从罪犯在国外被逮捕之日起算”。[①] 又如,1989 年 5 月 24 日最高人民法院研究室《关于对再审改判前因犯新罪被加刑的罪犯再审时如何确定执行的刑罚问题的电话答复》规定:“对于再审改判前因犯新罪被加刑的罪犯,在对其前罪再审时,应当将罪犯犯新罪时的判决中关于前罪与新罪并罚的内容撤销,并把经再审改判后的前罪没有执行完的刑罚和新罪已判处的刑罚,按照刑法第六十六条的规定依法数罪并罚。关于原前罪与新罪并罚的判决由哪个法院撤销,应视具体情况确定:如果再审法院是对新罪作出判决的法院的上级法院,或者是对新罪作出判决的同一法院,可以由再审法院撤销;否则,应由对新罪作出判决的法院撤销。对于前罪经再审改判为无罪或者免予刑事处分的,其已执行的刑期可以折抵新罪的刑期。”据此规定,主要分两种情形处理:对于前罪经再审

① 本复函因 1997 年全面修订的《刑法》废除“反革命罪”的规定而自此失效。

改判为无罪或者免予刑事处分的，其已执行的刑期可以折抵新罪的刑期；对于其他情形，把经再审改判后的前罪没有执行完的刑罚和新罪已判处的刑罚依法数罪并罚。对于这两种情形，"已经执行的刑期"实际上都以不同的方式得到了"抵扣"。[①] 因此，在我国，已经执行的刑罚，在某些情况下，在一定限度内，也可成为这里的"先行羁押"而折抵新判决中的法定可折抵刑罚。

综上所述，刑期折抵立法中的"先行羁押"，并不等同于刑事程序法中的程序性羁押，它在范围上除包括程序性羁押外，还应包括被视为预防性羁押的监视居住或住地逮捕、被刑事追诉和判处法定可折抵刑罚的各种限制人身自由的非刑事强制措施、已执行而又因改判或因刑事管辖权改变而重判的自由刑罚。虽然并非所有剥夺或限制人身自由的刑事或非刑事强制措施、自由刑罚都能进入刑期折抵立法中的"先行羁押"之列，但所有的这些强制措施或刑罚，在被判处或重新判处可折抵刑罚的法定刑罚时，它们也就是刑期折抵立法中的"先行羁押"了。

5. 被强制剥夺或限制人身自由的事实理由与所判刑罚的事实理由间有密切的关联性。

这个关联性体现在：被强制剥夺或限制人身自由的事实理由与被处罚的犯罪行为系同一行为，或虽不属同一行为，但与被处罚的犯罪行为有一定联系。"系同一行为"间的刑期折抵是刑期折抵中的典型情况，是刑期折抵中的"常客"，因为，在通常情况下，被强制剥夺或限制人身自由的事实往往就是由于被判处刑罚的犯罪行为而引起的。而"不属同一行为"间的刑期折抵是刑期折抵中的特例，为刑期折抵中的"稀客"，因为，在特殊情况下，也会出现一些特殊情况，如被强制剥夺或限制人身自由期间，通过侦查或其他原因，发现了与作为被强制剥夺或限制人身自由的事实理由的行为不一样的其他罪行，且该罪行被依法追诉并被判处某些法定刑罚，此种情况下的被强制剥夺或限制人身自由

---

① 对于后者，若不是"先减后并"，则在一些情况下因"总和刑"相对较高而导致并罚的刑期高。在这种意义上说，姑且把它理解为一种裁定意义上的"抵扣方式"。

的时间,同样应当折抵刑期。因为,到底是属“系同一行为”还是“不属同一行为”,不是侦查前能完全主观臆测的,而需侦查等现实活动证明,可“被强制剥夺或限制人身自由的时间”是不停息的,既然“被强制剥夺或限制人身自由的事实”已经发生了,则其所经由的“时间”也就不可能等到侦查后再逆转。因此,通过侦查等现实活动证明的“行为”,无论“系同一的”还是“不属同一的”,犯罪嫌疑人或被告人的人身自由都已客观地被剥夺或限制,不能被逆转。这样,若对“不属同一行为”的如此“先行羁押”不予适用刑期折抵,则有违刑期折抵的价值取向和刑法的公平公正。

然而,这个“与被处罚的犯罪行为有一定联系”的“不属同一行为”的关联性,必须严格把握。从实践来看,这种关联性的确定,应以是否具有“一事二罚”的嫌疑和是否由于程序上的原因而带来刑事追诉为基本标准。如故意伤害在侦查阶段被误定性为故意杀人,其先前适用的羁押,当然应认定具有这个关联性和适用刑期折抵,但若是因为实体上的原因而带来的刑事追诉,其先前作为实体处分的“羁押”,不能被认定为具有这个关联性和适用刑期折抵。例如,1998 年 2 月,被告人王某在明知李某交通肇事撞死 1 人的情况下,收受李某现金 1 万元,替李某到公安机关投案自首,谎称事故是自己造成的,使李某逃脱法律制裁,并于 1998 年 6 月被法院以交通肇事罪判处有期徒刑 3 年。后案发,王某于 1999 年 10 月被法院以包庇罪判处有期徒刑 2 年。[①] 在这里,王某原先因交通肇事罪所服刑期,就不能折抵其因犯包庇罪所应服刑期。因为,王某犯包庇罪及其应服的刑期不是由于程序上的原因造成的,不涉嫌“一事二罚”问题,而相反,先前的被羁押及其服刑,恰恰是王某构成被追诉犯罪及其刑期的实体上的原因。

(二)刑期折抵与易刑的界分

易刑,也即刑罚的易科,是最容易与刑期折抵相混淆的一种刑罚裁量

---

① 参见张庆风、陈金发:《替人服刑被判包庇　原服刑期能否折抵》,载《检察实践》2000 年第 5 期。

制度。[①] 要深入广泛地研究刑期折抵问题,就不能不对它们进行理论上的区分。刑期折抵与刑罚易科的理论界分,是深入广泛研究刑期折抵问题的重要逻辑起点。

易刑,又称为"刑罚的易科""刑罚的转换""刑罚的折换""换刑处分",是判决宣告的刑罚,有时因特殊事由不能执行,或以不执行为宜,而选择其他刑罚作为执行的代替,[②]即从此一刑罚种类换算成彼一刑罚种类。它在本质上只不过是寻求一种刑罚执行的替代措施。这种措施一般具体可分为易科罚金、易服劳役和易以训诫等几种类型。其中,易科罚金是指以罚金代替短期自由刑的执行;易服劳役是指在犯罪人无力缴纳罚金时以服劳役代替罚金刑的执行;易以训诫是指以训诫代替拘役或罚金刑的执行。[③]

刑罚易科与刑期折抵,既有相同点,也有不同的方面。它们相同的方面,如它们都是建立在审判的基础上、在刑罚裁量时予以适用的,在性质上都是刑罚裁量制度而非刑罚执行制度,[④]都存在某种意义上的"转换",[⑤]等等。它们的不同主要表现在如下几个方面:

一是二者的本质不同。虽然二者在性质上都是刑罚裁量制度,但在具体本质上,刑期折抵主要涉及的是在审判的基础上,在刑罚裁量时的刑

---

① 有学者认为,刑罚易科制度应归属于行刑制度,因为,判决宣告的刑罚因特殊事由不能执行或不宜执行而选择其他刑罚,这为执行的代替;在量刑过程中出于不同考虑而改科其他刑罚只是刑罚的选择适用范围(参见黄京平、蒋熙辉:《量刑制度宏观问题研究》,载《政法论坛》2004年第4期)。笔者认为这种"只要涉及刑罚执行问题就为行刑制度"的观点值得商榷。虽然刑罚易科制度的立法设置是为了有利于刑罚的执行,但这不是在刑罚执行过程中的执行方法、原则、理念等选择和施行,而是刑罚裁量中的刑罚方法优化选择问题,正如对某个犯罪处罚是选择拘役、管制还是有期徒刑一样,完全属于法官自由裁量权的范围,是刑罚个别化(量刑个别化)的立法体现和司法实现。因此,刑罚易科制度应是一种典型的刑罚裁量制度。只不过这个裁量根据不是犯罪的社会危害性,而是犯罪人的个人基本情况(并非就是人身危险性)。

② 参见高铭暄主编:《刑法学原理》(第3卷),中国人民大学出版社1994年版,第535～537页。

③ 参见陈弘毅:《刑法总论》,台北,汉林出版社1983年版,第321～324页。

④ 只不过,刑期折抵主要涉及的是在审判的基础上,在刑罚裁量时的刑期正确计算问题,而刑罚易科主要涉及的是在审判的基础上,在刑罚裁量时的刑罚优化选择问题。因此,它们在本质上都是量刑制度。理论上把它们视作刑罚执行制度,是对它们的误解。详见"刑期折抵的理论定位"部分的分析。

⑤ 只不过,刑期折抵主要涉及的是先行羁押的时间与判决中确定的刑罚间的"转换"问题,而刑罚易科主要涉及的是当处刑罚与宜处刑罚间的"转换"问题。

期正确计算问题,也就是判决执行前的先行羁押时间要不要或如何计算在判决中确定的刑期之内等问题,这在本质上是一个量刑公正问题。而刑罚易科主要涉及的是在审判的基础上,在刑罚裁量时的刑罚方法优化选择问题,也就是判决中应当确定的刑罚是不是不利于对犯罪者的执行或改造,或选择何种刑罚更有利于刑罚的执行和对犯罪者进行改造等,这在本质上是一个量刑效能问题。

二是二者的适用对象不同。刑罚易科是判决宣告的刑罚种类间的转换和执行代替,①而刑期折抵是"先行羁押"②与判决宣告的某些刑罚之间的折抵。因此,若是发生在"未决羁押"与未执行的刑罚之间,只可能发生刑期折抵,而不可能发生刑罚易科;若是发生在已执行的刑罚与新宣告的刑罚之间,也只是发生刑期折抵,③而不发生刑罚易科。当然,无论是未决羁押与未执行的刑罚之间,还是已执行的刑罚与新宣告的刑罚之间,并非都发生刑期折抵。前者具体是否发生刑期折抵,还取决于未决羁押与未执行的刑罚之间是否有关联性以及是否判处了法定可折抵刑期的刑罚。后者具体是否发生刑期折抵,关键也看这两个刑罚间是否有特定的牵连关系,如已执行的刑罚是否为在其后的程序中的其他刑罚所代替。若被部分或全部代替则发生刑期折抵;若不被部分或全部代替则不发生刑期折抵。例如,对于已执行的管制期间若被折抵同一行为又被改判为拘役或有期徒刑的刑期,则也应是刑期折抵问题。这样,从这个角度而言,犯"新罪"或被发现的"漏罪"在适用数罪并罚时对已执行刑罚刑期的"扣减",在本质上是刑期折抵在数罪并罚中的应用。

三是二者适用的前提条件不同。刑罚易科适用的前提条件是因特殊事由不能执行或不宜执行原判刑罚,而刑期折抵适用的前提条件是客观存在判决或新判决执行前的"羁押"。易言之,适用刑期折抵首先是因为受刑人被先行羁押,而适用刑罚易科则同受刑人在之前是否被先行羁押

---

① 刑罚的易科只发生在判决宣告的刑罚种类之间,而不发生在"未决羁押"与"未决羁押"之间,也不发生在"未决羁押"与刑罚之间以及在数罪被判处同种刑罚的不同刑期之间。

② 包括判决执行前的"羁押"和某些在其后的程序中有其他刑罚所代替的已执行的刑罚。下同。

③ 只不过,这种刑期折抵只是刑罚间的刑期折抵,而不是"未决羁押"与判决中确定的刑罚间的折抵。"未决羁押"和已执行的自由刑,都可成为刑期折抵的"先行羁押"。

没有关系。

四是二者裁量的事实根据不同。刑期折抵裁量的事实根据是与判决中确定的刑罚有关联性的先行羁押；而刑罚易科裁量的事实根据是犯罪人的个人基本情况，即根据犯罪者的个人情况选用何种刑罚更有利于刑罚的执行。

五是二者适用的强制性不同。刑罚的易科并不是必须予以适用，对其适用或不适用一般并没有法律的强制规定，在立法上往往采用法官自由裁量主义；而刑期折抵，对于仅采用或主要采用法定必抵主义的国家而言，其适用具有较强的强制性。

六是二者的价值取向不同。刑罚的易科的适用是为了使原判刑罚更好地执行，而刑期折抵的适用是为了体现刑法的公平公正和刑法的人权保障功能等。正是这些不同的价值体现，许多国家的刑法对它们作出了自由裁量与法定强制裁量的不同价值选择。

七是二者的观念处遇不同。因为二者存在的客观基础和价值彰显不同，决定了它们在一些国家的立法命运也不相同。刑期折抵因客观地存在“预支羁押”和彰显了刑法公正、刑法的人性关怀和人权保障等价值，因而几乎各国刑法都对它作了规制；而刑法的易科因其主要是主观抽象的价值取向的产物，特别是其中的一些适用方式如易科罚金颇有以钱赎刑之嫌，并且客观上也有利于富人，因此在刑法观念上常常引起偏见，并在刑法理论上受到非难。①

八是二者的法律后果不同。刑期折抵的适用，是部分或全部消灭判决中宣告的刑罚，被视为刑罚的部分或全部已执行，并会带来累犯的成立，如有期徒刑因刑期折抵被视为执行完毕，在再犯有期徒刑之罪时，能成立累犯；而刑罚易科的适用，并不直接消灭判决中宣告的刑罚，而主要是刑罚适用的转换，但会消灭累犯的成立，如有期徒刑易科罚金，在再犯有期徒刑之罪时，不能成立累犯。

九是二者的历史起源不同。从后文的分析来看，刑期折抵制度只

---

① 参见高铭暄主编：《刑法学原理》（第3卷），中国人民大学出版社1994年版，第535～536页。

是近代启蒙思想及资产阶级革命的产物，是刑法中确立罪刑法定等保障个体权利的原则制度。这个制度在我国，并非自古就有，是清末“西法东渐”的产物。而刑罚易科制度，因不存在类似刑期折抵制度的法律文化渊源，无论是在我国还是在西方国家，均古已有之。在我国，在《宋刑统》中就有诸如“徒刑改为杖脊，不执行刑期”，“杖刑、笞刑改为杖臀，减少杖数”的规定。在欧洲的古代和中世纪，更有“以钱赎刑”的规定。

综合以上分析，刑罚易科与刑期折抵，虽然有很多相同、相近点，但实际上无论是在本质、适用对象、适用前提、适用强制性上还是在适用的价值取向和适用后果上都是不同的。虽然刑罚易科的存在和适用受到众多的非难，但正如任何事物的存在都有其优点和不足一样，其存在也应有合理性。这个合理性突出表现在能够使裁量的刑罚得到更有效的执行。因此，刑罚易科也应像刑期折抵一样在其法定的适用条件下得以合法地存在和适用。

综观世界刑法立法，大多既规制了刑期折抵又规制了刑罚易科。例如，现行《意大利刑法典》[①]在第135条规定了“财产刑与监禁刑之间的折抵”，又在第136条规定了“财产刑的转换方式”也即刑罚的易科。根据这些规定，“当因任何法律效果而应在财产刑与监禁刑之间实行折抵时，每38欧元财产刑换算为1日监禁刑”，[②]“因被判刑人无支付能力而未执行的罚金或者罚款，可依法实行转换”，法院对受刑人判决宣告的财产刑可以易科为监禁刑，而监禁刑也可易科为财产刑。而该法典第137条关于“预防性羁押”的规定和第138条关于“因在国外实施犯罪而受到的刑罚和预防性羁押”的规定以及第139条关于“附加刑的计算”的规定，就是关于刑期折抵的规定。[③] 其中，第137条关于“预防性羁押”第1款规定即“在判决变为不可撤销之前受到的羁押从计时监禁刑的总合刑期中

---

① 1930年10月19日第1398号谕令批准，1931年7月1日生效，2006年全面修订。

② 该换算标准曾于1945年、1947年、1961年、1981年和1993年进行多次调整；现在的标准是由1993年10月5日第402号法律第1条重新确立的。参见《意大利刑法典》，黄风译，法律出版社2007年版，第49页。

③ 参见《意大利刑法典》，黄风译，法律出版社2007年版，第49～50页。

或者从财产刑的数额中扣除”中,前者是刑期折抵问题,后者是刑罚易科问题,而该条第2款的规定即“从扣除的意义上讲,预防性羁押被视为有期徒刑或者拘役”以及第138条的规定即“当在国外进行的审判应在意大利领域内重新进行时,在国外已执行的刑罚一律予以计算,并且考虑刑罚的种类;如果在国外实行过预先羁押,适用前一条的规定”,分别是对“预防性羁押”的立法解释和因在国外实施犯罪而受到的刑罚和预防性羁押的刑罚易科和刑期折抵的规定。另外,该法典第139条关于“附加刑的计算”的规定即“在计算以时间计算的附加刑时,不考虑被判刑人服监禁刑或者接受保安处分的时间,也不考虑被判刑人有意逃避刑罚或者保安处分的执行的时间”,实际上是对预防性羁押或保安处分的执行时间不能折抵附加刑的刑期的规定。

在我国,刑法只规制了刑期折抵而拒绝了刑罚的易科。在新中国的法律体系中,规制刑期折抵的法律,除1979年和1997年《刑法》外,还有2017年的《行政处罚法》、[①]2018年的《监察法》和2012年的《刑事诉讼法》,明确规定了关于“行政拘留”“监察留置”“指定监视居住”的折抵刑期规定。其中,2017年《行政处罚法》第28条第1款规定:“违法行为构成犯罪,人民法院判处拘役或者有期徒刑时,行政机关已经给予当事人行政拘留的,应当依法折抵相应刑期。”《监察法》第44条第3款规定:“被留置人员涉嫌犯罪移送司法机关后,被依法判处管制、拘役和有期徒刑的,留置一日折抵管制二日,折抵拘役、有期徒刑一日。”《刑事诉讼法》第74条规定:“指定居所监视居住的期限应当折抵刑期。被判处管制的,监视居住一日折抵刑期一日;被判处拘役、有期徒刑的,监视居住二日折抵刑期一日。”而对于刑罚的易科,虽然在革命根据地时期的游击区和巩固

---

① 该法明文规定了行政拘留在什么情况下可进行刑期折抵,即1996年《行政处罚法》第28条规定:“违法行为构成犯罪,人民法院判处拘役或者有期徒刑时,行政机关已经给予当事人行政拘留的,应当依法折抵相应刑期。违法行为构成犯罪,人民法院判处罚金时,行政机关已经给予当事人罚款的,应当折抵相应罚金”。2021年1月22日修订的《行政处罚法》将其改为第35条,并增加了“行政机关尚未给予当事人罚款的,不再给予罚款”的规定。

区曾实行过该制度,[①]但新中国一成立就以司法文件将其废止。例如,最高人民法院针对当时的辽东省、山西省人民法院的请示,于1950年11月10日作出的《处理烟毒犯应坚决废止专科与易科罚金办法》的函复,当时的最高人民法院华东分院针对上海市人民法院的请示,于1950年1月8日作出的《关于财产刑罚使用问题的指示》,都明令禁止了财产刑的易科。

二、82个相关解释的内容特点

据考证,自新中国成立以来,我国司法机关,或单独或联合,先后共出台了至少82个[②]关于刑期折抵的司法解释性文件。“区区”一个刑期折抵问题,竟出台如此众多司法解释文件,足见刑期折抵制度在新中国刑事司法历程及其实践中的特殊地位。纵观这些解释的内容,可以大体划分为关于刑期折抵适用的事实前提即先行羁押的、关于折抵本刑的、关于刑期折抵计算的、关于折抵原则等问题的、关于刑期折抵关联性的、关于刑期折抵在裁判文书中表述的等类别,反映了特定历史时期我国的刑事司法特点。

(一)关于先行羁押的46个解释

如前所述,刑期折抵以“先行羁押”的客观存在为前提。这里的“先

---

① 为适应抗日根据地“扫荡”频繁的形势需要,晋察冀边区行政委员会决定,游击区判处的犯人可“易科罚金,并限定其住所,予以监外执行”;在苏中区,徒刑易科适用于判处有期徒刑2年以下的犯人,以抗币1元至2元折算徒刑1日,如果犯人无力缴纳,得以服役折算,服役1日折算抗币1元至2元。参见张希坡、韩延龙主编:《中国革命法制史》(上册),中国社会科学出版社1987年版,第502页。

② 以前考证的是77个,在本次修订中,除新发现、新出台的6个解释外,还发现了1个在网络平台上名称和时间不同而内容完全相同的解释,经多方考证,这2个解释实为1959年10月19日出台的法研字第25号解释。这样,关于刑期折抵解释的总数应是82个,其中不包括1996年12月31日最高人民法院《关于废止1979年至1989年间发布的部分司法解释的通知》(第二批)(法发〔1996〕34号)。该通知中虽然也涉及刑期折抵问题,但那不是规定什么是或如何适用刑期折抵问题本身,而仅是对原先关于刑期折抵问题司法解释的废止,如其中废止了:最高人民法院《关于揭批“四人帮”斗争中清查出来的犯罪分子在逮捕前被隔离审查的日期可否折抵刑期的批复》(1980年4月17日)、最高人民法院《关于在逮捕前交“群众监督劳动”的日期可否折抵刑期问题的批复》(1982年9月8日)、最高人民法院《关于对罪犯减刑时应将判决前羁押的日期折抵为已执行的刑期的批复》(1985年11月14日)。

行羁押”,是指所有那些因刑事追诉并被判处法定可折抵刑罚而进入刑法视域的剥夺或限制人身自由的强制措施。具体包括如下几种情形:一是刑事程序法中剥夺或完全限制人身自由的程序性羁押,在我国为刑事拘留、逮捕。[①] 二是刑事程序法中的部分限制人身自由的刑事强制措施,如我国的监视居住。[②] 三是限制人身自由的非刑事强制措施,如我国实践中适用的盘问留置、收容审查、隔离审查、海关扣留、管训、先行管制、行政拘留和司法拘留等。这些措施,本不是刑事强制措施,不在刑事强制措施法定体系内,但在刑事司法实践中,它们要么为刑事拘留或逮捕等刑事强制措施的准备或辅助措施,如盘问留置、收容审查、隔离审查、海关扣留、管训、先行管制;要么为行政强制措施,如行政拘留;要么为司法强制措施,如各种司法拘留(包括刑事司法拘留、民事司法拘留和行政司法拘留)。四是被部分或全部已执行的自由刑罚,也就是已经执行的自由刑,在原行为因改判或因刑事管辖权改变而重新判处法定可刑期折抵之刑罚时,也就成了适用刑期折抵的事实前提。据统计,在新中国成立以来出台的 82 个关于刑期折抵的司法解释中,关于以上“先行羁押”的司法解释就达 46 个。其中,包括本为刑事强制措施或准刑事强制措施的解释 31 个,本为行政处罚或强制措施的解释 5 个,本为司法强制措施的解释 1 个,关于已执行刑罚的解释 9 个。

1. 关于剥夺或完全限制人身自由的程序性羁押的刑期折抵问题

如前所述,在我国不存在作为独立刑事强制措施的羁押。我国现行法律体系中所称羁押,实际上是指逮捕、刑事拘留等剥夺或完全限制人身自由的刑事强制措施所带来的法律后果和必然状态。对于逮捕,在新中国刑事司法实践中被视为羁押,已没有争议或异议,而且也早有司法解释予以明确确定,如最高人民法院于 1963 年 2 月 25 日作出《关于拘留和羁押问题的批复》(〔63〕法研字第 12 号)认定,“根据《中华人民共和国逮捕拘留条例》规定,拘留和羁押是有区别的。拘留是在未批准逮捕以前,在法定的条件下,对需要进行侦查的人犯采取的一种紧急措施,而且只有公

① 实为刑事拘留、逮捕适用的法定状态和必然结果。下同。

② 不过,在我国司法实践中,这些部分限制人身自由措施,在合法地适用时,均不予刑期折抵;只有在变相地以完全限制人身自由方式适用时才予刑期折抵。

安机关才能行使拘留。羁押则是在人民法院决定逮捕或者人民检察院批准逮捕，并且实施逮捕以后，把人犯羁押起来；执行逮捕的机关，即人民法院、人民检察院和公安机关，都可以在逮捕人犯后实施羁押。”因此，对于逮捕是否折抵或如何折抵刑期，除个别特殊情况①外，无需也没有相应司法解释出台。然而，对于逮捕以外的能够带来剥夺或完全限制人身自由的刑事强制措施，也即刑事拘留，要不要或如何适用刑期折抵问题，因无法从立法和既有司法上找到明确答案，故需以司法解释形式予以解答和指导。纵观新中国刑期折抵司法史，共出台了 1 个关于逮捕和 3 个关于刑事拘留的刑期折抵问题的司法解释。它们分别是最高人民法院针对如下几种特别情况作出的具体规定：

其一，针对云南省高级人民法院“关于在国外逮捕的反革命罪犯折抵刑期从何时起算问题”的请示，于 1956 年 3 月 19 日作出了《关于在国外逮捕的反革命罪犯刑期之折抵从何时起算问题的复函》，规定在国外逮捕的反革命罪犯折抵刑期“应从罪犯在国外被逮捕之日起算”。

其二，针对江苏省高级人民法院就“犯人在公安机关刑事拘留期间能否折抵刑期”的请示，于 1963 年 7 月 4 日作出了《关于犯人在公安机关刑事拘留期间是否可以折抵刑期问题的批复》（〔63〕法研字第 85 号），规定：“刑事拘留日期可以折抵刑期；至于折抵办法，应以拘留一日折抵刑期一日。”

其三，针对江苏省高级人民法院就“最高人民法院（63）法研字第 85 号批复下达以前已处理的案件，没有把刑事拘留期间折抵有期徒刑刑期的，是否要重新予以折抵的问题”的请示，于 1963 年 12 月 14 日作出了《关于我院（63）法研字第 85 号批复下达以前处理的案件的刑事拘留期间是否重新折抵刑期问题的批复》，规定：“关于在我院〔63〕法研字第 85 号批复下达以前已处理的案件，没有把刑事拘留期间折抵有期徒刑刑期的，是否要重新予以折抵的问题，我们同意你们的意见，对于这类案件，可不必再作变动。”

其四，针对安徽省高级人民法院就“流窜盗窃犯屡拘屡逃其屡次被拘

---

① 1956 年 3 月 19 日最高人民法院针对云南省高级人民法院，作出了《关于在国外逮捕的反革命罪犯刑期之折抵从何时起算问题的复函》。

留的时间是否可以折抵刑期问题”的请示,于 1964 年 12 月 17 日作出了《关于流窜盗窃犯屡拘、屡逃其屡次被拘留的时间是否可以折抵刑期问题的批复》,规定:“罪犯屡拘屡逃,并继续犯罪,最后被逮捕判刑时,其最后一次拘留时间应予折抵刑期,以前被拘留的时间均不应折抵刑期。”

综合以上 4 个解释,具有如下几个特点:一是如此 4 个解释,全部是针对司法实践中出现的“问题”及其地方法院的“请示”而非法律文本作出的。从当时的立法来看,还不存在关于刑期折抵立法的法律文本。二是规定了域外逮捕和刑事拘留时间折抵刑期的刑期折抵制度。特别是关于域外适用的逮捕的刑期折抵规定,是我国迄今唯一关于这方面的国内规范性规定。从立法来看,域外关于刑期折抵立法大多明确规定了域外适用的羁押的刑期折抵问题,而我国除有关双边和多边条约有规定外,尚没有其他规定。从司法解释来看,也没有发现我国另外还有这方面的司法解释。三是确立了如此解释的时间效力问题,即原则上采用“从旧”原则,对允许折抵的解释出台以前的刑期折抵问题,没有溯及力(已处理的而没有折抵的,可不必再作变动)。四是确立了刑事拘留的刑期折抵的方法,即拘留 1 日折抵刑期 1 日。五是确立了刑事拘留的刑期折抵原则,但这个原则不具有一致性。表现出“可以折抵”(第 2 个解释)与“应予折抵”(第 4 个解释)也即裁定主义与必抵主义的冲突。六是部分解释的内容,如除“最后一次拘留”的拘留时间均不予折抵刑期的规定,不符合刑期折抵的精神实质和价值取向,不具有合理性,只要这些“先行羁押”的事实或行为与所判刑罚的事实或行为具有同一性或相关性,就应当折抵刑期。七是混淆了刑期折抵和刑期起算的关系。从理论上看,虽然刑期折抵和刑期起算都是刑期计算的内容,不同的刑期折抵和刑期起算制度规定都会带来不同的刑期计算,但它们的功用是根本不同的。刑期折抵,作为一种刑期计算制度,解决的是刑事实体救济和刑罚消灭等问题;而刑期起算,作为一种刑期计算制度,解决的是刑期起算点问题。从立法上看,刑期往往从判决确定之日或从判决执行之日起计算,而这些起算点之前的羁押日数,恰恰是刑期折抵的内容。八是关于刑事拘留的 3 个解释,全部是在 1962 年 3 月 22 日毛泽东同志发出“没有法律不行,刑法、民法一定要搞”的指示之后,在 1966 年之前作出的,反映了我国立法“低谷期”的前期法制状况。质言之，虽然这时毛泽东同志关于“没有法律不行，刑法、民法一定要搞”的指示还没有实现，但在刑事司法实践中已率先展现出对保障受刑人权利的重视，只可惜这个势头很快中止了。

2. 关于部分限制人身自由的刑事强制措施的刑期折抵问题

我国允许刑期折抵的“先行羁押”，原则上要求是完全限制或剥夺人身自由的情形。我国立法上作为刑事强制措施的取保候审、监视居住，均只是部分限制人身自由的情形，因而，在合法适用的情况下，它们都不发生折抵刑期问题。但在实践中，这些法定的部分限制人身自由的刑事强制措施，也经常变相地以完全限制甚至剥夺人身自由的方式适用，这时自然就出现要不要折抵刑期问题。对此，最高人民法院分别就不同具体情况作出了如下 6 个司法解释：

其一，针对河南省高级人民法院就“罪犯马长青、朱荣权的保外候审要不要折抵刑期问题”的请示，于 1978 年 11 月 17 日作出了《关于保外候审期间可否折抵刑期的批复》，规定：“对马、朱二犯保外候审的日期不予折抵刑期。”这里的“保外候审”，为稍后（1979 年）出台的《刑事诉讼法》所规定的“取保候审”所取代。从性质和内容来看，这里的“保外候审”是我国“取保候审”的雏形，后者是前者发展而来的。

其二，针对湖南省高级人民法院就“怀孕女犯被监视居住如何计算刑期”的请示，于 1983 年 4 月 20 日作出了《关于怀孕女犯被监视居住如何计算刑期问题的电话答复》，规定：“依照刑事诉讼法第三十八条的规定，对被告人监视居住的日期不应折抵刑期。”①

其三，针对有些地方就“对在押未决犯可否采用保外就医的办法”的请示，于 1984 年 11 月 26 日联合最高人民检察院、公安部作出了《关于对在押未决犯不采用保外就医办法的通知》，其中规定“对于取保候审或者监视居住的未决犯，按照《全国人民代表大会常务委员会关于刑事案件办案期限的补充规定》第四条‘取保候审或者监视居住期间，不计入刑事诉讼法规定的办案期限’，不予折抵刑期”。

---

① 本答复因“刑事诉讼法已有明确规定”而失效，并被 2013 年 1 月 14 日最高人民法院《关于废止 1980 年 1 月 1 日至 1997 年 6 月 30 日期间发布的部分司法解释和司法解释性质文件（第九批）的决定》废止。

其四,针对河南省高级人民法院就“监视居住是否折抵刑期”的请示,于1984年12月18日作出了《关于依法监视居住期间可否折抵刑期问题的批复》,规定:“依照我国刑事诉讼法第三十八条第二款的规定,‘被监视居住的被告人不得离开指定的区域’,这一强制措施只是限定了被告人的活动区域,并对被告人在此活动区域内的行动自由加以监视,而并没有规定完全限制其人身自由。依照我国刑法第三十六条、第三十九条和第四十二条的规定,只有在‘判决执行以前’或者‘判决以前先行羁押的’,即限制了人身自由的,才予折抵刑期。因此,对于被告人在被拘留或者被逮捕以前,被依法执行监视居住的期间,不予折抵刑期。但是,你院请示中所提的被告人,在被逮捕以前,是被送到县行政拘留所执行‘监视居住’的,完全限制了人身自由。这是对被告人采取的羁押措施,而不是法定的监视居住的方法。依照法律规定,如果被告人被判处刑罚的犯罪行为和被拘留或者被逮捕以前被羁押的行为系同一行为,不论羁押在何处,只要是完全限制了人身自由的,被羁押期间,即可予折抵刑期,羁押一日折抵管制刑期二日或者折抵拘役、有期徒刑刑期一日。同时,必须提出,把执行监视居住自行变成羁押,是不符合法律规定的。”①

其五,针对江西省高级人民法院就“在押未决犯保外就医期间是否折抵刑期问题”的请示,最高人民法院研究室于1996年6月7日作出了《关于取保候审、监视居住期间是否折抵刑期问题的答复》,指示“保外就医只适用于在押服刑的罪犯。对于被羁押的犯罪嫌疑人、被告人,如果患有严重疾病,可以依法变更强制措施,取保候审或者监视居住。取保候审、监视居住期间不予折抵刑期”。

其六,针对福建省高级人民法院就“监视居住期间可否折抵刑期”的请示,最高人民法院研究室于2001年11月30日作出《关于监视居住期间可否折抵刑期问题的答复》,指示“根据刑事诉讼法第五十七条的规定,监视居住并未完全剥夺犯罪嫌疑人、被告人的人身自由。监视居住的期间,不能折抵刑期”。

---

① 本批复因“刑事诉讼法已有明确规定”而失效,并被2013年1月14日最高人民法院《关于废止1980年1月1日至1997年6月30日期间发布的部分司法解释和司法解释性质文件(第九批)的决定》废止。

综合以上6个解释,具有如下特点:一是虽然这时基本上有了刑期折抵立法文本,但解释的出台仍不是司法机关主动就法律文本作出,而是受动地因地方法院就现实中出现的具体问题的"请示"作出。二是在内容上,具有一贯性,对合法适用的取保候审、监视居住的时间,一律不予折抵刑期,但若是以完全限制人身自由方式适用的,则其适用时间应当折抵刑期。事实上,在我国司法史上,对以部分限制人身自由方式适用(合法适用)的取保候审和监视居住,从未有允许刑期折抵的先例。三是这些部分限制人身自由的强制措施,在以完全限制人身自由的方式适用时就予以折抵刑期的事实表明,我国作为刑期折抵事实前提的先行羁押,不是法律形式意义上的,而是实质意义上的,即这个"先行羁押"并非只是剥夺或完全限制人身自由的刑事强制措施如刑事拘留、逮捕,还可以是任何以完全限制人身自由方式适用的,在同一事实被刑事判决或再次被刑事判决为法定可折抵的刑罚的强制措施。

3. 关于限制人身自由的非刑事强制措施的刑期折抵问题

这些措施,本不是刑事强制措施,不在刑事强制措施法定体系内,但在刑事司法实践中,它们要么为刑事拘留或逮捕等刑事强制措施的准备或辅助措施,即准刑事强制措施,如盘问留置、收容审查、隔离审查、海关扣留、管训、先行管制,要么为行政强制措施,如行政拘留,要么为司法强制措施,如各种司法拘留(包括刑事司法拘留、民事司法拘留和行政司法拘留)。在这些措施以完全或部分限制人身自由方式适用,且在行为人的行为事实又被刑事追诉和判处法定可折抵刑罚时,也可适用刑期折抵。对此,最高人民法院或单独或联合地出台了众多司法解释。具体情况如下。

(1)关于保外就医的刑期折抵问题的解释

根据法律规定,保外就医有对在押已决犯的保外就医和在押未决犯的保外就医之分。对于前者,不发生狭义的刑期折抵问题;对于后者,在司法实践中,自然就发生保外就医期是否折抵刑期问题。为此,有关机关针对此类具体情况,分别作出了3个司法解释。

其一,最高人民法院、公安部针对在押未决犯保外就医期间的计算问题,于1964年5月3日作出了《关于在押未决犯保外就医期间是否折抵刑期问题的联合批复》,规定:"根据《中华人民共和国劳动改造条例》第六十条第二项的规定，对于在押的未决犯（罪大恶极的除外），因病势严重需要保外就医的，经报请送押机关批准，可以保外就医，但应通知居住地人民公安机关加以监督。未决犯在保外就医期间，可以折抵刑期。”

其二，最高人民法院在“文化大革命”结束、全面恢复司法活动以后，对有的地方法院仍存在的如此保外就医是否还需折抵刑期的疑问，于1976年12月9日作出了《关于在押未决犯保外就医期间是否折抵刑期问题的复函》，规定：“仍按最高人民法院、公安部〔64〕法研字第38号、〔64〕公发字第284号联合批复执行。”

其三，针对后来对在押未决犯的保外就医做法被取消，对曾被适用的未决保外就医仍要不要折抵刑期的疑问，最高人民法院、最高人民检察院、公安部于1984年11月26日联合发出了《关于对在押未决犯不采用保外就医办法的通知》。一方面规定，“根据刑事诉讼法第四十条、第一百五十七条的规定，对在押未决犯不采用保外就医的办法”，“对患有严重疾病但已经逮捕，或逮捕后又患有严重疾病的在押未决犯，凡不属于本通知第二条规定的，均应当变更强制措施，采用取保候审或者监视居住的办法”。另一方面规定：“在本通知下达前，已经沿用保外就医办法的未决犯，除已进入第二审程序的要抓紧审结外，应即改用取保候审或者监视居住的办法。变更的手续，按照本条前款的规定办理。变更强制措施以前依法逮捕羁押的期间，包括保外就医的期间，仍予折抵刑期。”

以上3个解释，具有如下几个特点：一是都规定未决犯在保外就医期间，可以折抵刑期；二是折抵原则上有变化，前两个解释是规定“可以折抵”，采用的是裁定主义，最后一个解释规定“予折抵”，采用的是法定主义（必抵主义）；三是保外就医本是一种部分限制人身自由的强制措施，但在我国1979年《刑法》正式规定刑期折抵制度前，是允许折抵刑期的。这与对未决犯的保外就医在1979年《刑事诉讼法》改用取保候审、监视居住后，不允许折抵的做法截然不同。

（2）关于收容审查的刑期折抵问题的解释

所谓收容审查，是指公安机关用来对付流窜犯罪分子和流窜作案嫌疑分子而在特定范围内所采取的一种强制性审查手段。它是对那些在刑事拘留时限内无法查清主要罪行和取得必要证据的嫌疑人所采取的强制性行政审查的措施。[①] 在司法实践中,由于1954年《逮捕拘留条例》规定拘留后需在48小时内查清"可能判处死刑、徒刑"的证据以及1979年修改的《逮捕拘留条例》和《刑事诉讼法》要求在7天内查清"主要犯罪事实",[②]并决定提请或不提请逮捕。这个时间要求,相对于我国的侦查现状来说太短了,特别是在一些疑难、复杂案件中可能很难做到。公安机关为了解决办案时间不够的问题,常常采用收容审查措施,以查明犯罪分子特别是查清流窜作案和身份不明的犯罪分子。因此,在我国的刑事司法实践中,收容审查实际上是刑事拘留或逮捕等刑事强制措施的准备或辅助措施,客观上为一种准刑事强制措施。[③] 这种措施,从形成到被取消,大致经历了4个阶段,即公安机关的收容审查与民政部门的收容遣送混合管理阶段、公安机关的收容审查与民政部门的收容遣送分开管理阶段、收容审查统一于劳动教养由公安机关管理阶段和收容审查与劳动教养分别由公安机关和司法行政机关管理阶段。[④] 虽然这种措施因存在缺乏必

---

① 参见陈卫东、严军兴主编:《新刑事诉讼法通论》,法律出版社1996年版,第160页。

② 1954年12月20日通过的《逮捕拘留条例》第7条第1款规定,"公安机关拘留人犯,应当在拘留后的二十四小时以内,把拘留的事实和理由通知本级人民检察院;人民检察院应当在接到通知后的四十八小时以内,批准逮捕或者不批准逮捕;人民检察院不批准逮捕的,公安机关应当在接到通知后立即释放"。1979年2月23日修改的《逮捕拘留条例》第8条第1款规定:"公安机关拘留的人犯,需要逮捕的,应当在拘留后的三天以内,把被拘留人的犯罪事实和证据材料通知本级人民检察院。在特殊情况下,拘留的时间可以再延长四天。人民检察院应当在接到通知后的三天以内,批准逮捕或者不批准逮捕;人民检察院不批准逮捕的,公安机关应当在接到通知后立即释放,并且发给释放证明。"1979年《刑事诉讼法》延续了以上1979年2月修改的《逮捕拘留条例》的规定。

③ 笔者曾在《刑法视域的羁押探究》(载《中国社会科学院研究生院学报》2006年第4期)一文中认为,保外就医、收容审查、隔离审查、海关扣留、管训、先行管制、新生公学、群众监督劳动等是"非刑事的处置措施"。但现在看来,这种认识不甚准确。其实,在中国特定的历史条件下,这些措施在很大程度上似乎是针对进入刑事诉讼程序前的可疑人的一种预备或辅助措施,既是一些具有行政或其他非刑事性质的强制措施,也同时具有准刑事强制措施的性质。

④ 第一阶段(形成阶段)为1961年11月至1975年8月,特点是对自由流动的人口,由民政部门负责收容遣送和管理,由公安机关负责审查;第二阶段为1975年8月至1980年2月,特点是对自由流动的人口,由民政部门负责收容审查和管理,对流窜犯罪分子由公安机关负责收容审查和管理;第三阶段为1982年2月至1983年8月,特点是对有轻微违法犯罪行为又有流窜作案、多次作案、结伙作案嫌疑需收容查清罪行的人,统一于劳动教养,并将收容场所(部分)改为劳教所,由公安机关负责管理;第四阶段为1983年8月至1997年1月,特点是收容审查与劳动教养分别适用不同的对象,劳动教养划归司法行政机关管理,而收容审查(适用于有流窜作案嫌疑的人,或有犯罪行为又不讲真实姓名、住址、来历不明的人)仍由公安机关管理。

要的制约而超范围、超时限、管理混乱等问题而被1996年修正的《刑事诉讼法》取消，[①]但在我国司法史上毕竟客观地存在完全限制甚至剥夺了犯罪嫌疑人、刑事被告人的人身自由权利，因此，在司法实践中就必然产生要不要适用刑期折抵的疑问。为此，最高人民法院针对现实中出现的具体情况分别作出了如下7个司法解释：

其一，针对"文化大革命"后罪犯在公安机关适用的收容审查期间的计算问题，于1978年7月11日作出了《关于罪犯在公安机关收容审查期间可否折抵刑期的批复》，规定："收容审查日期可以折抵刑期。至于折抵办法，应以收容一日折抵刑期一日。"

其二，针对"〔78〕法办研字第14号批复下达以前，已判处的有期徒刑罪犯，收容审查日期没有折抵刑期"以及"犯人在判刑前多次被收容审查，应如何折抵刑期的问题"等几个具体问题，于1979年1月19日作出了《关于罪犯在公安机关收容审查期间折抵刑期两个具体问题的批复》，规定："在我院〔78〕法办研字第14号批复下达以前，已判处的有期徒刑罪犯，收容审查日期没有折抵刑期，现在是否予以折抵的问题，我们同意你们的意见，对这类犯人中仍在服刑的，可予以折抵；已服刑期满的，即不必再作变动"；"犯人在判刑前多次被收容审查，应如何折抵刑期的问题，我们同意你们的意见，应以最后一次收容审查（即与逮捕、起诉相衔接的那次收容审查）的日期折抵刑期"。[②]

其三，针对"罪犯于逮捕、判刑前在'强劳队'、'不法人员学习班'、'群专队'和'民兵指挥部'受审查的日期"的计算问题，在征求最高人民检察院和公安部的意见后，于1979年6月11日作出了《关于罪犯被收容审查日期折抵刑期问题的批复》，规定"某些地方公安机关办的'强劳队'、'不法人员学习班'、'收容审查站'，以及'群专队'、'民兵指挥部'办的收容审查等，都应折抵刑期。对此问题的处理：已经刑满释放的，不再变动；正在服刑的，可由原判法院根据实际情况，重新补发执行通知书，

① 参见胡康生、李福成主编：《中华人民共和国刑事诉讼法释义》，法律出版社1996年版，第75页。

② 本批复因"刑事诉讼法已取消收容审查，批复不再适用"而失效，并被2012年8月21日最高人民法院《关于废止部分司法解释和规范性文件（第八批）的决定》废止。

减去其被收容审查的时间；尚未判决的，判决时要按收容审查日期折抵刑期的规定，填发执行通知书。有的押过了头，可以向其说明情况，一般不给予什么‘经济补偿’”。[①]

其四，针对罪犯在判刑前被公安机关收容审查和因同一犯罪行为被行政拘留的日期是否继续折抵刑期的问题，于1981年9月17日作出了《关于罪犯在判刑前被公安机关收容审查、行政拘留的日期仍应折抵刑期的复函》，规定“仍应按照我院1978年7月11日《关于罪犯在公安机关收容审查期间可否折抵刑期的批复》、1979年1月19日《关于罪犯在公安机关收容审查期间折抵刑期两个具体问题的批复》和1957年9月30日《关于行政拘留日期应否折抵刑期等问题的批复》的规定，予以折抵刑期”。同时强调，“最高人民法院、最高人民检察院、公安部1981年3月18日《关于侦查羁押期限从何时起算问题的联合通知》是解释刑事诉讼法第九十二条规定的对被告人在侦查中的羁押不得超过二个月的期限应从何时起算的问题。我院上述三个批复的规定，则是解决罪犯被收容审查和因同一犯罪行为被行政拘留而实际上剥夺了人身自由的时间也应计算折抵刑期的问题。这三个批复与《联合通知》并不矛盾，仍应继续执行”。[②]

其五，针对1983年“严打”期间有些被告人曾被收容审查于看守所与临时收审点的不同情况，于1983年12月30日作出了《关于人民法院审判严重刑事犯罪案件中具体应用法律的若干问题的答复（二）》，规定：“在严厉打击刑事犯罪活动的斗争中，有的被告人，在被人民检察院批准逮捕前，已先被公安机关收容审查，如果当时实际上已被剥夺了人身自由，人民法院在判刑时应参照刑法的有关规定予以折抵刑期。”[③]

---

① 本批复因“刑事诉讼法已取消收容审查，批复不再适用”而失效，并被2012年8月21日最高人民法院《关于废止部分司法解释和规范性文件（第八批）的决定》废止。

② 本复函因1996年修改的《刑事诉讼法》取消了1979年的《刑事诉讼法》中规定的收容审查制度和1996年颁布的《行政处罚法》规定了行政拘留的刑期折抵制度而于1996年失效。

③ 本答复因“答复依据已被废止，不再适用”而失效，并被2013年1月14日最高人民法院《关于废止1980年1月1日至1997年6月30日期间发布的部分司法解释和司法解释性质文件（第九批）的决定》废止。

其六,针对因同一犯罪事实两次被收容审查的情形,于1990年2月6日作出了《关于因同一犯罪事实两次被收容审查应如何折抵刑期问题的电话答复》,规定:“因同一犯罪事实两次被收容审查,其第一次和第二次被收容审查的日期均应折抵刑期。”①

其七,针对被告人被收容审查决定经行政判决撤销的情况,于1995年9月13日作出了《关于收容审查决定经行政判决撤销后被收审人又因同一事实被判刑原收审日期应否折抵刑期的答复》,规定:“公安机关的收容审查决定经人民法院行政判决撤销,被收审人依法获得赔偿后,又因同一事实被人民法院判处刑罚的,其被收容审查的日期不予折抵刑期。”②

以上7个解释,具有如下几个特点:一是对收容审查的日期折抵刑期作出了制度性规定。二是强调了刑期折抵的“关联性”问题,即被收容审查和因同一犯罪行为被行政拘留而实际上剥夺了人身自由的时间就应折抵刑期;收容审查决定经行政判决撤销后被收审人又因同一事实被判刑原收审日期应折抵刑期;等等。特别是规定了具有关联性的两个性质相同或不同的剥夺或限制人身自由的强制措施的适用时间都需折抵刑期问题。三是在折抵原则上,都采用了强行必抵主义,即所有关于收容审查时间在原则上都“应”折抵刑期。四是对收容审查的实体救济采用了“一事不二理”的原则,即对获得赔偿救济的收容审查时间不再给予刑期折抵的救济方式。显然,这个做法是合理的,因为,从性质上看,无论刑期折抵还是国家行政赔偿,都是“羁押”的一种实体救济方式。五是这些解释跨新中国第一部刑期折抵立法前后,但在各解释内容上基本上具有一致性,这是很难能可贵的。

(3)关于隔离审查的刑期折抵问题的解释

像收容审查一样,隔离审查也本不是刑事强制措施,但在我国的刑事

---

① 本答复因“收容审查制度已被取消,答复不再适用”而失效,并被2013年1月14日最高人民法院《关于废止1980年1月1日至1997年6月30日期间发布的部分司法解释和司法解释性质文件(第九批)的决定》废止。

② 本答复因1996年3月17日修改后的《刑事诉讼法》取消了1979年《刑事诉讼法》中规定的收容审查制度而失效。

司法实践中，它也往往是刑事拘留或逮捕等刑事强制措施的准备或辅助措施，为一种准刑事强制措施。这种措施显然不是刑事诉讼中的羁押。但被审查人又客观地被完全限制甚至剥夺了人身自由，因此，在司法实践中就必然产生要不要适用刑期折抵的疑问。为此，最高人民法院针对不同特定时期的具体隔离审查措施，作出了5个相应解释：

其一，针对罪犯在逮捕前被送进看守所隔离审查的情形，于1978年10月21日作出了《关于罪犯被捕前在看守所隔离审查日期可否折抵刑期的批复》，规定："对此种隔离审查日期可予折抵刑期，折抵办法以隔离审查一日折抵刑期一日；已经刑满释放的，可不必再作变动。至于有的罪犯原系国家职工，在看守所隔离审查期间仍照发工资，是否折抵刑期的问题，我们认为，这些人被送进看守所后，人身自由已受到剥夺，故对其隔离审查日期仍应予以折抵刑期为宜。"①

其二，针对"罪犯在逮捕、判刑前被'行政看管'、'隔离审查'的日期可否折抵刑期和是否需追回在'看管'和'隔离'期间已发工资"的问题，于1979年4月27日作出了《关于罪犯在逮捕前被"隔离审查"的日期可否折抵刑期的复函》，规定："'行政看管'、'隔离审查'都不是法律措施，本不应折抵刑期。但考虑到'文化大革命'期间，国家法制遭到林彪、'四人帮'的严重破坏，以'行政看管'、'隔离审查'代替逮捕、拘留的现象相当普遍，被'看管'、'隔离'的人，人身自由事实上被剥夺了。因此，可作为'文化大革命'期间遗留的特殊问题妥善解决。凡《中华人民共和国逮捕拘留条例》公布前被'看管'、'隔离'的，现在判决时，'看管'和'隔离'的时间可折抵刑期。"②"折抵办法以'看管'、'隔离'一日折抵刑期一日。至于已经判处有期徒刑的罪犯，'看管'或'隔离'日期没有折抵刑期的问题，我们意见，现仍在服刑的，可补行折抵；已服刑期满的，即不

① 本批复因"隔离审查属违法行为，不得适用，批复实际上已失效"而被2012年8月21日最高人民法院《关于废止部分司法解释和规范性文件（第八批）的决定》废止。

② 此部分实际上是1979年4月16日中国人民解放军军事法院《关于罪犯在逮捕前被"隔离审查"的日期可否折抵刑期的请示》中的内容，之所以把它列入该复函中，是因为该复函关于是否折抵没有直接回答，而是用了一个"我们同意你们的意见"。

必再作变动。”[①]

其三，针对刑满和劳教期满留场（厂）就业人员重新犯罪后在劳改机关禁闭审查期间的计算问题，于1979年9月24日作出了《关于留场（厂）就业人员重新犯罪后在劳改机关禁闭审查日期应否折抵刑期的批复》，[②]规定“同意你们提出的处理意见”，即“在受理劳改机关报来刑满、劳教期满留场（厂）就业人员重新犯罪的案件中，经常碰到罪犯在报请逮捕前先予禁闭审查时间较长，禁闭期间是否折抵刑期问题，我们的意见是：一、劳改机关对刑满、劳教期满留场（厂）就业人员重新犯罪的案件，基本上是在案发后，由场队领导批准先将犯罪分子禁闭审查，调查清楚后，再报请逮捕。禁闭审查日期往往长达数月，多达一、二年的也不少。关押在禁闭室的生活待遇，基本上与关押在看守所的罪犯相似。不折抵刑期，不利于对罪犯的服刑改造。为此，参照关于罪犯在公安机关收容审查期间予以折抵刑期的精神，禁闭审查日期应当予以折抵刑期。对这类犯人中现仍在服刑的，可予以折抵，已服刑期满的，可不必再作变动。二、犯人在判刑前，有的多次被禁闭审查，禁闭日期的折抵应以最后一次禁闭审查（即与逮捕、起诉相衔接的那次禁闭审查）的日期折抵刑期”。[③]

其四，针对“文化大革命”期间遗留的罪犯在逮捕判刑前被隔离审查的日期的计算等特殊问题和对揭批“四人帮”斗争中清查出来的犯罪分子在逮捕判刑前被隔离审查的日期的计算问题，于1980年4月17日作出了《关于揭批“四人帮”斗争中清查出来的犯罪分子在逮捕前被隔离审查的日期可否折抵刑期的批复》，规定：“关于罪犯在逮捕判刑前被隔离审查的日期可否折抵刑期的问题，我院〈79〉法办研字第14号给

---

① 本复函因“隔离审查属违法行为，不得适用，复函实际上已失效”而被2012年8月21日最高人民法院《关于废止部分司法解释和规范性文件（第八批）的决定》废止。

② 本批复因“禁闭审查属违法行为，劳改机关不得适用，批复不再适用”而失效，并被2012年8月21日最高人民法院《关于废止部分司法解释和规范性文件（第八批）的决定》废止。

③ 参见上海市高级人民法院《关于留场（厂）就业人员重新犯罪后在劳改机关禁闭审查期间应否折抵刑期的请示报告》（〔79〕沪高法办字第702号）。同时，该批复也指出：“对于留场（厂）就业人员重新犯罪的案件，应由当地公安机关、人民检察院和人民法院按照法律规定的程序处理。过去有的劳改机关对这类案件的被告人先禁闭审查，然后报请逮捕，这种做法是违反法律规定的，今后不应采用，请你们转告有关的劳改机关。”

军事法院的复函,同意作为‘文化大革命’期间遗留的特殊问题,对隔离审查日期可予折抵刑期”;“对揭批‘四人帮’斗争中清查出来的犯罪分子在逮捕判刑前被隔离审查的日期可否折抵刑期的问题,经我们研究认为,对此问题仍可参照上述复函办理。但应指出,刑法、刑事诉讼法实行以后,刑期折抵问题应当按照刑法关于羁押日期折抵刑期的规定办理”。①

其五,针对“贪污、受贿案件,被告人在逮捕前,已由县纪检、监察部门放到招待所隔离审查”的问题,于1991年12月17日作出了《关于隔离审查日期可否折抵刑期问题的电话答复》,规定:“你院请示中所提到的被告人,在被逮捕前被隔离审查期间,事实上完全限制了人身自由。这是对被告人采取的羁押措施。根据我院1984年(84)法研字第16号《关于依法监视居住期间可否折抵刑期问题的批复》的原则,如果被告人被判处刑罚的犯罪行为和被拘留或者被逮捕以前被羁押的行为系同一行为,不论羁押在何处,只要是完全限制了人身自由的,被羁押期间,即应予折抵刑期,羁押一日折抵管制刑期二日或者折抵拘役、有期徒刑刑期一日。”②

以上5个解释,具有如下几个特点:一是对于隔离审查时间都予以折抵刑期,作出了一贯的规定。二是在折抵原则上,在1979年《刑法》施行前,出现了混乱现象,表现为“可以折抵”与“应予折抵”的不加区分,从而出现裁定主义与法定主义的混用现象;而在1979年《刑法》施行后,统一采用的是法定主义的原则也即“应予折抵”,这与1979年《刑法》对刑期折抵采取的是法定主义的折抵原则相一致。三是对这些解释的时间效力问题作出了规定。其中,在新解释的溯及力问题上采取的是从新原则并兼顾判决的相对稳定性。具体而言,关于刑期折抵的司法解释出台后,对正在服刑的罪犯的隔离审查时间没有折抵刑期

---

① 本批复因“该批复是对特定历史时期遗留问题的处理意见,现已不再适用”而被1996年12月31日最高人民法院《关于废止1979年至1989年间发布的部分司法解释的通知(第二批)》废止。

② 本答复因“社会形势发生变化,不再适用”而失效,并被2013年1月14日最高人民法院《关于废止1980年1月1日至1997年6月30日期间发布的部分司法解释和司法解释性质文件(第九批)的决定》废止。

的，采用裁定主义，允许补折；但考虑判决的相对稳定性，对于已执行期满的罪犯，不作变动。对于前者，采取了有利于罪犯原则，是合理的；对于后者，显然是不公平的，若是出现在 1995 年《国家赔偿法》出台后，应给予适当的国家赔偿。四是对隔离审查采取的是实质性界定，即只要是为了“审查”目的而进行的对人身自由的限制或剥夺，都纳入这里的隔离审查范围，都须折抵刑期，从而弱化了隔离审查的主体问题。综观以上解释，这些隔离审查包括公安机关在看守所实施的隔离审查、军事机关在部队实施的隔离审查和纪检、监察机关在招待所实施的隔离审查等情形。显然，这些解释，更符合刑期折抵制度的价值取向，更利于保障被适用者的人权，是合理的。五是对多次实施的同一性质的行为，只有最后一次予以折抵刑期的规定，既违背刑期折抵的关联性要求和刑期折抵制度的价值取向，也与前述关于收容审查等的相关解释不相协调，因而是不合理的。

(4)关于海关扣留的刑期折抵问题的解释

像收容审查和隔离审查一样，海关扣押也本不是刑事强制措施，但在我国的刑事司法实践中，它也往往是刑事拘留或逮捕等刑事强制措施的准备或辅助措施，是一种准刑事强制措施。这种措施显然不是刑事诉讼中的羁押。但被扣押人又客观地被完全限制甚至剥夺了人身自由，因此，在司法实践中就必然产生要不要适用刑期折抵的疑问。为此，最高人民法院针对山东省高级人民法院“关于海关扣留走私罪嫌疑人的时间可否折抵刑期的问题”的请示，于 1988 年 2 月 9 日作出了《关于海关扣留走私罪嫌疑人的时间可否折抵刑期的批复》，规定：“海关法第四条第(四)项中规定：‘对走私罪嫌疑人，经关长批准，可以扣留移送司法机关，扣留时间不超过二十四小时，在特殊情况下可以延长至四十八小时。’该条规定的扣留，是限制了人身自由的。我们同意你院意见，人民法院对犯走私罪的被告人作出刑事判决后，原在海关扣留的时间可以折抵刑期，扣留一日折抵刑期一日。”[1]

---

① 本批复因“批复依据已被修正，不再适用”而失效，并被 2013 年 1 月 14 日最高人民法院《关于废止 1980 年 1 月 1 日至 1997 年 6 月 30 日期间发布的部分司法解释和司法解释性质文件(第九批)的决定》废止。

(5)关于管训的刑期折抵问题的解释

所谓管训,是指公安机关在管训队对判刑前的犯罪嫌疑人实施的特种教育措施。该措施除交保在外者外,被管训者的身体自由即已受到限制,管训队生活和看守所生活虽有某些不同,但剥夺自由的性质,基本上是相同的。像前述措施一样,管训也本不是刑事强制措施,但在我国的刑事司法实践中,它也往往是刑事拘留或逮捕等刑事强制措施的准备或辅助措施,为一种准刑事强制措施。这种措施显然不是刑事诉讼中的羁押,但被管训人又客观地被完全限制甚至剥夺了人身自由,因此,在司法实践中就必然产生要不要适用刑期折抵的疑问。为此,最高人民法院针对最高人民法院西北分院"关于犯人在公安机关管训期间是否可以折抵刑期的问题"的请示,于 1950 年 10 月 1 日作出了《关于犯人在公安机关管训期间的折抵刑期问题的复函》,规定:"犯人判刑前在公安机关管训队实施管训期间,其身体自由即已受到限制,管训队生活和看守所生活虽有某些不同,但剥夺自由的性质,基本上是相同的,因此除交保在外者外,管训期间是可以折抵刑期的。至折抵办法应以一日折抵一日。"①

(6)关于先行管制的刑期折抵问题的解释

在 1952 年前的新中国刑事司法实践中,管制只是一种行政性处罚措施,适用于在历史上有罪恶,而在新中国成立后既无悔改表现,也无现行犯罪活动的历史反革命分子。这种被作为逮捕前的先行措施适用,被称为"机关管制"(为区分于现在作为刑罚方法的"管制",以及突出其"先行性",在此称之为"先行管制")。1952 年《惩治贪污条例》开始把管制规定为一种刑罚方法。② 根据后来《刑法》的规定,管制是一种刑罚方法,属主刑中最轻的刑种。"先行管制",因客观地被完全限制甚至剥夺了人身自由,在司法实践中也必然产生要不要适用刑期折抵的疑问。为此,最高人民法院先后出台了 2 个"要不要折抵"的司法解释。

---

① 本复函是对特定历史时期作为行政性强制措施的"管训"的刑期折抵问题的处理意见,现已不再适用。

② 参见曾庆敏主编:《法学大辞典》,上海辞书出版社 1998 年版,第 433 页。

其一,最高人民法院刑事审判庭针对最高人民法院华北分院“关于三反运动中贪污犯在判决以前在机关之管制期间,是否能顶算刑期的问题”的请示,于1952年10月23日作出了《对于贪污犯在判决以前的机关管制期间能否顶算刑期的意见的函》,规定:“贪污犯在逮捕法办前,已经机关管制,是在实际上已失去自由,我们认为,应从限制自由日起,按日顶算刑期”;“本院1951年6月25日批复华东分院对于被告裁判前羁押日数,一日折抵刑期一日的意见,①可以参考”。②

其二,最高人民法院针对“关于三反运动中被判处刑事处分的贪污分子,其刑期如何起算的问题”,经与中央有关机关研究,于1953年11月28日发出了《关于三反运动中被判处徒刑、劳役或机关管制的贪污分子其刑期起算问题的通知》,规定:“三反运动中被判处徒刑、劳役或机关管制的贪污分子,其刑期应从判决确定后交付执行之日起算。判决确定前在机关反省或限制行动自由的期间,除判决书已注明折抵外,均不予折抵;但在判决前如已经公安、司法部门羁押,或经宣布逮捕法办,虽未送公安、司法部门羁押,而事实上与羁押在公安、司法部门之看守情形相同者,其羁押或与羁押情形相同的限制行动自由的期间,应以一日折抵刑期一日。”③

(7)关于新生公学的刑期折抵问题的解释

新生公学是我国1949年年底设立的审查被认为有历史问题的人的特殊教育学校。其设立背景是:新中国成立前后这段时间里,革命形势飞速发展,为了解放全中国,建设新中国,部队、机关吸收了许多新的成员。在这个过程中,也随之出现了泥沙俱下、鱼龙混杂的情况,一些原国民党政机关的人员乃至特务也混进了队伍,还有一些人历史背景复杂,身份一时难辨,对这些人,各单位、各学校一时难以查清,也难以处理。为了解决这部分人的问题,成立了新生公学,专门接纳各学校、单位送来的那

① 参见《法院工作通讯》1952年第4期。

② 本函因只是针对特定历史时期的特定行政性强制措施的“管制”(与1979年《刑法》规定的作为刑罚措施的“管制”不同)的刑期折抵问题的处理意见,现已不再适用。

③ 本通知因只是针对特定历史时期的特定行政性强制措施的刑期折抵问题的处理意见,现已不再适用。

些有历史问题的人。新生公学人数最多达近2000人。这些人入学以后，经过一段时间的学习审查分别作出处理。1958年3月3日最高人民法院针对河北省高级人民法院“关于在新生公学期间应否折抵刑期问题”的请示，经与有关部门联系，作出了《关于在新生公学期间应否折抵刑期问题的批复》，规定：“新生公学不是管训队的性质，在校期间，不应折抵刑期。”①

(8)关于在逮捕前交“群众监督劳动”的刑期折抵问题的解释

1982年9月8日，最高人民法院针对湖南省高级人民法院“关于你省在揭批‘四人帮’斗争中清查出来的犯罪分子唐忠富在逮捕前交‘群众监督劳动’的日期，可否折抵刑期的问题”的请示，作出了《关于在逮捕前交“群众监督劳动”的日期可否折抵刑期问题的批复》，规定：“鉴于犯罪分子唐忠富在交‘群众监督劳动’时，曾被限制了人身自由和政治权利，并在待遇上停发了工资。因此，可以参照我院1980年4月17日(80)法研字第13号《关于揭批‘四人帮’斗争中清查出来的犯罪分子在逮捕前被隔离审查的日期可否折抵刑期的批复》办理，即：作为‘文化大革命’遗留的特殊问题，对犯罪分子唐忠富在逮捕前交‘群众监督劳动’的日期，可以折抵刑期，办法是以‘群众监督劳动’一日折抵刑期一日。”②

(9)关于行政拘留的刑期折抵问题的解释

行政拘留本是一种行政处罚措施，但在实践中，有时由于办案机关掌握的情况不实等原因，难免会出现本为犯罪行为而以行政处罚方式适用了行政拘留的情况。在案件又要被刑事追诉和处刑时，原处的行政拘留是否应当作为这里的羁押进行刑期折抵，在1996年始有法律也即《行政处罚法》作出了规定。③ 在此之前，因行政拘留的非刑事强制措

---

① 本批复因1979年颁布的《刑法》立法及司法中没有规定该制度而自此失效。

② 本批复因“该批复是对个案问题的处理意见，现已不再适用”而被1996年12月31日最高人民法院《关于废止1979年至1989年间发布的部分司法解释的通知(第二批)》废止。

③ 该法第28条第1款关于“行政拘留折抵刑期”的规定，也即“违法行为构成犯罪，人民法院判处拘役或者有期徒刑时，行政机关已经给予当事人行政拘留的，应当依法折抵相应刑期”，实际上是对刑法关于“羁押的刑期折抵”规定的具体化。这样，“被刑事追诉的行政拘留”转换为这里的羁押，实际上已有“附属刑法规范”的确认。

施性质及其刑期折抵问题没有法律规定。于是,最高人民法院针对具体情况,分别作出了如下 4 个司法解释:

其一,针对浙江省高级人民法院“关于行政拘留是否可以折抵刑期等问题”的请示,于 1957 年 9 月 30 日作出了《关于行政拘留日期应否折抵刑期等问题的批复》,其中规定[①]:“如果被告人被判处刑罚的犯罪行为和以前受行政拘留处分的行为系同一行为,其被拘留的日期,应予折抵刑期;如果被判处刑罚的是另一犯罪行为,则其被拘留的日期当然不应折抵刑期。”[②]

其二,针对山东省、甘肃省高级人民法院“关于罪犯在判刑前被公安机关收容审查和因同一犯罪行为被行政拘留的日期是否继续折抵刑期的问题”的请示,于 1981 年 9 月 17 日作出了《关于罪犯在判刑前被公安机关收容审查、行政拘留的日期仍应折抵刑期的复函》,其中规定“仍应按照我院……1957 年 9 月 30 日《关于行政拘留日期应否折抵刑期等问题的批复》的规定,予以折抵刑期”,并强调“最高人民法院、最高人民检察院、公安部 1981 年 3 月 18 日《关于侦查羁押期限从何时起算问题的联合通知》是解释刑事诉讼法第九十二条规定的对被告人在侦查中的羁押不得超过二个月的期限应从何时起算的问题。我院上述三个批复的规定,则是解决罪犯被收容审查和因同一犯罪行为被行政拘留而实际上剥夺了人身自由的时间也应计算折抵刑期的问题。这三个批复与《联合通知》并不矛盾,仍应继续执行”。[③]

其三,针对湖北省高级人民法院“关于罪犯两次被行政拘留的拘留期

① 另规定:“关于人民检察院或被害人对因违警行为而受过行政拘留处分的人又向人民法院提起公诉或自诉的,如果被告人的行为构成犯罪,应予处刑的,法院应予受理。”

② 本批复因“已被刑法及相关司法解释代替”而失效,并被 2012 年 8 月 21 日最高人民法院《关于废止部分司法解释和规范性文件(第八批)的决定》废止。

③ 本批复因“刑事诉讼法已取消收容审查,批复不再适用”而失效,并被 2012 年 8 月 21 日最高人民法院《关于废止部分司法解释和规范性文件(第八批)的决定》废止。

是否折抵刑期的问题”的请示,[①]于1988年2月23日作出了《关于行政拘留日期折抵刑期问题的电话答复》,规定:“我院1957年法研字第20358号批复规定:‘如果被告人被判处刑罚的犯罪行为和以前受行政拘留处分的行为系同一行为,其被拘留的日期,应予折抵刑期。’这里所说的‘同一行为’,既可以是判决认定同一性质的全部犯罪行为,也可以是同一性质的部分犯罪行为。只要是以前受行政拘留处分的行为,后又作为犯罪事实的全部或者一部分加以认定,其行政拘留的日期即应予折抵刑期。”[②]

其四,针对一些高级人民法院“关于公安机关的治安管理处罚决定生效后,当事人在法定期间内未提起行政诉讼,而向人民法院提起刑事自诉的,人民法院是否应当受理的问题”的请示,于1993年9月3日作出了《关于人民法院应否受理当事人不服治安管理处罚而提起的刑事自诉问题的批复》,[③]其中规定:“被告人被判处管制、拘役或者有期徒刑的,如果其在原治安管理处罚决定中已受过拘留处罚,应当将拘留处罚天数折抵刑期。”

(10)关于劳动教养的刑期折抵问题的解释

劳动教养本是一种对那些有轻微违法犯罪行为、尚不够刑事处罚需

---

① 1988年1月18日鄂法研字(1988)3号《湖北省高级人民法院关于行政拘留日期折抵刑期问题的请示报告》的请示:“罪犯胡治雄(男,现年22岁)因流氓和盗窃罪于1984年被分别判刑七年和五年,决定执行十一年。在此之前,胡于1982年曾因流氓活动和结伙殴打他人被行政拘留过两次,一次十天、一次十五天。1984年在追究其流氓犯罪行为中,除了新的流氓犯罪事实外,也对胡的上述违法行为作为流氓犯罪事实加以认定。对胡两次被行政拘留的拘留期是否折抵刑期的问题意见不一。一种意见认为:根据最高人民法院1957年法研字第20358号文的规定,犯罪行为和以前受行政拘留处分的行为系同一行为,应折抵刑期。这里所指的‘同一行为’是指判决认定同一性质的全部犯罪事实或部分犯罪事实,只要是以前被行政拘留的行为,后又作为犯罪认定,都应折抵刑期。另一种意见认为:最高法院批复所指的‘同一行为’是指判决认定同一性质的全部犯罪事实,上述胡的流氓犯罪仅是判决认定流氓罪的一部分,不属于‘同一行为’,应不予折抵刑期。不知上述哪一种理解适当,特予请示,请给予答复。”

② 本答复因“行政处罚法已规定”而被2019年7月8日最高人民法院《关于废止部分司法解释(第十三批)的决定》废止。其实,本答复以“行政处罚法已规定”为由予以废止是不合适的。因为,这个答复所解释的“同一行为”在行政处罚法对行政拘留的刑期折抵作了规定后,仍然适用。

③ 规定“治安管理处罚决定生效后,当事人在法定期间内未就治安管理处罚决定提起行政诉讼,而就同一事实向人民法院提起刑事自诉的,只要符合刑事诉讼法的有关规定,并且被告人的行为是在追诉时效期限内的,人民法院均应受理。经审理如果认为被告人的行为构成犯罪,应当依法追究刑事责任”。

要进行强制劳动的人适用的教育改造措施和治安行政处罚措施。[①] 这种措施本是一种行政处罚措施，但它又客观地限制甚至剥夺了人身自由，因此，在司法实践中就必然产生要不要适用刑期折抵的疑问。为此，1981年7月6日最高人民法院针对安徽省高级人民法院“关于劳动教养日期可否折抵刑期的问题”的请示，征求了最高人民检察院和公安部的意见，作出了《关于劳动教养日期可否折抵刑期问题的批复》，规定：“如果被告人被判处刑罚的犯罪行为和被劳动教养的行为系同一行为，其被劳动教养的日期可以折抵刑期；至于折抵办法，应以劳动教养一日折抵有期徒刑或拘役的刑期一日，折抵管制的刑期二日。在本批复下达以前，已判处有期徒刑、拘役和管制的罪犯，劳动教养日期没有折抵刑期，现仍在服刑的，可补行折抵；已服刑期满的，即不必再作变动。”[②]

(11)关于司法拘留的刑期折抵问题的解释

司法拘留(具体包括民事司法拘留、行政司法拘留和刑事司法拘留)本是为了保证诉讼活动的正常和顺利进行，对严重妨害诉讼秩序而又构不成犯罪的人所采取的一种兼有保障性和惩罚性的司法保障措施，而不是这里的羁押。但在司法实践中，有些被拘留者还可能要被刑事追诉和处刑。因此，在司法实践中就必然产生要不要适用刑期折抵的疑问。为此，1998年4月17日最高人民法院在《关于审理拒不执行判决、裁定案件具体应用法律若干问题的解释》中作出了规定，“人民法院依法对拒不执行判决、裁定的人定罪判刑，先行司法拘留的日期应当折抵刑期”(第8条第2款)。对此种情况，详见第四章中的分析。

4. 关于已执行的自由刑罚的刑期折抵问题

如前所述，“未决羁押”和“已执行的自由刑”，都可成为刑期折抵的“先行羁押”。在已执行的刑罚与新宣告的刑罚之间，也可成立和进行刑期折抵。[③] 是否发生刑期折抵，其关键在于这两个刑罚间是否有特定的

---

① 参见1980年2月29日国务院《关于将强制劳动和收容审查两项措施统一于劳动教养的通知》。

② 本批复因“劳动教养制度已废除，不再适用”而被2019年7月8日最高人民法院《关于废止部分司法解释(第十三批)的决定》废止。

③ 只不过，这种刑期折抵只是刑罚间的刑期折抵，而不是未决羁押与判决中确定的刑罚间的折抵。

牵连关系,如已执行的刑罚是否为在其后的程序中的其他刑罚所代替。若被部分或全部代替则发生刑期折抵;若不被部分或全部代替则不发生刑期折抵。例如,对于已执行的管制期间若被折抵同一行为又被改判为拘役或有期徒刑的刑期,则也应是刑期折抵问题。这样,从这个角度而言,犯“新罪”或被发现的“漏罪”在适用数罪并罚时对已执行刑罚刑期的“扣减”,在本质上是刑期折抵在数罪并罚中的应用。也正是基于这样的道理,关于刑期折抵的司法解释还包括8个关于刑罚的刑期折抵的解释。

(1)关于监外执行与刑罚间的刑期折抵问题的司法解释

其一,1956年1月26日,最高人民法院针对湖南省高级人民法院“关于怀孕女犯保外如何计算刑期”的请示,作出了《关于怀孕女犯保外如何计算刑期问题的批复》,规定:“按劳改条例第三十七条和第一款第三项的规定,是指怀孕女犯不许收押,此时刑罚尚未开始执行,不发生刑期计算问题,来文所说女犯刘金秀被判处徒刑一年,扣押后发现怀孕,如果此时判决尚未发生法律效力,应该延期执行;如果判决已经发生法律效力,正在执行,参照劳改条例第三十七条第一款第三项规定不收押怀孕女犯的精神,可以比照同条例第六十条的规定,经主管人民公安机关审核批准后,取保监外执行,并通知犯人所在地人民公安机关加以监督。犯人在监外期间,算入刑期之内。”①

其二,1990年3月30日,最高人民法院研究室针对广东省高级人民法院“关于监外执行的罪犯重新犯罪后的时间是否计入服刑期”的请示,作出了《关于监外执行的罪犯重新犯罪的时间是否计入服刑期问题的答复》,规定:“1989年8月30日最高人民法院、最高人民检察院、公安部、司法部〔89〕高检会(监)字第7号《关于依法加强对管制、剥夺政治权利、缓刑、假释和暂予监外执行罪犯监督考察工作的通知》第五条规定:‘经过批准外出的监外罪犯,其被许可外出的期间,应计入执行期,但超过许可的时间不计入执行期;对于未经批准而擅自离开所在地域的监外罪犯,其外出期间,不得计入执行期。’据此,对于监外执行的罪犯擅自离开居住

---

① 法研字第730号。本批复因“刑事诉讼法及相关司法解释已有规定”而失效,并被2012年8月21日最高人民法院《关于废止部分司法解释和规范性文件(第八批)的决定》废止。

地到外地犯罪的这段时间,不得计入服刑期。”“刑事诉讼法第一百五十七条规定,罪犯暂予监外执行,由有关部门执行和监督。劳动改造条例第六十条规定,经批准监外执行的罪犯,其在监外期间,计入刑期以内。据此,暂予监外执行的罪犯,从其被准予监外执行之日起至犯新罪后新判决执行前这段时间,应视为所服前罪判决的刑期。但是,在此期间,如前罪判决已执行完毕而尚在羁押的,其羁押日期应折抵新判决判处的刑期。”①

(2)关于管制刑与徒刑间的刑期折抵问题的司法解释

其一,1958 年 4 月 7 日,最高人民法院针对安徽省、辽宁省高级人民法院“关于管制的刑期可否折抵徒刑刑期的问题”,作出了《关于管制期间可否折抵徒刑刑期问题的复函》,规定:“徒刑的刑罚较管制的刑罚为重,徒刑和管制的执行方法也不同,徒刑是在劳动改造机关监管执行,而管制并不这样执行。因此,管制的刑期不宜折抵徒刑的刑期。”

其二,1963 年 7 月 27 日,最高人民法院针对甘肃省高级人民法院“关于管制的刑期可否折抵有期徒刑刑期”的请示,作出了《关于管制的刑期可否折抵有期徒刑刑期问题的批复》,规定:“经与最高人民检察院和公安部研究认为,管制的刑期不能折抵有期徒刑的刑期。至于罪犯马永康被判处管制后,由公安机关送往酒泉夹边沟劳教农场劳动的一段时间,仍属执行管制的刑期,同样不能折抵有期徒刑的刑期。”

其三,1986 年 10 月 6 日,最高人民法院研究室针对内蒙古自治区高级人民法院刑二庭“关于管制刑期能否折抵有期徒刑刑期”的电话请示,作出了《关于管制刑期能否折抵有期徒刑刑期问题的电话答复》,指示:“1958 年我院曾以法研字 58 号批复答复辽宁、安徽省高级法院:‘管制的刑期不宜折抵徒刑的刑期’。故该犯已执行的管制刑期,不宜折抵为有期徒刑的刑期。但是,在改判时,考虑到被告人已执行管制一年的实际情况,可适当酌情从轻处罚。”

(3)关于错判服刑期与刑罚间的刑期折抵问题的司法解释

1983 年 8 月 31 日,最高人民法院研究室针对湖北省高级人民法院

---

① 本答复因“原依据的劳动改造条例已失效,不再适用”而失效,并被 2013 年 1 月 14 日最高人民法院《关于废止 1980 年 1 月 1 日至 1997 年 6 月 30 日期间发布的部分司法解释和司法解释性质文件(第九批)的决定》废止。

“关于因错判在服刑期‘脱逃’后确有犯罪其错判服刑期限可否与后判刑期折抵”的请示，作出了《关于因错判在服刑期“脱逃”后确有犯罪其错判服刑期限可否与后判刑期折抵问题的电话答复》，规定：“对被错判徒刑的在服刑期间‘脱逃’的行为，可不以脱逃论罪判刑；但在脱逃期间犯罪的，应依法定罪判刑；对被错判已服刑的日期与后来犯罪所判处的刑期不宜折抵，可在量刑时酌情考虑从轻或减轻处罚。”①

（4）关于拘役与徒刑间的刑期折抵问题的司法解释

1984年9月17日，最高人民法院研究室针对上海市高级人民法院“关于对拘役犯在缓刑期间发现其隐瞒余罪判处有期徒刑应如何执行问题”的请示，作出了《关于对拘役犯在缓刑期间发现其隐瞒余罪判处有期徒刑应如何执行问题的电话答复》，规定：“判决前羁押一日折抵刑罚拘役一日，我国刑法第三十九条有明文规定，但拘役是否能折抵有期徒刑，我国刑法尚无明文规定。关于不同刑种如何换算、如何实行数罪并罚的问题，目前我国刑法也还没有具体的规定。这些问题我们已报请全国人大常委会研究解决。因此，将有限制的剥夺人身自由的刑罚拘役一日，换算为完全剥夺人身自由的刑罚有期徒刑一日的作法，我们现在还不能同意，须由全国人大常委会作决定。根据刑法第六十五条、第七十条的有关规定，对拘役犯在缓刑期间发现有隐瞒的罪行，应撤销缓刑，将根据确认的前罪所判拘役与隐瞒的后罪所判刑罚，按刑法第六十四条关于数罪并罚的规定，决定应执行的刑罚。如对所隐瞒的罪判处有期徒刑，需对罪犯合并执行拘役和有期徒刑时，我们认为，以先执行有期徒刑、后执行拘役为宜，即在有期徒刑执行完毕后再执行拘役，以免在对罪犯先执行拘役时，罪犯为逃避有期徒刑而发生逃跑等意外情况。”

（5）关于新罪与原罪间刑期的折抵问题的司法解释

1989年5月24日，最高人民法院研究室针对湖北省高级人民法院“关于对再审改判前因犯新罪被加刑的罪犯再审时应如何确定执行的刑罚问题”的请示，作出了《关于对再审改判前因犯新罪被加刑的罪犯再审时如何

---

① 本答复内容不合理，并与最高人民法院研究室于1989年5月24日作出的《关于对再审改判前因犯新罪被加刑的罪犯再审时如何确定执行的刑罚问题的电话答复》相冲突，现不再适用。

确定执行的刑罚问题的电话答复》，规定："对于再审改判前因犯新罪被加刑的罪犯，在对其前罪再审时，应当将罪犯犯新罪时的判决中关于前罪与新罪并罚的内容撤销，并把经再审改判后的前罪没有执行完的刑罚和新罪已判处的刑罚，按照刑法第六十六条的规定依法数罪并罚。关于原前罪与新罪并罚的判决由哪个法院撤销，应视具体情况确定：如果再审法院是对新罪作出判决的法院的上级法院，或者是对新罪作出判决的同一法院，可以由再审法院撤销；否则，应由对新罪作出判决的法院撤销。对于前罪经再审改判为无罪或者免予刑事处分的，其已执行的刑期可以折抵新罪的刑期。"

（二）关于折抵本刑的23个解释

刑期折抵的本刑，即先行羁押可折抵的判决中确定的刑罚方法，按我国现行《刑法》的规定，有管制、拘役和有期徒刑3种情况。在这3种刑罚中，对于先行羁押折抵有期徒刑和拘役，自然没有什么争议，无须出台这方面的司法解释。但对于本刑能否为管制，以及死刑（死缓）、无期徒刑减为有期徒刑后，原先行羁押能否折抵减刑后的有期徒刑问题，是有争议的。于是，最高人民法院或单独或联合出台了23个司法解释。

1. 关于本刑为管制的刑期折抵问题的解释

对管制刑能否为刑期折抵的本刑，最高人民法院分别就不同情形，先后共作出了5个司法解释。

其一，针对运城镇人民政府司法科"关于贪污分子被判机关管制的，其管制日期应由何时起算的问题"的请示，于1952年8月21日作出了《关于管制期间计算问题的意见的函》，其中规定："本院1951年6月23日批复华东分院'对被告在诉讼中死亡的裁判问题，及裁判前羁押日数的折抵问题之意见'（法院工作通讯第十一期）内载'被告在裁判确定前羁押日数折抵刑期的问题，我们以为今后应在各该判决内记明按羁押日数以一日折抵一日使其明确免得监所方面在计算刑期时有所忽略'。根据以上规定贪污分子被判处管制之日期，应将判决前限制自由之日期按日折抵，不能由判决后起算。"①

---

① 本意见因1979年《刑事诉讼法》对被告人在诉讼中死亡的审判问题作了明确规定而自此实际上失效。

其二,针对上海市第二中级人民法院"关于被判处徒刑缓刑,管制前羁押日数如何折抵的问题",于1956年9月26日作出了《关于被判处徒刑缓刑、管制前羁押日数如何折抵的问题的答复》,规定:"……关于被判处管制前羁押日数的折抵问题,在未有正式法律规定之前,希参考本院1953年11月28日法行字第9429号关于三反运动中被判处徒刑、劳役或机关管制的贪污分子其刑期起算问题的通知。至于反革命分子被判处管制前羁押日数的折抵问题,不在上述问题答复范围之内;如你院对这问题需要解决,当于你院提出后,再行研究并与有关机关联系后答复。"

其三,针对安徽省、浙江省、江苏省高级人民法院"关于反革命罪犯被判处管制以前的羁押期间的折抵问题",于1957年2月22日作出了《关于反革命犯被判处管制以前的羁押期间折抵问题的批复》,规定:"在刑法尚未公布以前,可暂以羁押一日折抵管制一日。"

其四,针对浙江省高级人民法院"关于管制以前的拘留日期是否折抵管制刑问题",于1960年2月1日作出了《关于管制的刑期计算问题的复函》,规定:"关于管制的刑期计算问题,同意你院意见,即从管制宣判之日起算,管制以前的拘留日期不予折抵。另外,今后在审判工作执行党的方针、政策方面遇有不能解决的问题,希按照我院1958年9月19日法研字第90号函的精神办理。"

其五,针对"人民公安"编辑室"转上海县公安局杜行派出所王梅生同志关于询问的管制的刑期计算问题的来信",于1963年10月19日作出了《关于管制刑期计算问题的复函》,规定:(1)管制的刑期应从判决执行之日起计算;(2)判决执行以前的羁押日期和刑事拘留日期,可以折抵管制的刑期,至于折抵办法,应以羁押、拘留1日折抵管制1日;(3)过去判处管制的犯罪分子,其管制刑期的计算和折抵,可不必变动。

以上5个解释,具有如下几个特点:一是都出台于新中国成立的早期,都没有赖以解释的文本法律根据;二是除了第4个解释即1960年2月1日《关于管制的刑期计算问题的复函》不允许拘留折抵管制以外,其他几个解释都规定管制刑可成为刑期折抵的本刑;三是关于同一个问题(管制能否成为折抵本刑),出台5个解释,体现了解释的重复性;四是请示主体的特殊性,表现在除作为司法机关的法院外,还有非司法主体的政府法制科、派出所工作人员等;五是折抵比例的不对等性,即以剥夺或完全限制自由1日折抵部分限制自由1日。

2. 关于本刑为死缓、无期徒刑减为有期徒刑的刑期折抵问题的解释

对此,最高人民法院针对不同具体情形,分别作出了17个司法解释。其中,自1954年至1957年8月6日前的7个司法解释一致规定本刑为死缓、无期徒刑减为有期徒刑后,原先行羁押允许折抵刑期;1957年8月6日至1979年《刑法》生效(1980年1月1日)前的8个司法解释都不允许折抵;1979年《刑法》生效后的2个司法解释又允许折抵(详见后文探讨)。这些解释是:

其一,针对天津市高级人民法院"关于外侨杀人犯赖柴减刑后刑期起算问题"的请示,最高人民法院于1954年5月11日作出了《关于外侨杀人犯赖柴减刑后刑期起算问题的复函》,规定:"关于刑期起算,应从判决确定之日算起,但以前实际已经关押的日期,应该予以折算。故本案刑期的计算,对被告在解放前刑期应从被逮捕拘押之期日亦应一并计算在内。"

其二,针对"关于无期徒刑和刑期较长之有期徒刑人犯是否可以改判及改判后其刑期应自何日起算问题",经与有关方面研究,提出处理意见,并经政务院政治法律委员会会议通过,最高人民法院于1954年6月29日联合司法部作出了《关于无期徒刑和刑期较长之有期徒刑人犯是否可以改判及改判后其刑期应自何日起算问题的指示》,规定:"……减刑后其刑期的计算应自原判决确定后宣告执行之日起算,即原判无期徒刑或刑期较长的有期徒刑已执行的时间,应分别计算在减为有期徒刑或刑期较短的有期徒刑的刑期之内。例如:张某原判为无期徒刑,并于1950年2月1日宣告执行,至1954年3月1日由于他在劳动改造中表现很好或有其他立功表现而减为有期徒刑十五年,则其减刑后的刑期仍应自1950年2月1日算起,即原判他无期徒刑已执行的四年零一个月应计算在减为十五年有期徒刑的刑期之内。在此情况下,原来无期徒刑判决确定前的羁押日数,应在减刑后的刑期之内予以折抵。折抵办法是羁押一日抵徒刑一日。二、改判是撤销原来有错误的判决而重行判决,故改判后的刑期应从改判后宣判之日起算,但应将已执行的日数和原判决确定前的羁押日数都在改判后的刑期之内予以折抵。例如:李某于1950年1月1日被

羁押，于 1950 年 2 月 1 日宣告执行无期徒刑判决，至 1954 年 3 月 1 日由于原判决有错误而改判五年徒刑，则其改判后的刑期应于 1954 年 3 月 1 日起算，其已执行的四年零一个月及原判决确定前的羁押一个月，都应在改判后的五年徒刑期内予以折抵，即再执行十个月徒刑。”

其三，针对湖南省高级人民法院“关于处理死缓减刑后刑期起算日期”的请示，最高人民法院与司法部于 1954 年 9 月 30 日作出了《对前湖南省人民法院“改判”与“减刑”的解释问题的复函》，规定：今后处理死缓减刑后刑期起算日期，应该按本院与司法部 1954 年 6 月 29 日（54）法行字第 5703（54）司办自字第 33 号关于无期徒刑和刑期较长之有期徒刑人犯是否可以改判及改判后其刑期应自何日起算问题的指示，比照执行。

其四，针对上海市高级人民法院“关于由死缓减为无期徒刑，再由无期徒刑减为有期徒刑的刑期应如何计算”的请示，最高人民法院于 1956 年 5 月 14 日作出了《关于由死缓减为无期徒刑再由无期徒刑减为有期徒刑的刑期应如何计算问题的复函》，规定：“本院与司法部 1954 年 9 月 30 日法行（56）/司普字第 87420096 号对前湖南省人民法院‘改判’与‘减刑’的解释问题的复函指出：‘今后处理死缓减刑后刑期起算日期，应该按此指示（即指本院与司法部 1954 年 6 月 29 日（54）法行字第 5703（54）司办自字第 33 号关于无期徒刑和刑期较长之有期徒刑人犯是否可以改判及改判后其刑期应自何日起算问题的指示）比照执行’。这一复函所指是死缓减刑应该比照上述 1954 年 6 月 29 日原指示关于减刑的计算方法计算。兹将本院与司法部 1954 年 9 月 30 日对前湖南省人民法院的复函抄送一份，希遵照执行。”

其五，针对北京市高级人民法院“关于对前北京市军事管制委员会军法处及华北军区军法处判处死刑缓期二年执行和无期徒刑的罪犯予以减刑时，减刑前的羁押日数是否折抵的问题”的请示，最高人民法院于 1956 年 10 月 27 日作出了《关于前北京市军事管制委员会军法处及华北军区军法处判处死刑缓期二年执行和无期徒刑的罪犯予以减刑时减刑前的羁押日数是否折抵问题的复函》，规定：“准以一日折抵徒刑一日。关于对徒刑期已满而欠缴赃款的罪犯，可否判处易服劳役的问题，已用电话与你院联系。”

其六，针对甘肃省高级人民法院、甘肃省人民检察院“关于由死缓减为有期徒刑的刑期计算"等问题的请示,最高人民法院于 1956 年 11 月 6 日联合最高人民检察院作出了《关于死缓减刑等有关问题的联合批复》,规定:"……由死缓减为有期徒刑的刑期计算问题,应自原判决确定后宣告执行之日起算;原来判处死刑缓期二年执行的判决确定前的羁押日数,应在减刑后的刑期之内予以折抵,折抵办法是羁押一日抵徒刑一日……"

其七,针对辽宁省高级人民法院"关于在处理死缓改判有期徒刑和劳改犯减刑假释案件中遇到的几个具体问题"的请示,最高人民法院于 1957 年 1 月 14 日作出了《关于死刑缓期二年执行的犯人减刑等问题的批复》,规定:"经研究,除由死缓改判有期徒刑的刑期计算问题[①]将由我院与司法部另行研究答复外,兹就其余几个问题答复如下……"

其八,针对"关于死缓减刑的刑期计算问题,过去的意见不甚一致"的现象,最高人民法院于 1957 年 8 月 6 日联合司法部作出了《关于死刑缓期执行期满后减刑的刑期计算问题的联合指示》,重新规定:"一、被判处死刑宣告缓期二年执行的罪犯,缓期执行期满后,根据其悔改程度,予

① 辽宁省高级人民法院《关于在处理死缓改判和劳改犯减刑假释案件中遇到的几个具体问题的请示》(办研字第 109 号)中关于"判处死缓的案犯在缓刑期满后改判有期徒刑时,其刑期如何计算问题"的请示内容为:"高院在 1953 年曾以法行字第 2696 号批复指示'应从改判之日起计算'。后于 1954 年 11 月 30 日司法部以司干字第 156 号函告知,高院上一批复是属于'已有修改或正在修改,或已另有规定、指示'的文件,并提出'对此问题可参考司法部与高院 1954 年 6 月 20 日会衔所发关于无期徒刑和刑期较长之有期徒刑人犯是否可以改判及改判后其刑期应自何日起算问题的指示',即:应自原判决确定后宣告执行之日起算。原判决确定前的羁押日数应以一日折抵一日。但是,这里提的只是'参考',高院也始终没有明文指示。因此,我们认为高院应就死缓改处有期徒刑的刑期计算问题发一明确指示,以便下级法院遵照执行。""在实际执行中,去年以前由于我们未能认真研究,执行中发生一些问题,有的案件是按高院 1953 年批复计算刑期,有的案件则是参照司法部与高院 1954 年联合指示执行的。今年以来经过研究,已统一参照后一联合指示计算刑期了。""在我们研究这一问题时,有两个意见:其一是认为,死缓改判有期徒刑是属于减刑范围之内,是在原判决的基础上提出的,是根据犯人劳改表现用较轻的刑罚来代替原来较重的刑罚,因此,改判后的刑期,应自原判决确定后宣告执行之日起算,判决确定前羁押一日应折抵徒刑一日。另一意见认为,死缓改判有期徒刑虽属减刑范围,但它与无期徒刑、有期徒刑的减刑有所不同,不同之点在于它是原判已处死刑,但暂时不杀,缓期二年执行,其缓刑期间是强迫劳动以观后效,对被告来说是本应处死但仍给被告以生路,给他们一个最后改造的机会。此缓刑期间与执行徒刑期间有所不同,因此,在改判有期徒刑计算刑期时,缓刑期间(两年或三年)不应计算在刑期以内,而应自改判之日起计算刑期,改判前羁押日数应扣除缓期执行期间的日数。其余以 1 日折抵徒刑 1 日。""因此,对死缓改判有期徒刑的其刑期究应如何计算,请予指示。我们在去年以前处理的死缓改判案件,刑期计算方法不统一,是否应该统一起来,对计算不当者应如何纠正?"

以减刑减为有期徒刑者，其减为有期徒刑的刑期，从减刑确定之日起计算；缓期执行期满后至减刑确定前的监管时间，应计算在减为有期徒刑的刑期以内（即予折抵）。但在死刑缓期执行期间的二年监管及死缓判决发生法律效力前的羁押日数则均不予折抵。二、被判处死刑宣告缓期二年执行的罪犯，缓期执行期满减为无期徒刑者，不发生刑期计算问题。由死缓减为无期徒刑后，根据其劳改表现，如再减为有期徒刑时，其刑期应从原来减为无期徒刑的减刑确定之日起计算；同时，在缓期执行期满后至减为无期徒刑之减刑确定前的监管时间，亦应计算在减为有期徒刑的刑期以内。但在死刑缓期执行期间的二年监管及死缓判决发生法律效力前的羁押日数不予折抵。三、死刑缓期二年执行期满后，判决再缓一年者，再缓的一年，从原判死缓二年期满的次日起计算。再缓一年期满后，如减刑为有期徒刑或者先减为无期徒刑后又减为有期徒刑，减刑后的刑期，按照上述一、二两项的计算方法计算；惟在再缓一年期间的监管亦不予折抵。在中华人民共和国刑法典未颁布以前，关于死缓减刑的刑期计算方法，统照本指示执行。但，在接到本指示前已按过去计算方法作了处理的，可不再变更。”

其九，针对各高级人民法院和大军区军事法院“执行特赦令的若干问题”的请示，最高人民法院于 1959 年 9 月 19 日发出了《关于执行中华人民共和国主席特赦令的通知》，其中规定：“……在这次特赦的罪犯中，包括有判处死刑、缓刑二年执行和无期徒刑的罪犯的减刑问题。凡经特赦减为有期徒刑的罪犯，其新的刑期一律从特赦通知书发出的日期起算，并应在特赦通知书上注明。在这次减刑以前的服刑的时间，不得折抵。”

其十，针对浙江省、湖北省、北京市高级人民法院“关于无期徒刑减为有期徒刑，其刑期从何日起算问题”的请示，最高人民法院于 1959 年 10 月 13 日作出了《关于无期徒刑减为有期徒刑刑期计算问题的批复》，规定：“减刑后的新刑期应从减刑确定之时起算，减刑以前关押日期不予折抵”；“关于死缓减为无期徒刑，再由无期徒刑减为有期徒刑，其新刑期同样从减为有期徒刑确定之日起算”；“过去减过刑的案件已经按旧规定计算刑期的，一般不再变动”。

其十一，针对“特赦令公布后，不少省、市、自治区高级人民法院向我们提出有关特赦罪犯刑期、服刑时期的计算和剥夺政治权利等问题”，最高人民法院于1959年10月17日联合最高人民检察院、公安部作出了《有关特赦罪犯的刑期计算等问题的意见》，其中规定："原判死刑缓期二年执行，后经减为无期徒刑的罪犯，应按特赦令第五条，即无期徒刑罪犯特赦的规定处理；计算服刑时间是否已满七年，从减为无期徒刑之日起算。在这以前关押的时间不得折抵"；"原判死缓，曾经减为无期徒刑，又经减为有期徒刑的罪犯，或者原判死缓，曾经减为有期徒刑的罪犯，应按特赦令第二、三条，即有期徒刑罪犯特赦的规定处理；计算服刑时间是否已达到三分之二、二分之一或者三分之一以上，从减为有期徒刑之日起算，在这以前的关押时间不得折抵"；"原判无期徒刑，后减为有期徒刑的罪犯，应按特赦令第二、三条，即有期徒刑罪犯特赦的规定处理；计算服刑时间是否已达到三分之二、二分之一或者三分之一以上，从减为有期徒刑之日起算，在这以前的关押时间不得折抵"。

其十二，针对四川省高级人民法院"关于无期徒刑减为有期徒刑，其刑期从何日起算问题"的请示，最高人民法院于1960年2月18日作出了《关于无期徒刑减为有期徒刑和死刑缓期执行直接减为有期徒刑的刑期计算问题的复函》，规定："本院在1959年10月13日法研字第25号对浙江、湖北、北京市高级人民法院的批复中已经解决。即减刑后的新刑期应从减刑确定之日起算，减刑以前的关押日期不予折抵"；"关于死刑缓期执行直接减为有期徒刑，其刑期从何日起算，也应根据上述批复的精神处理"。

其十三，为改变"判处死刑缓期二年执行的罪犯，逾期没有处理"的状况，最高人民法院、最高人民检察院、公安部于1962年7月26日联合发布《关于清理在押的死缓罪犯的联合通知》，其中规定："凡死缓罪犯减为有期徒刑时，其有期徒刑的刑期，应从减刑确定之日起计算。缓期二年执行期满后至减刑确定前关押的日数应计算在新的刑期以内"；"凡原判死缓以后减为无期徒刑，现在又减为有期徒刑时，其有期徒刑的刑期，应自判决有期徒刑之日起计算。判决有期徒刑以前的关押日数，不得计算在新刑期以内"。

其十四，针对福建省、安徽省、湖南省、黑龙江省、宁夏回族自治区高级人民法院"关于死缓减为有期徒刑和无期徒刑减为有期徒刑的刑期计算问题"的请示，最高人民法院、最高人民检察院、公安部于1964年5月30日作出了《关于死缓和无期徒刑减为有期徒刑的刑期计算问题的联合批复》,其中规定:“对于死缓减为有期徒刑、无期徒刑减为有期徒刑、死缓减为无期徒刑后又减为有期徒刑的刑期,今后一律从裁定减为有期徒刑之日起计算,裁定减刑前关押的日数一律不得折抵。但过去已裁定减为有期徒刑,并按当时的规定计算了刑期的,可不必再作变动。”

其十五,针对“十几年来,由于林彪、‘四人帮’的严重干扰破坏,对死缓犯、无期徒刑犯的减刑工作未能正常进行”的现状,最高人民法院于1979年10月10日联合最高人民检察院、公安部作出了《关于死缓犯和无期徒刑犯减刑问题的联合通知》,其中规定:“对死缓和无期徒刑减为有期徒刑的刑期,一律从裁定减为有期徒刑之日起计算,裁定减刑前关押的日期不予折抵。”

其十六,针对山东省高级人民法院“关于死缓犯和无期徒刑犯减刑问题”的请示,最高人民法院于1985年11月14日作出了《关于对罪犯减刑时应将判决前羁押的日期折抵为已执行的刑期的批复》,[①]规定“根据刑法第四十二条的规定,罪犯在判决执行前被羁押的时间,羁押一日折抵刑期一日。因此,在对罪犯实行减刑时,应当把判决执行前羁押的日期折抵为已执行的刑期,计算在已服刑的时间以内。然后按照刑法第七十一条和最高人民法院、最高人民检察院、公安部1979年10月10日《关于死缓犯和无期徒刑犯减刑问题的联合通知》的规定,适用相应的减刑幅度,确定减刑的刑期”。

其十七,2001年6月15日通过的《关于实施〈法院刑事诉讼文书样式〉若干问题的解答》,其中规定“被判处死刑缓期二年执行的罪犯,在缓期二年执行期满后被减为有期徒刑,后又经再审将原判死缓改判为有期徒刑的”,“刑期折抵的起始日仍应从被告人犯罪后被羁押之日起计算”。

(三)关于刑期折抵计算的解释

1.关于刑期折抵的折算标准(折抵比例)的解释

在82个关于刑期折抵的司法解释中,涉及折抵比例的很多,其中,在1979年《刑法》生效(1980年1月1日)前,共有5个解释涉及该问题。

---

① 最高人民法院于1996年12月31日发布的《关于废止1979年至1989年间发布的部分司法解释的通知(第二批)》(法发〔1996〕34号)对废止该司法解释的说明:该批复是对最高人民法院、最高人民检察院、公安部1979年10月10日《关于死缓犯和无期徒刑犯减刑问题的联合通知》有关问题的解释,前述联合通知已废除,该批复不再适用。

其一，针对华东分院"关于刑事被告在诉讼中死亡的裁判问题及裁判前羁押日数折抵问题"的请示，最高人民法院于1951年6月25日作出了《对被告在诉讼中死亡的裁判问题及裁判前羁押日数的折抵问题之意见》，规定："本年3月12日东法编字第1037号报告请示刑事被告在诉讼中死亡的裁判问题及裁判前羁押日数折抵问题，经研究后，我们基本上同意你院所提意见[①]；但尚有下列意见，希予研究：……（二）被告在裁判确

---

① 最高人民法院华东分院《关于被告在诉讼中死亡的裁判问题及裁判前羁押日数折抵问题的请示》（东法编字第01037号）全文：

最高人民法院：一、刑事被告在诉讼中死亡的裁判问题：刑事被告在诉讼中死亡，应为如何的处置，本院同志初有歧见，有主张宣示不受理者，有主张宣示"免诉"或"免予追究"者。亦有主张应就案件内容审理，分别为"无罪"或"有罪"的裁判，不过在认为有罪经科处死刑徒刑或其他专对被告本身执行之刑罚时，宣示"免予执行"，如系科处罚金，没收，或追征时，即照判迳就遗产执行。我们认为刑事裁判原则上应以被告的存在为前提，被告既在判决前死亡，对于死者再加裁判，一般地无甚意义，关于判处死刑徒刑，或其他应就被告本身执行的判决，事实上亦无从执行，似毋庸就案件内容审理裁判，即使像判处罚金，没收或追征之类可以就被告遗产执行的，然而死者的权利能力既已消灭，不能作为受刑罚的主体，此项裁判，实际上只是对遗产继承人承受遗产的一种限制，遇有案情明确，且有判处罚金，没收或追征的必要时，似应用裁定向被告的遗产继承人为上开的宣示，并许遗产继承人得依抗告程序声明不服，仍不必对已死的被告为处罚裁判，只有在被告生前享有荣誉称号而其所犯之罪有剥夺政治权之必要的情形之下，因为荣誉称号系政治权的一种，如被告所犯之罪有剥夺政治权之必要，自不能任其沿用，剥夺政治权在法律上既可独立论科，那么在这种情形之下似有宣示判决的必要，因此，我们认为：刑事被告在诉讼中死亡时，除应科处罚金，没收或追征案件及被告生前享有荣誉称号而其所犯罪行有剥夺政治权之必要时依前述办法处理外，其余案件一律宣示"免诉"，如在上诉中死亡，即将原判决撤销，宣示免诉，至宣示"不受理"本系对于原告的起诉宣示不予受理而言，我刑事诉讼并非必须经过原告起诉，遇有不经起诉之刑事案件宣示不受理，似属欠妥，又被告是否成立犯罪，尚未明确认定，亦不应即用"免予追究"字样，惟如各人民法院已经宣示"不受理"或"免予追究"，结果无甚出入，自无特加纠正之必要。二、被告在裁判确定前羁押日数的折抵问题：刑事案件判处被告的刑罚，当然应俟判决确定后开始执行，不过判决确定前，被告的羁押日数可否折抵，有主张应于本案裁判时斟酌情形将准许折抵与否以及应以几日折抵刑期1日明白宣示，其未经宣示即不得折抵者，亦有主张前项羁押日数当然以1日折抵刑期1日，无须在裁判内特别宣示，如宣示不许折抵，如属违法，应由上级依法撤销者。我们认为，被告在裁判确定前，因案羁押，系为防止脱逃或保全证据的不得已办法。羁押目的虽与刑罚不同，但被告身受之痛苦，一般几与刑罚相等。且重大繁难的案件，往往押过较长时间，方能判决确定，尤增加被告之痛苦不少，似以上述第二种主张较为适当。惟各人民法院的判决所采办法不一，除明白宣示不准折抵之情形尚未发现外，其未经宣示折抵或经宣示以1日折抵刑期1日者，在执行时拟一律以羁押日数1日折抵刑期1日，其宣示以几日折抵刑期1日或宣示刑期自某年某月某日起算者，如经提起上诉，亦拟予以改判。倘未经上诉，且因无从发现，未能依监督司法程序撤销改判时，为维持确定判决的效力，似只可照判办理，俟奉指示后，再通令遵办，至此项羁押日数，本以被告实际受押之日数为标准，即使解放前曾经反动政府非法羁押，拟亦一并算入羁押日数，准予折抵，使被告不致因意外牵累，蒙受不利影响，此外羁押日数，如何折抵罚金，因两种性质，迥然不同，自应在判决内明定折抵标准，其未经宣示者，应用裁定补行宣示，以资执行。三、以上意见当否报请核示。

定前羁押日数折抵刑期的问题,我们以为今后应在各该判决内记明按羁押日数以一日折抵刑期一日,使其明确,免得监所方面在计算刑期时有所忽略。”

其二,针对“某些地方人民法院询问外籍案犯刑期的计算问题”,最高人民法院于1956年6月6日联合最高人民检察院、公安部、司法部作出了《关于外籍案犯刑期计算问题的通知》,规定:“在国家未颁布刑事法典以前,对外籍案犯刑期起算问题,可以暂援旧例。即:从判决宣告之日起开始计算,判决前的羁押日数以一日折抵刑期一日。”①

其三,针对云南省高级人民法院“关于伪政权关押的刑事犯,解放后由我们接收关押并仍应判刑人犯刑期的折抵问题”的请示,最高人民法院于1957年11月26日作出了《关于在伪政权关押之刑事犯羁押日数如何折抵刑期问题的复函》,规定:“判决前的羁押日数一般可以一日折抵徒刑一日,包括伪政权关押日数在内。”②

其四,针对新疆军区生产建设兵团军事法院“关于1955年以前被判处徒刑犯人的刑期起算问题”的请示,最高人民法院于1957年2月9日作出了《关于1955年以前被判处徒刑犯人的刑期起算问题的批复》,规定:“1. 在原则上,被判处徒刑犯人的刑期应自判决发生法律效力后交付执行之日起算。判决前的羁押日数,以一日折抵刑期一日……”③

其五,针对陕西省高级人民法院时任院长刘子义“关于罪犯在判决前关押日期折抵刑期的问题”的请示,经研究提出意见并报经中央政法小组审核同意后,最高人民法院于1960年8月1日作出了《关于刑期折抵问题给陕西省高级人民法院刘子义院长的复函》,规定:“关于宣判以前的关押日期折抵刑期的问题,我院在1957年12月9日法研字第23362号对新疆军区生产建设兵团军事法院的批复中,曾经规定:‘在原则上,被判处徒刑犯人的刑期应自判决发生法律效力后交付执行之日起算,判决前

---

① 本通知因“刑法对刑期计算问题已有规定”而失效,并被2012年8月21日最高人民法院、最高人民检察院《关于废止1979年底以前制发的部分司法解释和司法解释性质文件的决定》废止。

② 本复函是对特定历史时期遗留问题的处理意见,现已不再适用。

③ 本复函是对特定历史时期遗留问题的处理意见,现已不再适用。

的羁押日数以一日折抵一日'。在1956年6月6日我院与公安部、最高人民检察院、司法部关于外籍案犯刑期计算的联合通知上也做了相同的规定。据了解,各地人民法院历来也都是这样做的。"①

综合以上5个解释,有如下几个突出特点:一是这些解释均出台于新中国成立初期的几年内,都没有解释的文本法律依据。二是对折抵标准(折抵比例),均规定"判决前的羁押日数以一日折抵刑期一日"。根据以前关于折抵本刑的情况,这时的本刑已有管制刑。这意味着1980年1月1日前,我国的刑期折抵比例,无论本刑是有期徒刑还是管制,都一律"1日折期1日"。只有在1979年《刑法》第36条明确规定先行羁押1日折抵管制刑期2日时起,才出现先行羁押1日折抵刑期2日和1日的情况。

2. 关于刑期折抵的起算等问题的解释

针对不同具体情形,最高人民法院先后出台了5个司法解释:

其一,针对"关于三反运动中被判处刑事处分的贪污分子,其刑期如何起算的问题,各方面执行颇不一致",于1953年11月28日作出了《关于三反运动中被判处徒刑、劳役或机关管制的贪污分子其刑期起算问题的通知》,规定:"关于三反运动中被判处刑事处分的贪污分子,其刑期如何起算的问题,各方面执行颇不一致,有的从逮捕日期起算刑期,有的从判决日起算刑期。最近各机关与下级法院对这问题提请本院解答的颇多。经与中央有关机关研究,决定:三反运动中被判处徒刑、劳役或机关管制的贪污分子,其刑期应从判决确定后交付执行之日起算。判决确定前在机关反省或限制行动自由的期间,除判决书已注明折抵外,均不予折抵;但在判决前如已经公安、司法部门羁押,或经宣布逮捕法办,虽未送公安、司法部门羁押,而事实上与羁押在公安、司法部门之看守情形相同者,其羁押或与羁押情形相同的限制行动自由的期间,应以一日折抵刑期一日。"

其二,针对新疆军区生产建设兵团军事法院"关于1955年以前被判处徒刑犯人的刑期起算问题"的请示,于1957年2月9日作出了《关于1955年以前被判处徒刑犯人的刑期起算问题的批复》,规定:"1. 在原则

① 本复函因1979年《刑法》对先行羁押的刑期折抵问题作了明确规定而失效。

上,被判处徒刑犯人的刑期应自判决发生法律效力后交付执行之日起算。判决前的羁押日数,以一日折抵刑期一日。2.有些判决书上已经写明了刑期起止日期,对于这种犯人的刑期计算,我们同意你院提出的意见,即:‘……其刑期起止应按原判决执行,不再变更。其理由是:在判决时已经根据犯人犯罪事实表现及拘禁长短作了全面考虑而决定的。’有些犯人的刑期起算,如无判决书、执行书可查,仅有逮捕证,其刑期也可从逮捕之日起算。在这种情况下,实际上已将判决前的羁押日数折抵在内。3.判决前的羁押日数,如因现有材料(判决书、执行书、逮捕证等)缺乏,不能确定时,仍应尽可能地向有关部门调查了解。在调查了解中如有具体困难,应由你院研究解决。如经研究后仍感到不好解决,也可将具体困难写明,再报我院研究。”

其三,根据《刑法》《刑事诉讼法》和有关法律的规定,结合当前假释工作的实践经验,于1993年4月10日作出了《关于办理假释案件几个问题的意见(试行)》,其中对“关于执行原判有期徒刑二分之一以上的起始时间的计算问题”作出规定:“根据刑法第四十二条‘有期徒刑的刑期,从判决执行之日起计算;判决执行以前先行羁押的,羁押一日折抵刑期一日’的规定,对判处有期徒刑的罪犯适用假释,执行原判刑期二分之一以上的起始时间,应从羁押之日起计算。”对“关于对在看守所服刑的罪犯的假释问题”作出规定:“根据有关规定,在看守所服刑的必须是判处有期徒刑一年以下和判决生效后经折抵余刑不足一年的罪犯,以及个别余刑一年以上,因特殊需要,经有关部门批准的罪犯。在司法实践中,对判处有期徒刑一年以下和判决生效后经折抵余刑不足一年的罪犯,一般不予假释;对余刑在一年以上的罪犯,符合法定假释条件的,应由关押罪犯的看守所提出书面意见,经主管公安机关审查同意后,报请同级人民法院裁定。”

其四,针对江西省高级人民法院“关于裁判文书中刑期起止时间如何表述”的请示,于2000年2月29日作出了《关于刑事裁判文书中刑期起止日期如何表述问题的批复》,规定:“根据刑法第四十一条、第四十四条、第四十七条和《法院刑事诉讼文书样式》(样本)的规定,判处管制、拘役、有期徒刑的,应当在刑事裁判文书中写明刑种、刑期和主刑刑期的起止日期及折抵办法。刑期从判决执行之日起计算。判决执行以前先行羁押的,羁押一日折抵刑期一日(判处管制刑的,羁押一日折抵刑期二日),即自××××年××月××日(羁押之日)起至××××年××月××日止。羁押期间取保候审的,刑期的终止日顺延。”

其五,针对“经最高人民法院审判委员会第1051次会议讨论通过的《法院刑事诉讼文书样式》,自1999年7月1日施行以来,各地提出了一些问题”,最高人民法院办公厅于2001年6月15日作出了《关于实施〈法院刑事诉讼文书样式〉若干问题的解答》,其中对“适用数罪并罚‘先减后并’的案件,对前罪‘余刑’从何日起算?在裁判文书中如何表述”问题,规定:“前罪‘余刑’的起算日期,可以从犯新罪之日起算。判决结果的刑期起止日期可表述为:‘刑期从判决执行之日起计算。判决执行以前先行羁押的,羁押一日折抵刑期一日,即自××××年××月××日(犯新罪之日)起至××××年××月××日止’”;对“被判处死刑缓期二年执行的罪犯,在缓期二年执行期满后被减为有期徒刑,后又经再审将原判死缓改判为有期徒刑的,其刑期折抵在再审刑事判决书中应当如何表述”问题,规定“刑期折抵的起始日仍应从被告人犯罪后被羁押之日起计算”。

(四)关于折抵原则等问题的解释

1.关于折抵原则的解释

针对实践中对折抵原则产生的疑问,最高人民法院在不同司法解释中作出了直接或间接的规定,要求以必抵主义为原则。具体表现在如下几个司法解释:

其一,针对陕西省高级人民法院时任院长刘子义“关于罪犯在判决前关押日期折抵刑期的问题”的请示,经研究提出意见并报经中央政法小组审核同意后,于1960年8月1日作出了《关于刑期折抵问题给陕西省高级人民法院刘子义院长的复函》,规定:“我们认为,对有期徒刑的罪犯,在判决确定以前的关押日期,仍应折抵刑期,折抵的办法,以一日折抵一日。因为人民法院对犯罪事实的认定,重证据不轻信口供,罪犯是否认罪,不是认定犯罪事实的主要根据。如果罪证确凿而罪犯拒不认罪,法院在判决时,应当根据抗拒从严的精神从重判处。所以有期徒刑罪犯在判决确定以前的关押日期折抵刑期的办法,并不影响对犯罪的有力打击和改造。”

其二，针对罪犯在逮捕前被送进看守所隔离审查的情形，于1978年10月21日作出了《关于罪犯被捕前在看守所隔离审查日期可否折抵刑期的批复》，规定：“至于有的罪犯原系国家职工，在看守所隔离审查期间仍照发工资，是否折抵刑期的问题，我们认为，这些人被送进看守所后，人身自由已受到剥夺，故对其隔离审查日期仍应予以折抵刑期为宜。”

其三，针对1983年“严厉打击刑事犯罪活动的斗争”期间有些被告人曾被收容审查于看守所与临时收审点的不同情况，于1983年12月30日作出了《关于人民法院审判严重刑事犯罪案件中具体应用法律的若干问题的答复(二)》，规定：“在严厉打击刑事犯罪活动的斗争中，有的被告人，在被人民检察院批准逮捕前，已先被公安机关收容审查，如果当时实际上已被剥夺了人身自由，人民法院在判刑时应参照刑法的有关规定予以折抵刑期。”

其四，针对监视居住被变相地以完全限制人身自由的方式适用问题，于1984年12月18日作出了《关于依法监视居住期间可否折抵刑期问题的批复》，规定：“依照法律规定，如果被告人被判处刑罚的犯罪行为和被拘留或者被逮捕以前被羁押的行为系同一行为，不论羁押在何处，只要是完全限制了人身自由的，被羁押期间，即可予折抵刑期，羁押一日折抵管制刑期二日或者折抵拘役、有期徒刑刑期一日。”

2. 关于羁押待遇与刑期折抵问题的解释

1974年12月30日，最高人民法院针对江西省高级人民法院“关于在拘押期间发了工资的犯人判处徒刑后刑期应如何计算”的请示，作出了《关于在拘押期间发了工资的犯人判处徒期后刑期应如何计算的批复》，规定：“犯人判处刑期以前拘留期间，不论发给工资与否，应予以折抵刑期，拘留一天折抵刑期一天。”

3. 关于缓刑的刑期折抵问题的解释

其一，1956年9月26日，最高人民法院针对上海市第二中级人民法院“关于被判处徒刑缓刑，管制前羁押日数如何折抵的问题”，作出了《关于被判处徒刑缓刑、管制前羁押日数如何折抵的问题的答复》，规定：“一、缓刑是对犯罪分子的一种考验；被宣告缓刑的犯罪分子，在缓刑期限内，如果没有再犯新罪，缓刑期满，原判的刑罚就不再执行。因此，不必把判决前的羁押日数折抵缓刑日期。二、关于被判处管制前羁押日数的折抵问题，在未有正式法律规定之前，希参考本院 1953 年 11 月 28 日法行字第 9429 号关于三反运动中被判处徒刑、劳役或机关管制的贪污分子其刑期起算问题的通知。至于反革命分子被判处管制前羁押日数的折抵问题，不在上述问题答复范围之内；如你院对这问题需要解决，当于你院提出后，再行研究并与有关机关联系后答复。”

其二，1957 年 7 月 1 日，最高人民法院针对江西省高级人民法院“关于判处徒刑缓刑的罪犯，在判决发生法律效力前的羁押时间已经超过判处的徒刑期限，应当如何折抵的问题”的请示，作出了《对于判处有期徒刑的罪犯在判决发生法律效力前的羁押时间已经超过徒刑期限的，不再发生宣告缓刑问题的复函》，规定：“对于判处徒刑的罪犯，如果在判决发生法律效力前的羁押时间已经超过判处的徒刑期限，则判处徒刑期限已经折抵完了，刑期等于执行完了，宣告缓刑已失去了意义。因此不再发生宣告缓刑的问题。”

其三，1963 年 11 月 22 日，最高人民法院办公厅针对内蒙古自治区高级人民法院“关于被判处徒刑缓刑的罪犯在判决前的羁押日期是否可以折抵缓刑日期的问题”的请示，作出了《关于羁押日期是否可以折抵徒刑缓刑日期问题的复函》，认为“1956 年 9 月 26 日法研字第 9664 号关于被判处徒刑缓刑、管制前羁押日数如何折抵问题的批复曾经作过解答”，规定：“缓刑是对犯罪分子的一种考验，被宣告缓刑的犯罪分子，在缓刑期限内，如果没有再犯新罪，缓刑期满，原判的刑罚就不再执行。因此，不必把判决前的羁押日数折抵缓刑日期。”

其四，1964 年 8 月 13 日，最高人民法院针对甘肃省高级人民法院“关于判处有期徒刑宣告缓刑的期限如何起算等两个问题”的请示，作出了《关于判处有期徒刑宣告缓刑的期限如何起算等问题的批复》，规定，“对判处有期徒刑宣告缓刑的犯罪分子，在判决前先行羁押的，其受羁押的日期是否折抵缓刑考验期限的问题，我院在一九五六年九月二十六日关于被判处徒刑缓刑、管制前羁押日数如何折抵问题的批复中已作过解答：‘缓刑是对犯罪分子的一种考验，被宣告缓刑的犯罪分子，在缓刑期限内，如果没有再犯新罪，缓刑期满，原判的刑罚就不再执行。因此，不必把判决前的羁押日数折抵缓刑日期’”。

其五，1985年8月21日，最高人民法院在《关于人民法院审判严重刑事犯罪案件中具体应用法律的若干问题的答复（三）》中，针对北京市、广西省、江西省高级人民法院关于“在缓刑考验期限内，发现犯罪分子有漏罪没有判决的，是撤销缓刑，对前罪和漏罪所判处的刑罚实行数罪并罚，还是按照审判监督程序全部重新审判”问题，规定：“在缓刑考验期限内，发现被宣告缓刑的犯罪分子在缓刑宣告以前还有其他罪没有判决的，应当参照我国刑法第七十条的规定，并依照刑法第六十五条的规定，对漏罪定罪判刑，再对前罪与漏罪实行数罪并罚，决定执行的刑罚。如果必须判处实刑，则应撤销对前罪所宣告的缓刑，已经执行的缓刑考验期，不予折抵刑期；但是，判决执行以前先行羁押的日期应当予以折抵刑期；如果仍符合缓刑条件，仍可宣告缓刑，已经执行的缓刑考验期，应当计算在新决定的缓刑考验期以内。”

其六，2002年4月10日，最高人民法院针对有的法院“关于在撤销缓刑时罪犯在宣告缓刑前羁押的时间能否折抵刑期的问题”的反映，作出了《关于撤销缓刑时罪犯在宣告缓刑前羁押的时间能否折抵刑期问题的批复》，规定：“根据刑法第七十七条的规定，对被宣告缓刑的犯罪分子撤销缓刑执行原判刑罚的，对其在宣告缓刑前羁押的时间应当折抵刑期。”

4. 关于减刑、假释的刑期折抵问题的解释

1993年4月10日，最高人民法院根据《刑法》《刑事诉讼法》和有关法律的规定，结合当前假释工作的实践经验，作出了《关于办理假释案件几个问题的意见（试行）》，其中，对“关于执行原判有期徒刑二分之一以上的起始时间的计算问题”，规定：“根据刑法第四十二条‘有期徒刑的刑期，从判决执行之日起计算；判决执行以前先行羁押的，羁押一日折抵刑期一日’的规定，对判处有期徒刑的罪犯适用假释，执行原判刑期二分之一以上的起始时间，应从羁押之日起计算”；对“关于对在看守所服刑的罪犯的假释问题”，规定：“根据有关规定，在看守所服刑的必须是判处有期徒刑一年以下和判决生效后经折抵余刑不足一年的罪犯，以及个别余刑一年以上，因特殊需要，经有关部门批准的罪犯。在司法实践中，对判处

有期徒刑一年以下和判决生效后经折抵余刑不足一年的罪犯，一般不予假释；对余刑在一年以上的罪犯，符合法定假释条件的，应由关押罪犯的看守所提出书面意见，经主管公安机关审查同意后，报请同级人民法院裁定。”①

1997 年 10 月 29 日，最高人民法院为正确适用《刑法》《刑事诉讼法》，依法办理减刑、假释案件，根据《刑法》《刑事诉讼法》和有关法律的规定，结合减刑、假释工作的实践经验，作出了《关于办理减刑、假释案件具体应用法律若干问题的规定》，其中规定：“对判处有期徒刑的罪犯减刑、假释，执行原判刑期二分之一以上的起始时间，应当从判决执行之日起计算，判决执行以前先行羁押的，羁押一日折抵刑期一日。”

2012 年 1 月 17 日，最高人民法院为正确适用《刑法》《刑事诉讼法》，依法办理减刑、假释案件，根据《刑法》《刑事诉讼法》和有关法律的规定，结合减刑、假释工作的实践经验，修改了《关于办理减刑、假释案件具体应用法律若干问题的规定》（法释〔2012〕2 号），其中规定：“有期徒刑罪犯假释，执行原判刑期二分之一以上的起始时间，应当从判决执行之日起计算，判决执行以前先行羁押的，羁押一日折抵刑期一日。”

2016 年 11 月 14 日，最高人民法院为确保依法公正办理减刑、假释案件，依据《刑法》《刑事诉讼法》《监狱法》和其他法律规定，结合司法实践，发布了《关于办理减刑、假释案件具体应用法律的规定》（法释〔2016〕23 号），其中规定：“被判处有期徒刑的罪犯假释时，执行原判刑期二分之一的时间，应当从判决执行之日起计算，判决执行以前先行羁押的，羁押一日折抵刑期一日。被判处无期徒刑的罪犯假释时，刑法中关于实际执行刑期不得少于十三年的时间，应当从判决生效之日起计算。判决生效以前先行羁押的时间不予折抵。被判处死刑缓期执行的罪犯减为无期徒刑或者有期徒刑后，实际执行十五年以上，方可假释，该实际执行时间应当从死刑缓期执行期满之日起计算。死刑缓期执行期间不包括在内，判决确定以前先行羁押的时间不予折抵。”

---

① 笔者认为，这是对法律规定折抵的变通规定或是对法定刑期折抵的限制规定，如某甲被羁押 15 个月，判 26 个月徒刑，折抵后剩余 11 个月，被剥夺了假释的权利；如某乙未被羁押，判 26 个月徒刑，执行 13 个月后剩余 13 个月，可获得假释的权利。显然，这有失法律的公平公正。

(五)关于刑期折抵关联性的解释

被强制剥夺或限制人身自由的事实理由与刑事追诉间有密切的关联性,是刑期折抵的关键性条件。它体现在:被强制剥夺或限制人身自由的事实理由与被处罚的犯罪行为系同一行为,或虽不属同一行为,但与被处罚的犯罪行为有一定联系。“系同一行为”间的刑期折抵是刑期折抵中的典型情况;而“不属同一行为”间的刑期折抵是刑期折抵中的特例。在司法实践中,对于哪些“系同一行为”,哪些属于“不属同一行为”,有时不甚清楚,于是就需相应的司法解释。纵观新中国成立以来的刑期折抵实践,涉及该问题的司法解释,大约有如下7个:

1. 针对浙江省高级人民法院“关于行政拘留是否可以折抵刑期等问题”的请示,最高人民法院于1957年9月30日作出了《关于行政拘留日期应否折抵刑期等问题的批复》,其中规定[①]:“如果被告人被判处刑罚的犯罪行为和以前受行政拘留处分的行为系同一行为,其被拘留的日期,应予折抵刑期;如果被判处刑罚的是另一犯罪行为,则其被拘留的日期当然不应折抵刑期”。

2. 1981年7月6日最高人民法院针对安徽省高级人民法院“关于劳动教养日期可否折抵刑期的问题”的请示,作出了《关于劳动教养日期可否折抵刑期问题的批复》,规定“如果被告人被判处刑罚的犯罪行为和被劳动教养的行为系同一行为,其被劳动教养的日期可以折抵刑期”。

3. 针对“罪犯在判刑前被公安机关收容审查和因同一犯罪行为被行政拘留的日期是否继续折抵刑期的问题”,最高人民法院于1981年9月17日作出了《关于罪犯在判刑前被公安机关收容审查、行政拘留的日期仍应折抵刑期的复函》,规定“仍应按照我院1978年7月11日《关于罪犯在公安机关收容审查期间可否折抵刑期的批复》、1979年1月19日《关于罪犯在公安机关收容审查期间折抵刑期两个具体问题的批复》和1957年9月30日《关于行政拘留日期应否折抵刑期等问题的批复》的规定,予以折抵刑期”。同时强调,“最高人民法院、最高人民检察院、公安部1981年3月18日《关于侦查羁押期限从何时起算问题的联合通知》是解释刑

① 另规定,“关于人民检察院或被害人对因违警行为而受过行政拘留处分的人又向人民法院提起公诉或自诉的,如果被告人的行为构成犯罪,应予处刑的,法院应予受理”。

事诉讼法第九十二条规定的对被告人在侦查中的羁押不得超过二个月的期限应从何时起算的问题。我院上述三个批复的规定，则是解决罪犯被收容审查和因同一犯罪行为被行政拘留而实际上剥夺了人身自由的时间也应计算折抵刑期的问题。这三个批复与《联合通知》并不矛盾，仍应继续执行”。

4. 针对监视居住被变相地以完全限制人身自由的方式适用问题，最高人民法院于 1984 年 12 月 18 日作出了《关于依法监视居住期间可否折抵刑期问题的批复》，规定“依照法律规定，如果被告人被判处刑罚的犯罪行为和被拘留或者被逮捕以前被羁押的行为系同一行为，不论羁押在何处，只要是完全限制了人身自由的，被羁押期间，即可予折抵刑期”。

5. 针对湖北省高级人民法院“关于罪犯两次被行政拘留的拘留期是否折抵刑期的问题”的请示，最高人民法院研究室于 1988 年 2 月 23 日作出了《关于行政拘留日期折抵刑期问题的电话答复》，规定：“我院 1957 年法研字第 20358 号批复规定：‘如果被告人被判处刑罚的犯罪行为和以前受行政拘留处分的行为系同一行为，其被拘留的日期，应予折抵刑期。’这里所说的‘同一行为’，既可以是判决认定同一性质的全部犯罪行为，也可以是同一性质的部分犯罪行为。只要是以前受行政拘留处分的行为，后又作为犯罪事实的全部或者一部分加以认定，其行政拘留的日期即应予折抵刑期。”

6. 针对“贪污、受贿案件，被告人在逮捕前，已由县纪检、监察部门放到招待所隔离审查”的问题，最高人民法院研究室于 1991 年 12 月 17 日作出了《关于隔离审查日期可否折抵刑期问题的电话答复》，规定“根据我院 1984 年（84）法研字第 16 号《关于依法监视居住期间可否折抵刑期问题的批复》的原则，如果被告人被判处刑罚的犯罪行为和被拘留或者被逮捕以前被羁押的行为系同一行为，不论羁押在何处，只要是完全限制了人身自由的，被羁押期间，即应予折抵刑期”。

7. 针对被告人被收容审查决定经行政判决撤销的情况，最高人民法院于 1995 年 9 月 13 日作出了《关于收容审查决定经行政判决撤销后被收审人又因同一事实被判刑原收审日期应否折抵刑期的答复》，规定：“公安机关的收容审查决定经人民法院行政判决撤销，被收审人依法获得赔偿后，又因同一事实被人民法院判处刑罚的，其被收容审查的日期不予折抵刑期。”

以上7个解释,具有如下几个特点:一是对所有的刑期折抵问题,其关联性体现在都要求"同一行为"或"同一事实"。对于"相关行为"或"相关事实"能否适用刑期折抵,没有涉及。二是这些解释全部发生在1979年《刑法》施行期间,都有解释的文本法律根据。三是与判处刑罚的相关联事实或行为,分别是被适用了行政拘留、劳动教养、收容审查、变相的监视居住、行政拘留、隔离审查的。这些措施,都不是剥夺或限制人身自由的刑事强制措施。四是体现了刑事实体救济方式的不可重复原则,也即已经给予某种刑事实体救济的,不再给予刑事实体救济。例如,从以上1995年的解释来看,已经给予行为人行政赔偿的,就不再给予刑期折抵。本书认为,这种做法是合理的。从性质上看,无论刑期折抵还是国家行政赔偿,都是"羁押"的一种实体救济方式。同一被判处刑罚的事实,已给予了赔偿,若赔偿到位的话,则不应再给予刑期折抵。

(六)关于裁判文书表述问题的解释

关于刑期折抵在刑事裁判文书中的表述问题,分跨现行《刑法》[①]施行前后两个时期,所出台的司法解释规定也体现了这个方面的不同特点:

一是在新中国成立初期,对于判决书中要不要表述刑期折抵问题,1956年10月17日最高人民法院发布的《关于印发"各级人民法院刑、民事案件审判程序总结"的通知》及其《各级人民法院刑事案件审判程序总结》中,作出了明确的规定,要求判处刑罚的判决书内应当写明刑期起算日期及判决前羁押日数同刑期的折抵。

二是在现行《刑法》施行期间,针对理论上关于判决书中要不要表述刑期折抵问题的争论,为了统一和规范做法,专门出台了相应司法解释。例如,针对江西省高级人民法院"关于裁判文书中刑期起止时间如何表述"的请示,最高人民法院审判委员会于2000年2月13日专门通过了《关于刑事裁判文书中刑期起止日期如何表述问题的批复》(2000年2月29日颁布,2000年3月4日施行),规定:"根据刑法第四十一条、第四十

① 实际上新中国就一部刑法,即1979年7月1日第五届全国人民代表大会第二次会议通过、1997年3月14日第八届全国人民代表大会第五次会议全面修订和之后通过11次刑法修正案部分修订的《中华人民共和国刑法》。

四条、第四十七条和《法院刑事诉讼文书样式》（样本）的规定，判处管制、拘役、有期徒刑的，应当在刑事裁判文书中写明刑种、刑期和主刑刑期的起止日期及折抵办法。刑期从判决执行之日起计算。判决执行以前先行羁押的，羁押一日折抵刑期一日（判处管制刑的，羁押一日折抵刑期二日），即自××××年××月××日（羁押之日）起至××××年××月××日止。羁押期间取保候审的，刑期的终止日顺延。”

后来，最高人民法院办公厅针对《法院刑事诉讼文书样式》于1999年7月1日施行以来各地提出的一些问题，于2001年6月15日又作出了《关于实施〈法院刑事诉讼文书样式〉若干问题的解答》，其中，针对“适用数罪并罚‘先减后并’的案件，对前罪‘余刑’从何日起算？在裁判文书中如何表述”的问题，解答为“前罪‘余刑’的起算日期，可以从犯新罪之日起算。判决结果的刑期起止日期可表述为：‘刑期从判决执行之日起计算。判决执行以前先行羁押的，羁押一日折抵刑期一日，即自××××年××月××日（犯新罪之日）起至××××年××月××日止’”；又针对再审刑事裁判文书的表述，具体为“被判处死刑缓期二年执行的罪犯，在缓期二年执行期满后被减为有期徒刑，后又经再审将原判死缓改判为有期徒刑的，其刑期折抵在再审刑事判决书中应当如何表述”的问题，解答为“刑期折抵的起始日仍应从被告人犯罪后被羁押之日起计算”。同时，最高人民法院办公厅针对2001年6月11日印发的《关于印发一审未成年人刑事案件适用普通程序的刑事判决书等4份补充样式的通知》（法办发〔2001〕1号）中的一审未成年人刑事案件适用普通程序的刑事判决书样式所存在的问题，于2009年10月12日印发了《关于印发一审未成年人刑事案件适用普通程序的刑事判决书样式和一审未成年人刑事公诉案件适用简易程序的刑事判决书样式的通知》（法办发〔2009〕25号），其中规定一审未成年人刑事案件适用普通程序的刑事判决书关于定罪判刑的刑期折抵表述为“判决执行以前先行羁押的，羁押一日折抵刑期一日，即自××××年××月××日起至××××年××月××日止”。

综上所述，在我国，对在裁判文书中明确表述刑期折抵问题，自从新中国成立初期就有规定。而且随着司法实践的发展，对这个表述的要求逐步规范化和细密化。当然，在解释中，也出现了一些矛盾冲突。例如，以上关于“刑期折抵的起始日仍应从被告人犯罪后被羁押之日起计算”，是一个不合法、不合理的解释。从法律上看，管制、拘役和有期徒刑的刑期，都是从判决执行之日起计算。以上解答规定“从被告人犯罪后被羁押之日起计算”，违反法律的如此规定。从法理上看，刑期折抵不是刑罚的执行，它的立法设置和法律适用主要是为了救济未决羁押功利性目的正当性瑕疵问题，是一种补救措施，因而，用于折抵刑期的先行羁押起算期与本刑的刑期起算期不是一回事，不发生直接的关系。本刑的起算期的正确理解和解答仍只能是“从判决执行之日起计算”。在如此起算期下计算的刑期，才与先行羁押的日数发生折抵关系。对此，早期的司法解释曾作过正确的解读，也即最高人民法院针对东北分院的请示，于 1954 年 1 月 2 日作出的《关于缓刑起算日期的批复》中规定：“至于判决前曾否羁押，与缓刑期间起算的问题无关。就是判处徒刑不宣告缓刑而执行时，其执行徒刑的起算日期，也是从判决确定后开始执行之日起算。被告如在判决前曾被羁押一个时期，这羁押时期，也只是要从执行徒刑的期间中扣除，并不是将执行徒刑的期间从羁押日期起算”。

（七）关于刑期折抵 82 个司法解释的总体特点

综观以上关于刑期折抵的司法解释的特点，具体可概括为如下 10 个方面：

一是前期解释关于“文本法律依据”的虚无性。显然，从 1950 年 10 月 1 日出台的第一个关于刑期折抵的司法解释开始至 1980 年 1 月 1 日《刑法》生效日止的 51 个专门或相关司法解释，都没有相应的文本法律依据。因为，我国在这个时期没有关于刑期折抵的立法。

二是关于“先行羁押”解释的无限性。这是由先行羁押的开放性（不特定性）特点决定的。作为刑期折抵事实前提的先行羁押，并非刑事诉讼中的剥夺或完全限制人身自由的法定刑事强制措施，其表现为：（1）其他非剥夺或完全限制人身自由的法定刑事强制措施，如变相地以完全限制人身自由适用的监视居住。（2）非刑事强制措施，如以完全限制人身自由方式适用的海关扣押、行政拘留、司法拘留、劳动教养、收容审查等。（3）特殊情况下的已执行的自由刑，如再审或域外犯罪已执行的自由刑罚等，在同一事实予以重新判决时，也可成为这里的“先行羁押”。以上关于先行羁押的几个表现表明，我国刑事司法中关于刑期折抵的先行羁押，是一个不特定的开放性概念：凡是以剥夺或完全限制人身自由的方式适用的强制措施，在同一事实被刑事判决或再次被刑事判决为法定可折抵刑罚时，就是这里的“先行羁押”。这个先行羁押的如此特点决定了，随着社会的发展，在我国羁押体制完善之前，还会不断出现如此先行羁押要不要折抵刑期的问题及其解释。

三是关于“本刑”解释的超前性。我国民国时期立法规定刑期折抵的本刑为拘役、有期徒刑和罚金，革命根据地时期的立法规定刑期折抵的本刑为拘役和有期徒刑，1979 年《刑法》和 1997 年修订的《刑法》都规定刑期折抵的本刑为管制、拘役和有期徒刑。然而，值得重视的是，刑期折抵的本刑可以是管制，并不是 1979 年《刑法》新创造的，实际上，在新中国成立时起，在司法实践中就存在。如前所述，在新中国成立至 1979 年《刑法》生效时止，共有 5 个司法解释规定了刑期折抵的本刑可以是管制。这样说来，是这些没有文本法律依据的解释，创造了管制可为刑期折抵本刑问题。

四是对部分限制人身自由的刑事强制措施与非刑事强制措施的刑期折抵问题采取了不同态度。对部分限制人身自由的刑事强制措施，如取保候审、监视居住，在不合法地以完全限制人身自由的方式适用时，允许适用刑期折抵，在合法地以部分限制人身自由的方式适用时，不允许适用刑期折抵；而对部分限制人身自由的非刑事强制措施，如盘问留置、保外就医、隔离审查、海关扣留、管训、先行管制、逮捕前交群众监督劳动、行政拘留、司法拘留等，无论是以完全限制（剥夺）人身自由的方式适用，还是以部分限制人身自由的方式适用（这些措施本都是部分限制人身自由的措施），都允许适用刑期折抵。显然，这两种不同的态度和做法，是有失刑法公平公正的，是与刑期折抵的精神实质和价值取向相违背的。

五是解释主体的部门性。在这些解释中，由最高人民法院单独作出的 73 个中，就有 16 个是由研究室、办公厅和刑事审判庭等职能部门作出的。具体为，研究室共作出了 10 个，办公厅共作出了 4 个，刑事审判庭共作出了 2 个。另外，最高人民法院还与最高人民检察院、公安部、司法部联合作出了 9 个司法解释。这些解释基本上是其他主题的解释中有关于刑期折抵问题的内容。

六是解释形式的多样性。在这些解释中，“批复”共 32 个，约占 39%；“复函”共 16 个，约占 19.5%，基本出现在 1979 年《刑法》出台前；“答复”共 15 个，约占 18.3%，其中，一半以上是“电话答复”，且全部是在 1983 年至 1989 年由最高人民法院研究室作出；“通知”共 8 个，约占 9.8%，全部不是专门关于刑期折抵的解释；“函”共 2 个，全部由最高人民法院刑事审判庭作出；另外，“意见”共 2 个，“指示”共 2 个，“规定”共 3 个，“解答”1 个，“解释”1 个。以上情况表明，我国关于刑期折抵的司法解释，特别是在早期，主要以“批复”“复函”“答复”的形式作出。

七是解释内容的重复性。虽然这些解释，基本上是针对不同的具体情况，但对这些具体情况进行共性抽象，就发现大多具有相似性。例如，关于“先行羁押”的 46 个司法解释，事实上都是以剥夺或完全限制人身自由的方式适用的强制措施；关于死缓、无期徒刑减为有期徒刑后，原未决羁押能否折抵减刑后的有期徒刑刑期，先后共出台了 17 个专门或包含了相关内容的司法解释，实际上，这些解释仅涉及允许折抵（前 7 个）和不允许折抵（后 10 个）两个方面内容。另外，还有同一个内容，因不同地方法院请示而出现“复函”“答复”“电话答复”等重复规定。

八是关于折抵原则的解释的混乱性。如前所述，这些关于刑期折抵的原则，有的规定为裁定主义（可以折抵），有的规定为法定主义（应当折抵），有的在同一解释中出现裁定主义（可以折抵）与法定主义（应当折抵）混用的现象。

九是解释时间效力的溯及性和相对稳定性。在新解释的溯及力问题上，这些解释采取的基本上是从新原则并兼顾判决的相对稳定性。具体而言，关于刑期折抵的司法解释出台后，对正在服刑的罪犯的隔离审查时间没有折抵刑期的，采用裁定主义，允许补折；但考虑判决的相对稳定性，对于已执行期满的罪犯，不作变动。例如，1979 年 1 月 19 日最高人民法院在《关于罪犯在公安机关收容审查期间折抵刑期两个具体问题的批复》中规定，“在我院〔78〕法办研字第 14 号批复下达以前，已判处的有期徒刑罪犯，收容审查日期没有折抵刑期，现在是否予以折抵的问题，我们同意你们的意见，对这类犯人中仍在服刑的，可予以折抵；已服刑期满的，即不必再作变动”。又如，1981 年 7 月 6 日最高人民法院在《关于劳动教养日期可否折抵刑期问题的批复》中规定，“在本批复下达以前，已判处有期徒刑、拘役和管制的罪犯，劳动教养日期没有折抵刑期，现仍在服刑的，可补行折抵；已服刑期满的，即不必再作变动”。1979 年 4 月 27 日最高人民法院在《关于罪犯在逮捕前被“隔离审查”的日期可否折抵刑期的复函》中规定，“至于已经判处有期徒刑的罪犯，‘看管’或‘隔离’日期没有折抵刑期的问题，我们意见，现仍在服刑的，可补行折抵，已服刑期满的，即不必再作变动”。1979 年 9 月 24 日最高人民法院在《关于留场（厂）就业人员重新犯罪后在劳动机关禁闭审查日期应否折抵刑期的批复》中规定，“对这类犯人中现仍在服刑的，可予以折抵；已服刑期满的，可不必再作变动”。综上所述，这些解释允许新解释溯及既往，有利于保障受刑人的利益，符合刑期折抵立法设置的价值取向，是合理的；而对已经执行完毕的不再变动，虽然有利于保持刑事判决的相对稳定，维持判决既判力的司法权威，但有失刑法公平公正，是不合理的。对于这些没有折抵的先行羁押，实际上是符合立法设置国家赔偿的精神的，若是出现在 1995 年《国家赔偿法》出台后，则适当给予国家赔偿才是公平公正的。

十是在刑期折抵的关联性上，表现出折抵的不完全性。主要是，对于有关联性的数次行为，只允许最后一次适用刑期折抵的做法，不符合刑期折抵的关联性精神。例如，1964 年 12 月 17 日最高人民法院在《关于流窜盗窃犯屡拘屡逃其屡次被拘留的时间是否可以折抵刑期问题的批复》中规定：“罪犯屡拘屡逃，并继续犯罪，最后被逮捕判刑时，其最后一次拘留时间应予折抵刑期，以前被拘留的时间均不应折抵刑期”。1979 年1 月 19 日最高人民法院在《关于罪犯在公安机关收容审查期间折抵刑期两个具体问题的批复》中规定：“犯人在判刑前多次被收容审查，应如何折抵刑期的问题，我们同意你们的意见，应以最后一次收容审查（即与逮捕、起诉相衔接的那次收容审查）的日期折抵刑期”。1979 年 9 月 24 日最高人民法院在《关于留场（厂）就业人员重新犯罪后在劳动机关禁闭审查日期应否折抵刑期的批复》中规定：“犯人在判刑前，有的多次被禁闭审查，禁闭日期的折抵应以最后一次禁闭审查（即与逮捕、起诉相衔接的那次禁闭审查）的日期折抵刑期”。显然，这种只允许以最后一次拘留、收容审查和禁闭审查时间折抵刑期的规定，是不符合刑期折抵立法关于“关联性”规定的，因为，按刑期折抵立法关于“关联性”的规定，只要这些“先行羁押”的事实或行为与所判刑罚的事实或行为具有同一性或相关性，就应当折抵刑期。对此，1990 年 2 月 6 日最高人民法院研究室《关于因同一犯罪事实两次被收容审查应如何折抵刑期问题的电话答复》改变了以前的不合理做法，规定：“因同一犯罪事实两次被收容审查，其第一次和第二次被收容审查的日期均应折抵刑期。”这是刑期折抵司法上的一大进步。

三、出台众多解释的原因分析

“区区”一个刑期折抵问题会出台或涉及如此众多的司法解释，肯定有其相应的原因。综合以上 82 个司法解释性文件的特点，这个原因主要表现在羁押体制、立法规定、法官自由裁量权、解释技术、解释的公开性等方面。

（一）羁押体制所存在的问题

在刑期折抵视角下，羁押可作实体性羁押与程序性羁押的划分。前者是指作为刑期折抵事实前提的先行羁押；后者是指那些剥夺或完全限制人身自由的刑事强制措施，它们因进入刑法视域适用刑期折抵而与实体性羁押发生关系。① 从刑期折抵的最初立法设置，即“为了弥补和救济程序性羁押的功利性立法和适用的正当性不足②而让程序性羁押进入刑法视域适用刑期折抵”③来看，实体性羁押与程序性羁押是对应的。但随

① 程序性羁押与实体性羁押在法律根据、适用目的与功能、法律意义等方面也存在根本不同。在法律根据上，前者是刑事程序法关于刑事强制措施的规定，而后者是刑法等关于“羁押的刑期折抵”的规定；在适用目的与功能上，前者是为了保障刑事诉讼顺利进行、保护社会和保障犯罪嫌疑人、被告人的人身自由权利不受任意剥夺，而后者是为了弥补和救济程序性羁押的功利性立法和适用的正当性不足；在法律意义上，前者体现了法律的功利性和权利的保障性，后者彰显了法律的公正性。

② 未决羁押的设置和适用的正当性根据，从本质上讲，属于“目的证明手段正当”，是利用“强权”剥夺未经审判者的人身自由权利，其事实上的人身自由“损害性”不容回避。以社会契约论的观点（让渡部分人身自由权利是为了维护公共安全之必要）作为未决羁押设置和适用的正当性根据，纵使成立，其“让渡”也只是“临时”和“预支”的，而不是“永远”和“终结”的，尚需“秋后算账”：有折抵内容的，予以刑期折抵，没有折抵内容的，需国家赔偿等；而事实上社会契约论在羁押问题上的基点是值得质疑的，因为，契约论上的“让渡”应建立在“自愿”基础上，可未决羁押的设置和适用实质上只不过以“自愿让渡”之名，行“强权剥夺”之实；而且，也与作为刑事诉讼灵魂的“无罪推定原则”相冲突。因此，程序性羁押的正当性，无论怎么描述，在本质上都只是功利性的；只不过这个功利性，是为了取向特定立法目的不得已而为之。

③ 石经海：《刑法视域中的羁押探究》，载《中国社会科学院研究生院学报》2006 年第 4 期。

着时代的发展和受刑者权利保障的加强,这个实体性羁押也逐渐从形式化向实质化发展,也就是说,当今实体性羁押并非只是对应于作为法定刑事强制措施的程序性羁押,可以是任何具有剥夺或限制人身自由实质内容、与判决中确定的可折抵法定刑罚有关联性的强制措施甚至已执行之刑罚。[①] 因此,在当今走向权利的时代,虽然程序性羁押与实体性羁押之对应并非绝对,[②]但因它们分别体现了功利与公正的价值取向,共同构建了功利与公正的辩证统一关系,[③]有利于创设一种"正义的社会秩序"(just social order),[④]因而这个"对应",是必要而又重要的。

从法规范上看,程序性羁押与实体性羁押的"对应",并非程序规范与实体规范的对应。事实上,无论是程序性羁押立法还是实体性羁押立法,也都有各自的实体规范与程序规范,也都是实体规范与程序规范的有机统一体。这个"对应",是实体规范属性下的形式与内容的对应,也就是程序性羁押的法定形式对应了实体性羁押的部分具体内容。质言之,实体性羁押是一个"动态"概念,它的范围和内容的确定,在一定范围内依赖于程序性羁押的法定形式:在立法上,程序性羁押形式特定,实体性羁押内容也就相对具体和稳定;程序性羁押形式不特定,实体性羁押因缺乏与之有效对接的稳定内容而必然泛化。因此,在实体规范上,对"动态"的实体性羁押的具体内容的确定,需要程序性羁押的特定化。

然而,我国现行羁押立法所规定的程序性羁押,实际上是不特定的。

---

① 因再审或因刑事管辖权变更而重审的案件,原已执行的自由刑刑期可折抵新判决中确定的可折抵的法定刑罚。这在性质上是刑期折抵,而不是刑罚的易科或其他。这里的"具有剥夺或限制人身自由实质内容、与判决中确定的可折抵法定刑罚有关联性的已执行之刑罚",完全符合刑期折抵立法关于先行羁押的规定。这同时表明了先行羁押与未决羁押是有差别的。显然,这个可折抵刑期的"已执行之刑罚"是已决"羁押"而不是未决"羁押"。

② 表现在,一方面,并非所有程序性羁押都进入刑法视域折抵刑期而成为实体性羁押;另一方面,实体性羁押主要对应于程序性羁押,但也包括某些情况下的已执行的刑罚,甚至行政性羁押、司法性羁押等情形。

③ 储槐植教授认为,保护功能的价值体现是功利,保障功能的价值体现是公正;功利强调的是秩序、功效和利益,而公正强调的是公平和正义,它们都是人类永恒的追求;功利与公正关系密切,没有功利,公正无所依存,没有公正,功利必成公害。参见储槐植:《美国刑法》,北京大学出版社 1997 年版,"前言"。

④ 参见[美]E. 博登海默:《法理学:法律哲学与法律方法》,邓正来译,中国政法大学出版社 2004 年版,第 330 页。

综观新中国羁押立法体系,关于程序性羁押的立法主要有 1954 年 12 月 20 日通过,1979 年 2 月 23 日修改的《逮捕拘留条例》,以及 1979 年 7 月 1 日通过,1980 年 1 月 1 日起施行,1996 年、2012 年和 2018 年修正的《刑事诉讼法》中关于程序性羁押的规定。从这些法律关于程序性羁押内容的修改替代关系[①]来看,程序性羁押立法只是以上《刑事诉讼法》中关于程序性羁押的规定。根据该法的规定,所谓的程序性羁押,实质上只是剥夺或完全限制人身自由的刑事强制措施如刑事拘留和逮捕适用所带来的必然结果和法定状态。这个“状态”,不是独立的法定刑事强制措施,在法定刑事强制措施体系中没有它的名分和地位,不具有立法上的特定性。因此,若“羁押”应当是一种持续地剥夺或完全限制人身自由的状态的话,则我国所谓的程序性羁押,并不具有立法上的意义,它在本质上只不过是一个理论上和实践(包括立法)中的习惯概括而已。虽然相关立法中也有“羁押”的提法,[②]但这些“提法”,实际上也只是对刑事拘留或逮捕

① 1954 年 12 月 20 日通过的《逮捕拘留条例》,是新中国成立后最早规定羁押的法律,该法律于 1979 年 2 月 23 日被修改后的《逮捕拘留条例》取代,而 1979 年修改后的《逮捕拘留条例》又被 1980 年 1 月 1 日新生效的《刑事诉讼法》的相关内容取代而自然失效(1980 年 4 月 16 日全国人大常委会通过的《关于实施刑事诉讼法规划问题的决议》要求公安机关和人民检察院按照 1979 年《刑事诉讼法》关于拘留逮捕的各项规定适用拘留逮捕)。

② 在新中国刑事立法中,1954 年《逮捕拘留条例》有 1 处规定了“羁押”问题,也即“逮捕后,除有碍侦查或者无法通知的情形外,逮捕机关应当把逮捕的原因和羁押的处所告知被逮捕人的家属”(第 4 条中);1979 年《逮捕拘留条例》对如此提法未作实质性变动,只是把原来第 4 条改为了第 5 条;1979 年《刑事诉讼法》共有 3 处规定了“羁押”问题,分别是第 43 条关于拘留后告知羁押地点的规定、第 50 条关于逮捕后告知羁押地点的规定和第 92 条关于侦查羁押期限的规定;1996 年《刑事诉讼法》共有 9 处使用了“羁押”的提法,分别是第 52 条关于“羁押”的取保候审申请权的规定、第 64 条关于拘留后告知“羁押”地点的规定、第 71 条关于逮捕后告知“羁押”地点的规定、第 74 条关于超期“羁押”变更强制措施的规定(2 处)、第 124 条关于侦查“羁押”期限的规定、第 128 条关于计算或重新计算侦查“羁押”期限的规定(2 处)和第 212 条关于死刑可在“羁押”场所执行的规定;2012 年《刑事诉讼法》共有 16 处使用了“羁押”的提法,分别是第 65 条和第 72 条关于“羁押”的取保候审、监视居住申请权的规定(2 处),第 73 条关于禁止在“羁押”场所进行监视居住的规定(1 处),第 83 条和第 91 条关于拘留、逮捕后送看守所“羁押”的规定(2 处),第 93 条关于“羁押”的必要性审查的规定(2 处),第 96 条关于“羁押”变更强制措施的规定(2 处),第 116 条关于“羁押”讯问的规定(1 处),第 154 条、第 158 条、第 206 条关于侦查“羁押”期限的规定(5 处)和第 252 条关于死刑可在“羁押”场所执行的规定(1 处);2018 年《刑事诉讼法》也共有 16 处使用了“羁押”的提法,且与 2012 年《刑事诉讼法》的规定完全相同,只是条文的序号设置有所变化。

及其适用状态与结果的概括而已,[①]均不具有独立刑事强制措施的意义,[②]都不在法定刑事强制措施体系之列。这样,我国的所谓程序性羁押,从现行刑事诉讼立法来看,似乎只是对作为法定刑事强制措施的刑事拘留或逮捕适用结果和状态的概括,但在整个法律体系上,它实际上可以是对任何能带来剥夺或完全限制人身自由结果和状态的情形的概括。因为,作为剥夺或完全限制人身自由的其他强制措施,也像刑事拘留和逮捕一样,一方面,因不是独立的法定刑事强制措施而不具有程序性羁押的形式性特征;另一方面,因它们也都能带来剥夺或完全限制人身自由的结果和状态,而都完全符合程序性羁押的实质性特征。易言之,既然那些法定刑事强制措施如刑事拘留、逮捕的适用能自动带来这种概括的羁押,则其他任何剥夺或完全限制人身自由的强制措施的适用也都能自动带来这种羁押。这一点已为我国刑期折抵的适用实践所证明。从我国的刑期折抵实践来看,不仅法定的刑事强制措施(刑事拘留、逮捕)可带来这种结果和状态,而且那些非法定的刑事强制措施如行政拘留、司法拘留、民事实体拘留、海关扣押、留置盘问等,也可带来这种结果和状态,甚至那些部分限制人身自由的强制措施如监视居住、拘传等,也可变相地以这种状况适用。

程序性羁押形式的如此不特定,必然导致实体性羁押缺乏与之具体对接的羁押形式,继而催生大量关于刑期折抵的司法解释。也就是说,面对以上如此不特定的程序性羁押,要不要或如何适用刑期折抵,既无刑事程序法的具体规定,也无刑事实体法的具体规定,而法官对此又无权自由裁量,因而,地方法院不得不逐级向最高人民法院请示,于是最高人民法院就出台一个又一个关于刑期折抵的司法解释。在新中国成立以来出台

---

① 虽然理论上认为"我国刑事诉讼法中并没有使用羁押提法"缺乏考证,但认为"人们习惯用羁押这个名词来概括拘留和逮捕等限制人身自由的强制措施"是正确的。参见隋光伟:《羁押属性及适用原则》,载《当代法学》2004 年第 3 期。

② 具体而言,1996 年《刑事诉讼法》第 52 条和第 74 条中所使用的"羁押"提法,是指由刑事拘留或逮捕适用所带来的持续限制或剥夺人身自由的当然状态和必然结果;第 64 条中所使用的"羁押"提法,是指由刑事拘留适用所带来的持续限制人身自由的当然状态和必然结果;第 71 条、第 124 条、第 128 条和第 212 条中所使用的"羁押"提法,都是指由逮捕适用所带来的持续剥夺人身自由的当然状态和必然结果。

的至少82个关于刑期折抵的司法解释中,关于实体性羁押的司法解释,就有46个。① 而且,若程序性羁押仍不特定,则必将继续催生新的如此司法解释。② "区区"一个刑期折抵问题,需出台那么多司法解释,这不仅在域外没有,而且即使同是在刑事司法领域内也未曾出现。其中的原因固然很多,但关键原因在于程序性羁押的不特定。

显然,程序性羁押在形式上是否特定,主要取决于羁押的立法体制。纵观世界法律发展史,从羁押与逮捕的关系来看,主要有"前置主义"和"一体主义"两种羁押立法体制。在"逮捕前置主义"的立法体制中,羁押与逮捕是分别独立的两个阶段。其中,逮捕是羁押的前置措施(第一阶段),逮捕适用后并不必然带来羁押;逮捕适用后是否羁押(第二阶段),尚需经过是否具有羁押理由的审查。在这种立法体制下,将逮捕与羁押分开,旨在"在逮捕时实施司法抑制,在羁押时也实施司法抑制,即保障双重检查"。③ 目前采用这种立法体制的主要是日本。在"一体主义"羁押立法体制下,将逮捕和羁押规定同样的理由,视逮捕为羁押的根据,羁押为逮捕的结果。这是目前绝大多数国家所采用的羁押体制。综观如此两种羁押体制,虽然有很多不同,但在"羁押"本身是独立于其他强制措施的一种刑事强制措施这一点上是相同的。这个相同点意味着,在这两种羁押体制中,羁押在法律形式上不仅是独立的,而且是特定的。其中,"独立的"意味着适用程序也独立,这为限制羁押权的行使提供了可能和条件;"特定的"意味着羁押的具体形式不会被任意扩大或变相使用,这为程序性羁押与实体性羁押相对接提供了可能和条件。因此,"前置主义"和"一体主义"两种羁押立法体制虽有很大不同,但它们在各自核心问题上是一致的。显然,持续剥夺或完全限制人身自由的羁押,与暂时剥夺或完全限制人身自由的刑事拘留、逮捕,分别作为独立的法定刑事强制措施及在程序

---

① 包括作为刑事强制措施或准刑事强制措施的刑事拘留、取保候审、监视居住、保外就医、收容审查、隔离审查、海关扣留、管训、先行管制、群众监督劳动的,有29个;作为行政处罚或强制措施的行政拘留等的,有5个;作为司法强制措施的司法拘留的,有1个;关于已执行的刑罚的,有7个。这些措施或已执行刑罚都因以剥夺或完全限制人身自由方式适用而都纳入了实体性羁押之列以进行刑期折抵。

② 例如,关于"双规"问题,关于传染病防治的隔离问题等。

③ [日]田口守一:《刑事诉讼法》,刘迪等译,法律出版社2000年版,第54页。

上进行分离，是极其必要的。毕竟，它们对人身自由的损害程度不同，而且也具有不同的程序功能意义。把它们均作为独立的法定刑事强制措施，分别适用不同的对象与程序，以对羁押适用进行控制并使其成为“例外”。①

从前述考证来看，我国现行的羁押立法体制，既不是“逮捕前置主义”也不是“一体主义”，而是一种独特的立法体制。这种体制，虽然具有“一体主义”的部分实质性特点，即“逮捕和羁押具有基本同样的适用理由，羁押为逮捕的结果”，但不具有“一体主义”的法律形式，即羁押是独立于逮捕等的一种刑事强制措施。这种立法体制决定了，我国的所谓程序性羁押，在法律形式上既不独立也不特定。“不独立”意味着适用程序也不独立，这使得从程序上限制拘留、逮捕适用带来的羁押几乎成为不可能；“不特定”意味着羁押的具体形式会随司法实践的需要而任意添加或变相适用，从而使程序性羁押与实体性羁押难以进行具体对接，继而催生众多司法解释。

（二）如此立法本身的不完善

虽然相对于个案的具体性而言，任何立法规定都应具有一定的抽象性与概括性，但是，在我国片面地把“粗疏”当作立法指导思想的包括刑期折抵在内的刑事立法，给法官适用刑期折抵等法律带来了困难，也为司法解释大行其道提供了契机，致使司法解释大量出现。从一般意义上看，我国关于刑期折抵的立法规定过于粗疏，应是导致刑期折抵问题出现的基本原因。然而，以上司法解释现象表明，我国出台众多关于刑期折抵的司法解释，主要不是由于立法上的粗疏，而是因为缺乏立法的规定及其他原因。因为，在这众多司法解释中，于 1979 年《刑法》关于刑期折抵规定以前出台的达 50 个。但是，刑期折抵立法的粗疏，绝对是之后出台高达 32 个司法解释的重要原因。对此，在第二章予以专门论述。

---

① 从世界刑事司法大趋势来看，鉴于控制羁押适用（特别是使羁押适用成为例外）的需要，都会将先行羁押与刑事拘留、逮捕等短期性、临时性措施相分离而成为独立的强制措施，使刑事拘留、逮捕并不必然带来羁押状态，并赋予羁押比刑事拘留、逮捕更严格的适用条件（包括实体条件和程序条件），使羁押适用成为例外。参见何家弘主编：《刑事司法大趋势：以欧盟刑事司法一体化为视角》，中国检察出版社 2005 年版，第 279 页。

(三)法官自由裁量权之不足

在西方,为了防止法官任意解释法律和罪刑擅断,中世纪时期,法官只能严格依照成文法的规定来审理案件,不能对法律的内容进行解释和说明。以意大利刑法学家切萨雷·贝卡里亚(Cesare Beccaria)为代表的刑事古典学派,就否定刑法解释存在的必要性与合理性。他认为,"当一部法典业已厘定,就应逐字遵守,法官唯一的使命就是判定公民的行为是否符合成文法律";"刑事法官根本没有解释刑事法律的权力,因为他们不是立法者";一个作出终极判决的司法官员,"他的判决是对具体事实做出单纯的肯定或否定"。[①] 他主张,立法者"试图对各种特殊而细微的实情开列出各种具体的、实际的解决办法,它的最终目的,是想有效地为法官提供一个完整的办案依据,以便使法官在审理任何案件时都能得心应手地引经据典,同时又禁止法官对法律作任何解释"。[②] 但事实证明,禁止法律解释只是一种不切实际的梦想,1791 年《法国刑法典》奉行绝对罪刑法定主义的失败就是例证。在历经恣意解释法律与严禁解释法律两个极端且均受挫之后,人类终于在法律解释问题上走向折中之路而回归理性:刑法需要解释但应对解释进行必要的限制,已经成为当代各国法学理论界与法律实践界的共识。基于解释法律的必要性,各国构建了各自的刑法解释制度。许多国家都将这种解释权完全赋予个案中的司法官。[③]

虽然从我国的司法解释现状来看,中国的法官在解释法律方面的自由裁量权一点都不比普通法系的同事们少,[④]但这只是最高司法机关在解释法律方面的自由裁量权,并不代表具体办案法官和法院在解释法律方面有很大甚至较大的自由裁量权。本来,我国是典型的成文法国家,相

---

① [意]贝卡里亚:《论犯罪与刑罚》,黄风译,中国大百科全书出版社 1993 年版,第 9~13 页。

② [美]约翰·亨利·梅利曼:《大陆法系》,顾培东等译,西南政法学院 1983 年编印,第 42 页。

③ 参见陈志军:《刑法司法解释研究》,中国人民公安大学出版社 2006 年版,"序"第 1 页。

④ 由于我国立法长期以来遵循"宜粗不宜细"的原则,故每个法律颁布实施之后,紧随其后的就是司法解释,有的司法解释的内容远远超出了法律本身的体积。参见信春鹰:《中国是否需要司法能动主义》,载《人民法院报》2002 年 10 月 18 日,第 3 版。

对普通法国家来说,成文法的局限性决定了,实践中不可避免地需要对刑法进行诠释。然而,我国的司法解释,"通常不是通过司法官对个案的裁判来阐释法律原则和法律规范,而是由司法机关针对某一类适用法律问题,制定规范化的法律解释文件,对相关司法活动具有普适效力,因而具有'准法律'的性质"。[①] 这样,我国法官的法律解释权和自由裁量权是非常有限的。事实上,这种具有中国特色的司法解释模式,其弊端是极其明显的。一方面,"无论它对法律的解释准确与否,都对司法实践影响极大"。[②] 另一方面,其极易导致"教条主义"和造就法官的依赖心理,出现"遇问题必请示"的非法官工作思维和工作习惯,不利于发挥法官的主观能动性。因此,"区区"一个刑期折抵问题,就出台如此众多司法解释,并不是因为刑期折抵问题本身复杂和重要到需如此,而在一定程度上是因为司法解释模式。虽然我们并不提倡赋予法官拥有对被告作出不利解释的自由裁量权,但对被告有利的法律解释权和自由裁量权还是应当在一定范围内提倡的。否则,遇到法律明文规定以外的问题,就必须逐级上报请示和解释,那不仅仅是一个刑期折抵问题出现"解释负担"过重问题,也可能出现其他问题。

(四)解释的技术性不高

这主要表现在两个方面:一是重复的司法解释过多。司法解释的重复,并非都是同一具体内容的重复,而是内容过于具体化,不具有概括性,因而每遇到具体问题都需要作出解释。例如,关于"先行羁押"问题,若规定凡是以剥夺或完全限制人身自由的方式适用的强制措施,在同一事实或相关事实被刑事追诉和判处某些法定可折抵刑期的刑罚时,即为这里的"先行羁押",也就无需出台 42 个关于"先行羁押"的司法解释了。二是司法解释缺乏清厘。我国的司法解释现状是,旧的司法解释没有废除,新的司法解释因内容相关又不好吸收旧司法解释的有效部分而予以出台,从而,客观上增加了司法解释的数量。

① 陈泽宪:《罪刑法定与扩大解释》,载《人民检察》2007 年第 19 期。

② 陈泽宪:《罪刑法定与扩大解释》,载《人民检察》2007 年第 19 期。

(五)解释的公开性不够

这主要表现在,司法解释缺乏正式公布或有效的正式公布,这是导致众多重复请示的司法解释的重要原因之一。司法解释,在本质上,是一种具体化、明确化的法律适用手段,是连结立法与司法的重要纽带,对统一法律适用的各种不同认识、促进司法工作的进一步协调、保持各地法律适用的综合平衡等,都起着至关重要的作用。特别是在司法实践中,与其说是在适用法律,倒不如说是在适用司法解释。因此,司法解释虽然不是法律,但其承继的法律效力及其作为法律适用的实际依据特点,决定了它在司法实践中具有甚至比法律更重要的地位。同时,虽然司法解释一般源于法律,但作为对法律具体化、明确化的司法解释,肯定超出我们很多人对被解释"法律"的通常理解。这样说来,司法解释不仅需要公开,而且其公开性问题甚至更为重要:一方面,有利于社会成员的普遍严格遵守;另一方面,有利于满足司法机关及其工作人员的全面准确适用。

然而,在我国,虽然法律的公开化已经基本实现,但司法解释的公开化尚没有实现。正如有学者指出的那样:在法律解释实践中,某些刑法司法解释文件就时常被作为司法机关内部的文件下发,一些涉及刑法应用问题的批复、答复还不为众人所知,尤其是有些口头形式(诸如电话通知、答复等)的实质上的司法解释,更是鲜为人知,甚至连很多司法部门在处理同类案件时,也无法参照适用。①

就关于刑期折抵的司法解释而言,就很多重复请示而作出的司法解释,实际上就是先出台的司法解释缺乏有效的公开而造成的。从新中国成立初期的情况来看,公布司法解释的主要渠道(载体)是《法院工作通讯》。然而,在那个特殊年代,订阅《法院工作通讯》的,并不普遍。更何况,还有大量的司法解释是以"电话答复"等非公开性的方式作出,使得这些"解释"的公开范围更加有限。公开性不够,则必然导致不知道有相关解释的给出重复请示,并得到重复解释的情况。

---

① 参见游伟主编:《刑事立法与司法适用》,上海教育出版社1996年版,第221页。

四、具有众多解释的现象评价

应当说,针对“区区”一个刑期折抵问题出台如此众多司法解释性文件,一方面,是践行刑期折抵刑法精神的重要体现,具有重要的理论与现实意义;另一方面,如此众多的指导性文件,也必定给刑期折抵的司法适用带来困扰。

(一)具有众多相关解释的功能评价

以上关于刑期折抵的82个司法解释,实际上是我国特定历史条件下的产物,在功能上,既有重要的历史意义(正功能),也有一些不足(负功能)。

1. 如此众多司法解释的正功能评价

其一,有利于刑法公正的实现和受刑人人权的保障。刑法公正的终极目标无非就是既保护社会又保障人权。而这个目标的实现,在很大程度上依赖于刑事司法解释的调控作用,它是当今世界各国为弥补成文法局限性而采取的不可或缺的重要手段之一。在我国的司法实践中,我国关于刑期折抵的司法解释是刑期折抵的主要适用根据。以上考证表明,自1950年10月最高人民法院《关于犯人在公安机关管训期间的折抵刑期问题的复函》这个新中国第一个关于刑期折抵的专门司法解释始,至2002年4月8日最高人民法院通过的《关于撤销缓刑时罪犯在宣告缓刑前羁押的时间能否折抵刑期问题的批复》止,最高人民法院和最高人民检察院等共单独或联合作出了至少82个关于刑期折抵的专门的或相关的司法解释。这充分地表明,在新中国刑法史上,在强调通过运用刑罚权严厉制裁侵犯国家、社会和个人利益的犯罪行为,以及在强调对广大人民群众人权保护的同时,也实实在在地存在对犯罪人人权的保障。它客观地存在于新中国的新旧法律中,并一直在司法实践中得以广泛适用,凸显了其特别的政治、法律和国际人权合作与交流方面的意义。

其二,在一定程度上消除了刑期折抵适用的差别性,保证了刑期计算的统一性。例如,最高人民法院《关于犯人在公安机关刑事拘留期间是否可以折抵刑期问题的批复》(〔63〕法研字第85号)下达以前处理的案件,有的没有把刑事拘留期间折抵有期徒刑刑期,对此是否要重新予以折抵的问题,做法不一。于是,最高人民法院于1963年12月14日作出了《关于我院(63)法研字第85号批复下达以前处理的案件的刑事拘留期间是否重新折抵刑期问题的批复》,规定"对于这类案件,可不必再作变动",这样,即使全国法院有了统一标准,也维护了判决的安定性。又如,关于"三反"运动中被判处刑事处分的贪污分子,其刑期如何起算的问题,各方面执行颇不一致,有的从逮捕日起算刑期,有的从判决日起算刑期。最高人民法院经与中央有关机关研究,于1953年11月28日发出了《关于三反运动中被判处徒刑、劳役或机关管制的贪污分子其刑期起算问题的通知》,规定:"三反运动中被判处徒刑、劳役或机关管制的贪污分子,其刑期应从判决确定后交付执行之日起算。判决确定前在机关反省或限制行动自由的期间,除判决书已注明折抵外,均不予折抵;但在判决前如已经公安、司法部门羁押,或经宣布逮捕法办,虽未送公安、司法部门羁押,而事实上与羁押在公安、司法部门之看守情形相同者,其羁押或与羁押情形相同的限制行动自由的期间,应以一日折抵刑期一日。"这样,不仅使"三反"运动中被判处徒刑、劳役或机关管制的贪污分子的刑期折抵问题在全国法院有了统一做法,而且也实现了对这些犯罪分子刑期计算的统一性。

其三,针对现实中出现的新情况适时作出解释,在一定程度上保证了刑法关于刑期折抵的适用性与安定性。例如,针对在押未决犯保外就医的刑期折抵问题,本来按原来的司法解释是允许折抵刑期的,也即最高人民法院、公安部于1964年5月3日作出的《关于在押未决犯保外就医期间是否折抵刑期问题的联合批复》,规定:"根据《中华人民共和国劳动改造条例》第六十条第二项的规定,对于在押的未决犯(罪大恶极的除外),因病势严重需要保外就医的,经报请送押机关批准,可以保外就医,但应通知居住地人民公安机关加以监督。未决犯在保外就医期间,可以折抵刑期。"针对1976年全面恢复司法活动以后,对有的地方法院仍存在的如此保外就医是否还需折抵刑期的疑问,最高人民法院于1976年12月9日作出了《关于在押未决犯保外就医期间是否折抵刑期问题的复函》,规定："仍按最高人民法院、公安部〔64〕法研字第38号、〔64〕公发字第284号联合批复执行。"但是，由于1979年《刑事诉讼法》第40条第2款的规定，原来对在押未决犯的保外就医做法被取保候审或监视居住所取代，于是，最高人民法院、最高人民检察院、公安部于1984年11月26日联合发出了《关于对在押未决犯不采用保外就医办法的通知》，一方面规定"根据刑事诉讼法第四十条、第一百五十七条的规定，对在押未决犯不采用保外就医的办法"，"对患有严重疾病但已经逮捕，或逮捕后又患有严重疾病的在押未决犯，凡不属于本通知第二条规定的，均应当变更强制措施，采用取保候审或者监视居住的办法"，以保证刑法关于刑期折抵的适应性；另一方面规定在本通知下达前，已经沿用保外就医办法的未决犯，除已进入第二审程序的要抓紧审结外，应即改用取保候审或者监视居住的办法。变更的手续，按照本条前款的规定办理。变更强制措施以前依法逮捕羁押的期间，包括保外就医的期间，仍予折抵刑期，以保证以前法律适用的安定性。在新中国成立后出台的几十个司法解释中，应当说，很大一部分解释也都属于针对现实中出现的新情况而作出的。例如，对于刑事拘留的刑期折抵问题，最高人民法院于1963年7月4日作出了《关于犯人在公安机关刑事拘留期间是否可以折抵刑期问题的批复》，于1963年12月14日作出了《关于我院(63)法研字第85号批复下达以前处理的案件的刑事拘留期间是否重新折抵刑期问题的批复》，但由于现实中出现了"流窜盗窃犯屡拘、屡逃其屡次被拘留"的情形，于是，最高人民法院又于1964年12月17日作出了《关于流窜盗窃犯屡拘、屡逃其屡次被拘留的时间是否可以折抵刑期问题的批复》。对于收容审查的刑期折抵问题，最高人民法院本来于1978年7月11日作出了《关于罪犯在公安机关收容审查期间可否折抵刑期的批复》，但由于现实中出现了"〔78〕法办研字第14号批复下达以前，已判处的有期徒刑罪犯，收容审查日期没有折抵刑期"以及"犯人在判刑前多次被收容审查，应如何折抵刑期的问题"等新问题，于是，最高人民法院又于1979年1月19日作出了《关于罪犯在公安机关收容审查期间折抵刑期两个具体问题的批复》；针对"罪犯于逮捕、判刑前在'强劳队'、'不法人员学习班'、'群专队'和'民兵指挥部'受审查的日期"的计算问题，于1979年6月11日作出了《关于罪犯被收容审查日期折抵刑期问题的批复》；针对“罪犯在判刑前被公安机关收容审查和因同一犯罪行为被行政拘留的日期是否继续折抵刑期的问题”，于1981年9月17日作出了《关于罪犯在判刑前被公安机关收容审查、行政拘留的日期仍应折抵刑期的复函》；针对“因同一犯罪事实两次被收容审查”的情形，最高人民法院研究室于1990年2月6日作出了《关于因同一犯罪事实两次被收容审查应如何折抵刑期问题的电话答复》；针对被告人被收容审查决定经行政判决撤销的情况，于1995年9月13日作出了《关于收容审查决定经行政判决撤销后被收审人又因同一事实被判刑原收审日期应否折抵刑期的答复》。对于隔离审查的刑期折抵问题，最高人民法院本来于1978年10月21日作出了《关于罪犯被捕前在看守所隔离审查日期可否折抵刑期的批复》，但由于现实中出现了“罪犯在逮捕、判刑前被‘行政看管’、‘隔离审查’的日期可否折抵刑期和是否需追回在‘看管’和‘隔离’期间已发工资”的问题，于是，最高人民法院于1979年4月27日作出了《关于罪犯在逮捕前被“隔离审查”的日期可否折抵刑期的复函》；针对“刑满和劳教期满留场（厂）就业人员重新犯罪后在劳改机关禁闭审查期间”的计算问题，于1979年9月24日作出了《关于留场（厂）就业人员重新犯罪后在劳改机关禁闭审查日期应否折抵刑期的批复》；针对“文化大革命”期间遗留的罪犯在逮捕判刑前被隔离审查的日期的计算等特殊问题和对揭批“四人帮”斗争中清查出来的犯罪分子在逮捕判刑前被隔离审查的日期的计算问题，于1980年4月17日作出了《关于揭批“四人帮”斗争中清查出来的犯罪分子在逮捕前被隔离审查的日期可否折抵刑期的批复》（1996年12月31日被废止）；针对“贪污、受贿案件，被告人在逮捕前，已由县纪检、监察部门放到招待所隔离审查”的问题，最高人民法院研究室于1991年12月17日作出了《关于隔离审查日期可否折抵刑期问题的电话答复》。

其四，通过这些解释，在很大程度上弥补了法律规定的不足。例如，自新中国成立至1980年1月1日（新中国第一部刑法生效）前，我国是没有关于刑期折抵立法的。但据考证，在此期间实际上最高人民法院等已出台了至少50个关于刑期折抵的专门或相关司法解释。这些解释，虽然没有明确的法律根据，不能称为严格意义上的“法律解释”，但它们通过对个案的解释确定了一些一般的普遍规则，在一定意义上弥补了特殊情况下立法的不足，保障了受刑人的刑期得以正确计算，促进了我国司法现代化的进程。又如，虽然按照我国 1979 年《刑法》的第 36 条、第 39 条和第 42 条，以及 1997 年《刑法》第 41 条、第 44 条和第 47 条的规定，对什么是刑期折抵以及如何刑期折抵，作了较为明确的规定，也即判决执行以前先行羁押的，羁押 1 日折抵管制刑期 2 日、折抵拘役和有期徒刑 1 日，但是对于什么是这里的“先行羁押”，法律并没有明确的规定。而按我国这个时期（包括现在）的羁押立法，“羁押”实际上是一个不特定的概念，也即凡是能够带来剥夺或完全限制人身自由状态和结果的强制措施都可成为这里的“羁押”措施：不仅刑事拘留和逮捕适用这里的羁押，其他准刑事强制措施如收容审查、海关扣押、隔离审查、盘问留置，甚至行政强制措施如行政拘留，以及司法强制措施如司法拘留等，在行为人被刑事追诉和判处有期徒刑、拘役和管制刑罚时，也都符合这里的羁押条件。因此，这些解释的出台，在很大程度上弥补了我国羁押立法的不足，保障了被羁押者的正当权益不受法律侵害。

其五，这些司法解释有助于立法的完善。在学者们看来，司法解释对立法完善的作用可表现为两个方面：一是为国家立法进行必要的实践探索和准备，积累必要的经验；二是弥补法律漏洞。[①] 正如周道鸾先生所指出的那样，司法解释“为立法的发展提供了有利条件。我国立法机关制定或者修改的现行刑法以及许多重要法律的一些主要条款，都是长期司法解释实践经验的科学总结和大量司法解释的结晶”。[②] 我国关于刑期折抵的司法解释，自然也发挥了如此的功能。例如，在刑期折抵的本刑问题上，新中国成立前的 5 部刑法都没有规定管制刑为刑期折抵的本刑，直到 1979 年新中国颁布的第一部刑法中才予以规定。但自新中国成立至该部刑法通过的这个期间，我国最高人民法院结合司法实践中的具体情况先后作出了 5 个管制刑能否为刑期折抵的本刑的司法解释，这为 1979 年《刑法》中吸收管制为刑期折抵本刑奠定了基础。具体而言，针对运城镇

---

① 参见袁明圣：《司法解释“立法化”现象探微》，载《法商研究》2003 年第 2 期。

② 周道鸾主编：《中华人民共和国司法解释全集》，人民法院出版社 1994 年版，第 10 ~ 11 页。

人民政府司法科"关于贪污分子被判机关管制的,其管制日期应由何时起算的问题"的请示,于 1952 年 8 月 21 日作出了《关于管制期间计算问题的意见的函》,规定先行羁押日数应当折抵管制的刑期,也即"本院 1951 年 6 月 23 日批复华东分院'对被告在诉讼中死亡的裁判问题,及裁判前羁押日数的折抵问题之意见'(法院工作通讯第十一期)内载'被告在裁判确定前羁押日数折抵刑期的问题,我们以为今后应在各该判决内记明按羁押日数以一日折抵一日使其明确免得监所方面在计算刑期时有所忽略'。根据以上规定贪污分子被判处管制之日期,应将判决前限制自由之日期按日折抵,不能由判决后起算"。其后,于 1956 年 9 月 26 日针对上海市第二中级人民法院"关于被判处徒刑缓刑,管制前羁押日数如何折抵的问题",作出了《关于被判处徒刑缓刑、管制前羁押日数如何折抵的问题的答复》;于 1957 年 2 月 22 日针对安徽省、浙江省、江苏省高级人民法院"关于反革命罪犯被判处管制以前的羁押期间的折抵问题",作出了《关于反革命犯被判处管制以前的羁押期间折抵问题的批复》[①];于 1960 年 2 月 1 日针对浙江省高级人民法院"关于管制以前的拘留日期是否折抵管制刑问题",作出了《关于管制的刑期计算问题的复函》;于 1963 年 10 月 19 日针对"人民公安"编辑室"转上海县公安局杜行派出所王梅生同志关于询问的管制的刑期计算问题的来信",作出了《关于管制刑期计算问题的复函》,都规定先行羁押期需折抵管制的刑期。这些规定,在客观上为 1979 年立法时关于管制能否为刑期折抵的本刑的争论,提供了最后取向于把管制刑作为刑期折抵本刑的重要实证经验和资料,其意义重大。

其六,有更强的针对性和明确性。在关于刑期折抵的 82 个司法解释中,所有的这些以"答复""批复""复函""函""意见""指示"等形式作出的司法解释,全是针对"请示"作出的,大约有 70 个,而其他"解释""规定""解答"等形式作出的解释,只是其中一小部分。而且,即使是这些小部分的"解释",也往往是针对多方反映的问题作出。因此,这些司法解释蕴含针对性和明确性等优势,更切合实践。

---

① 本复函是对特定历史时期遗留问题的处理意见,现已不再适用。

2. 如此众多司法解释的负功能评价

显然,如此众多的司法解释,给刑期折抵实践适用带来困难。可以说,很少有法官真正掌握了我国有多少、有哪些、有哪方面的关于刑期折抵的司法解释。比如,关于死缓、无期徒刑减为有期徒刑后,原未决羁押是否要折抵减刑后的刑期,先后出台了17个解释,这些解释除个别被明文规定失效外,绝大多数是否失效,从解释本身的内容和规定来看,是不明确的。而且,这些解释关于要不要适用刑期折抵的规定并不一致,甚至相反。这样,在司法实践中,当遇到如此案件时,关于决定如何适用刑期折抵问题,就出现了困难。

而且,即使有如此众多的司法解释,也没有从根本上解决刑期折抵问题。例如,关于到底哪些属于刑期折抵的先行羁押问题,所有的这些解释都没有给出一个可确定的、明确的界定;关于与判决事实相关的事实的刑期折抵问题,也没有解释作出明确规定;关于折抵原则问题,到底采用的是法定折抵还是裁定折抵,不仅没有给出一致的明确规定,而且有的还相互矛盾。

因此,解释毕竟是解释。解释再多也无法替代立法。解决刑期折抵的关键还是应当完善立法。这正如杀毒软件与系统的关系一样,系统存在漏洞,杀毒软件再怎么强大,也不能替代系统本身,利用杀毒软件也只是权宜之计。当不使用杀毒软件或病毒产生抗体时,病毒又会活跃起来。只有完善系统,才是治本的长效机制。因此,靠司法解释是不能真正解决刑期折抵的所有问题的。毕竟,司法解释只是对法律的解释。法律存在功能性缺陷的话,无论司法解释的数量多少,也无论司法解释的内容怎么详尽,都不可能替代法律的效用。从长效机制上考虑,就必须从源头入手,完善刑期折抵的立法。对此,后文将专门探讨。

(二)立法出台前的解释依据评价

1. 立法出台前的刑期折抵等解释并非当然是"政策解释"

学界的主流观点认为,新中国成立至1978年的司法解释性文件,不是司法解释,而是政策解释。其认为,我国从1949年到1978年,由于国家立法活动未得到全面展开,在很多方面无基本法律和基本无法律可供适用,这一时期司法解释在内容上的特点表现为,以解释政策为主和解释政策与创制法律并行;[①]其还认为,当时最高人民法院及其华北、东北、西南、中南、西北等分院对下级法院请示的审判工作中的问题和案件所作的“批复”“指示”“复函”等,大多数没有明确的法律依据,从严格的意义上讲,不能称之为司法解释,而属于政策解释。[②]

深入考察这段时期关于刑期折抵的司法解释性文件后发现,这些司法解释性文件并非就是以上所谓政策解释。这一点可从最早关于刑期折抵的司法解释性文件的分析中得到佐证。

据考证,新中国第一个关于刑期折抵的司法指导文件,是 1950 年 10 月 1 日颁布实施的最高人民法院《关于犯人在公安机关管训期间的折抵刑期问题的复函》。该解释首次针对西北分院《关于犯人在管训期间是否折抵刑期的请示》(法秘第 3293 号),规定:“关于犯人在公安机关管训期间是否可以折抵刑期的问题,我院意见,犯人判刑前在公安机关管训队实施管训期间,其身体自由即已受到限制,管训队生活和看守所生活虽有某些不同,但剥夺自由的性质,基本上是相同的,因此除交保在外者外,管训期间是可以折抵刑期的。”对于如此解释,其依据何在,在解释中没有直接表述,但从西北分院的请示来看,该请示和复函出台的直接动因是“现在有一部分犯人提出意见,要求将管训期间折抵刑期。究应如何处理,我院未敢决定,特请核示”,而请示机关的初步意见及其出台依据是“视其在公安机关管训是否失掉自由而定。如在公安机关管训期间失掉自由,应折抵刑期;如仅系自由受限制,未到完全失掉自由的程度,则不应折抵刑期”。显然,这个“依据”中,没有显现任何关于“政策”的痕迹。因为,根据当时的刑事政策,无论是新中国成立前(1947 年 10 月 10 日)提出的“首恶者必办,胁从者不问,立功者受奖”,还是新中国成立以后(1950 年)概括的“镇压(惩办)与宽大相结合”,以上“依据”中都没有体现。

新中国第二个关于刑期折抵的司法指导文件,即 1951 年 6 月 25 日

---

① 参见董皞:《司法解释论》,中国政法大学出版社 1999 年版,第 140 ~ 141 页。

② 参见周道鸾:《中华人民共和国司法解释全集》,人民法院出版社 1994 年版,序言,第 4 页。

颁布实施的最高人民法院《对被告在诉讼中死亡的裁判问题及裁判前羁押日数的折抵问题之意见》，其依据何在，在规定中也没有直接表述。从其“请示”（东法编字第01037号）来看，该意见出台的直接动因是审判机关对裁判前羁押日数折抵问题的争议，也即“刑事案件判处被告的刑罚，当然应俟判决确定后开始执行，不过判决确定前，被告的羁押日数可否折抵，有主张应于本案裁判时斟酌情形将准许折抵与否以及应以几日折抵刑期一日明白宣示，其未经宣示即不得折抵者，亦有主张前项羁押日数当然以一日折抵刑期一日，无须在裁判内特别宣示，如宣示不许折抵，如属违法，应由上级依法撤销者”。对此，请示机关的请示处理意见是，“我们认为，被告在裁判确定前，因案羁押，系为防止脱逃或保全证据的不得已办法。羁押目的虽与刑罚不同，但被告身受之痛苦，一般的几与刑罚相等。且重大繁难的案件，往往押过较长时间，方能判决确定，尤增加被告之痛苦不少，似以上述第二种主张较为适当。惟各人民法院的判决所采办法不一，除明白宣示不准折抵之情形尚未发现外，其未经宣示折抵或经宣示以一日折抵刑期一日者，在执行时拟一律以羁押日数一日折抵刑期一日，其宣示以几日折抵刑期一日或宣示刑期自某年某月某日起算者，如经提起上诉，亦拟予以改判。倘未经上诉，且因无从发现，未能依监督司法程序撤销改判时，为维持确定判决的效力，似只可照判办理，俟奉指示后，再通令遵办，至此项羁押日数，本以被告实际受押之日数为标准，即使解放前曾经反动政府非法羁押，拟亦一并算入羁押日数，准予折抵，使被告不致因意外牵累，蒙受不利影响，此外羁押日数，如何折抵罚金，因两种性质，迥然不同，自应在判决内明定折抵标准，其未经宣示者，应用裁定补行宣示，以资执行”。显然，这个请示不是由于“政策”的驱动，而是请示者根据法理所作的分析。

新中国第三个关于刑期折抵的司法指导文件，即1952年8月21日最高人民法院刑事审判庭《关于管制期间计算问题的意见的函》，针对运城镇人民政府司法科“关于贪污分子被判机关管制的，其管制日期应由何时起算的问题”的请示，规定：“关于贪污分子被判机关管制的，其管制日期应由何时起算的问题，本院1951年6月23日批复华东分院‘对被告在诉讼中死亡的裁判问题，及裁判前羁押日数的折抵问题之意见'(法院工作通讯第十一期)内载'被告在裁判确定前羁押日数折抵刑期的问题,我们以为今后应在各该判决内记明按羁押日数以一日折抵一日使其明确免得监所方面在计算刑期时有所忽略'。根据以上规定贪污分子被判处管制之日期,应将判决前限制自由之日期按日折抵,不能由判决后起算。"显然,该解释是以前一解释为解释依据,而不是以"政策"为解释依据。

以上3个司法解释性文件的情况表明,新中国成立初期关于刑期折抵的司法解释,并非当然以"政策"为解释依据。事实上,一方面,当时也没有关于刑期折抵方面的"政策",无刑期折抵的直接政策可依;另一方面,当时的刑事政策即"惩办与宽大相结合"的政策,并不适合刑期折抵问题。理论上关于那些无刑期折抵立法时期关于刑期折抵等的司法指导文件为政策解释的观点,值得商榷。

2. 立法出台前的刑期折抵等解释依据应是"司法造法"

按通常理解,司法解释是对立法规定的解释。1955年全国人大常委会《关于解释法律问题的决议》第2条规定:"凡关于审判过程中如何具体应用法律、法令的问题,由最高人民法院审判委员会进行解释";据1981年全国人大常委会《关于加强法律解释工作的决议》第2条规定:"凡属于法院审判工作中具体应用法律、法令的问题,由最高人民法院进行解释。凡属于检察院检察工作中具体应用法律、法令的问题,由最高人民检察院进行解释。"因此,作为司法解释,需是对"法律""法令"的解释;无解释之"法律""法令"依据,不是司法解释。据此,理论上也认为,司法解释是指"立法机关授权司法机关在将法律规范适用于具体案件或事项时,对有关法律规范所作的解释";[①]刑法司法解释,就是由最高司法机关对刑法的含义所作的解释。[②]

深入考察这段时期关于刑期折抵的司法解释性文件,在新中国成立(1949年10月1日)至新中国第一部规定有刑期折抵立法的刑法生效时(1980年1月1日)的时期内,最高人民法院或单独或联合,或由审判委

---

① 张友渔主编:《中国大百科全书·法学》,中国大百科全书出版社1984年版,第81页。
② 参见高铭暄主编:《刑法学》,北京大学出版社2000年版,第22页。

员会或由其具体部门,先后作出了50个指导刑期折抵适用的专门或相关司法指导性文件(以下简称"无刑期折抵立法的司法指导文件")。这些没有文本法律依据的司法指导性文件,与有刑法关于刑期折抵立法依据的司法解释相比,除没有文本法律依据外,其他方面并没有什么不同。

实际上,以上司法指导性文件的作出,是以司法所造之"法"为依据的。具体而言,是审判机关在遇到没有任何法律根据的刑期折抵问题时,通过层层上报的程序[①]和请示,根据法理和惯例,经研究而出台如此解释。显然,这不是一般意义上的"解释"行为,而实际上是一种"创制法律"的行为。但由于这种创制的"法律",不是经立法机关以法律文本的形式出现,而只是以司法机关的"解释"文本出现,因此,我们不妨把这种由司法机关创制的"法律"称为司法所造之"法"。对此,理论上也有类似看法。例如,董皞先生认为,我国在1949年到1978年,由于立法的不足,人民法院在很多方面在一定程度上起着"创制法律"的作用。[②] 因此,虽然董先生关于"在1954年之前最高人民法院的司法解释以解释政策为主,创制法律为辅,而在1954年之后(至1978年)以创制法律为主,解释政策为辅"的观点,并不完全符合关于刑期折抵的司法解释的实际,但其关于"司法造法"的观点也在一定范围内和一定程度上切中了当时诸多司法解释的现状与实质。

当然,无刑期折抵立法时期之司法解释,并非都直接以"司法造法"为依据。事实上,在最初几个因"司法造法"而作出的关于刑期折抵的解释后,相关司法解释的解释依据表现为两个方面:一是以前一"司法造法"的所造之"法"为后一个解释的基本依据。例如,以上第三个解释就是以第二个解释为依据。又如,最高人民法院刑事审判庭于1952年10月23日颁行的《对于贪污犯在判决以前的机关管制期间能否顶算刑期的意见的函》也规定:"本院1951年6月25日批复华东分院对

---

① 从具体个案中抽象出法律争议问题加以解决,进而通过最高人民法院的司法解释的制作程序或者采用在公报公布的形式,作为一般性规则适用于所有类似的案件,最终成为正式规则。

② 参见董皞:《司法解释论》,中国政法大学出版社1999年版,第141页。

于被告裁判前羁押日数,一日折抵刑期一日的意见,可以参考”。二是根据具体情况再“创造”新“法”。例如,1954年1月2日最高人民法院针对东北分院提出的关于“判决徒刑缓刑的起算日期”问题,作出的《关于缓刑起算日期的批复》,规定:“至于判决前曾否羁押,与缓刑期间起算的问题无关。就是判处徒刑不宣告缓刑而执行时,其执行徒刑的起算日期,也是从判决确定后开始执行之日起算。被告如在判决前曾被羁押一个时期,这羁押时期,也只是要从执行徒刑的期间中扣除,并不是将执行徒刑的期间从羁押日期起算。”显然,以前的解释同这个解释间没有参照关系,这个解释的作出,也没有相关法律作为依据,它需要在司法实践中予以“创造”。

以上关于刑期折抵的司法解释依据的“司法造法”,及其赖以存在的“权利救济”、“权利保障”和公平正义等精神,并非空穴来风,而是关于刑期折抵司法惯例传承的结果。从本研究的考证来看,我国最早规定刑期折抵制度的法律是清末《大清新刑律》。虽然该法因清朝灭亡而没有来得及实施,但其中关于刑期折抵制度的规定,一直被民国时期甚至革命根据地的法律所沿袭,并得到发展。具体表现在,虽然华北人民政府发出训令,要求各级人民政府,特别是司法工作者,要以批判的态度对待国民党《六法全书》及欧美日本资本主义国家一切反人民的法律,[①]但抗日战争时期和解放战争时期,这些地区的司法工作援引以前的刑法等基本法律已成惯例。[②] 在这样的历史背景下,基于“权利救济”“权利保障”和公平正义的精神而在司法中“造”刑期折抵之法,不能说同以前一直适用的刑期折抵司法惯例没有关系。

因此,“司法造法”在我国并不是很遥远的事,更不是英美国家的专属。正如信春鹰教授所指出的那样,在我国,“‘法官造法’的事实不仅是客观存在的,而且有日益扩张的趋势。特别是最高人民法院的司法解释,近年来实际上成为立法的重要补充和发展。‘法官释法’和‘法官造法’的界限实在是很难划清楚的”。[③] 当然,中国的“司法造法”,不

---

① 参见《华北人民政府法行字第8号训令》,载《东北日报》1949年4月11日,第3版。

② 参见董必武:《旧司法工作人员的改造问题》,载《中央政法公报》1950年第3期。

③ 信春鹰:《中国是否需要司法能动主义》,载《人民法院报》2002年10月18日,第3版。

是直接由办案法官去实现。如上所述,中国的“司法造法”虽然也源于办案法官,但须通过特别的程序最终由最高司法机关统一作出。正如陈泽宪教授所指出的那样,我国的司法解释,“通常不是通过司法官对个案的裁判来阐释法律原则和法律规范,而是由司法机关针对某一类适用法律问题,制定规范化的法律解释文件,对相关司法活动具有普适效力,因而具有‘准法律’的性质”。[①] 从新中国关于刑期折抵的最初司法解释来看,我国的“司法造法”的程序通常是,最初由犯人提出要求折抵的意见,再由承办法官根据公平正义等提出初步意见,最终由最高司法机关作出。

以上“司法造法”与英美法系的普通法在形成上具有共同之处。如果说普通法是起源于人们的习惯,是通过法官的判决、裁定和解释发展形成的非立法创制的法律形式[②]的话,则以上“司法造法”也是基于革命根据地时期长期适用刑期折抵的惯例,并通过地方法院及其法官的请示与最高人民法院的解释而形成的非立法创制的法律形式。这个法律形式,具有如下 3 个特点:一是其基本内容是曾经的立法适用或习惯做法而形成的惯例规则;二是其形成渠道不是立法程序而是司法程序;三是其表现载体不是文本法律而是文本解释。

既然无刑期折抵立法时期的司法指导文件以“司法造法”为作出依据,则这个在特定历史时期存在的司法指导文件,实际上也完全符合中国司法体制下的司法解释要求,在本质上也是司法解释。又由于“司法造法”并不以文本法律形式出现,具有隐蔽性,因此,在实践中,在某些特定情况下,司法解释的“法律”依据并不是一个必须明确的问题。质言之,是不是司法解释,关键看其作出的权力主体、适用领域及其司法效力问题。就我国的司法解释体制而言,凡是最高司法机关为指导司法实践而作出的具有普遍约束力的解释,都是司法解释。虽然这些司法解释可能没有明确的文本法律依据,但因“司法造法”隐蔽地存在于它们的背后,也在客观上成为解释的“依据”。

---

① 陈泽宪:《罪刑法定与扩大解释》,载《人民检察》2007 年第 19 期。

② 参见郭立新:《刑法立法正当性研究》,中国检察出版社 2005 年版,第 58~59 页。

(三)刑期折抵并非只是一个技术问题

在域内外学界,刑期折抵问题往往被定位为“一个不具有研究价值的‘技术问题’”。然而,在新中国成立后的司法实践中,先后出台了82个专门或相关的司法解释。“区区”一个刑期折抵问题,出台如此众多(甚至是新中国司法史上最多)司法解释(含准司法性文件),必然有其值得深入系统研究的“问题”与“价值”。理论上对“刑期折抵”的关注和研究极为有限,所形成的理论成果比较罕见。另外,有关“刑期折抵”的理论价值与立法等问题得不到挖掘,进而会成为有损“千里之堤”之“蚁穴”,让整个刑事追诉“前功尽弃”。事实上,刑期折抵问题不是一个没有研究价值的技术问题。

据检索,在域内现有理论上,对刑期折抵有价值的阐述,主要表现在专业词典的名词性介绍和少数刑法学著作的附带性介绍。本来“刑罚折抵”与刑罚的适用最为密切,可目前一些专门研究“刑罚”的力作,如《刑罚通论》(马克昌主编)、《刑罚通论》(樊凤林主编)、《刑罚理性评论》(邱兴隆著)、《刑罚学》(邱兴隆等著)等,却大多没有论及。从本书所掌握的资料来看,能够称得上是对刑期折抵问题的“附带性”理论研究的,主要涉及7部著作:一是《中华人民共和国刑法论》(李光灿主编);二是《管制刑研究》(阎少华著);三是《刑法学原理》(第3卷)(高铭暄主编);四是《本体刑法学》(陈兴良著);五是《陈兴良刑法教科书之规范刑法学》(陈兴良著);六是《刑法适用总论》(陈兴良著);七是《刑罚执行论》(周红梅著)。其中,《中华人民共和国刑法论》是我国最早探讨了刑期折抵问题的著作,主要是对管制刑能否为刑期折抵的本刑问题进行了探讨;①《管制刑研究》对刑期折抵的探讨,主要是,在论及管制刑的个罪裁量时,涉及管制刑的刑期折抵,主张部分限制人身自由的时间也应以适当比例折抵管制刑期;②《刑法学原理》(第3卷)、《本体刑法学》、《陈兴良刑法教科书之规范刑法学》和《刑法适用总论》(下卷)(第2版)对刑期折抵问题的

---

① 参见李光灿主编:《中华人民共和国刑法论》,吉林人民出版社1984年版,第359~360页。

② 参见阎少华:《管制刑研究》,吉林人民出版社2005年版,第101~102页。

探讨，基本上是对刑期折抵的前提、本刑、法理根据、各国立法状况、原则等进行结论式罗列；[①]《刑罚执行论》[②]中关于刑期折抵的探讨，是我国迄今关于刑期折抵探讨中最为详尽和全面的，著者用了将近万字的篇幅，主要从比较法视角，探讨了刑期折抵的必要性、折抵原则、折抵期间、折抵刑种、折抵比例和折抵结果等问题，[③]这些探讨，对完善和发展我国刑期折抵的立法、司法乃至理论，均具有重要意义，但这些探讨仍只是"附带性"的，没有触及前文提出的几个至关重要的刑期折抵问题。

除以上著作外，也有一些专题论文对刑期折抵问题进行了探讨。通过对中国期刊网及法学专业期刊等的充分检索，截至 2007 年 9 月，主要有如下几篇：(1)《替人服刑被判包庇　原服刑期能否折抵》(张庆风、陈金发，载《检察实践》2000 年第 5 期)，用 2000 字左右的篇幅对一则替人服刑的案例的刑期折抵问题进行了分析；(2)《三类特殊情况下的刑期折抵之我见》(顾文虎，载《上海市政法管理干部学院学报》2000 年第 6 期)，用约 2000 字的篇幅论述了关于戒毒期间能否折抵刑期等 3 个问题；(3)《留置(盘问)应折抵刑期》(王德华，载《检察实践》2001 年第 6 期)，用不到 1000 字的篇幅论述了在公安机关的留置盘问时间应当折抵刑期问题；(4)《强制戒毒时间不能折抵刑期》(邓德文，载《检察实践》2002 年第 6 期)，用不到 1000 字的篇幅阐述了强制戒毒时间与羁押时间的差别及强制戒毒时间不能折抵刑期的结论；(5)《应当折抵刑期的几种情形》(杨清龙，载《江苏经济报》2004 年 4 月 21 日)，用 1000 多字的篇幅论及被拘留、逮捕之前被完全限制人身自由的期间如监视居住、"两指两规"、留置、传唤、拘传等的折抵刑期问题；(6)《留置盘问应折抵刑期》(张海明、常国栋，载《检察日报》2003 年 2 月 17 日)，用不到 1000 字的篇幅论述了留置盘问时间应当折抵刑期问题；(7)《"准羁押"期间也应折抵刑期》(孙涛、陈明、高颢，中国法院网 2003 年 10 月 8 日)，用近 2000 字的篇

---

① 参见高铭暄主编：《刑法学原理》(第 3 卷)，中国人民大学出版社 1994 年版，第 533 页；陈兴良：《本体刑法学》，商务印书馆 2001 年版，第 828 页；陈兴良：《陈兴良刑法学教科书之规范刑法学》，中国政法大学出版社 2003 年版，第 257 页；参见陈兴良：《刑法适用总论》(下卷)(第 2 版)，中国人民大学出版社 2006 年版，第 357～359 页。

② 为著者的博士学位论文。

③ 参见周红梅：《刑罚执行论》，辽宁人民出版社 1994 年版，第 227～240 页。

幅论述了留置、"两指"、"两规"、监视居住期间应当折抵刑期问题。另外,还有本书先后刊发的专题论文:《论拘留的刑期折抵》(载《中国刑事法杂志》2003年第4期)、《论刑期折抵的若干问题》(载《法律科学》2004年第6期)、《刑期折抵制度的刑法精神》(载《现代法学》2004年第6期)。以上专题阐述,具有如下几个特点:一是不系统,都只是一些零散的阐述。二是不深入,大都只是浅尝辄止。三是涉及面窄,都没有触及如此众多的关于刑期折抵的司法解释问题。四是学术性不强,大都只是就事论事,没有深入挖掘。显然,如此理论现状是无法满足刑期折抵司法、立法和理论发展需要及其问题解决的。

从域外情况来看,刑期折抵问题并不是一个理论上被弱视的问题。相反,从本书掌握的有限资料来看,域外理论界已对刑期折抵有过广泛深入的关注。例如:

在德国,早在19世纪末20世纪初,针对1871年《德意志刑法》第60条关于刑期折抵的规定[①],李斯特教授就在其《德国刑法教科书》中,[②]专门在"法律和判决中的量刑标准"章下以一目内容,阐述了刑期折抵的法理根据、折抵的原则、可折抵和不可折抵的折抵本刑、折抵的法律后果;境外刑罚与境内刑罚间的折抵,包括折抵的条件、法律根据等;轻罪(侮辱和伤害)间的抵消,包括轻微身体伤害与侮辱间、侮辱与轻微身体伤害间、轻微身体伤害与轻微身体伤害间抵消等内容。其认为,在判决作出前的待审拘留可等于服刑,在作出判决时,全部或部分折抵(Anrechnung)所科处的刑罚;与折算一样,折抵只可在有期徒刑和罚金刑情况下进行,在终身监禁或死刑情况下,不得折抵,在附加刑情况下绝对不允许折抵;折抵后的结果可能是,被科处的刑罚的余刑被降低至该刑罚种类的最低限度以下;在这种情况下,不允许为转换(Umwandlung);由于同一行为又在德国境内被判刑的,在外国执行的刑罚,应折抵拟科处的刑罚。以上探讨,虽然没有展开,也没有触及现在视角的诸多问题,但在当时的情况下,有如此探讨,已是很难能可贵的。当然,德国理论界关于刑期折抵的探讨,并

---

① 规定"因预审而留置之日数得以全部或一部算入本刑"。《德意志刑法》,修订法律大臣鉴定,光绪丁未法律馆印。

② 参见[德]李斯特:《德国刑法教科书》,徐久生译,法律出版社2006年版,第481~482页。

没有到此为止。从后来出版的专著来看,这个探讨不断走向深入和广泛。例如,在耶赛克和魏根特所著的《德国刑法教科书(总论)》中,[①]著者除了阐述先行羁押的来源和范围,羁押折抵刑罚的宪法根据[②]和一般法理根据,刑罚折抵的属性等基本内容外,还特别探讨了:关于待审拘留的折抵,包括待审拘留折抵刑罚的法理根据、待审拘留的刑事实体救济方式、待审拘留折抵刑罚的条件、待审拘留折抵刑罚的方式、待审拘留折抵刑罚所带来的执行期间过短的弊端问题;关于国外所受的待审拘留或引渡拘留(Auslieferungshaft)的刑罚折抵问题,包括折抵的条件,比德国条件严格的拘留的刑罚折抵办法;关于待审拘留折抵刑罚的例外情况,包括排除折抵的条件、排除折抵条件的隐藏条件、适用排除折抵的证明责任、现实中的拒绝折抵现状。显然,这些特别探讨,无论是从广度还是深度上,都使刑期折抵理论大大前进了一步。[③]

在日本,从掌握的有限资料来看,学界对刑期折抵的理论探讨很是活跃,在关于刑法的权威教材或专著中,如《刑法学词典》(木村龟二主编)、《刑法概说(总论)》(第3版)(大塚仁著)和《刑法概说(总论)》(野村稔著)等,往往都有较为详尽的阐述,并取得了一些有价值之成果。例如,在专著性的《刑法学词典》中,著者从"未决前羁押日数的计算方法"视角,特别探讨了羁押折抵刑罚的原则和无期刑与未决期的计算等问题;[④]在《刑法概说(总论)》(第3版)中,[⑤]著者不仅对"未决拘留(未决羁押)日数的算入本刑"问题,进行了较为全面深入的阐述,而且还特别探讨了关于缓刑的刑期折抵问题和关于刑期折抵的法律效果等问题。

从以上关于刑期折抵的有限理论探讨来看,尚没有触及或解决如下

① 参见[德]汉斯·海因里希·耶赛克、[德]托马斯·魏根特:《德国刑法教科书(总论)》,徐久生译,中国法制出版社2001年版,第1077~1081页。

② 也即《德国基本法》第103条第3款的规定:"任何人不得因同一犯罪行为数次受处罚"。

③ 当然,从现在的视角来看,这些探讨中也有诸多值得商榷的方面。具体商榷方面,见本研究的相应内容。

④ 参见[日]木村龟二主编:《刑法学词典》,顾肖荣等译校,上海翻译出版公司1991年版,第443~444页。

⑤ 参见[日]大塚仁:《刑法概说(总论)》(第3版),冯军译,中国人民大学出版社2003年版,第484~485页。

问题:为什么在我国刑法中,会有专门保障受刑人人权的刑期折抵制度,而且还在司法实践中得到广泛适用?为什么"区区"一个刑期折抵问题会出台那么多司法解释?如此众多的司法解释是不是解决了域内刑期折抵问题,解决了什么,还有哪些问题没有解决?为什么诸如司法拘留、行政拘留、收容审查、海关扣押、留置盘问、管训、逮捕前交群众监督、保外就医等措施,[①]要视为"先行羁押"适用刑期折抵?既然立法对未决羁押折抵刑期采取"强制必定主义",则死刑(死缓)、无期减为有期后,原未决羁押为何不能折抵减刑后之刑期?既然先行羁押时间可折抵部分限制人身自由的管制刑刑期,那为何部分限制人身自由的强制措施就不能以适当比例折抵管制等刑罚?域内的刑期折抵制度的缺陷在哪?应如何完善?

从域外关于刑期折抵问题的研究来看,虽然已很是深入广泛,但对如下诸多问题,也没有予以回答或没有给出令人信服的回答。例如,为什么先行羁押要折抵刑期?目前的通说采用"同等评价根据说",也即把羁押"约束自由造成的痛苦与执行自由刑进行同等评价",并以此为立法设置刑期折抵之根据。[②] 显然,如此观点解释不了"在未决前羁押期间不能施行有利于改造更新的处置待遇"之事实,是片面的,需要进一步探究。又如,理论上往往把刑期折抵制度视为一种刑罚执行制度(以下简称"刑罚执行制度性质说")。[③] 若真如此,则刑期折抵确实是一个"技术问题",其适用就只要在刑罚执行中直接"扣减"先行羁押的适用期间就可以了,而无须法院对先行羁押的认定,无须法院对折抵比例、折抵原则、折抵本刑、折抵法律效果等的裁量。然而,从刑期折抵实践来看,情况恰恰相反。表

① 这些措施都是非刑事强制措施或非法定的刑事强制措施或非剥夺或完全限制人身自由的刑事强制措施。

② 参见[日]木村龟二主编:《刑法学词典》,顾肖荣等译校,上海翻译出版公司1991年版,第443~444页。

③ 参见[德]汉斯·海因里希·耶赛克、[德]托马斯·魏根特:《德国刑法教科书(总论)》,徐久生译,中国法制出版社2001年版,第1078页;[日]大塚仁等:《刑法概说(总论)》(第3版),冯军译,中国人民大学出版社2003年版,第489页;韩忠谟:《刑法原理》,中国政法大学出版社2002年版,第309~323页;高仰止:《刑法总则之理论与实用》,台北,五南图书出版公司1986年版,第517~542页;林山田:《刑法通论》,台北,三民书局1986年版,第433~435页;陈兴良:《本体刑法学》,商务印书馆2001年版,第828页;高铭暄主编:《刑法学原理》(第3卷),中国人民大学出版社1994年版,"说明"及第493、533页。

现为,在刑期折抵适用过程中,刑期折抵的折抵比例、折抵原则、折抵本刑、折抵法律效果等都需要法院在刑罚裁量阶段予以裁量和完成;在刑罚执行阶段是无法解决是否需要或如何适用刑期折抵问题的。因此,关于刑期折抵制度的"刑罚执行制度性质说",是站不住脚的,需要进一步研究。再如,包括我国在内的一些国家和地区,在刑期折抵原则上,采取了法定必抵主义。① 对此,起码存在两个值得质疑之问题:一是这种划一性的刑期折抵,会不会使判决意图实现的刑罚目的和功能无法实现?因为司法实践中对判处自由刑特别是短期自由刑者适用刑期折抵,经常会出现判决中确定的刑罚在折抵后所剩无几甚至透支现象。二是这种强制性的刑期折抵,会不会拉动短期自由刑的适用?因为,法院有时为了避免刑期折抵后的"倒欠账"现象,而对先行羁押者人为地判处与先行羁押时间相当甚至更长的刑期。② 如此等等之问题与疑虑,已深深地表明,无论域内还是域外关于刑期折抵问题研究,都有待进一步深入和广泛。

因此,若可把"立法完善,理论先行""实践需要,理论跟进"等作为考量学术价值的有无或大小的基本标准的话,则应认为刑期折抵问题在理论上也是一个具有重要研究价值的理论与实践问题。

---

① 在刑期折抵的折抵原则上,有法定主义与裁定主义之分。按照我国台湾地区著名刑法学家高仰止先生的界定,所谓法定主义,又称强行必抵主义、义务主义,是指"由刑法明文规定以羁押日数算入刑期之内,或依一定之标准抵免罚金,而无待于裁判之宣告者也";所谓裁定主义,又称职权主义,是指"刑法上仅规定羁押日数折抵刑期之标准,而折抵与否,则由裁判官裁量之,须待裁判中加以宣告始能折抵者也"(参见高仰止:《刑法总则之理论与实用》,台北,五南图书出版公司1986年版,第539页)。根据我国1979年《刑法》和1997年《刑法》,在本刑为管制、拘役和有期徒刑时,在折抵原则上采取的是法定必抵主义,也即凡被判处管制、拘役或有期徒刑的,原先行羁押须折抵判决中确定的刑期,具体为,判决执行以前先行羁押的,羁押1日折抵管制刑期2日、折抵拘役和有期徒刑1日。

② 即使是那些罪行并不严重的案件嫌疑人或被告人。

第二章　比较观察:比较视野下的立法状况

如前分析,立法上的不足是出台如此众多司法解释性文件的重要缘由所在。虽然刑期折抵制度是近代刑事法治的要求和体现,但是过于简单或不合理的刑期折抵立法,除会催生诸多相关司法解释外,还会给刑法的目的、功能和刑事追诉活动带来消解性后果。据此,对刑期折抵立法进行历史沿革和比较视野的考究,既是洞察与提炼刑期折抵制度的刑法地位、刑法精神、价值取向和制度渊源的重要基础,也是寻求完善刑期折抵立法和司法的必要前提。

一、我国刑期折抵立法概况

(一)刑期折抵立法的历史沿革

如前所述,我国最早规定刑期折抵制度的法律是1908年完成的《大清新刑律》。该法第80条规定:“未决期内羁押之日,得以二日抵徒刑、拘役一日或抵罚金一元。”如此规定,与《大清新刑律》在近代法治意义上的刑法地位是相一致的。

清朝覆灭后,因为“民国成立,法制未定,临时政府于元年三月十日命令宣示《大清新刑律》除与民国国体抵触各条应失效力外,余均暂时援用”,并于同年(1912年)

4 月 30 日改《大清新刑律》为《暂行新刑律》。[①]《暂行新刑律》删除了《大清新刑律》中与民国国体抵触各章、条内容，并撤销了暂行章程 5 条，但其中关于羁押的刑期折抵制度等非与民国国体抵触的内容，都保留下来予以适用，[②]也即"未决期内羁押之日，得以二日抵徒刑、拘役一日或抵罚金一元"（第 80 条）。[③] 虽然后来北京政府先后于 1915 年和 1918 年对该《暂行新刑律》进行两次"修正"，但也未对其中关于羁押的刑期折抵制度的规制进行变动，并大体上沿用到 1928 年。1928 年 3 月 10 日，南京国民政府以北京政府《暂行新刑律》《第二次刑法修正案》为蓝本，制定的《中华民国刑法》第 64 条规定："裁判确定前羁押之日数，得以二日抵有期徒刑或拘役一日，或以一日抵第五十五条第七项裁判所定之罚金额数。"1935 年南京国民政府公布的新刑法，把以前刑法中"以二日羁押抵徒刑、拘役一日"改为"以一日折抵一日"，纳入"刑"章（第 5 章）中，作为第 46 条，规定"裁判确定前羁押之日数，以一日抵有期徒刑或拘役一日，或第四十二条第四项裁判所定之罚金额数"；同时，还把一般情况下的折抵原则从以前的裁定主义（"得以"）改为法定主义（"以"），从而使羁押的折抵制度与罪刑法定原则的精神相一致，"更向保护被告人人权的方向迈进一步"。[④]

中国共产党领导下关于"刑期折抵"规定的法律文献，最早可追溯到第二次国内革命战争时期颁布的《赣东北特区苏维埃暂行刑律》（1931 年 5 月 19 日）（革命根据地唯一的一部普通刑事法典）。1931 年以方志敏为主席的赣东北特区苏维埃政府，根据赣东北地区的实际情况并参照以上《暂行新刑律》，在体系和内容上加以增删后，颁行了《赣东北特区苏维埃暂行刑律》。该法典是在废除旧刑法的基础上，以革命原则为基础，独立自主地制定的新刑法典，但这并不排除从旧刑法典中吸取某些有用的

---

① 参见谢振民编著：《中华民国立法史》，中国政法大学出版社 2000 年版，第 887 页。

② 参见《删修新刑律与国体抵触各章条》，载《中国近代法制史资料选辑》（第 3 辑），西北政法学院法制史教研室 1985 年编印，第 179～180 页。

③ 《刑法修正案的主要内容》，载《中国近代法制史资料选辑》（第 3 辑），西北政法学院法制史教研室 1985 年编印，第 234～248 页。

④ 周红梅：《刑罚执行论》，辽宁人民出版社 1994 年版，第 229 页。

条款。[1] 例如,第 44 条关于羁押折抵制度的规定,也即“未决期内,羁押之日,得以二日抵徒刑、拘役一日”。

新中国成立后,关于刑期折抵的立法,最早见于 1979 年 7 月 1 日通过、1980 年 1 月 1 日施行的《刑法》中。该法第 36 条、第 39 条和第 42 条分别规定了先行羁押折抵管制刑、拘役刑和有期徒刑的具体规定。[2] 虽然随着社会的发展,我国《刑法》也随之发展并适时进行了诸多重大修订,而刑期折抵制度仍以相同的规范内容在新的立法中沿袭下来,并规定在 1997 年《刑法》的第 41 条、第 44 条和第 47 条中。除以上《刑法》的规制外,还有 1996 年通过的《行政处罚法》也对此作了“附属性”规定,即“违法行为构成犯罪,人民法院判处拘役或者有期徒刑时,行政机关已经给予当事人行政拘留的,应当依法折抵相应刑期”(第 28 条第 1 款)。[3] 然而,虽然立法上已有关于刑期折抵的相对明确具体的规定,但如此之规定仍然无法适应刑事司法实践对刑期折抵适用的实践需要。自第一部刑法实施不久,新的刑期折抵适用需要又催生了 30 多个新的刑期折抵的专门或相关司法解释,分别或再次规定了隔离审查、收容审查、行政拘留、监视居住、减刑、海关扣留、缓刑、管制、司法拘留等的刑期折抵问题。

综上,中国法制史上的 7 部刑法[4]都对羁押及其刑期折抵作了规定。纵观这些规定,刑期折抵制度在我国刑法流变中具有如下延续与蜕变的特点:

1. 刑期折抵惯例的延续。在 7 部刑法中,《大清新刑律》及民国政府的 3 部刑法间的延续关系自不必说,革命根据地刑法及新中国成立后的 2 部刑法也是这样。1931 年赣东北革命根据地颁行了《赣东北特区苏维

---

① 参见张希坡编著:《中华人民共和国刑法史》,中国人民公安大学出版社 1998 年版,第 72 页。

② 另有 1979 年《刑法》第 7 条和 1997 年《刑法》第 10 条关于“在外国已经受过刑罚处罚的,可以免除或者减轻处罚”的规定。下同。

③ 2021 年 1 月 22 日修订的《行政处罚法》第 35 条第 1 款完全沿用了这个规定。

④ 也即《大清新刑律》、《暂行新刑律》、1928 年《中华民国刑法》、《赣东北特区苏维埃暂行刑律》、1935 年《中华民国刑法》、1979 年《中华人民共和国刑法》和 1997 年《中华人民共和国刑法》。

埃暂行刑律》,虽然这是在废除旧刑法的基础上,以革命原则为基础,独立自主地制定的新刑法典,但也从旧刑法典中吸取某些有用的条款,[①]而关于折抵制度的规定当属其中吸取的"有用条款"之列。在新中国成立后,虽然彻底废除了国民政府时期的《六法全书》及其他所有法律,并在长达30年的时间内没有刑法典,但新中国关于刑期折抵的惯例还是一直延续了下来。从新中国的立法和司法背景来看,虽然1949年到1953年新中国刑法学的创建时期,"是以否定旧中国的刑法学、照搬苏维埃的刑法学为主要特征的",[②]但新中国关于刑期折抵的做法主要不是源于苏联,而是源于以前司法实践中的做法。[③] 虽然新中国在成立初期进行了刑法起草工作,所完成的刑法草案主要借鉴了苏联模式,[④]具体体现在强调刑法的阶级性,明确规定刑法任务、犯罪概念和刑罚目的,排斥罪刑法定主义原则,确立类推制度和规定刑法具有溯及力等方面。[⑤] 考察苏联这个时期的刑法,[⑥]在刑期折抵问题上,与我国1979年《刑法》和1997年《刑法》的规定相差太大,[⑦]显然我国并未借鉴其相关规定。再考察我国以上7部刑法间的关系,1979年《刑法》和1997年《刑法》关于刑期折抵的规定与

---

① 参见张希坡编著:《中华人民共和国刑法史》,中国人民公安大学出版社1998年版,第72页。

② 高铭暄主编:《新中国刑法科学简史》,中国人民公安大学出版社1993年版,第8~9页。

③ 虽然这时的苏俄刑法已有关于刑期折抵的规定。

④ 根据学者考证,20世纪五六十年代完成的刑法草案主要借鉴苏联模式,但对苏联刑法的接受是有选择的。这主要表现在新中国主要借鉴的是苏联早期的刑法内容。之所以在选择上会有这样的偏重,是因为:一方面,苏联早期的刑法模式较早地被新民主主义革命时期的中国刑事立法所接受,新中国刑法的主要历史渊源即是这一时期的立法经验;另一方面,新中国的政治经济形势与早期的苏联更为相似,建立在那一时期社会环境基础上的刑法理论和刑事立法内容更加适合新中国成立初期的国内形势。参见李秀清:《新中国刑事立法移植苏联模式考》,载《法学评论》2002年第6期。

⑤ 参见李秀清:《新中国刑事立法移植苏联模式考》,载《法学评论》2002年第6期。

⑥ 指1926年《苏俄刑法典》,因为,其后的《苏俄刑法典》是1958年的事了。

⑦ 1926年《苏俄刑法典》第29条关于刑期折抵的规定是:"宣告判决前的这一段羁押期间,和从宣告判决的时候起到判决发生法律效力的时候止的这一段羁押期间,都必须算入法院所判处的剥夺自由的期限以内"。"法院在判处剥夺自由以外的其他司法改造性质的社会保卫方法的时候,有权考虑审判前的羁押期间,来适当地减轻它所采用的社会保卫方法,或者是作出裁定,使被判刑人完全不执行所判处的社会保卫方法。""对于被判处劳动改造工作的人,可以用劳动改造工作3天折抵剥夺自由1天。"参见《苏俄刑法典》,郑华译,法律出版社1956年版,第12页。

《赣东北特区苏维埃暂行刑律》的规定具有相近性，其差别仅仅在管制是否为折抵的本刑上。而这个“差别”恰恰是1979年《刑法》在立法时所争论的。因此，我们完全可以说，我国1979年《刑法》和1997年《刑法》关于刑期折抵的规定，是承继1931年颁行的《赣东北特区苏维埃暂行刑律》的规定，而不是对苏联的立法的借鉴。对于新中国的法律与革命根据地时期的立法的承继关系，在理论上也早有学者进行了考证，认为中国现行的司法制度，特别是司法理念同革命根据地时期有着千丝万缕的联系，甚至可以说，我们现行的司法制度与理念，乃至司法机关的名称都是在根据地时期的基础上发展演变而来的。[①] 而且，从当时我国的司法实践状况来看，以前的旧法律仍对各级人民政府的司法审判有着不可割裂的影响；虽然华北人民政府发出训令，要求各级人民政府，特别是司法工作者，要以批判的态度对待国民党《六法全书》及欧美日本资本主义国家一切反人民的法律，[②]但在抗日战争时期和解放战争时期，这些地区的司法工作援引以前的刑法等基本法律已成惯例。[③] 这样，虽然在1949年4月至1979年7月1日期间没有关于刑期折抵的刑法规定，但实践中关于刑期折抵的司法惯例得以沿袭和发展。[④]

2. 折抵本刑的蜕变。在折抵本刑上，这7部刑法的变化有两点：一是取消罚金作为折抵的本刑；二是增加管制作为折抵的本刑。具体而言，《大清新刑律》、《暂行新刑律》、1928年《中华民国刑法》和1935年《中华民国刑法》规定羁押可折抵徒刑、拘役和罚金3种刑罚，不可折抵管制刑；而《赣东北特区苏维埃暂行刑律》规定羁押可折抵徒刑和拘役，不可折抵罚金刑和管制刑；1979年《刑法》和1997年《刑法》规定羁押可折抵徒刑、拘役和管制，不可折抵罚金刑。这样，管制刑作为刑期折抵的本刑是新中

---

① 参见侯欣一：《陕甘宁边区司法制度、理念及技术的形成与确立》，载《法学家》2005年第4期。

② 参见《华北人民政府法行字第8号训令》，载《东北日报》1949年4月11日，第3版。

③ 参见董必武：《旧司法工作人员的改造问题》，载《中央政法公报》1950年第3期。

④ 据考证，从1949年新中国成立至1980年1月1日第一部刑法典生效前，根据适用羁押的刑期折抵需要，先后出台了51个专门的或相关的司法解释（其中，专门为指导刑期折抵适用的司法解释就有26个）。这些司法解释，分别规定了管训、逮捕、刑事拘留、行政拘留、新生公学、保外就医、收容审查、隔离审查、禁闭审查、监视居住、管制、缓刑等是否要折抵刑期或如何折抵刑期问题。

国的两部刑法典新增加的；罚金刑没有作为刑期折抵的本刑，是新中国（包括革命根据地时期）刑法立法废止的。以上变化，对于增加管制作为折抵的本刑来说，是立法的一大进步。表现在，对于未决羁押能否折抵管制，立法时曾有两种不同的观点。反对者认为管制是限制而非剥夺自由，因此，羁押不能代替管制，判决执行前的羁押期间不应折抵管制刑期。赞成者认为，管制和羁押的特点诚然有所不同，但它们不是本质上的不同，而主要是对自由的限制程度不同；既然判决执行以前的羁押期间，依法还可以 1 日折抵拘役或徒刑 1 日，管制轻于拘役和徒刑，如不允许折抵，实在不公平，因此，它不但能折抵，并且应当是剥夺自由的羁押 1 日折抵限制自由的管制 2 日。[①] 本书认为，新中国刑法接受并沿袭了后者观点，应是公平合理的。但对于取消罚金作为折抵的本刑来说，则是一大退步。表现在，对于罚金，包括革命根据地在内的刑法立法者认为，它是一种不公平的刑罚：一方面，对于有产者来说，它实际上是一种免除刑罚的方法；另一方面，对于无产者来说，却是一种沉重的刑罚。[②] 也可能基于以上理由，《赣东北特区苏维埃暂行刑律》和新中国两部刑法典都没有规定羁押期间可折抵罚金。本书认为，罚金刑确实在很多情况下存在不公平的情况，应当慎用，但是一律否认羁押期间可折抵罚金，如在被羁押者只被判处罚金刑的情况下否认折抵，则显得不公平。因此，取消罚金作为折抵的本刑是片面的做法。这也与世界多国允许罚金为折抵本刑的立法潮流不相一致。虽然我国是把罚金作为附加刑与域外基本上作为主刑有差别，但我国附加刑的可单独适用的特点，[③]在刑期折抵问题上，与域外把罚金作为主刑的规定是没有实质区别的。

3. 立法方式的蜕变。以上 7 部刑法关于刑期折抵的规定：在新中国成立前的 5 部刑法中，都是以专门条文对刑期折抵制度予以规定的，只有新中国成立后的 2 部刑法，是把刑期折抵制度作为其他主题条文的附属内容予以规定的。如前所述，这显然弱化了刑期折抵制度的刑法地位，不

---

① 参见李光灿主编：《中华人民共和国刑法论》，吉林人民出版社 1984 年版，第 359～360 页。

② 参见李光灿主编：《中华人民共和国刑法论》，吉林人民出版社 1984 年版，第 473 页。

③ 域外的附加刑是不能单独适用的。

仅使刑期折抵制度的诸多内容无法在这样的立法中表述出来，而且也让学界没能更多地关注它的存在。我国现存的如此众多的刑期折抵问题，不能说同如此立法方式无关。

当然，这些刑法在折抵比例这一问题上是趋于进步的。表现在，未决羁押折抵刑期的比例降低。《大清新刑律》、《暂行新刑律》、《赣东北特区苏维埃暂行刑律》、1928 年《中华民国刑法》都是“以二日羁押抵徒刑、拘役一日”，而 1935 年《中华民国刑法》、1979 年《中华人民共和国刑法》和 1997 年《中华人民共和国刑法》规定“以一日羁押抵徒刑、拘役一日”。这表明刑法对“羁押”认识的逐渐深化和对人权保障的不断加强，是一种法治的发展和进步。

（二）现行刑法的规定及其特点

我国现行刑法关于刑期折抵的立法规定，表现在刑法典和附属刑法两个方面。

1. 从我国现行《刑法》关于刑期折抵制度的规定来看，主要有四个方面的规定：

（1）第 41 条规定：“管制的刑期，从判决执行之日起计算；判决执行以前先行羁押的，羁押一日折抵刑期二日。”

（2）第 44 条规定：“拘役的刑期，从判决执行之日起计算；判决执行以前先行羁押的，羁押一日折抵刑期一日。”

（3）第 47 条规定：“有期徒刑的刑期，从判决执行之日起计算；判决执行以前先行羁押的，羁押一日折抵刑期一日。”

（4）第 10 条规定：“凡在中华人民共和国领域外犯罪，依照本法应当负刑事责任的，虽然经过外国审判，仍然可以依照本法追究，但是在外国已经受过刑罚处罚的，可以免除或者减轻处罚。”

以上四个方面的规定，具有如下几个特点：

（1）关于折抵本刑。只允许折抵管制、拘役和有期徒刑等有期自由刑，对于可单独适用的资格刑如剥夺政治权利和财产刑如罚金等，不允许折抵。

（2）对于域外先行羁押。只规定域外既服刑折抵本国判决中确定的刑罚，对域外施行的未决羁押是否折抵本国判决中确定的刑罚，没有规定。

（3）折抵原则。对于本刑为管制、拘役和有期徒刑的先行羁押的刑期折抵问题，采取的折抵原则是法定必抵主义；对于域外既服刑折抵本国判决中确定的刑罚问题，采用的折抵原则是自由裁量主义，也即“可以免除或者减轻处罚”，至于在实践中是否免除或者减轻处罚，由法官自由裁量。

（4）立法的简单性和附属性。四个方面的立法中的前三个规定，都是只有寥寥数语，极其概括简单，且都是附属的，表现在两个方面：一是在内容上，是作为其他主题内容的附属内容予以规定。二是在形式上，是作为其他主题内容的法律条文中的一部分予以规定（均为后段）。

2. 作为我国现行《刑法》附属立法的刑期折抵立法，主要存在于六类法中：

（1）宪法性法律关于刑期折抵的规定。2018 年《监察法》第 44 条第 3 款的规定：“被留置人员涉嫌犯罪移送司法机关后，被依法判处管制、拘役和有期徒刑的，留置一日折抵管制二日，折抵拘役、有期徒刑一日。”

（2）刑事程序法关于刑期折抵的规定。2012 年《刑事诉讼法》第 74 条（2018 年《刑事诉讼法》第 76 条）规定：“指定居所监视居住的期限应当折抵刑期。被判处管制的，监视居住一日折抵刑期一日；被判处拘役、有期徒刑的，监视居住二日折抵刑期一日。”

（3）行政法关于刑期折抵的规定。2021 年修订的《行政处罚法》第 35 条（1996 年《行政处罚法》为第 28 条）规定，违法行为构成犯罪，人民法院判处拘役或者有期徒刑时，行政机关已经给予当事人行政拘留的，应当依法折抵相应刑期。违法行为构成犯罪，人民法院判处罚金时，行政机关已经给予当事人罚款的，应当折抵相应罚金；行政机关尚未给予当事人罚款的，不再给予罚款。

（4）我国缔结或参加的国际公约关于刑期折抵的规定。分别于 2001 年 12 月 13 日、2003 年 9 月 29 日和 2006 年 2 月 12 日对我国正式生效的《制止恐怖主义爆炸的国际公约》（第 13 条第 2 款）、《联合国打击跨国有组织犯罪公约》（第 18 条第 11 款）和《联合国反腐败公约》（第 46 条第 11

款),分别规定:"(d)被移送人[①]在被移交送往的国家羁押期应折抵在移送国的服刑期";"(四)该人[②]在被移送前往的国家的羁押时间应折抵在移送缔约国执行的刑期";"(四)该人[③]在被移送前往的国家的羁押时间应当折抵在移送缔约国执行的刑期"。

(5)我国缔结的双边引渡条约关于刑期折抵的规定。我国分别与突尼斯共和国(2005 年 12 月 29 日生效)、巴西联邦共和国(2014 年 8 月 16 日生效)缔结的双边引渡条约。分别规定:"一、如果同意引渡,缔约双方应商定移交的地点、时间,被请求方应通知请求方被请求引渡人受到羁押的时间,以便折抵该人的刑期";"二、被引渡人在被请求方因引渡请求被羁押的时间应折抵其被判处的刑期"。

(6)我国缔结的刑事司法协助双边条约关于刑期折抵的规定。我国分别与大韩民国(2000 年 3 月 24 日生效)、哥伦比亚共和国(2004 年 5 月 27 日生效)、美利坚合众国(2001 年 3 月 8 日生效)、菲律宾共和国(2012 年 11 月 17 日生效)、爱沙尼亚共和国(2011 年 3 月 31 日生效)、泰王国(2005 年 2 月 20 日生效)、南非共和国(2004 年 11 月 17 日生效)、拉脱维亚共和国(2005 年 9 月 18 日生效)、西班牙王国(2007 年 4 月 15 日生效)、墨西哥合众国(2006 年 12 月 30 日生效)、澳大利亚(2007 年 3 月 28 日生效)等 11 个国家缔结的刑事司法协助双边条约均规定:被移交人在请求方被羁押的期间,应折抵在被请求方判处的刑期。

以上六个方面的规定,具有如下两个突出特点:

(1)均具有附属性。其中,前三类具有司法适用性,可以直接作为刑事裁判的裁量根据,从而改变了我国刑法理论关于"我国没有真正附属刑法"的认知;[④]后三类都不能直接作为适用刑期折抵的法律根据,必须同

---

① 在一缔约国领域内被羁押或者服刑的人。

② 在一缔约国领域内被羁押或者服刑的人。

③ 在一缔约国领域内被羁押或者服刑的人。

④ 我国刑法理论的通说认为,我国非刑法中关于犯罪和刑事责任的规定,因缺乏可以司法适用的规定而均不是真正的附属刑法。可 2018 年《监察法》出台,因其第 44 条第 3 款明确规定了"留置"可折抵刑期,即"被留置人员涉嫌犯罪移送司法机关后,被依法判处管制、拘役和有期徒刑的,留置一日折抵管制二日,折抵拘役、有期徒刑一日"。使得该附属刑法具有司法适用性,是真正意义上的附属刑法。

刑法典的相应规定相结合，或转化为国内刑法的规定，才具有司法适用性。

(2)均要求采用法定必抵主义的折抵原则。也就是说，凡是涉及先行羁押是逮捕、拘留、指定监视居住、监察留置、行政拘留，凡是折抵本刑是管制(行政拘留除外)、拘役和有期徒刑，就一定要折抵，也就是学界所谓的“技术问题”。

二、域外刑期折抵立法概览

综观世界各国立法，从能检索到的资料来看，都有关于刑期折抵的规定。而且，所有的这些规定，都使用了专门的法律条文对刑期折抵制度进行了相对详尽的规定。

(一)西欧国家关于刑期折抵的立法

在西欧各国，其刑事立法不仅都对刑期折抵问题作出了规定，而且还大多以刑事实体法(刑法典)与刑事程序法(刑事诉讼法典)的联合规定的方式，作出详尽的规定。

在德国，关于刑期折抵，是由刑法典和刑事诉讼法典共同规定的。其中，2002 年修订的《德国刑法典》[①]第 3 章第 2 节“量刑”第 51 条(关于“折抵”的规定)用 5 款分别对刑期折抵的折抵本刑、折抵羁押、折抵关联性、折抵原则、刑罚间的折抵、在国外的刑罚执行和未决羁押的折抵、折抵比例等作了详尽的规定。[②] 具体为：“(1)被判决人因作为诉讼标的行为或曾是诉讼标的行为而被待审拘留或以其他方式被剥夺自由的，其被剥夺自由期间折抵为自由刑或罚金刑。(2)如果根据被判决人行为后的态度，认为折抵不适当的，法院可命令部分或全部不折抵”(第 1 款)；“前罪

---

① 德国于 1871 年制定刑法典，直至第二次世界大战结束，虽经多次补充修改，但一直为德国的正式刑法典。第二次世界大战以后，德意志联邦共和国于 1953 年 8 月 25 日公布了刑法典，之后多次进行补充修改，直至形成现行的刑法典。德国 1990 年统一后，该法已成为现行的《德国刑法典》。在刑期折抵问题上，1953 年刑法典的规定一直没变。参见萧榕主编：《世界著名法典选编(刑法卷)》，中国民主法制出版社 1998 年版，第 377、383 页。

② 参见《德国刑法典》(2002 年修订)，徐久生、庄敬华译，中国方正出版社 2004 年版，第 18 页。

所判刑罚在以后的诉讼程序中被其他刑罚取代的，前罪的刑罚折抵后罪的刑罚，但以前罪已执行或已折抵完毕为限”（第2款）；“（1）被判决人因同一行为在国外已受处罚的，其在国外已执行的刑罚算入新判刑罚内。（2）在国外受到的其他方式的剥夺自由，相应适用第1款的规定”（第3款）；“（1）以罚金折抵自由刑或以剥夺自由折抵罚金刑，剥夺自由1日相当于1单位日额金。（2）有关之外国刑罚或剥夺自由的折抵，由法院裁量确定折抵标准”（第4款）；“（1）临时吊销驾驶证的期间（《德国刑事诉讼法典》第111条a）折抵第44条禁止驾驶的，相应适用第1款的规定。（2）驾驶证的保管、吊销或扣押（《德国刑事诉讼法典》第94条）与临时吊销驾驶证相同”（第5款）。同时，《德国刑事诉讼法典》[①]第450条对“待审羁押、剥夺驾驶执照期间的折抵”作出了规定：“从舍弃或者撤回已提起的法律救济诉讼活动，或者从提起法律救济诉讼活动的期限届满，而他未曾作过任何表示起，被告人被待审羁押的日期，应当全部折抵要执行的自由刑期”（第1款）；“判决后继续依照第111条a第5款第2句的规定对驾驶执照予以保管、保存或者扣押的日期，要全部折抵取消驾驶资格（日期）”（《德国刑法典》第44条第2款）。《德国刑事诉讼法典》第450条a对“引渡羁押的折抵”作了规定：“在刑罚执行引渡程序中，对受有罪判决人在国外受监禁的日期，应予全部折抵要执行的自由刑期。此规定同样适用于为了执行刑罚受有罪判决人被引渡移交后的情况”（第1款）；“为了执行数个刑罚而引渡时，受有罪判决人在国外受监禁的日期应折抵最高的刑罚刑期，刑期幅度相同时应折抵引渡回国后要首先执行的刑罚刑期”（第2款）；“根据受有罪判决人在可对判决所依据的事实认定最后作一次审查的判决做出后的表现，认为无理由折抵时，依检察院申请法院可以决定全部或者部分地不予折抵。法院做出这样的决定时，在国外监禁期未超过刑期的前提下，受有罪判决人的国外监禁日期在其他程序中也能不折抵”（第3款）。《德国刑事诉讼法典》第461条对“住院期的折抵”作了规定：“开始执行刑罚后受有罪判决之人因病被送进独立于监狱的医疗机构期间，应当折抵刑期，以他不是为了中断刑罚的执行而有意患病为

---

① 《德国刑事诉讼法典》，李昌珂译，中国政法大学出版社1995年版，第167～168、176页。

限”(第1项);“在后一种情况中,检察院应当取得法院的裁判”(第2项)。另外,在德国,最早规定刑期折抵的法律是1871年《德意志刑法》[①],其中,第60条规定:“因预审而留置之日数得以全部或一部算入本刑”。此规定于1933年11月24日修正为:“犯人与判决前确定的羁押时间以及暂行羁留于医疗或保养处所的时间,得于判决时在所处的刑期内全部或一部扣算。”[②]

在法国,关于刑期折抵,也是由刑法典和刑事诉讼法典共同规定的。其中,现行《法国刑法典》第3编“刑罚”第1章“刑罚之性质”第1节“适用自然人之刑罚”[③]第131－32条第2款规定,在禁止居住过程中的任何拘留,抵扣禁止居住[④]的期间。同时,现行《法国刑事诉讼法典》[⑤]第78－4条(1983年6月10日第83－466号法律)规定,前条(第78－3条)[⑥]所规定的羁押期限折抵监禁的期限。第145条第4款规定,如果适用第145－1条[⑦]和第145－2条[⑧],暂时拘留的期限可计入临时羁押的期限。在适用《法国刑事诉讼法典》第149条[⑨]、第716条[⑩]和《法国刑法典》第24条时,[⑪]暂时拘留相当于临时羁押(1992年12月16日第93－1336号法律的规定,应为在适用第149条和第716－4条[⑫]时)。《法国刑事诉

① 《德意志刑法》,修订法律大臣鉴定,光绪丁未法律馆印。

② 萧榕主编:《世界著名法典选编(刑法卷)》,中国民主法制出版社1998年版,第345页。

③ 《法国新刑法典》,罗结珍译,中国法制出版社2003年版,第21页。

④ 根据旧《法国刑法典》的规定,禁止居住(禁止居留)属于刑罚种类中的“任意性附加刑”(另一种附加刑为“强制性附加刑”),刑期为2年至5年(轻罪)或者5年至10年(重罪)。参见《法国新刑法典》,罗结珍译,中国法制出版社2003年版,第12页。

⑤ 《法国刑事诉讼法典》,余叔通、谢朝华译,中国政法大学出版社1997年版,第39页、第69页。

⑥ 为查明身份的拘留。

⑦ 关于轻罪的羁押规定。

⑧ 关于重罪的羁押规定。

⑨ 关于临时羁押的赔偿规定。

⑩ 关于临时羁押的执行规定。

⑪ 根据译者注解,“1992年12月16日第93－1336号法律的规定,应为在适用第149条和第716－4条时”。

⑫ 该条第1款规定:“如果采取临时监禁措施的,无论在哪一个审级,临时监禁的日期都应从正式宣布的监禁期限中扣除。”第2款规定:“前条剥夺自由的措施有关时间的规定,同样适用于在法国领土之外犯罪而适用本法第714－2条、第714－3条予以引渡的犯罪人所受的任何关押。”参见《法国刑事诉讼法典》,余叔通、谢朝华译,中国政法大学出版社1997年版,第39页。

讼法典》第716－1条规定，1日的监禁时间为24小时，1个月的监禁时间为30日。超过1个月的监禁时间的计算，精确地从某日起至某日止。第716－2条规定，先行拘留的日期折抵最后生效判决确定的刑期。第716－3条规定，刑期届满之日如果是法定的节假日，以节假日的前1日为刑期届满日。

在意大利，关于刑期折抵，也是由刑法典和刑事诉讼法典共同规定的。其中，现行《意大利刑法典》第1编“总则”第5章“刑罚的变更、适用和执行”第1节“刑罚的变更和适用”（并非第2节“刑罚的执行”）[①]第137条规定：“在判决变为不可撤销的之前受到的羁押从计时监禁刑的总合刑期中或者从财产刑的数额中扣除”（第1款）；“从扣除意义上讲，预防性羁押被视为有期徒刑或者拘役”（第2款）。第138条规定：“当在国外进行的审判应在意大利领域内重新进行时，在国外已执行的刑罚一律予以计算，并且考虑刑罚的种类；如果在国外实行过预先羁押，适用前一条的规定”。同时，现行《意大利刑事诉讼法典》第286条规定：（在治疗场所的预防性羁押）适用第285条第2款和第3款的规定。[②] 另外，意大利1968年刑法典第1编“总则”第5章“刑之量定、判定及执行”第1节“量刑及判刑”[③]第137条（侦查期间之羁押的折抵）规定：“判决确定前所为羁押，应自有期自由刑之全部刑期中扣除之，在侦查中所为拘留，亦得扣除。”第138条（国外犯罪行为之处罚及侦查中之羁押的折抵）规定：“在外国完成之程序在国内再度进行该程序时，其在国外已执行之刑罚，依国内计算方式折抵之。在国外所为之侦查中羁押，适用前条之规定。”第139条（从刑之折抵）规定：“受刑人于执行自由刑或限制自由之保安处分之期间，或故意规避自由刑或保安处分执行之期间，均不得自有期徒刑之期间中扣除。”第140条（从刑之提前执行）规定：“法官于调查或审判时应注意罪之种类及轻重，如认为审判结果势必宣示剥夺公权、剥夺营业、职业权、或停止行使父权或夫权者，得将上列各项从刑提前执行”（第1款）；“提前执行之期间应自实际判决之从刑中扣除”（第2款）。

---

① 《意大利刑法典》，黄风译，中国政法大学出版社1998年版，第42～44页。

② 参见《意大利刑事诉讼法典》，黄风译，中国政法大学出版社1994年1版，第96～97页。

③ 萧榕主编：《世界著名法典选编（刑法卷）》，中国民主法制出版社1998年版，第518页。

在奥地利,关于刑期折抵是由《奥地利联邦共和国刑法典》规定的。[①]具体为第 38 条(事前拘留的折抵):“行政拘留、法院的司法拘留和审前拘留,应当折抵自由刑和罚金刑,如果行为人因使其受到处罚的行为而被拘留的,或因被怀疑实施了应当科处刑罚的行为而被拘留,且在上述两种情况下拘留未被折抵为其他刑罚,或者被拘留者为此受到了赔偿”(第 1 款);“事前的拘留折抵罚金刑的,以替代自由刑为准”(第 2 款)。

在瑞士,关于刑期折抵是由《瑞士联邦刑法典》规定的,[②]具体为第 69 条(待审拘留的折抵):“待审拘留非因行为人犯罪后的行为所招致或延长的,法官将待审拘留折抵自由刑。只科处罚金刑的,法官可将行为人待审拘留的期间以适当方式加以考虑。”另外,瑞士 1971 年刑法典(1971 年 3 月 18 日修正)在第 69 条规定了刑期折抵问题,[③]也即“法官应将羁押之日数折抵自由刑。但羁押系由于行为人犯罪后之行为所引起或延长者不在此限,判决为罚金时,法官应对羁押之时间酌量考虑之”。

在西班牙,关于刑期折抵是由《西班牙刑法典》规定的,[④]具体为:第 58 条规定,“先行剥夺自由的期限应计算在因相同原因而宣判的应处的刑罚期限之内。如果先行剥夺自由是在狱中接受的,即使罪犯因其他原因受刑,该期间也应计算在内”(第 1 款);“相同地,先行剥夺权利亦应予以计算”(第 2 款)。第 59 条规定:“先行拘禁和所判徒刑性质不同时,由法官和法院考虑可以折算方法而确定刑罚的执行。”另外,西班牙 1944 年刑法典(1971 年第三次修订)也对刑期折抵进行了规定,[⑤]具体为其第 33 条:“不论最后判决之刑为何,处理诉讼期间对犯罪人所作预防性之监禁应并入其服刑之总数计算”(第 1 款);“同理,犯罪者在处理诉讼期间被吊销驾驶执照之时间,亦应并入其服刑之总数计算”(第 2 款)。

---

① 参见《奥地利联邦共和国刑法典》(2002 年修订),徐久生译,中国方正出版社 2004 年版,第 17 页。

② 参见《瑞士联邦刑法典》(2003 年修订),徐久生、庄敬华译,中国方正出版社 2004 年版,第 26 页。

③ 参见萧榕主编:《世界著名法典选编(刑法卷)》,中国民主法制出版社 1998 年版,第 751 页。

④ 参见《西班牙刑法典》,潘灯译,中国政法大学出版社 2004 年版,第 23 页。

⑤ 参见萧榕主编:《世界著名法典选编(刑法卷)》,中国民主法制出版社 1998 年版,第 690 页。

(二)北欧国家关于刑期折抵的立法

在北欧,各国刑法也普遍地对刑期折抵问题进行了较为详尽的规定。

在芬兰,其刑法典以4个法律条文篇幅对刑期折抵进行了规定,[①]具体表现在:第13条(丧失自由期间的折抵)规定:“因为犯罪行为使犯罪人被剥夺至少连续长达1日的自由,如果因该犯罪行为而施加有期监禁,法庭应从处罚中折抵相应的丧失自由期间,或者认为丧失自由期间足以折抵处罚”(第1款);“因指控或与此事件相关的刑事调查,或者将被告带至法庭前的法庭命令使被告人受到监禁,如果因此而造成了被告人自由的丧失,则适用同样的处理方式”(第2款);“如果施加的处罚是罚金刑,应在合理的限度内考虑丧失的自由,但是至少与丧失自由期间相当,或者被认为足以折抵处罚”(第3款);“如果施加的处罚是少年处罚,应在合理的限度内考虑丧失的自由,即通过折抵将施加于被告人的少年处罚期间”(第4款)。第14条(对国外施加的处罚的折抵)规定:“如果行为人因犯罪在国外已经全部或部分执行了被施加的制裁,又因该犯罪在芬兰受到判决,则应在合理的限度内折抵已经施加的刑罚。如果执行的是监禁刑,法庭折抵的刑期应当与丧失自由的期间相当。法庭也可以认为已经执行的刑罚足以制裁该犯罪。”第15条(对执行判决的囚犯的纪律性处罚的折抵)规定:“依照专门条款的规定,可以因为在刑事机构内实施的犯罪而对正在执行刑罚的囚犯施以纪律性处罚。如果执行刑罚的囚犯因为某项犯罪而全部或部分地执行了纪律性处罚,则应在其因此罪受到法庭判决时,从判决的刑罚中作合理限度的折抵,除非有正当理由不予折抵,或者认为已执行的纪律性处罚足以制裁该犯罪。”第16条(对本法第45章规定的行为人的纪律性处罚的折抵)规定:“依照专门条款规定,本法第45章(军职犯罪)规定的行为人,因实施了《军事法院程序法》第2条规定的犯罪,依照纪律性程序被判处纪律性处罚或者纪律性惩戒。如果该行为人已经全部或部分地执行了依照纪律性程序所施加的处罚或纪律性惩戒,而其随后又因同一犯罪被法庭判决,则应该在合

① 参见《芬兰刑法典》,肖怡译,北京大学出版社2005年版,第26~27页。

理的限度内考虑折抵已经执行的处罚或惩戒,或者认为是对判决的全部执行”(第1款);“在计算上述第1款中的折抵时,丧失的1日自由相当于1日的军事监禁、2日的纪律性罚金、2日的营房禁闭以及3个额外值日”(第2款)。

在瑞典,其刑法典以2个法律条文的5款篇幅对刑期折抵进行了详尽的规定,[①]具体表现在:《瑞典刑法典》第5条规定,“判处固定期限的监禁或封闭式青少年照管,或者法庭根据第34章第1条的规定命令该制裁应当涵括其他犯罪,如果因为怀疑已决犯涉嫌犯已经被审理和判决之罪,通过逮捕、还押候审或者《司法精神病调查法》(1991年1137号法)第10条规定的送入司法精神病部门对已决犯剥夺自由至少24小时的,剥夺自由并且没有同时执行其他判决的期间应当视为在监狱或者特殊青少年机构的服刑期间。法院应当在判决中声明该期间视为服刑期间。判处的监禁期超出被剥夺自由的期间很短的,法庭可以指明,被剥夺自由应当视为服完监禁”(第1款);“撤销附条件之刑或缓刑,替代判处固定期限的监禁,如果没有根据第1款、第3款的规定进行扣除的,第1款的规定也应当适用于下列情形:1.在附条件之刑或缓刑之前剥夺自由的;2.在判决指出附条件之刑或监禁应当涵括其他犯罪之前剥夺自由的;3.第28章第6条、第11条第3款规定的任何拘留”(第2款);“被判处罚金并且由于涉嫌犯已受刑罚之罪被以第1款规定的方式剥夺自由的,法庭可以指明,作为剥夺自由的结果,刑罚已全部或部分执行完毕”(第3款);“对瑞典王国外发生的被剥夺自由的情形,可合理适用第5条关于把剥夺自由的期间计入执行刑罚时间的规定”(第4款)。第8条[②]规定:“上级法院审理有关科处制裁的上诉,可以修正对第5条和第6条中涉及的问题的决定,即使没有对该决定提起上诉。”

在丹麦,《丹麦刑法典与刑事执行法》第86条以5款的篇幅对刑期折抵进行了规定[③]:“已被逮捕之行为人,羁押于监所或者强制于医院进行精神检查治疗的,应当从对其适用之监禁刑中减去羁押于监所或强制于

---

① 参见《瑞典刑法典》,陈琴译,北京大学出版社2005年版,第62~63页。

② 这实际上是关于刑期折抵的裁定主义的折抵原则的规定。

③ 参见《丹麦刑法典与丹麦刑事执行法》,谢望原译,北京大学出版社2005年版,第25页。

医院之日数。但是,羁押时间不足 24 小时的,不必予以扣减。根据法院决定将行为人予以隔离的,其被隔离之时间,应当从刑期中扣除,每隔离 72 小时折抵刑期 1 天。判决中应当包括须扣除之有关羁押于监所、强制于医院或者隔离之期限的内容。在例外情况下,即使所适用之刑期长于被定罪人羁押于监所或者强制于医院之时间,法院也可以判定全部刑罚已经执行完毕。上诉被驳回或者被撤销,应当由一审法院之上级法院以裁定形式做出决定。适用罚金的,在判决中应当确定全部或者部分罚金已经支付"(第 1 款);"根据本法第 58 条第 1 款(即监禁刑的缓刑适用)做出判决的,应当从非缓刑部分刑期中扣除行为人被羁押、被强制或者被隔离之时数。但是,判决中可以确定,扣除行为人被羁押、被强制或者被隔离之时数,不适用于或者仅部分适用于非缓刑部分刑期"(第 2 款);"上列第 1 款和第 2 款之规定,也应当适用于在判决送达之前被缓刑人已经被逮捕或者已经被羁押之情况下,根据本法第 60 条第 1 款第 3 项(即没有遵守缓刑监督的有效条件而执行原判刑罚)做出之法院判决"(第 3 款);"犯罪人已经被逮捕、已经被羁押或者被强制于医院接受精神病检查治疗的,法院应当决定对犯罪人所适用之刑罚适度扣减"(第 4 款);"上列第 1 款第 1 句和第 2 句之规定,同样应当适用于那些因违反缓刑或者假释期间需遵守之条件而被逮捕或者被羁押后被判处监禁刑之犯罪人"(第 5 款)。

在挪威,《挪威一般公民刑法典》以 2 个法律条文的 4 款篇幅对刑期折抵进行了规定。[①] 具体为,第 39 条 a-4 第 1 款规定:"判决已执行完毕,或者已执行的判决和预防性拘留日期的综合至少已达到法院判决羁押刑期,内阁可以对犯罪人适用缓刑。作为释放条件,内阁可以要求犯罪人待在或者禁止进入某一特定处所、命令犯罪人定期向警察或者特别任命的监督人报告、禁止犯罪人消费含酒精饮料以及命令犯罪人给受害人以补偿。"第 60 条[②]规定:"如果犯罪人被羁押候审,羁押候审的期间应当计算在判决内,羁押候审期间视同判决执行"(第 1 款);"判决的社区服

① 参见《挪威一般公民刑法典》,马松建译,北京大学出版社 2005 年版,第 11、16 页。
② 属于第一编"总则"第五章"缓刑以及减轻和加重刑罚的根据"。

务应当计算在监禁刑期内，社区服务期间应按比例折算。如果社区服务和无条件监禁一并判处，应从后者中折算”（第 2 款）；“如果犯罪人在国外被羁押候审，由法庭决定该羁押候审期间计算在判决内的方法”（第 3 款）。

（三）东欧国家关于刑期折抵的立法

在东欧的俄罗斯，其刑法典也对刑期折抵进行了详尽的规定。[①] 具体为，第 72 条规定：“剥夺担任一定职务或从事某种活动的权利，劳动改造、限制军职、限制自由、拘役、军纪营管束、剥夺自由的期限都按月和年计算，而强制性工作的期限按小时计算”（第 1 款）；“在本条第 1 款规定的刑罚代替或合并时，以及在刑罚折抵时，刑期可按日计算”（第 2 款）；“未决期羁押的时间，计入剥夺自由、军纪营管束和拘役的期限时，1 日折抵 1 日；计入限制自由时，1 日折抵 2 日；计入劳动改造或限制军职时，1 日折抵 3 日，而在计入强制性社会公益劳动的期限时，1 日羁押折抵强制性社会公益劳动 8 小时”（第 3 款）；“对于在俄罗斯联邦境外犯罪的人，在依照本法典第 13 条的规定引渡时，在法院判决生效前羁押的时间和依照法院判决服剥夺自由刑的时间，按 1 日折抵 1 日计算”（第 4 款）；“如果被判刑人在法庭审理前受到羁押，而主刑为罚金、剥夺担任一定职务或从事某种活动的权利，法院应考虑羁押期，减轻刑罚或完全免于服刑”（第 5 款）。第 103 条（适用医疗性强制措施时间的折抵）规定：“在实施犯罪之后发生精神病的人痊愈的情况下，在处刑或恢复执行刑罚时，在精神病住院机构对他适用强制治疗的时间计入刑期，在精神病住院机构强制治疗 1 日折抵剥夺自由 1 日。”

另外，苏联刑法典和刑事诉讼法典也都对刑期折抵问题作了详尽规定。《苏联和各加盟共和国 1958 年刑事立法纲要》（1958 年 12 月 25 日苏联最高苏维埃通过）第 40 条[②]规定：“法院应将预押的日期折抵刑期，在判处剥夺自由和送往军纪营时，预押 1 日折抵刑期 1 日，在判处

---

① 参见《俄罗斯联邦刑法典》，黄道秀译，中国法制出版社 2004 年版，第 17～31、47 页。

② 参见萧榕主编：《世界著名法典选编（刑法卷）》，中国民主法制出版社 1998 年版，第 824 页。

不剥夺自由的改造、流放或放逐时,预押1日折抵刑期3日。”《苏俄1960年刑法典》[①]第47条(未决期间羁押日数的折抵)规定:“未决期间的羁押日数,由法院算入刑期以内,在判处剥夺自由和送往军纪营管束时,每1日折抵刑期1日,在判处劳动改造、流放和放逐时,每1日折抵刑期3日。”第47-1条(拘禁日期的折抵)规定[②]:“对判处剥夺自由,宣告缓刑,强制劳动的人,拘禁的日期,计入法院判决所确定的刑期之内,每1日折抵刑期1日。”《苏俄刑事诉讼法典》第97条规定:“判决产生法律效力以前被羁押的全部其他时间,都应计入刑期。”[③]第195条规定:“在医疗机关所拘留的时间,也计入刑期”(第1款);“预先羁押的时间,不管它是否中断,都全部计入刑期”(第2款)。[④]

(四)其他国家关于刑期折抵的规定

东亚和南亚国家也都对刑期折抵进行了规定。只不过这些规定,相对于西欧和北欧国家关于刑期折抵立法来说,相对简单些。

在日本,其刑法典第21条对刑期折抵进行了规定:“未决前的羁押日数,可以全部或一部分算入本刑。”第23条关于“刑期的计算”规定:“刑期从判决确定之日起计算”(第1款);“未被拘禁的日数,虽在判决确定后,也不算入刑期之内”(第2款)。[⑤]

在韩国,其刑法典第57条对刑期折抵进行了规定[⑥]:“判决宣告前的拘押日数,将其全部或者一部计入有期劳役、有期徒刑、与罚金或者科料有关的留置或拘留的日数内”(第1款);“前项情况下,拘押日数的1日,折抵劳役、徒刑、与罚金或者科料有关的留置或拘留期间的1日”

① 属于“总则”第五章“处刑和免刑”(第四章“刑罚”)。参见萧榕主编:《世界著名法典选编(刑法卷)》,中国民主法制出版社1998年版,第837页。

② 1977年3月1日苏俄最高苏维埃主席团增补。

③ [苏]H. A. 别利亚耶夫、[苏]M. Л. 科瓦廖夫主编:《苏维埃刑法总论》,马改秀、张广贤译,群众出版社1987年版,第359页。

④ [苏]H. A. 别利亚耶夫、[苏]M. Л. 科瓦廖夫主编:《苏维埃刑法总论》,马改秀、张广贤译,群众出版社1987年版,第359~360页。

⑤ 《日本刑法典》,张明楷译,法律出版社2006年版,第13页。

⑥ 参见《韩国刑法典及单行刑法》,[韩]金永哲译,中国人民大学出版社1996年版,第11页。

（第2款）。

在蒙古国，其1961年刑法典第35条也对刑期折抵进行了规定[①]："法院应当将先行羁押的时间计入刑期内。先行羁押1日折抵判处的剥夺自由1日，先行羁押1日折抵判处的劳动改造、流放、放逐3日"（第1款）；"判处其他刑法方法时，法院可以根据先行羁押的情况分别减轻或者完全免除对犯罪人执行刑罚"（第2款）。

在泰国，其刑法典关于刑期折抵的规定[②]有：第22条，"徒刑自判决确定之日起计算。但是判决确定前羁押的日数，除判决另有规定外，应当从判决的徒刑期间内扣除"（第1款）；"除判决另有规定外，判决的宣告刑与判决确定前羁押日数之总和，不得超过该罪法定最高刑。但是适用第91条规定，不受此限"（第2款）。第30条第3款："被处罚金的人在法院判决前被羁押的，羁押日数应当从罚金数额中扣除。在徒刑与罚金并科时，应当首先依照第22条的规定以羁押的日数折抵徒刑，余数折抵罚金。"

在越南，《越南社会主义共和国刑法》[③]以4个法律条文对刑期折抵进行了规定。第24条（监外改造）第1款后段规定："判决以前先行羁押的，羁押期从监外改造期中扣除，羁押1日折抵监外改造3日"。第25条（有期徒刑）后段规定："判决以前先行羁押的，羁押1日折抵刑期1日"。第36条（强制治疗期限）第2款规定："强制治疗1日折抵刑期1日"。第70条（在部队劳教部门执行改造）第1款后段规定："被判决人已先行羁押，羁押1日折抵在劳教部门改造3日"；第2款规定："非现役军人犯罪，法定刑为在部队劳教部门执行改造，适用本法第24条规定的监外改造刑罚"。

另外，《美国模范刑法典》也对刑期折抵问题进行了规定。[④] 表现在：第7.09条（判决前拘禁之算入、基于被撤销判决之服刑期间之算入）的两款规定：（1）受拘禁刑宣告之被告，因该作为宣告基础之罪被（认定有罪）（逮捕）之时以后被拘禁于州或地方公共团体之矫正设施或其他设施时，

---

① 参见萧榕主编：《世界著名法典选编（刑法卷）》，中国民主法制出版社1998年版，第664页。

② 参见《泰国刑法典》，吴光侠译，中国人民公安大学出版社2004年版，第8页。

③ 1985年7月9日公布，1986年1月1日起施行。

④ 参见萧榕主编：《世界著名法典选编（刑法卷）》，中国民主法制出版社1998年版，第60页。

(有罪认定)(逮捕)时以后之拘禁期间应算入宣告刑之长期及短期。看管被告身体之公务员,于裁判所谕知刑时应向裁判所提出载明被告至刑之宣告时止在州或地方公共团体之矫正设施或其他设施被拘禁之期间之证明书。此证明书应编订于关于被告之收容之公式记录。(2)认定有罪之裁判被撤销而就同一之罪重新为刑之宣告时,在此之前已被执行之判决前拘禁及拘禁刑之期间应算入重新被宣告之刑之长期与短期。看管被告身体之公务员,于裁判所为刑之宣告时,应向裁判所提出载明被告基于当初之刑之宣告所服之拘禁刑之期间之证明书。此证明书应编订于关于被告之收容之公式记录。

三、域内外立法的比较评析

综观以上不同国家关于刑期折抵之立法,无论是立法的详略方式,还是关于刑期折抵的折抵本刑、折抵羁押、折抵原则等都存在很大差别。在此,试以德、意、法、日、俄[①]刑法典关于刑期折抵立法为视点,对我国现行刑法关于刑期折抵立法的宏观和微观问题进行检讨性反思,以求完善我国刑期折抵立法之思路与对策。

(一)设置之模式:专门规制与附带规定

刑期折抵,一般包括先行羁押、折抵的本刑、折抵的原则与方法等基本要素。综观域外关于刑期折抵立法,多以专条对这些基本要素作出明确规制。例如,德国现行立法以刑法典和刑事诉讼法典共同规定的形式,用4个专条、12款的篇幅,分别对刑期折抵的折抵本刑(自由刑、罚金刑)、折抵羁押(待审羁押、引渡羁押)、折抵关联性(因同一行为)、折抵原则(应当全部折抵与依检察院申请法院可以决定全部或者部分地不予折抵)、折抵比例(剥夺自由1日相当于1单位日额金)等作了详尽的规定;[②]法国现行立法也以刑法典和刑事诉讼法典共同规定的形式,用6个

---

① 之所以选择这些国家,是因为德国、意大利、法国为近现代刑法发源地,日本对我国近代刑法发展有重要影响(我国近代刑法直接学习日本,间接仿效西欧),苏俄刑法也对新中国刑法的制定和发展产生了重大影响。

② 参见《德国刑法典》(2002年修订),徐久生、庄敬华译,中国方正出版社2003年版,第18页;《德国刑事诉讼法典》,李昌珂译,中国政法大学出版社1995年版,第167~168、176页。

条款的篇幅，专门规定了刑期折抵的羁押范围（任何拘留）、方法（应当折抵与可计入）、标准（1 日的监禁时间为 24 小时，1 个月的监禁时间为 30 日）、本刑（禁止居住、监禁）等内容；[①]意大利现行立法以刑法典和刑事诉讼法典共同规定的形式，用 2 个专条、4 款的篇幅，专门规定了刑期折抵的羁押范围（在判决变为不可撤销之前受到的羁押、预防性羁押、在国外实行过预先羁押、在治疗场所的预防性羁押）、折抵的本刑（有期徒刑或拘役等计时监禁刑、财产刑）等内容。[②]

事实上，对刑期折抵以专门立法规定是非常必要的。从以上立法例来看，刑期折抵的诸多要素并不是简约性或附带性的规定就能为司法提供明确性标准的。不仅折抵的本刑、折抵的原则与方法等要素需要立法予以明确规定，而且先行羁押在很多情况下也需特别规定。从刑期折抵的立法实际及其价值取向来看，“先行羁押”，是一个刑法视域下的概念，它并不仅仅限于刑事诉讼中的程序性“羁押”，还可以是其他任何导致剥夺或完全限制人身自由后果而又转入刑事追诉和被判处可折抵的法定刑罚的强制措施。对此，德国刑法作出了明确规定：“前罪所判刑罚在以后的诉讼程序中被其他刑罚取代的，前罪的刑罚折抵后罪的刑罚，但以前罪已执行或已折抵完毕为限”（第 51 条第 2 款）；“（1）被判决人因同一行为在国外已受处罚的，其在国外已执行的刑罚算入新判刑罚内。（2）在国外受到的其他方式的剥夺自由，相应适用第 1 款的规定”（第 51 条第 3 款）。同时，其刑事诉讼法也规定：“在刑罚执行引渡程序中，对受有罪判决人在国外受监禁的日期，应予全部折抵要执行的自由刑期。此规定同样适用于为了执行刑罚受有罪判决人被引渡移交后的情况”（第 450 条 a 第 1 款）；“为了执行数个刑罚而引渡时，受有罪判决人在国外受监禁的日期应折抵最高的刑罚刑期，刑期幅度相同时应折抵引渡回国后要首先执行的刑罚刑期”（第 450 条 a 第 2 款）；“根据受有罪判决人在可对判决所依据的事实认定最后作一次审查的判决做出后的表现，认为无理由折

---

① 参见《法国新刑法典》，罗结珍译，中国法制出版社 2003 年版，第 21 页；《法国刑事诉讼法典》，余叔通、谢朝华译，中国政法大学出版社 1997 年版，第 39、69 页。

② 参见《意大利刑法典》，黄风译，中国政法大学出版社 1998 年版，第 42 ~ 44 页；《意大利刑事诉讼法典》，黄风译，中国政法大学出版社 1994 年版，第 96 ~ 97 页。

抵时,依检察院申请法院可以决定全部或者部分地不予折抵。法院作出这样的决定时,在国外监禁期未超过刑期的前提下,受有罪判决人的国外监禁日期在其他程序中也能不折抵”(第450条a第3款);“开始执行刑罚后受有罪判决之人因病被送进独立于监狱的医疗机构期间,应当折抵刑期,以他不是为了中断刑罚的执行而有意患病为限”(第461条第1项);“在后一种情况中,检察院应当取得法院的裁判”(第461条第2项)。显然,如此详尽的规定需要专门的法条设置。

在我国立法上,不仅没有把刑期折抵制度予以专条规定,而且即使是其他主题关于刑期折抵的3个规定,也是附带性的,[①]也仅是关于刑期折抵适用标准的简略规定。虽然还有附属刑法对行政拘留刑期折抵问题的规制,但关于“违法行为构成犯罪,人民法院判处拘役或者有期徒刑时,行政机关已经给予当事人行政拘留的,应当依法折抵相应刑期”的原则性规制,同样称不上详尽。因此,在我国以专门条款对刑期折抵的诸多要素作出明确具体的规定,也显属必要。

(二)折抵之原则:混合的折中主义与单一的法定主义

在刑期折抵的折抵原则上,有法定主义与裁定主义之分。按照我国台湾地区著名刑法学者高仰止先生的界定,所谓法定主义,又称强行必抵主义、义务主义,是指“由刑法明文规定以羁押日数算入刑期之内,或依一定之标准抵免罚金,而无待于裁判之宣告者也”;所谓裁定主义,又称职权主义,是指“刑法上仅规定羁押日数折抵刑期之标准,而折抵与否,则由裁判官裁量之,须待裁判中加以宣告始能折抵者也”。[②]

世界各国对以上折抵原则的立法,大体有两种模式:一种是单一式,也即仅采用法定主义或仅采用裁定主义;另一种是折中性的混合式,也即兼采法定主义和裁定主义。仅采法定主义立法模式的,主要有法国现行刑法、意大利1968年及现行刑法、日本旧刑法、苏俄刑法等;[③]仅采裁定主义立法模式的,主要有韩国现行刑法;兼采法定主义和裁定主义立法模式

---

① 1997年《刑法》第41条的后段、第44条的后段和第47条的后段。

② 参见高仰止:《刑法总则之理论与实用》,台北,五南图书出版公司1986年版,第539页。

③ 另外,奥地利现行刑法、越南现行刑法、美国模范刑法、西班牙旧刑法等也有类似规定。

的,主要有德国、日本、俄罗斯等现行刑法。[①] 其中,综观采用混合制国家的刑法立法,在法定主义与裁定主义的关系上,又基本上是以法定主义为原则,以裁定主义为补充。具体而言,对于侦查、检察阶段的羁押日数,一审和上诉阶段的羁押日数,二审、三审阶段在检察官上诉及改判的情况下的羁押日数,一般采用的是法定主义,将羁押日数全部算入刑期之内;在法院维持原判的情况下,是否算入或如何算入,采取的是裁定主义。[②] 另外,一些需要赋予法官或法院自由裁量权的特殊情况,各国也往往采用裁定主义。例如,在德国,在"根据被判决人行为后的态度,认为折抵不适当的"或"有关之外国剥夺自由的"情况下,"法院可命令部分或全部不折抵";[③]在日本,在"本刑是罚金、科料时的折抵"情形下,未决羁押也可以折抵本刑的实刑或犹豫刑;[④]在俄罗斯,在"主刑为罚金、剥夺担任一定职务或从事某种活动的权利"的情况下,"法院应考虑羁押期,减轻刑罚或完全免于服刑"。[⑤]

综上,在刑期折抵的原则上,兼采法定主义和裁定主义的立法模式,是世界各国刑事立法的主流。其他两种立法模式虽然也有部分国家采用,但其流弊确实很多。日本新旧刑法在如此立法模式上的变化,也即原来采用法定主义的单一模式而现在改为兼采法定主义和裁定主义的混合模式,实际上就是其流弊对立法诉求的表现。从理论上看,仅采裁定主义,可能存在自由裁量权的不当适用而损害被羁押者的正当权益;仅采法定主义,可能带来损害刑罚目的和功能实现的缺陷。正如日本刑法学家木村龟二所言,仅采法定主义可能产生不符合实际情况的状态。于是,"在现行法中一般采取不把通常必要的羁押期间算入,而只把因不能由被告负责的事由而延长的期间算入的方法。就连这种方法也受到责难,理由是通常必要与否的标准是不明确的。如果把算入方法一概规定为法定

---

① 另外,西班牙、芬兰、瑞典、丹麦、挪威、蒙古国、泰国等国家的现行刑法及瑞士的新旧刑法等也有类似规定。

② 参见甘雨沛、何鹏主编:《外国刑法学》(上册),北京大学出版社 1984 年版,第 552 页。

③ 《德国刑法典》(2002 年修订),徐久生、庄敬华译,中国方正出版社 2003 年版,第 18 页。

④ 参见[日]大塚仁:《刑法概说(总论)》(第 3 版),冯军译,中国人民大学出版社 2003 年版,第 484～485 页。

⑤ 《俄罗斯联邦刑法典》,黄道秀译,中国法制出版社 2004 年版,第 30 页。

的话,那么,面临着划一化将会产生更多的问题”。[①] 因此,如若“鉴于裁定主义之流弊颇多,乃改采法定主义”[②],则是从一个极端走向另一个极端,并不可取。理想的立法模式,应是兼采法定主义和裁定主义的立法模式,并以法定主义为原则,以裁定主义为补充。具体而言,从羁押适用客观存在的正当性瑕疵来看,[③]羁押必须进入刑事实体领域进行刑期折抵。这决定了刑期折抵制度在一般情况下应当由法律明确规定强行全部折抵,也即采用法定主义。同时,因在某些情况下羁押期间全部折抵刑期(特别是短期自由刑的刑期),可能损害刑罚目的和功能的实现,因而,应当在特殊情况下赋予法官自由裁量权予以必要衡平,也即在特殊情况下辅之裁定主义。

从我国现行刑法立法来看,我国的刑期折抵方式的立法模式是仅采法定主义,即按法律规定,被判管制、拘役或有期徒刑的所有未决羁押,一律折抵判决中确定的刑期。[④] 我国之所以采用法定主义的折抵原则,理论上认为,裁定主义“赋予法官过多的裁量权,给其以徇私舞弊之机,使受刑人的正当权利受到威胁。依照国家应对受刑人的先行羁押负责,未决羁押本为权宜之计,事后应予补救无可厚非,否则即是对公民权的侵犯和国家权力的滥用。先行羁押的事实既然存在,就应当然地予以折抵,以法官的裁量权予以限制,实为不当。因此,中国刑法采取的是法定主义,对管制、拘役、有期徒刑的刑期,均从判决执行之日起计算,明确规定判决执行以前先行羁押的予以折抵,并将各刑种的折抵比例予以法定

① [日]木村龟二主编:《刑法学词典》,顾肖荣等译校,上海翻译出版公司1991年版,第443~444页。

② 高仰止:《刑法总则之理论与实用》,台北,五南图书出版公司1986年版,第539页。

③ 未决羁押,从本质上讲,是出于特定功利目的而不得已为之的功利性强制措施;这种措施的设置和适用至多只具有正当的“合法性”根据,属于“目的证明手段正当”,与建立在自然法基础上的“法治”精神不甚相符。从自然法上看,人是生而平等的,谁也不应利用特权去剥夺他人的权利。因此,不经审判而处罚他人,无论如何都是有正当性瑕疵的。“未决羁押”虽然是为了保障刑事诉讼的顺利进行等目的而实行的程序性措施,但在本质上仍是利用“强权”剥夺未经审判的行为人的人身自由权利,其事实上的“损害性”不容回避。而刑法规定的羁押折抵实际上就是建立在把“未决羁押”与“刑罚的监禁”进行同质评价的根据上(参见[日]木村龟二主编:《刑法学词典》,顾肖荣等译校,上海翻译出版公司1991年版,第443~444页)。

④ 对域外适用的未决羁押是否折抵国内判决中确定的刑期,我国立法上没有规定。

化、具体化”。[1]

显然,以上关于折抵原则的理论观点有待商榷。主要是,其只看到了先行羁押事实的客观存在及国家应对此负的责任,而忽视了刑期折抵适用所带来的弊害,其中,最突出的是,长期羁押特别是超期羁押情形的存在以及短期自由刑被较为普遍地适用,有可能导致判决中确定的刑期因刑期折抵而所剩无几甚至“透支”。这使得这些犯罪人不是以罪犯的身份(已决犯)在监狱接受教育和改造,而是以非罪犯的身份(犯罪嫌疑人或被告人,为未决犯)在看守所为配合刑事诉讼活动的顺利开展而由法律强制剥夺全部人身自由权利。从法理上看,以罪犯的身份在监狱接受教育和改造,是刑罚目的和功能的实现方式;以非罪犯的身份在看守所为配合刑事诉讼活动的顺利开展,仅是刑事诉讼的不得已而为之的功利性目的实现方式。这就意味着,因未决羁押及其刑期折抵而消灭判决中确定的全部或大部分刑期,无法或难以实现判决意图实现的刑罚目的和功能;尚没有被确定为罪犯就被强行剥夺全部人身自由权利与无罪推定原则确立的宗旨相冲突、与有罪推定所应唾弃的危害相契合。再从司法实践来看,也正是因为这些判决所意图实现的刑罚功能和目的没能很好地实现,而在一定程度上导致再犯、累犯率没有明显下降。对此,主张采用法定主义的周红梅博士,也早就看到了这一点。[2] 因而,基于折抵原则的立法模式的优劣,在刑期折抵的折抵原则上,我国也应采用以法定主义为原则、以裁定主义为补充的混合立法模式。

(三)折抵之本刑:所有可独立适用刑罚与有期自由刑

世界各国关于刑期折抵本刑的立法,也大体上有两种模式。一种是所有可独立适用刑罚立法模式。这种本刑,实际上仅指那些有折抵内容的刑罚方法,如有期自由刑、有折抵内容的财产刑和资格刑。[3] 死刑、无期徒刑、没收财产等刑罚方法无可折抵内容,不存在刑期折抵问题。附加

---

① 周红梅:《刑罚执行论》,辽宁人民出版社 1994 年版,第 228 页。

② 参见周红梅:《刑罚执行论》,辽宁人民出版社 1994 年版,第 240 页。

③ 这里的所谓刑期折抵,实际上是“刑罚折抵”。仍称为“刑期折抵”,是一种术语上的习惯。

刑因不能独立适用而不能折抵。[①] 这是目前世界上通行的本刑立法模式。例如，在德国，刑期折抵的本刑除可以是自由刑外，还可以是罚金刑等财产刑或禁止驾驶等资格刑；[②]在终身自由刑或死刑情况下，不得折抵，在附加刑(禁止驾驶)情况下绝对不允许折抵。[③] 在意大利，这个本刑除可以是自由刑外，还可以是罚金刑。[④] 在俄罗斯，这个本刑除可以是剥夺自由、军纪营管束和拘役、限制自由等自由刑外，还可以是劳动改造、限制军职、强制性社会公益劳动、罚金、剥夺担任一定职务或从事某种活动的权利等财产刑、资格刑或强制劳动刑。[⑤] 在日本，这个本刑除可以是惩役、监禁和拘留等自由刑外，还可以是罚金或者科料等财产刑。[⑥] 另一种是自由刑立法模式。这种本刑实际上仅指有期自由刑，无刑期无以折抵。目前，尚只发现我国采用这种立法模式。根据我国《刑法》的规定，在刑罚体系中，有刑期的刑罚有管制、拘役、有期徒刑 3 种主刑和剥夺政治权利 1 种附加刑(资格刑)，而被规定为可折抵未决羁押的本刑的，只有管制、拘役、有期徒刑 3 种主刑，剥夺政治权利虽为有刑期的刑罚但因是附加刑而不能成为折抵的本刑。

以上关于刑期折抵本刑的两种立法模式，从总体上看，其主要差别在

---

① 附加刑本是只能附加于主刑科处的刑罚(参见马克昌：《比较刑法原理：外国刑法学总论》，武汉大学出版社 2002 年版，第 839 页)。若把这种附加刑作为本刑折抵未决羁押，则一方面没能实现附加刑适用的目的，另一方面也有损刑期折抵本身的价值。因此，只能附加适用的附加刑多国不允许作为本刑折抵未决羁押。而我国的附加刑不同于以上一般意义上的附加刑，是一种既可附加适用，也可独立适用的刑罚方法(参见屈学武主编：《刑法总论》，社会科学文献出版社 2004 年版，第 330 页)。能够独立适用的附加刑不在不予折抵之列。在日本，以死刑、惩役、监禁、罚金、拘留与科料为主刑，以没收为附加刑(《日本刑法典》第 9 条)。伴随刑罚的宣告可能加于犯人的种种资格的限制，在日本是行政处分而不是附加刑(参见[日]大塚仁：《刑法概说(总论)》(第 3 版)，冯军译，中国人民大学出版社 2003 年版，第 442 页)；在法国是附加刑而不是行政处分(参见马克昌：《比较刑法原理：外国刑法学总论》，武汉大学出版社 2002 年版，第 839 页)。

② 参见《德国刑法典》(2002 年修订)，徐久生、庄敬华译，中国方正出版社 2003 年版，第 18 ~ 19 页。

③ 参见[德]李斯特：《德国刑法教科书》，徐久生译，法律出版社 2006 年版，第 481 页。

④ 在奥地利、瑞士、芬兰、瑞典、丹麦、泰国等的刑法中也有类似规定。

⑤ 参见萧榕主编：《世界著名法典选编(刑法卷)》，中国民主法制出版社 1998 年版，第 824 ~ 837 页。

⑥ 参见[日]大塚仁：《刑法概说(总论)》(第 3 版)，冯军译，中国人民大学出版社 2003 年版，第 440、484 ~ 485 页。

于有折抵内容的财产刑如罚金刑和资格刑如剥夺政治权利能否作为刑期折抵的本刑。对于罚金刑,我国立法之所以不允许进行刑期折抵,有学者认为,是因为中国"未有罚金刑与自由刑易科他刑的规定";[①]也有学者认为,是因为罚金刑是一种不公平的刑罚:一方面,对于有产者来说,它实际上是一种免除刑罚的方法,另一方面,对于无产者来说,却是一种沉重的刑罚。[②] 对于剥夺政治权利,否定者认为,无论是附加适用还是单独适用,在立法上都是为了实现主刑不可替代的特定目的,对受刑人政治权利这个资格的一定期限的剥夺,就是对受刑人的政治上的否定[③],其适用是自由刑所不能替代的。死刑为剥夺生命之刑,无期徒刑为终身监禁,二者均属不可分之刑,故不发生折抵问题,但在死刑及无期徒刑减为有期徒刑后,其未决羁押及已执行之日数,均不算入减刑后刑期,因为,减刑是因受刑人在刑罚执行中确有悔改或立功表现,而给予的一种奖励,是对前一阶段表现的评价结果,从死刑、无期徒刑减为有期徒刑,其中已包含了宽大与公平的思想,无需再予折抵,否则会过分轻纵犯罪分子。对于未决羁押能够折抵剥夺政治权利的刑期,赞同者认为,被告人被羁押期间,不仅是人身自由的丧失,实际上也部分或全部地丧失了随自己意志进行政治活动的权利,而独立适用的剥夺政治权利,是作为一种剥夺人身自由的轻刑适用于较轻犯罪的,剥夺被告人人身自由的先行羁押实际上重于剥夺政治权利,若不予折抵则有失公平,故赞同者主张,宣告之刑有两种以上者,如主刑与附加刑并科的场合,宜先折抵较重的主刑,倘有余数,再折抵他刑。[④] 综上,这种把未决羁押的刑期折抵本刑仅仅限制在自由刑上的立法模式是不合理的,至少不能够很好地体现刑罚的人权保障、公平公正等刑法精神和不利于较好地实现对未决羁押的救济性补偿。

(四)折抵之羁押:特定化下的对接与虚化中的不对接

未决羁押是设置和适用刑期折抵制度的事实前提。在立法上,刑期

① 周红梅:《刑罚执行论》,辽宁人民出版社1994年版,第235页。
② 参见李光灿主编:《中华人民共和国刑法论》,吉林人民出版社1984年版,第473页。
③ 参见高铭暄主编:《刑法学原理》(第3卷),中国人民大学出版社1994年版,第162页。
④ 参见周红梅:《刑罚执行论》,辽宁人民出版社1994年版,第229页。

折抵制度的完善程度在一定意义上取决于未决羁押立法的完善程度。从刑期折抵制度适用实践来看,未决羁押的立法完善程度,主要表现在其范围是虚化还是特定上。所谓虚化,是指刑期折抵制度中的羁押,既没有法律给予具体范围规定,也没有具体相对应的内容(羁押形式),致使相关立法间没能实现对接。所谓特定,是指刑期折抵制度中的羁押,有法律给予具体范围规定或有相对应的具体内容(羁押形式),使相关立法间能够实现对接。从理论上看,若把进入刑法视域而予以刑期折抵的羁押称之为实体意义上的羁押的话,则那些为保障刑事诉讼顺利进行而剥夺或完全限制人身自由的羁押就可相应地称为程序意义上的羁押。①

据不完全考证,任何一个成文法国家的法律体系中,既有关于羁押的程序性规定,也有关于羁押的实体性规定。从德国、俄罗斯、日本、意大利等国的刑事法律体系来看,一方面,它们都在实体法中规定了作为刑期折抵制度事由的羁押。如德国 2002 年修订的刑法典第 51 条第 1 款第 1 项规定的"羁押":被判决人因作为诉讼标的行为或曾是诉讼标的行为而被待审拘留(也即未决羁押,是翻译者的不同表述而已)或以其他方式被剥夺自由的,其被剥夺自由的期间折抵为自由刑或罚金刑。②《俄罗斯联邦刑法典》第 72 条第 3～5 款也对这种意义上的羁押作了详尽的规定:"未决期羁押的时间,计入剥夺自由、军纪营管束和拘役的期限时,1 日折抵 1 日;计入限制自由时,1 日折抵 2 日;计入劳动改造或限制军职时,1 日折抵 3 日,而在计入强制性社会公益劳动的期限时,1 日羁押折抵强制性社会公益劳动 8 小时。""对于在俄罗斯联邦境外犯罪的人,在依照本法典第 13 条的规定引渡时,在法院判决生效前羁押的时间和依照法院判决服剥夺自由的时间,按 1 日折抵 1 日计算。""如果被判刑人在法庭审理前受

---

① 程序意义上的羁押和实体意义上的羁押在法律根据和适用目的、法律意义等方面均是不同的。在法律根据上,前者是刑事诉讼法等关于刑事强制措施的规定,后者是刑法和刑事诉讼法等关于"刑事羁押折抵"的规定;在适用目的和功能上,前者是为了保障刑事诉讼顺利进行、保护社会和保障犯罪嫌疑人、被告人的人身自由权利不受任意剥夺,而后者是为了在一定程度上弥补和救济程序功利性目的在正当性上的不足;在法律意义上,前者体现了法律的功利性和权利的保障性,后者彰显了法律的公正性。

② 参见《德国刑法典》(2002 年修订),徐久生、庄敬华译,中国方正出版社 2003 年版,第 18 页。

到羁押,而主刑为罚金、剥夺担任一定职务或从事某种活动的权利,法院应考虑羁押期,减轻刑罚或完全免于服刑”。[①]《日本刑法典》[②]《意大利刑法典》[③]也对这种刑事实体意义上的羁押作出了规定。另一方面,它们又都规定了能够与以上“羁押”相对接的、明确的、独立的“羁押”强制措施。如《德国刑事诉讼法典》第112条规定的羁押,《俄罗斯联邦刑事诉讼法典》第96条规定的羁押,《日本刑事诉讼法》第60条规定的羁押,《意大利刑事诉讼法典》第284条、第285条、第286条规定的羁押(包括住地逮捕和预防性羁押)。

纵观以上域外立法,有两个基本特点:一是程序意义上的羁押实际上都是相对特定的,表现为这些国家的刑事程序法上的羁押都是作为一种独立于其他措施的刑事强制措施;二是实体意义上的羁押内容主要取决于程序意义上羁押形式,因程序性羁押的相对特定而也是相对特定的。如此两个特点,既是刑期折抵的需要,也是羁押体制是否完善的重要表现。在本质上,实体意义上的羁押实际上就是程序意义上的羁押因刑期折抵而进入刑事实体领域的表现,因而在刑期折抵制度立法没有明确规定可折抵刑期的羁押的具体范围(实体法上的羁押特定)时,这个羁押的范围的科学界定就取决于刑事程序意义上的羁押的立法完善程度(程序法上的羁押特定),以实现二者在一般情况下的良性对接。[④] 因而,只有程序性羁押特定了,实体意义上的羁押才能相对特定,才能在它们之间实现这个对接,才能使刑期折抵不发生羁押上的虚化和适用困难。从以上德、俄、日、意等国的立法情况来看,这两种意义上的羁押都较好地实现了

---

① 《俄罗斯联邦刑法典》,黄道秀译,中国法制出版社2004年版,第30页。

② 《日本刑法典》第21条规定“未决前的羁押日数,可以全部或一部分算入本刑”。《日本刑法典》,张明楷译,法律出版社2006年版,第13页。

③ 《意大利刑法典》第137条第1款规定:“在判决变为不可撤销的之前受到的羁押从计时监禁刑的总合刑期中或者从财产刑的数额中扣除。”第2款规定:“从扣除意义上讲,预防性羁押被视为有期徒刑或者拘役。”第138条规定:“当在国外进行的审判应在意大利领域内重新进行时,在国外已执行的刑罚一律予以计算,并且考虑刑罚的种类;如果在国外实行过预先羁押,适用前一条的规定。”《意大利刑法典》,黄风译,中国政法大学出版社1998年版,第43~44页。

④ “保障刑事诉讼顺利进行、保护社会”,是程序意义上的羁押的功利性目的所在。实际上,如此羁押的适用,客观地内含了实体性损害结果。为了弥补和救济如此程序功利性目的所带来的不良后果,这种意义上的羁押需进入实体法域,转化为实体意义上的羁押。

立法上的对接。

而在我国,根据1954年和1979年的《逮捕拘留条例》(均已失效),1979年制定,1996年、2012年、2018年修正的《刑事诉讼法》的规定,我国并没有专门的程序意义上也即独立于刑事拘留和逮捕的羁押措施,基本上只有能带来羁押必然状态和法律后果的刑事拘留和逮捕。[①] 而刑事实体意义上的羁押,即在我国1979年《刑法》和1997年全面修改的《刑法》中[②]规定的可折抵刑期的先行羁押,除包括程序意义上的羁押如刑事拘留、逮捕外,还可能包括非刑事的处置措施或已执行的刑罚,如行政拘留、司法拘留、海关扣押、留置盘问、再审或回国审判判决前的已执行刑罚等,又因刑事追诉而转化为这里的羁押之情形。[③] 因为刑事程序意义上的羁押在立法上的不特定,不仅使那些法定刑事强制措施如刑事拘留、逮捕必然带来"羁押",而且使那些非法定刑事强制措施如行政拘留、司法拘留、海关扣押、留置盘问等,也都带来"羁押",[④]甚至那些部分限制人身自由的刑事强制措施如监视居住、拘传等,也变相地执行为"羁押"。既然刑事程序意义上的羁押在法律上不特定,则必然导致作为刑期折抵前提的刑事实体意义上的羁押的虚化,进而导致作为刑期折抵前提的羁押在立法上无法确定的刑期折抵适用困难。这些必然带来"羁押"的羁押形式,在适用刑期折抵时,既无刑事程序法根据(明文规定),也无刑事实体法根据(明文规定),而不得不出台大量的司法解释。也就是说,自新中国成立以来,我国的司法机关先后作出的至少82个关于刑期折抵的司法解释,实际上就是刑事程序意义上的羁押不特定而导致刑事实体意义上的羁押虚化的必然结果。

另外,对域外适用的未决羁押是不是折抵刑期或如何折抵刑期,在我

---

① 2018年《刑事诉讼法》第76条规定的可折抵刑期的指定监视居住,算是一个并非"强制措施"直接带来的"羁押状态"的例外。

② 前者的第36条、第39条和第42条,后者的第41条、第44条和第47条。

③ 参见石经海:《刑法视域中的羁押探究》,载《中国社会科学院研究生院学报》2006年第4期。

④ 与其说这是一般意义上的"羁押",也即一种独立于其他刑事强制措施的特定化了的刑事强制措施,不如说它是一种非立法特定化的剥夺或完全限制人身自由的客观状态。

国刑事立法上未作明确规定，只有一些规范解释性规定。[①] 其中，最高人民法院、最高人民检察院、公安部《关于办理电信网络诈骗等刑事案件适用法律若干问题的意见（二）》（法发〔2021〕22 号）第 15 条规定："对境外司法机关抓获并羁押的电信网络诈骗犯罪嫌疑人，在境内接受审判的，境外的羁押期限可以折抵刑期。"从刑期折抵制度设置的刑法本质来看，自然这些羁押也应纳入折抵的范围。大多数国家关于刑期折抵的刑事立法的实践也表明了这一点。[②] 不过，在我国缔结或参加的有关国际公约或条约中也对此有明确规定。例如，《制止恐怖主义爆炸的国际公约》（2001 年 12 月 13 日对我国生效）、《联合国打击跨国有组织犯罪公约》（2003 年 9 月 29 日对我国生效）和《联合国反腐败公约》（2006 年 2 月 12 日对我国生效）对在被移送前往的国家的羁押时间应当折抵在移送缔约国执行的刑期作出了规定；我国和突尼斯及巴西的引渡条约，也对"被引渡人在被请求方因引渡请求被羁押的时间应折抵其被判处的刑期"作出了相关规定；另外，我国和韩国、哥伦比亚、美国、菲律宾、爱沙尼亚、泰国、南非、拉脱维亚、西班牙、墨西哥、澳大利亚等国的刑事司法协助条约中，也都作出诸如"在请求（作证或者协助调查）方被羁押的期间，应当折抵在被请求方判处的刑期"的规定。以上规定，从国际法上看，就已对我国生效，虽然从作为国内法的刑事法来看，它们不具有刑事法上的直接适用性，但在国内刑法有相应规定时，也应直接适用。

---

① 最高人民法院曾针对云南省高级人民法院"关于在国外逮捕的反革命罪犯折抵刑期从何时起算问题"的请示，于 1956 年 3 月 19 日作出了《关于在国外逮捕的反革命罪犯刑期之折抵从何时起算问题的复函》，规定在国外逮捕的反革命罪犯折抵刑期"应从罪犯在国外被逮捕之日起算"。虽然在我国现在不存在反革命罪犯，但是关于这类罪犯的刑期"应从罪犯在国外被逮捕之日起算"的规定，应当仍然有效。

② 如《德国刑事诉讼法典》第 450a 条以 3 款内容对"引渡羁押的折抵"作了明确详尽的规定。参见《德国刑事诉讼法典》，李昌珂译，中国政法大学出版社 1995 年版，第 167 页。

第三章　制度考究：一个被忽视的刑法制度

“区区”一个刑期折抵问题，出台82个专门或相关的司法解释（含准司法性文件），这在中国刑法的理论与实践上，绝对不是一个不具有研究价值的“技术问题”。综观相关理论与实践，实际上它是一个被理论上忽视的重要刑法制度。

一、刑期折抵制度的理论定位

在我国当前刑法理论（主要存在于刑法教科书）中，尚只是将刑期折抵作为一个法律规定予以解读，没有把它当作一种法律制度[①]来进行把握。在域外刑事法领域，似乎也难见刑期折抵理论定位之研究。其实，刑期折抵的理论定位问题，是一个彰显刑期折抵的立法取向、司法运行规律和理论关注意义的重要问题。我国当前刑期折抵所存在的立法漏洞、繁杂司法适用和充分理论关注缺失等问题，都不同程度地同其理论定位不明确相关。本书认为，在宏观上，刑期折抵因其体现了刑法

---

① 关于制度，按《辞海》的解释，是“要求成员共同遵守的按一定程序办事的规程”，强调的是事物运行的系统性、共同性和常规性。刑期折抵，作为一项制度，是关于什么是刑期折抵以及如何进行刑期折抵的，具有系统性、共同性和常规性的办事规程。

的时代精神而为一种现代刑法制度。[①] 在微观上，根据不同视角（所处不同法律关系），在理论上可分别定位为：诉讼阶段上的刑罚裁量制度、羁押折抵刑期本质上的刑事实体救济制度和折抵法律后果上的刑罚消灭制度三种。在此仅对其微观上的理论定位进行必要阐释。

（一）折抵本质上的实体救济制度

人身自由权是宪法赋予公民的最基本的，也是最重要的权利。人身自由不能"无因无果"地被限制或剥夺。那些未有最终确定性裁判根据的羁押适用，纵然有合法性之根据，但这也只是解决对人身自由进行限制或剥夺的"有因"问题，而没有解决其"有果"问题。更何况这个"因"的实质也仅仅是暂时满足法律的功利需要而已：一方面，为了追诉犯罪，为了维护社会公共安全，审前羁押的法律设置是必要的；另一方面，在"问题尚未最终搞清"（被推定为无罪）的情况下，就对人身自由权利加以剥夺或限制，其正当性总难以自圆其说。[②] 质言之，虽然审前羁押是为追诉犯罪等所必需，但其"临时性""未决性"和事实上的权益受害性不可规避；同时，若因同一事实在审前和审后两次对人身自由予以剥夺或限制而不采取救济措施，则难免有"一事二罚"的嫌疑。因此，基于"有权利必有救济""没有救济的权利是不现实的权利"的基本原理，为了兼顾和衡平审前羁押的功利需要与公民人身权利的现实保护，避免"一事二罚"，需对因审前羁押的适用及其客观上造成的人身自由"损害"予以救济，以给人身自由被限制或剥夺一个"说法"（结果）。也正基于此，世界各国刑事法律乃至宪法从保障人身自由权利出发，都规定了各种形式的救济制度。《世界人权宣言》也特别强调："任何人于宪法或法律所赋予之基本权利被侵害时，有权享受国家管辖法庭之有效救济"（第 8 条）。

显然，法律救济，也即通过一定的法律手段或方式帮助那些受到"不当行为"伤害、危害或损害的人，它不仅仅是一种权利实现的程序化

① 参见石经海：《刑期折抵制度的刑法精神》，载《现代法学》2004 年第 6 期。

② 虽然根据社会契约论理论，为了维护社会公共安全，公民让渡出（被剥夺或限制）一部分人身自由权利，被认为是"正当"的，但这在客观上是设置一种"恶"通过"强权"对付另一种不确定的"恶"。

机制,[①]它还包括实体上的救济形式,应是程序化机制和实体化形式的有机统一体。以上《世界人权宣言》规定的“有效救济”,自然不仅指程序意义上的救济,还应包括实体上的救济。在程序上,法律救济有诉讼救济、仲裁救济、调解救济、复议救济等方式;在实体上,法律救济有民事上的赔偿损失、赔礼道歉、恢复原状等方式,有行政上的行政赔偿等方式,还有刑事上的刑期折抵和国家刑事赔偿等方式。[②] 这样,相对于刑事程序救济方式来说,刑期折抵在性质上实为一种刑事实体救济方式。这种救济,是为了在实质上实践刑法的人权保障、人性关怀和公平公正等现代刑法的精神,而针对先行羁押这个存在正当性瑕疵的“不当行为”设置和适用的救济方式。

因此,刑事实体救济,在本质上并不是为了向权利被损害者提供一种刑事程序上的帮助手段或工具,而是通过诸如刑期折抵、国家刑事赔偿等刑事实体方式,使那些因羁押剥夺或限制的人身自由等权利在一定程度上得以复转,它是从实体内容上规定哪些情形可被救济和可采用哪些方式进行救济等。综观国内外相关立法,这种救济方式主要有刑期折抵和国家刑事赔偿两种基本形式。所谓国家刑事赔偿,是指行使侦查、检察、审判、监狱管理职权的机关及其工作人员在行使职权时,违法侵犯公民等合法权益造成损害的赔偿的一种救济方式。该救济措施的创制,一是为了保障公民在合法权益受到来自国家机关及其工作人员侵害时享有依法取得国家刑事赔偿的权利,二是为了促进国家机关及其工作人员依法行使职权。[③] 易言之,国家刑事赔偿在本质上无非是为了保障公民的人身自由等合法权益不受刑事非法追诉等的侵害和为了促进公安司法机关依法行使刑事追诉等权力,以及在合法权益受到刑事非法追诉侵害时可获得国家刑事赔偿的救济。这样,国家刑事赔偿实际上也是一种刑事实体

---

① 理论上认为,法律救济是“权利实现的程序化机制”。参见程燎原、王人博:《赢得神圣:权利及其救济通论》,山东人民出版社1993年版,第349页。

② 另在救济力量上,法律救济有法定的依靠“个人腕力”的私力救济如正当防卫、自助行为,有主要依靠社会力量的公助救济如仲裁、调解和主要依靠国家强制力的公力救济如诉讼;在法律性质上,法律救济有宪法救济、民事救济、行政救济和刑事救济等形式。

③ 参见全国人大常委会法制工作委员会民法室编著:《〈中华人民共和国国家赔偿法〉释义》,法律出版社1994年版,第1~2页。

救济方式。[1] 这种救济方式,也被各国规制在相应刑事法律之中。例如,《联邦德国刑事追诉措施赔偿法》(1971 年)、《日本刑事补偿法》(1950 年)等。在我国,1995 年施行的《国家赔偿法》,对未决羁押的刑事实体救济情况作了具体规定。具体而言,对于未决羁押,若行为人被判处法定可折抵刑罚,则依刑法折抵判决中确定的本刑;若行为人未被判处刑罚且属于错误羁押等,则依《国家赔偿法》需给予国家刑事赔偿。

同时,刑期折抵,作为一种刑法上设置的刑事实体救济方式,并非仅有“方式”本身,还有与之配套的一系列规定,如折抵原则(法定主义或裁定主义等)、折抵本刑(有期自由刑或所有可独立适用的刑罚)、折抵羁押(包括程序性羁押以及其他需刑事追诉的剥夺或完全限制人身自由权利的先行羁押,包括在域外适用的未决羁押)、折抵比例(羁押 1 日折抵限制自由刑 2 日、折抵剥夺自由刑 1 日等)、折抵关联性(折抵羁押与折抵本刑间直接或间接的因果关系)等。实际上,刑期折抵是这些系列规定的有机统一体,是刑法立法“要求成员共同遵守的按一定程序办事的规程或行动准则”,也即制度。[2] 因此,从羁押折抵刑期的本质及其配套规定来看,刑期折抵,并非一种简单的刑事实体救济方式,而是一种由各相关规定有机结合起来的刑事实体救济制度。这意味着,刑期折抵作为一种刑事实体救济方式,具有系统性、共同性和常规性,它要求在刑事司法中,对于什么是刑期折抵以及如何进行刑期折抵等,均严格按一定的“规程或行动准则”也即以上关于刑期折抵的一系列规定执行。

(二)诉讼阶段上的刑罚裁量制度

从罪刑关系运行的诉讼阶段来看,刑期折抵这种刑事实体救济制度的实现,是在刑罚裁量阶段还是在刑罚执行阶段,也即是刑罚执行制度还是刑罚裁量制度,尚未发现明确之理论界定。从既有理论的相关论述来看,似乎均视之为刑罚执行制度。例如,德国刑法学家耶赛克和魏根特认

① 根据其赔偿对象的不同,可把它分为羁押性违法行为的国家刑事赔偿和非羁押性违法行为的国家刑事赔偿两类。

② 参见《现代汉语词典》,商务印书馆 1983 年版,第 1492 页。

为,"折抵表明了刑罚执行措施";[①]日本刑法学家大塚仁认为,刑期折抵是"刑罚的执行"的一个内容。[②] 我国台湾地区刑法学家大多把它视为与生命刑之执行、自由刑之执行、财产刑之执行和名誉刑之执行等并列的刑罚执行情形;[③]我国大陆刑法学家也持同样的看法,认为它是"行刑的变通",与刑罚的易科和监外执行相并列。[④]

然而,本书认为,把刑期折抵定位为刑罚执行制度,既有悖法理,也不合立法实际。

首先,从法理上看,刑期折抵不可能为刑罚执行制度。表现在:

其一,刑罚执行制度的运行机制无法完成刑期折抵的适用。从二制度的运行机制来看,刑罚执行制度,作为存在于刑罚执行(行刑)中的一种刑事法律制度,重心在"执行",发生根据(事实根据)是刑事判决,法律依据是刑事法中关于行刑的规定,其适用不是刑罚裁量而是刑罚执行;刑罚裁量制度,作为存在于刑罚裁量(量刑)中的一种刑事法律制度,重心在"审判基础上的裁量",发生根据是与案件有关的未决事实,法律依据是刑事法关于刑罚及其量定的规定,其适用不是刑罚执行而是刑罚裁量(从宣告刑中扣减先行羁押期而形成执行刑)。显然,刑期折抵适用,不是简单技术化操作,而是审判裁量过程的结果,表现在可折抵本刑的羁押是否属实、是否折抵或如何折抵等环节上,所以刑期折抵的适用并非直接交付执行,而是须经过审理和裁量的"门槛"才能实现。正如日本刑法学家大塚仁教授所指出:刑期折抵的适用过程,是根据情形,从公平观念出发,由裁判所根据裁量,将未决羁押算入本刑,虽然是否或如何适用刑期

① [德]汉斯·海因里希·耶赛克、[德]托马斯·魏根特:《德国刑法教科书(总论)》,徐久生译,中国法制出版社2001年版,第1078页。

② 参见[日]大塚仁:《刑法概说(总论)》(第3版),冯军译,中国人民大学出版社2003年版,第489页。

③ 参见韩忠谟:《刑法原理》,中国政法大学出版社2002年版,第309~323页;高仰止:《刑法总则之理论与实用》,台北,五南图书出版公司1986年版,第517~542页;林山田:《刑法通论》,台北,三民书局1986年版,第433~435页;等等。

④ 参见陈兴良:《本体刑法学》,商务印书馆2001年版,第828页;高铭暄主编:《刑法学原理》(第3卷),中国人民大学出版社1994年版,"说明"及第493、533页。

折抵“不是根据犯情”，但是这必须“按照对事件的审理经过来决定”。[①]因此，虽然在本质上“折抵刑期，仅系折抵刑之执行，而非抵消刑之宣告”，[②]但在刑期折抵适用中，大部分内容如先行羁押的认定、先行羁押日数的认可以及能否折抵或如何折抵等问题，都非技术性之执行所能解决，[③]而需经审理及裁判等刑罚裁量制度的机制运行始能实现。虽然刑期折抵适用也最终影响刑罚实际执行时间，但并不能由此就认定它是刑罚执行制度，这正如自首、立功、相对负刑事责任年龄等也会最终影响到刑罚实际执行时间而不为刑罚执行制度一样。

其二，刑罚执行制度与刑期折抵立法的价值取向不相契合。从形式上来看，刑期折抵的法律设置，在本质上似乎是由于把羁押“约束自由造成的痛苦与执行自由刑进行同等评价”，而让羁押进入刑法视域进行刑期折抵。也就是说，“羁押虽不是刑罚，但在拘禁于一定设施中剥夺行动自由这一点上，同执行自由刑没有不同。若考虑到约束自由所造成的痛苦，便会产生可以按执行自由刑看待这样一种见解。算入本刑正是以这种见解为依据的”。[④] 但实际上，这样的认识忽视了“在未决羁押期间不能施行有利于改造更新的处置待遇”的事实。显然，虽然未决羁押在客观上也能部分地实现刑罚目的和功能如法制教育，但二者的不同目的和不同处遇，[⑤]意味着未决羁押与刑罚执行还是有着本质区别的。而且，对被判处自由刑特别是短期自由刑者适用刑期折抵，还会出现判决中确定的刑罚被折抵后所剩无几甚至透支，而导致判决预期实现的刑罚目的和功能虚化。这不仅使整个刑事追诉活动变为徒劳，而且还潜在地危及刑法的机能。同时，若把未决羁押“约束自由造成的痛苦与执行自由刑进行同等评价”作为刑期折抵立法设置的基本理由（价值取向），则势必得出刑期折

---

① ［日］大塚仁：《刑法概说（总论）》（第3版），冯军译，中国人民大学出版社2003年版，第484～485页。

② 高仰止：《刑法总则之理论与实用》，台北，五南图书出版公司1986年版，第541页。

③ 其中的先行羁押日数计算及其从判决确定的刑期中扣除等，确实只需技术性处理就够了。

④ ［日］木村龟二主编：《刑法学词典》，顾肖荣等译校，上海翻译出版公司1991年版，第443～444页。德国、日本和我国台湾地区学者都持如此观点。

⑤ 一般而言，前者主要是为了保证刑事诉讼活动的顺利进行，且处于犯罪未确定状态，不可能施以刑罚的教育改造；后者就是为了惩罚和教育改造犯罪人。

抵为技术性对等抵扣(为刑罚执行制度的突出特点)的结论,从而必然排除未决羁押可折抵财产刑和资格刑的可能。因为,作为未决羁押的剥夺人身自由,在性质上与财产刑和资格刑并不对等。因此,刑期折抵的立法设置,并不是为了简单地进行刑罚间的"对等"抵扣,也不是完全因为把未决羁押"约束自由造成的痛苦与执行自由刑进行同等评价",而是另有更深层次的价值取向。考察制度产生的法律文化背景及其理论渊源,实际上,刑期折抵也像近代其他重要法律制度一样,是资产阶级大革命和资产阶级启蒙思想的产物,是保障受刑人人权的表现。具体而言,刑事程序实践中的未决羁押在本质上只不过是出于特定功利目的而不得已为之的强制措施;这种措施的立法设置和司法适用至多只具有正当的"合法性"根据,而不真正具有正当的"伦理性"根据。为了在一定程度上防止该措施的滥用和弥补其功利性正当之不足和体现现代刑法的时代精神,[①]需让羁押进入刑法视域进行刑期折抵,给予被羁押者刑法上的人权保障、人性关怀,并以牺牲部分刑罚功能和目的为代价。[②] 因此,刑期折抵立法,在价值取向上,主要不是为了体现公平而进行"羁押与剥夺或限制人身自由的有期刑罚"间的对等抵扣,而是为了实践刑法的人权保障、人性关怀和公平公正等现代刑法的精神而进行的实体救济性补偿。[③] 既然是"补偿",就不一定是"同质"间的对等抵扣,也可以是"异质"间的折抵。这就决定了,未决羁押到底采用何种形式或是否需要补偿等,均需经审判和裁量才能最终判定。质言之,刑期折抵立法的价值取向,只有刑罚裁量制度才能与之契合。

其次,从立法上看,刑期折抵不可能为刑罚执行制度。

综观世界各国的刑事立法,事实上,都不是把刑期折抵定位为刑罚执行制度的。例如,2002 年《德国刑法典》把它规定在"量刑"中,[④]并在立

---

① 参见石经海:《刑期折抵制度的刑法精神》,载《现代法学》2004 年第 6 期。

② 参见石经海:《刑法视域中的羁押探究》,载《中国社会科学院研究生院学报》2006 年第 4 期。

③ 理论上认为未决羁押对于当事人来说"具有与刑罚相同的效果",实际上并未认识到刑期折抵的价值取向。

④ 第 3 章第 2 节第 51 条。《德国刑法典》(2002 年修订),徐久生、庄敬华译,中国方正出版社 2003 年版,第 18 页。

法上明确地表现出“折抵由法官自由裁量之”，并且，“折抵应当在一定的条件下进行”。[①]《法国新刑法典》也是把它规定在“适用自然人之刑罚”中；[②]现行《意大利刑法典》把它规定在“刑罚的变更和适用”中；[③]现行《日本刑法典》是把它规定在“刑罚”章中，与刑罚的种类、没收、追征等同为该章的内容。[④] 以上规定意味着，在立法上，实际上都是把刑期折抵定位为刑罚裁量制度的。因此，理论上认为刑期折抵是刑罚执行制度不仅不合法理，而且也与世界各国家立法的明确规定不相一致。

国内实际上也是把刑期折抵定位为刑罚裁量制度。在1979年《刑法》和1997年《刑法》中，刑期折抵均被规定在“刑罚”章，作为管制、拘役和有期徒刑等刑罚方法规范的一部分。[⑤] 我国刑期折抵制度到底是刑罚裁量制度还是刑罚执行制度或其他，从形式上看，并不明确。但据此把它定位为“行刑的变通”即认为它是与刑罚的易科和监外执行相并列的刑罚执行活动，肯定是不准确的。因为，无论我国的法律制度与域外有多少不同，我国刑期折抵的发生根据（事实根据）也不是法院生效裁判，而同样是未决羁押；其法律根据也不是刑事程序法或刑事实体法中的程序性规范，而同样是以上刑事实体法关于“刑罚”中的规定；其适用方法也不是简单的技术抵扣，而同样是需法院在全案审理的基础上对未决羁押可折抵本刑的前提下，以司法裁量权在刑事判决书中予以判定。因此，刑期折抵不仅与刑罚执行活动（制度）根本不同，而且也与监外执行和刑罚的易科[⑥]相异。况且，刑法也并未把刑期折抵列入“刑罚的具体应用”章中，[⑦]与减刑、假释等刑罚执行制度相并列。虽然这个并列与否不是区分

---

① ［德］李斯特：《德国刑法教科书》，徐久生译，法律出版社2006年版，第481页。

② 第3编“刑罚”的第1章“刑罚之性质”的第1节第131条、第132条第2款。参见《法国新刑法典》，罗结珍译，中国法制出版社2003年版，第21页。

③ 第1编“总则”第5章“刑罚的变更、适用和执行”第1节第137条和第138条。并非第2节“刑罚的执行”。参见《意大利刑法典》，黄风译，中国政法大学出版社1998年版，第42～44页。

④ 第1编“总则”的第2章第21条。参见《日本刑法典》，张明楷译，法律出版社2006年版，第13页。

⑤ 第2节“管制”、第3节“拘役”和第4节“有期徒刑、无期徒刑”。参见1997年《刑法》第41条的后段、第44条的后段和第47条的后段。

⑥ 刑罚的易科也是一种典型的刑罚适用制度，而非刑罚执行制度。

⑦ “刑罚的具体应用”为第四章，而“刑罚”为第三章。

刑罚执行制度和刑罚裁量制度的标准,但也在一定意义上表明,在立法上,刑期折抵与在刑罚执行中适用的减刑和假释还是有区别的。[①] 事实上,就缓刑而言,如果说缓刑因是既需刑罚量定又需刑罚执行(跨越罪刑关系运行的审判和执行等两个阶段)而具有量刑制度和行刑制度两重属性的话,[②]则刑期折抵因只发生在罪刑关系运行的审判量定阶段而无需刑罚执行制度的方法、原则、理念等。综上,本书认为,我国的刑期折抵在立法上实际上同国外立法一样,在罪刑关系运行的时间阶段上,也是定位为刑罚裁量制度的。

刑期折抵,在刑罚裁量中,不是表现为对宣告刑而是对执行刑的裁量。从罪刑关系的运行来看,立法上的法定刑,在司法上一般按"处断刑→宣告刑→执行刑"的程式运行。其中,处断刑是根据案件情节而对法定刑作适当选择和调整(加减)所定的刑罚,在通常情况下,它是宣告刑的基础;宣告刑是法院在刑事判决中对犯罪人宣告的刑罚,它通常是以法定刑为基础,在法定刑的范围内作出;执行刑是在宣告刑的基础上据其他特定事实(如先行羁押、减刑、假释等)而在裁判中最终作出的移至行刑阶段执行的刑罚。[③] 若刑罚裁量活动主要包括决定是否对犯罪人判处刑罚、决定对犯罪人判处什么样的刑罚和决定对犯罪人判处如何执行的刑罚三个基本方面的话,则刑期折抵作为一项刑罚裁量制度,主要运行于刑罚裁量运行的第三个方面,即决定对犯罪人判处如何执行的执行刑。因此,刑期折抵的裁量,是根据先行羁押的特定事实使宣告刑形成执行刑的裁量,而不是对宣告刑本身的裁量。宣告刑的形成不受也不应受先行羁押这个事实的影响。

(三)法律后果上的刑罚消灭制度

从实现的法律后果上看,刑期折抵这种刑事实体救济制度的实现(也

---

① 假释和减刑的适用实际上也需运用裁判权裁定。正因如此,理论上存在它们到底是刑罚适用制度还是刑罚执行制度的争论。但即使是这样,刑期折抵与它们也还存在"在案件处理时裁判"与"在刑罚执行过程中裁定"的差别。

② 参见黄京平、蒋熙辉:《量刑制度宏观问题研究》,载《政法论坛》2004 年第 4 期。

③ 需特别指出的是,执行刑并不是由执行机关确定的,而仍是由法院在审判活动中确定的。

即刑期折抵的适用),在本质上又是一种刑罚消灭制度。在理论上,刑罚的消灭,有狭义、广义和最广义之分。其中,狭义的刑罚消灭是指刑罚执行权的消灭;广义的刑罚的消灭包括刑罚执行权的消灭和刑罚适用权的消灭;最广义的刑罚的消灭包括刑罚执行权的消灭、刑罚适用权的消灭和刑罚请求权的消灭。其中,刑罚执行终了、假释期间届满、刑罚执行的免除、时效的完成以及人的死亡等,属于刑罚执行权的消灭;缓刑期届满、大赦、特赦和法律上的复权等,属于刑罚适用权的消灭;公诉权的消灭属于刑罚请求权的消灭。[①]

显然,刑期折抵的适用,也符合以上关于刑罚消灭的全部特征和要求,也导致刑罚的部分甚至全部消灭。理论上认为,"未决拘留日数算入本刑,不是变更本刑的分量,只不过是把其算入的日数视为执行了本刑"。[②] 实际上也是把刑期折抵定位为刑罚消灭制度的。

刑期折抵对刑罚权的消灭,消灭的不是裁判前的求刑权和量刑权,而是刑罚执行权。从刑罚权来看,刑罚的消灭,并不能笼统地称为刑罚权的消灭或丧失。所谓刑罚权,就是国家运用刑罚的权力,一般包括制刑权、追诉权(起诉权和求刑权)、量刑权(刑罚适用权)、行刑权(刑罚执行权)四个方面的内容。从国家运用刑罚的特点来看,一方面,它们如同一个生产的四道工序,彼此联系,互相依存,有机结合,共同构成刑罚权的整体;另一方面,它们在地位上相互独立并有主次轻重之分,表现在刑罚消灭上,刑罚权的前一项内容消灭必然带来后面内容的消灭,但后一内容的消灭并不必然带来前面内容的消灭。[③] 可见,刑罚的消灭,只是刑罚权的某一项内容的消灭或丧失。具体而言,制刑权属于立法权,不可能在司法上消灭;在司法上消灭的只是求刑权、量刑权或刑罚执行权。其中,若求刑权和量刑权的消灭可分别发生在审判前和审判中的话,则刑罚执行权的消灭既可发生在审判阶段也可发生在刑罚执行阶段。在审判阶段的刑罚

---

① 参见甘雨沛、何鹏主编:《外国刑法学》,北京大学出版社 1984 年版,第 567 ~ 568 页。

② [日]大塚仁:《刑法概说(总论)》(第 3 版),冯军译,中国人民大学出版社 2003 年版,第 484 ~ 485 页。

③ 参见高铭暄主编:《刑法学原理》(第 3 卷),中国人民大学出版社 1994 年版,第 626 ~ 627 页。

执行权的消灭是基于司法裁量而宣告消灭;在刑罚执行阶段的刑罚执行权的消灭是基于刑罚执行完毕而自然消灭。在刑期折抵的适用中,虽然刑期折抵的折抵对象是宣告刑,但其消灭的是执行刑,虽然刑期折抵消灭的是执行刑,但这是基于司法裁量宣告消灭,而不是刑罚执行完毕而自然消灭。基于执行刑与刑罚执行的密切关系(执行刑虽是审判阶段作出的,但它是刑罚执行的依据,属刑罚执行权范围),执行刑若因折抵而全部消灭或者部分消灭,刑罚执行权也即相应地全部或部分消灭。因此,刑期折抵对刑罚权的消灭,实际上是对审判阶段的刑罚执行权的消灭。这种消灭,在法律效果上,其影响的是刑的执行而非刑的宣告,故已被折抵的刑期应视为相应刑罚的"执行完毕";若本刑是有期徒刑,则虽然刑期被折抵而部分或全部消灭,但这不影响累犯的成立。同时,既然刑期折抵消灭的是刑罚执行权,则从刑期折抵适用的法律效果上看,刑期折抵,作为一种制度,实际上是一种狭义的刑罚消灭制度。

刑期折抵对刑罚执行权的消灭,并不是发生在刑罚执行过程中,而是发生在刑罚执行前。因此,刑期折抵制度虽是对刑罚执行权的消灭,但这并不意味着它在罪刑关系运行的时间阶段上就是刑罚执行制度。如前所述,刑罚执行制度如减刑、假释发生在刑罚执行过程中,其发生根据(事实根据)是执行中的事实,而不是执行前的事实或情节。执行前的事实或情节,若是属于犯罪者个体因素形成的,如自首、立功、刑事责任年龄等,则直接作为处断刑的确定根据而形成宣告刑;若是属于犯罪者个体以外因素形成的,如由于保证刑事诉讼顺利进行的未决羁押等,则不能直接作为处断刑的确定根据形成宣告刑,而只能纳入立法专门设置的刑罚制度而形成执行刑。从我国现有刑罚制度设置来看,对于未决羁押,因已有刑期折抵制度的刑法设置,故应进入刑法领域适用折抵刑期。这个折抵刑期的适用,因全部发生在刑事审判过程中,并不涉及执行中的任何执行方法、程序、原则、表现和理念等问题,因而它同刑罚执行制度不发生直接关系,在罪刑关系运行的时间阶段上仍只是一种刑罚裁量制度。

以上研究同时表明,刑罚裁量制度与刑罚消灭制度并非相并列的刑罚制度,而是有可能相交叉(因它们是相对于不同法律关系)的两种具体刑罚制度。若按传统刑法理论的观点,刑罚消灭的法定理由为刑罚执行完毕、缓刑考验期限届满、假释考验期限届满、犯罪人死亡、超过时效期限和赦免六个方面[①]的话,则刑罚裁量制度与刑罚消灭制度可能是两种并列的刑罚制度。但以上研究表明,刑罚消灭的法定理由,除以上6种以外,还应有刑期折抵。综观其中消灭刑罚的法定理由,在消灭刑罚权的方式上,表现为自然消灭(如基于刑罚执行完毕、缓刑考验期限届满、假释考验期限届满的消灭)、法定消灭(如犯罪人死亡、超过时效期限)、国家宣告消灭(如赦免)和司法裁量消灭(如刑期折抵)四种。显然,刑期折抵消灭刑罚执行权的方式,既不是自然消灭也不是法定消灭和国家宣告消灭,而是司法裁量消灭。即使基于理论上关于未决羁押与刑罚执行同等评价的认识误区,[②]也不能认为刑期折抵消灭刑罚执行权是基于刑罚执行完毕而为自然消灭。从刑期折抵原则来看,无论是采用法定主义还是裁定主义,刑期折抵消灭刑罚执行权并不是自动完成的,而事实上都需要通过审判对诸如先行羁押的成立与否、判决中确定的刑罚是否属于折抵之本刑等进行司法裁量才能实现。因而,刑期折抵消灭刑罚,虽然是因立法设置了刑期折抵,但其实现需基于司法裁量。既然如此,刑期折抵作为一项微观刑罚制度,相对于羁押折抵刑期的本质及一系列配套规定来说,它是刑事实体救济制度;相对于罪刑关系运行的时间阶段来说,它是刑罚裁量制度;相对于其适用所带来的法律后果来说,它是刑罚消灭制度。

二、刑期折抵制度的刑法精神

刑期折抵制度是近代刑法的产物,蕴含着近现代刑法的精神。这个精神,是宪法上的人权保障精神和人类近现代文明的体现和要求。洞察和坚守刑期折抵制度的刑法精神,既是正确适用和理性完善刑期折抵制

---

① 参见高铭暄主编:《刑法学原理》(第3卷),中国人民大学出版社1994年版,第619~625页。

② 理论上认为,刑法设置刑期折抵是基于把未决羁押与刑罚执行进行同等评价的观念(参见[日]木村龟二主编:《刑法学词典》,顾肖荣等译校,上海翻译出版公司1991年版,第443~444页)。这实际上是理论上的认识误区。虽然未决羁押在客观上也能部分地实现刑罚目的和功能如法制教育,但二者的不同目的和不同处遇,意味着未决羁押与刑罚执行还是有着本质区别的。一般而言,在未决羁押期间不能施行有利于改造更新的处置待遇。前者主要是为了保证刑事诉讼活动的顺利进行,且处于犯罪未确定状态,不可能施以刑罚的教育改造;后者就是为了惩罚和教育改造犯罪人。

度的基础和前提,也是客观评价和大力弘扬现行刑法所蕴含的现代刑法精神的必要。

（一）专门保障受刑者人权的现代刑法制度

在我国 1997 年《刑法》颁行之前,在某些特定方面,存在刑法特别关注和关怀受刑人人权的表现。刑期折抵制度就是这种专门保障受刑人人权的特别规定、特别制度之一。具体而言,刑期折抵制度的人权保障精神,表现在如下几个方面:

其一,它具有人权保障的专门性,它的法律设置和适用是为了专门保障受刑人人权的。

在理论上,对于什么是刑法的功能以及刑法具体有哪些功能,有不同的观点。但对于刑法既要保护社会又要保障人权的认识已基本没有异议。其中,刑法的人权保障功能,还可以有广义与狭义之分。广义的既包括刑法对于集体人权(广大公民的人权)的保障,又包括对于个人人权(犯罪嫌疑人、被告人与罪犯的人权)的保障;狭义的特指专门对于受刑人个人人权的保障。通常所说的"刑法人权保障功能"指的是狭义上的。在现代刑法上,之所以强调对受刑人个人人权的保障,是因为刑法虽然主要是通过惩罚犯罪分子,限制或剥夺犯罪分子的部分人权来保护社会法益,但是,并非犯罪分子的所有人权都因犯罪和被判刑而丧失殆尽,他们所丧失的(包括被判处死刑立即执行的犯罪分子)只是全部人权中的一部分,而另一部分没有丧失的人权同样应得到国家法律的有力保障。① 因此,从刑法的人权保障功能而言,刑期折抵制度的刑法设置就是为了专门保障受刑人个人正当权利的。

其二,它具有人权保障的制度性,从制度上保障受刑人的人权不受或少受侵害。

既然人权保障是刑法的基本功能之一,而刑期折抵又是实现这个功能的一种最主要和最基本的方式,则刑期折抵在刑法中存在的价值和意义已主要不在于它的规范性,而在于其制度性。"制度"的突出价值在于

① 参见关福金、杨书文:《论刑法的功能》,载《中国刑事法杂志》2001 年第 3 期。

为相关人员提供一个共同的、经常性的办事规程或行动准则。刑法关于刑期折抵的立法就是为个人提供这种“规程”或“准则”，从而，使刑期折抵在立法和司法适用上的刑法人权保障得到平等地实现。同时，刑期折抵也主要不在于通过刑法规范致使被“预支”的“羁押”期限得到“清算”和“抵补”，而在于刑法以“制度”正视了“预支”的实质上的侵害人权性，①从而表明人类在利用刑法的态度上更加理性，在看待刑法的观念上更加文明，在运用刑法保障人类基本权利上更加全面。这是时代发展的基本要求，也是刑法时代精神的基本要求和体现。

其三，它具有人权保障的事后正当救济性，在一定程度上消除或减少受刑人的人权受到合法性侵害。

法理表明，刑事审前羁押本身并不具有事实上的正当性根据，因为在法治社会下，未有最终确定性裁判就以法定的形式强制地剥夺或限制犯罪嫌疑人等的人身自由，仅仅是出于一种功利性的目的和为了一种功利性的需要②而“预支”犯罪嫌疑人的并不被确定的自由刑刑罚，充其量只是一种法律上的“正当”，而不是事实上的“正当”，其实质上是对犯罪嫌疑人正当权利的合法性侵害。而且，若因同一事实在审前和审后均强制剥夺或限制行为者的人身自由而不采取实体性救济措施，则难免有“一事二罚”的嫌疑。因此，为使审前羁押具有事后的正当性，也为了避免“一事二罚”的尴尬，刑法有必要设立必要合理的救济措施。刑期折抵，在实体上满足了审前羁押的正当性救济和“一事不二罚”的部分要求，为审前羁押提供一种事后的正当性救济。

其四，它具有人权保障功能的刑法性，从刑法的高度保障受刑人的人权。

虽然刑期折抵首先是一种刑罚裁量制度，但在本质上，它体现的应是刑法的功能，而不是刑罚的功能。刑罚的功能也应是刑法的功能的重要组成部分，但二者的外延和内涵毕竟还是不同的。刑罚的功能指的是刑

---

① 虽然这种“预支”有其存在的必要性和相对合法性，但其未经法院生效裁判确定的客观事实决定了，它在实质上是对受羁押人的人身自由权的理性侵犯。

② 虽然这是为追诉犯罪等所必需，但其“临时性”、“未决性”和事实上的人权侵害性不可规避。

罚的积极作用。虽然刑罚的功能与刑罚的作用密切相关,但也有很大的不同。作用有积极与消极之分。刑罚的积极作用表现在,刑罚能够惩罚罪犯、防止(戒备)受刑犯和潜在犯侵害社会;刑罚的消极作用表现在,刑罚惩罚过轻或过重而带来的不利后果,其中,惩罚过轻则纵容犯罪,惩罚过重则可能偏离刑法宗旨。而刑罚的功能只指刑罚的积极作用。[①] 而在某些时候或方面,刑法的功能可能需要通过刑罚的功能来实现,如通过惩罚犯罪来教育改造犯罪分子,但并非所有的刑法功能都可通过刑罚功能去实现,如对犯罪人的合法权益的保障,就难以通过刑罚的功能去实现。因此,针对受刑人的人权保障,并不是刑罚功能的基本任务,可作为当代文明的重要窗口的刑法来说,其功能就必须同时兼任此重任。具体到刑期折抵问题上,即对于犯罪分子在刑罚执行以前的被强制剥夺或限制人身自由的时间予以折抵某些裁判中确定的刑罚,是对犯罪人合法权益的保障的体现,也即刑法功能的体现,而不是刑罚功能的体现,从而使刑期折抵所实现的人权保障功能具有刑法性。

其五,它具有人权保障的公平规律性,是遵循公平规律的体现。

因为作为刑期折抵前提的“先行羁押”的适用,实际上是对未来判决中将要确定的刑罚的“预支”。而刑期折抵,在一定意义上,是在一定程度上对这个“预支”的“抵补”。一方面,刑期折抵的法律规定和适用符合了“预支”与“抵补”的客观规律;另一方面,这也体现了法律的公平公正。而无论是客观规律的顺应还是法律公平公正的体现,在客观上都保障了被刑事追诉者的人权。

其六,它具有人权保障的人性关怀性,是刑法关注受刑人人性的实践方式。

刑罚是实现刑法功能的重要工具,有其独特功能和积极作用。然而,刑罚并不能解决一切,至少它并不能完全取代具有深厚内在精神情感的人性关怀。特别是随着社会的不断发展,人类文明程度的逐步提高,人及其权利越来越被视为人类各种活动的中心和归宿。虽然人性有其脆弱和

---

① 参见储槐植:《试论刑罚机制》,载高铭暄主编:《刑法学研究精品集锦》,法律出版社2000年版,第219页。

自私的一面,但尊重人性应是包括刑法规范正当性在内的人类一切价值判断的基础。因此,随着社会文明程度的提高和人类走向权利时代的深入,判断刑法规范是否具有正当性,不仅要看刑罚功能的积极作用是否得到发挥,也要看刑法是否深入细致地关怀了人性,二者都是刑法正当性的基本要求。因而当代刑法应当努力改变"人性被冷漠"的状况,在不同的层面上,表现出其对人性的关怀,努力使刑罚惩罚和人性关怀的关系协调起来,共同推进当代刑法的全面进步和其惩罚与保障等功能的全面实现。刑期折抵,作为一个刑法规范,其存在的正当性,在很大程度上缘于它深入细致地关怀了受刑人的人性。人性,也即人之为人的基本品性,[①]它常常是非常脆弱的。在人治社会,其脆弱性自不必说。即使在法治社会,也常常难以掩盖其脆弱的一面。这是因为,一方面,人性基本内容的实现有赖于法律规范(包括刑法规范)对人性的假设;[②]另一方面,即使有了建立在科学假设的人性基础上的法律规范,也难以保障其适用的公平公正。[③]这样,只有建立在"对人性科学假设的基础之上"的法律规范(包括刑法规范),才有可能关注了脆弱人性的基本诉求。刑期折抵,若具有其存在和适用的合理性的话,则在一定程度上也是缘于其关注脆弱人性的基本诉求,是刑法人道主义追求的最好表征之一,也是决定刑法是否具有正当性的重要因素。因为,一方面,包括刑法发展在内的社会发展是也应当是以实现人的全面发展为中心而使事事都体现人本主义原则;另一方面,被刑期折抵的对象,虽然是被刑事惩罚者,但其在基本品性上还是人,应受到人之为人的基本待遇,否则,刑法关于刑罚的规范就会因失去其社会公正性和本质上的合理性而失去其正当存在的社会基础。因此,可以说,刑期折抵制度,作为一种刑罚裁量制度,在实质上是当代刑法所追求的人性基础在社会公正性上的体现,是刑罚权的合理限度受到社会公正性制约的表现,是刑法正当性的基本要求。也就是说,为了体现社会公正,审前羁押的时间应当折抵某些刑罚的刑期等,这就是刑法立法对人性的科学

---

① 参见陈兴良:《刑法的人性基础》,中国方正出版社 1996 年版,第 1 页。

② 这个假设可能是科学的,也可能是不科学的。

③ 立法上的良法只为司法和执法提供了公平公正的前提。可若没有这个前提,则司法和执法中的公平公正也就荡然无存。

假设,这里的“科学性”体现在使刑罚权的运用有一个合理的限度。

其七,它具有人权保障的国际性,它的法律设置和适用应是国际上衡量一国人权状况的重要指标。

刑法最能“侵犯”人权,也最能保障人权。这已是人权保障者们在一定意义上的共识。刑法是否和能否保障受刑人的人权,体现在它的诸多原则、意旨和一系列具体规范上。刑期折抵,作为一项专门保障受刑人人权的具有刑法制度性、公平规律性、人性关怀性的刑事实体救济制度或措施,是刑法众多保障受刑人人权的重要表征之一。因此,一国刑法中是否设置这个“表征”或其适用程度,当然应当作为该国保障人权状况的重要衡量指标,同时,它也应当当然地成为人权国际对话与交流的重要窗口。

(二)刑法公正的重要体现与必然要求

刑期折抵,作为当代世界各国刑法普遍规定的一项刑罚裁量制度、刑事实体救济制度、刑罚消灭制度和刑法制度,[①]是当今刑法中众多特别保障个体正当利益的立法表现之一,它直接体现了刑法的公正性。按理论上的观点,刑法公正包括刑法的正当、公平和平等三个特性。[②] 其中,刑法的公平性是刑法公正性所包括的天然特性,解决的是刑罚分配的正义性问题。从前述刑期折抵制度立法的价值取向来看,它蕴含了实质意义上的刑法公平。但它所蕴含的那种公平,虽然与刑罚有关,但并不是这种“刑罚分配之公平”。

分配,从语义上说,是按一定的标准或规定分(某种东西)。[③] 据此可知,分配的核心是分,而分的对象是某种“东西”,分的尺度是特定的“标准或规定”,因此,我们可以说,分配的实质是按特定的“标准或规定”将某种“东西”让不同的所有者或同一所有者在不同的时间阶段所占有或使用。可刑期折抵,按其通常的法律意义,并不是将某种“东西”(刑罚)

---

① 在价值层面上,刑期折抵在刑法中的地位不仅表现在刑罚的具体适用上,而且更表现在它所体现的刑法公正、刑法人权保障、刑法的人性关怀等当代刑法的时代特征上。因此,从价值层面来看,刑期折抵也应是一项重要的刑法制度。

② 参见陈兴良:《刑法公正论》,载《法学研究》1997 年第 3 期。

③ 参见中国社会科学院语言研究所词典编辑室编:《现代汉语词典》(第 2 版),商务印书馆 1983 年版,第 320 页。

让不同的所有者或同一所有者在不同的时间阶段所占有或使用，它不是对已经实施的犯罪行为及其社会危害性的“按劳分配”，[①]也不是对罪犯人身危险性的“按需分配”，[②]而仅仅是对为保障刑事诉讼活动顺利进行而采取的先行羁押的一个“交待”和“处理”。

如果“为保障刑事诉讼活动顺利进行而采取的先行羁押”体现的是法律的保护功能的话，则作为刑期折抵的这个“交待”和“处理”体现的就是刑法的保障功能。虽然它们相辅相成，共同为营造“正义的社会秩序”服务，但毕竟它们的功能和价值取向都是不同的，不可能共同体现“刑罚分配之公平”。因此，刑期折抵制度所蕴含的公平是一种独立于“分配”的、建立在受刑人在判决执行前的人身自由被客观地强制剥夺或限制的基础上的特有公平。这种公平决定了，在刑法关于刑期折抵的立法取向下，凡“为保障刑事诉讼活动顺利进行而采取的先行羁押”，都应当纳入作为刑事实体救济的“补偿”的裁判范围之内。因此，凡把“为保障刑事诉讼活动顺利进行而采取的先行羁押”排除在这个“补偿”之外的做法，在客观上加重了对被羁押者的刑罚而侵害了被羁押者的人权。这正如我国台湾地区刑法学家高仰止教授所言，“如于科刑裁判确定后，将羁押之事实，置诸不顾，无异将刑罚予以加重，未免侵害人权，为保障受刑人之权利起见，法律上乃有未决羁押日数折抵刑期之规定”。[③]

当然，刑期折抵所蕴含的公平只是相对的。虽然从刑期折抵的前提看，刑期折抵本身是客观的，是公平规律所要求的，但它作为法律规则的一部分，又不能不表现人的意志，它必须由人来制定，通过人的意志上升为法律规则从而得到法律的确认和使刑法公正在它身上得以实现。因而，它就必然地渗透着人的需要和智慧，体现着人的需要、希望、理想和价值。同时，这也决定了它不可能把客观规律完全照搬到法律中，虽然在更大程度上追求和实现这个规律性应是立法的重要理想目标之一。因此，

---

① 这里所言的“按劳分配”，指的是根据犯罪本身确定刑罚；犯多重的罪判多重的刑罚，重罪重判，轻罪轻判，刑罚的分量以犯罪大小为转移。参见陈兴良：《刑法哲学》，中国政法大学出版社 2004 年版，第 5 页。

② 这里所说的“按需分配”，是指根据预防犯罪这样一种功利需要分配刑罚。参见陈兴良：《刑法哲学》，中国政法大学出版社 2004 年版，第 5 页。

③ 高仰止：《刑法总则之理论与实用》，台北，五南图书出版公司 1986 年版，第 539 页。

刑期折抵所蕴含的公平正义是建立在一定价值观、价值取向、价值判断、公平正义标准之上的公平正义，只能是相对的。它的公平公正程度取决于立法者和适用者对该问题所采取的价值取向等的合理程度。

刑期折抵，作为一种对刑期计算有着举足轻重影响的刑罚裁量制度，其所体现的刑法公正，实际上是一种量刑公正，也就是刑期折抵适用与否或如何适用以及衡量量刑公正与否的重要依据。因为，刑期折抵的适用，并不是脱离审判和裁量的直接抵扣，而恰恰相反，它是审判机关在审判查清案件事实的基础上，依法裁量被判处可折抵刑期的犯罪人是否存在符合刑期折抵的事实理由、是否符合折抵的本刑，在可折抵的情况下，判处什么样的刑期更有利于犯罪者的教育改造等，这些都是量刑公正的具体体现。正如日本刑法学家大塚仁教授所描述的那样，刑期折抵的适用过程是，根据情形，从公平观念出发，由裁判所根据裁量，将未决羁押算入本刑。[①] 事实上，如此量刑公正与否，对刑罚目的的实现、对社会安定繁荣的保护和促进、对罪责刑相适应等刑法基本原则的贯彻、对刑事被告人合法权益的保障、对犯罪人的教育改造、对人民法院公正合理的公信力的提高等，都有着极其重要的意义。

所谓量刑公正，其基本含义是指人民法院对犯罪人裁量、决定刑罚时要做到依法进行、罚当其罪、罪刑相称、公平裁判、不偏不倚。具体包括如下三个方面的基本要求：一是程序公正，这主要是要求对犯罪人的量刑权只能由人民法院行使，人民法院必须严格依照刑事诉讼规定的程序行使量刑权；二是实体公正，这主要是要求对犯罪人裁量、决定刑罚时要做到罚当其罪、罪刑相当、不偏不倚；三是公平裁判，这主要是要求法院根据刑法平等原则中立地对类似性质和情节的案件，适用相类似的刑罚，不能失轻失重，造成量刑失衡。

刑期折抵，作为一项重要的量刑制度，它所体现的量刑公正表现在如下两个方面：

其一，它体现了刑法公平原则，具体体现的是量刑的实体公正。如前

---

① 参见[日]大塚仁：《刑法概说(总论)》(第3版)，冯军译，中国人民大学出版社2003年版，第484页。

所述，如果“为保障刑事诉讼活动顺利进行而采取的先行羁押”体现的是法律的保护功能的话，则作为刑期折抵的这个“交待”和“处理”体现的就是刑法的保障功能。因此，刑期折抵制度所蕴含的公平是一种独立于“分配”之外的、建立在受刑人在判决执行前的人身自由被客观地强制限制的基础上的特有公平。这种公平决定了，在刑法关于刑期折抵的立法取向下，凡“为保障刑事诉讼活动顺利进行而采取的先行羁押”，都应当纳入作为刑事实体救济的“补偿”的裁判范围之内。否则，在客观上就加重了对被适用者的刑罚，势必带来不良社会效果。正如法谚所言，“轻罪重判不足以服人，重罪轻判不足以戒人”。

其二，它体现了刑法面前人人平等原则，具体体现的是量刑的公平裁判。从实践来看，由于被先行羁押者被剥夺或限制人身自由的时间长短常常差别很大。如此时间差别，在都得不到刑期折抵的情况下，对于那些较长时间被先行羁押者来说，显然是不公平的。但若剥夺或完全限制人身自由的时间允许用于折抵判决中确定的法定可折抵刑罚，则以上情况所表现出的不公平也就被基本消除，从而体现刑法的公平公正。

（三）刑法现代化的重要表现和必然要求

刑法现代化是指刑法从传统刑法向现代刑法的历史转型，这是一个涉及方方面面的庞大的系统工程，其实质是要实现形式合理性与实质合理性相融合、社会保护与人权保障相统一的现代刑事法治，它包括公众刑法意识的现代化、刑法国际接轨和交流与合作的现代化、刑法立法的现代化、刑法司法的现代化等方面的内容；这不仅需要有精神上的超越和观念上的重塑，更需要进行制度层面的创新和司法运作的变革。[①] 然而，刑法现代化并不是刑法发展的真正目的，在本质上它只不过是使刑法在最大可能上达到公正、在最大程度上关注人性、在最大限度上保障人权，从而使刑法的多极功能得到最有效的协调和实现。而如前所述，刑期折抵制度因其是刑法人权保障功能的重要实现方式，是刑法人性关怀的重要实

① 参见乐欣：《刑法现代化：要借鉴更要创造》，载《检察日报》2003年2月12日，第8版。

践方式,是刑法公正的重要体现形式,所以它是刑法走向现代化的重要表现和必然要求,具体表现在如下几个方面:

首先,刑期折抵制度是刑法文化现代化的重要内容和必然要求,它意味着人们刑法观念的转变和权利意识的提高。从刑法文化现代化来看,虽然公民对关于刑法所规定的犯罪、刑罚和刑事责任的认识、思想、意识等是刑法文化所应具有的基本内容,但这绝不意味着有了这些内容刑法文化就实现了现代化。刑法及其基本内容的现代化在刑法文化上的表现实际上是在以上刑法基本内容中注入刑法的精神、刑法的价值、刑法的功能等刑法哲学的"血液"。这些"血液"的存在价值主要在于它们因"与时俱进"而始终是"新鲜的"。随着社会的进步和时代的发展,人类文明不断提高,而这些终极表现实际上都是为了人类自身的进步,为了"人"之更好地为"人",为了人们在履行自己必要义务的同时享有更多的权利。因为,"我们的时代是一个权利的时代","是一个权利最受关注和尊重的时代,一个权利发展显著的时代"。"在我们这个时代,让更多的人获享更多的权利,已经成为人类的共同理想。"①这样,刑法文化能否实现现代化,终究就是看人们在对待现代刑法的人文关怀和人权保障等的认识、观点和思想上能否与权利时代的发展保持一致。而刑期折抵制度作为刑法人文关怀和人权保障的直接实践和实现方式,人们对其价值等的认识、观点和思想及其程度,将直接影响到刑法文化现代化的程度。

其次,刑期折抵制度是刑法现代化在立法上的具体体现,它意味着刑法立法对保障犯罪人人权的关注。

从刑法立法现代化来看,刑法现代化,不仅需要构建一个结构严密、层次分明、前后一致、相互连贯、和谐协调的现代化刑事法律规范体系,而且还要把罪刑法定、人权保障等基本原则和谦抑性、及时性、协调性等基本特性注入刑法规范之中。② 这是因为,刑法的现代化,需要塑造现代刑法的精神。而从上文的阐述来看,现代刑法的精神的塑造实际上就是"让更多的人获享更多的权利"。这也是当代人类对刑法的共同理想。"这

① 夏勇主编:《走向权利的时代:中国公民权利发展研究》,中国政法大学出版社 2000 年版,第 1~2 页。

② 参见乐欣:《刑法现代化:要借鉴更要创造》,载《检察日报》2003 年 2 月 12 日,第 8 版。

个理想本身，既表示一种关于权利价值的预设，也隐含着一种关于权利发展的信念。”“权利是一种观念（idea），也是一种制度（institution）。”[①]刑期折抵，作为刑法人权保障的实现方式，实现的不仅是权利观念也是权利制度。因此，刑期折抵制度及其规定程度，也是刑法立法的现代化及其程度的重要体现。

最后，刑期折抵制度是刑法现代化在刑事司法活动中的一块重要的试金石，它意味着刑法对犯罪人个人权利的保障的司法实现。

刑法的现代化离不开刑事司法的现代化。刑法的现代化需要一套规范刑事法治活动的科学规则，但这些规则合理与否，能否得到遵循，还须经由刑事司法活动的检验和完善。并且，刑事司法具有个案处理的特点，能使人们对正义的渴望成为活生生的现实，也就自然成为刑事立法的实际体现。从刑事司法现代化的要求来看，刑事司法现代化的主要途径是尽可能做到刑事司法公正。而这个公正的刑事司法表现是在适用刑法时尽可能做到刑法公正。刑法公正的终极目标无非就是既保护社会又保障人权。而这个目标的实现，在很大程度上依赖于刑事司法解释的调控作用，它是当今世界各国为弥补成文法局限性而采取的不可或缺的重要手段之一。在我国的司法实践中，自 1950 年 10 月最高人民法院《关于犯人在公安机关管训期间的折抵刑期问题的复函》这个新中国第一个专门关于刑期折抵的司法解释始，至 2016 年 11 月最高人民法院作出《关于办理减刑、假释案件具体应用法律的规定》（法释〔2016〕23 号）止，最高人民法院和最高人民检察院等共单独或联合作出了 82 个关于刑期折抵的专门的或相关的司法解释。这些解释，是刑期折抵的主要适用根据，在客观上弥补了我国关于刑期折抵立法的不足，在一定意义上，是刑法公正的具体体现。

三、刑期折抵制度的价值取向

价值取向（value orientation），作为主体用以面对或处理各种矛盾、冲

---

① 夏勇主编：《走向权利的时代：中国公民权利发展研究》，中国政法大学出版社 2000 年版，第 1～2 页。

突、关系时所持的基本价值立场或态度，具有评价事物、唤起态度、指引和调节行为的定向功能。由此，刑期折抵制度的价值取向，既是某国（地区）立法机关通过刑法立法面对或处理刑事追诉中“先行羁押”的基本价值立场或态度，也是面对或处理相应立法冲突或博弈关系的选择工具，可以据此评析某个学说或做法的合理与否并据此作出判断与选择。

（一）理论困境：“同等评价根据说”质疑

为什么先行羁押要折抵刑期？理论上认为，这是基于把羁押“约束自由造成的痛苦与执行自由刑进行同等评价”的见解（下称“同等评价根据说”）。例如，日本学者认为：“羁押虽不是刑罚，但在拘禁于一定设施中剥夺行动自由这一点上，同执行自由刑没有不同。若考虑到约束自由所造成的痛苦，便会产生可以按执行自由刑看待这样一种见解。算入本刑正是以这种见解为依据的。”[①]我国学者也认为，先行羁押“虽非刑之执行，然而对被告人人身自由的剥夺与执行刑罚并无二致。而且未决人犯羁押的痛苦往往甚于已决监禁。若于执行之际，置先行羁押之事实于不顾，无异于将刑罚加重，有失公平，且有滥用国家权力之嫌。并悖罪刑相适应及罪刑法定等刑法基本原则。为保障受刑人的合法权利，应将未决羁押日期计入确定刑的刑期之内”。[②] 据此观点，之所以要设置刑期折抵，是因为把羁押“约束自由造成的痛苦与执行自由刑进行同等评价”，而让羁押进入刑法视域进行刑期折抵。

然而，如此观点至少存在如下四个不能解释之问题：

一是把羁押“约束自由造成的痛苦与执行自由刑进行同等评价”，对被羁押者不公平。因为，事实上，未决羁押的适用比执行自由刑造成的痛苦更大。例如，因“未决”而有更大的心理创伤；因“未决”而不能使生活有序进行；使被羁押者人身自由和社会关系在未决状态下就遭受损失或中断；因被告人的主体地位受限而使其辩护权利可能受到限制；实体法上

---

① ［日］木村龟二主编：《刑法学词典》，顾肖荣等译校，上海翻译出版公司1991年版，第443～444页。

② 周红梅：《刑罚执行论》，辽宁人民出版社1994年版，第228页。

的惩罚计划造成功能上的破坏；等等。①

二是把羁押"约束自由造成的痛苦与执行自由刑进行同等评价"，不符合法理。因为，未决羁押与执行自由刑的场所、性质、内容及作用均不相同，前者是为了方便侦查审判的临时性关押，后者则负有对受刑人进行教育改造的目的，刑罚目的实现必须通过执行机关的教改工作，一味关押无助于罪犯改恶从善，反而会因罪犯间的交叉"感染"而增加抵抗情绪和抵抗能力，容易产生累犯和再犯。②

三是把羁押"约束自由造成的痛苦与执行自由刑进行同等评价"，有损刑法功能的实现。因为，若把未决羁押"约束自由造成的痛苦与执行自由刑进行同等评价"，则势必需把未决羁押日数全部折抵判决中确定的刑期，但"如果未决前羁押日数全部算入刑期，岂不等于说可以不施行必要的行刑的处置待遇了吗？不也等于否定了刑法本来的功能了吗？"③

四是把羁押"约束自由造成的痛苦与执行自由刑进行同等评价"，不符合当今世界刑期折抵关于本刑立法的实际。因为，若把未决羁押"约束自由造成的痛苦与执行自由刑进行同等评价"，则按对等原则，用以折抵未决羁押的本刑，也只能是同质的有期自由刑，从而排除未决羁押可折抵财产刑和资格刑的可能。显然，这不为世界各国刑法所接受。从后文的考证来看，其他国家的刑期折抵立法，基本上都把罚金等财产刑甚至诸如剥夺公权等资格刑作为其本刑。

因此，本书赞成把羁押"约束自由造成的痛苦与执行自由刑进行同等评价"作为羁押进入刑法视域进行刑期折抵的重要理由，但它不是刑期折抵立法设置的基本法理根据。把羁押"约束自由造成的痛苦与执行自由刑进行同等评价"作为刑期折抵立法设置的基本法理根据，解释不了以上诸多问题。

（二）实践弊害：刑期折抵适用的负面效果

刑期折抵的立法设置，在保障被告人的人权方面是有重要意义的。

---

① 参见王金龙：《羁押裁量标准之研究》，载《刑事法杂志》1991年第2期。

② 参见周红梅：《刑罚执行论》，辽宁人民出版社1994年版，第240页。

③ ［日］木村龟二主编：《刑法学词典》，顾肖荣等译校，上海翻译出版公司1991年版，第443~444页。

然而,从实践来看,其弊害也是显而易见的。本书认为,刑期折抵制度适用的弊害,至少表现在如下五个方面:

一是可拉动短期自由刑的适用。严重羁押问题的存在,不仅使刑期折抵广泛地适用,而且常常为了避免折抵"倒欠账"现象,对于一些相对轻微犯罪,势必会以已羁押时间为短期自由刑的量刑参考基数,从而可能人为拉动短期自由刑的适用。

二是可拉动实刑的适用。同样,对于羁押问题的存在,在司法实践中,因有些法官考虑到对已被羁押者的刑期折抵的对等问题,对一些本可适用缓刑、管制等的情形,而适用实刑,以至于因刑期折抵的需要而人为拉动实刑的适用。在司法实践中,我国就曾出台司法解释对此作出明确规定。例如,1957 年 7 月 1 日,最高人民法院针对江西省高级人民法院关于"判处徒刑缓刑的罪犯,在判决发生法律效力前的羁押时间已经超过判处的徒刑期限,应当如何折抵的问题"的请示,作出了《对于判处有期徒刑的罪犯在判决发生法律效力前的羁押时间已经超过徒刑期限的不再发生宣告缓刑问题的复函》,规定:"对于判处徒刑的罪犯,如果在判决发生法律效力前的羁押时间已经超过判处的徒刑期限,则判处徒刑期限已经折抵完了,刑期等于执行完了,宣告缓刑已失去了意义。因此不再发生宣告缓刑的问题"。

三是可拉动有罪或重刑的适用。在实践中,因超期羁押、羁押时期过长等现象的存在,为了避免宣告无罪带来的国家赔偿和判轻罪带来的刑罚"透支"等麻烦,一些法院有可能会故意将无罪判有罪和将轻罪判重刑。对此,我国也早有学者进行了揭示,认为"由于羁押时间过久,即使后来查出一个轻罪,但由于羁押折抵刑期,为了避免羁押期限长于刑期的尴尬局面,便故意轻罪重判,使他人觉得超期羁押也不冤枉。在某种意义上,这种将无罪判有罪和将轻罪判重刑,也是缘于超期羁押。换言之,在一些场合,非法剥夺人身自由的超期羁押行为,导致了将无罪判有罪和将轻罪判重刑的更为严重的非法剥夺人身自由的结果"。[①]

四是可能使刑罚改造虚化而损害刑罚目的和功能的实现。对此,在

---

① 张明楷:《超期羁押的刑事责任探究》,载《浙江社会科学》2002 年第 4 期。

理论上也早有学者给予了检讨和批判。例如,武汉大学的周红梅博士早在1991年完成的博士学位论文《刑罚执行论》中就指出:“刑期折抵实际上是一种弊大于利而又不得不为的补救手段,尤其对于短刑犯,由于折抵的结果,使得改造的作用无从发挥”;“有了刑期折抵,就为未决羁押提供了根据,使司法者及刑事被告人对先行羁押易于容忍,而忽视刑事诉讼时间的规定,无限度地延长羁押时间”。[①] 虽然如此检讨和批判有弱化刑期折抵的立法价值取向之嫌,但它客观地揭示了刑期折抵的适用(特别是短期刑犯)给罪犯改造带来的负面影响,以及未决羁押与刑期折抵之间的不良关系。从现实来看,在很多情况(特别是判处短期自由刑)下,都存在羁押的刑期折抵适用导致判决中确定的刑罚因折抵而虚化的现象。虽然未决羁押也能部分地实现刑罚目的和功能,如法制教育,但二者的不同目的和不同处遇(前者处于犯罪未确定状态,当然不可能施以刑罚的教育改造),意味着羁押与刑罚执行还是有着本质和事实之区别的。[②] 因此,羁押的刑期折抵适用在客观上是可能损害刑罚目的和功能的实现的。[③]

五是可能使诸多情况下的资格刑和财产刑变为事实上的监禁。先行羁押不仅可折抵判决中确定的某些自由刑,而且可折抵判决中确定的某些财产刑和资格刑,这本是对被羁押者人权保障的加强和刑期折抵制度的进步的表征。然而,这个“表征”的存在,一方面,使人们能够容忍先行羁押的存在甚至广泛地予以适用;另一方面,也使刑罚体系中的财产刑和资格刑变为事实上的监禁。从刑罚体系的构成来看,显然财产刑和资格刑的设置是重要而必要的,而因先行羁押的广泛存在及其刑期折抵使很多情况下的财产刑和资格刑适用虚化。这种“虚化”在本质上是使资格刑和财产刑变为事实上的监禁。对于监禁,作为一种刑罚,刑事古典学派把它用作极力反对羞辱刑、肉刑、财产刑、职业刑及死刑的理想替代刑罚方式,是值得推崇的,是刑罚向文明发展的标志。但若将监禁作为唯一的

---

① 周红梅:《刑罚执行论》,辽宁人民出版社1994年版,第240页。

② 虽然这是由羁押体制问题所带来的弊端,应通过改革羁押体制去修补,但一个完善的羁押体制在实践中也可能会出现特殊情况。

③ 从后文的分析来看,如此问题的解决,一方面,主要取决于我国羁押体制的完善,严格控制羁押的适用;另一方面,也要完善刑期折抵的折抵原则的设置,避免绝对的法定主义,实现刑罚目的、功能实现与刑期折抵价值取向的相对均衡。

刑罚，作为救治犯罪及犯罪人的唯一“良药”，这种观点就值得质疑。这正如医生坐在医院门前，对每个病人，无论犯什么病，都开“大黄”这一种药进行治疗一样，不能适用于辩证治病和施药的需要。[①]

（三）价值取向：“忍痛割爱”保人权

刑期折抵制度的以上理论困境与实践弊害决定了，在立法上，不是也不能以把羁押“约束自由造成的痛苦与执行自由刑进行同等评价”的见解作为刑期折抵制度立法设置的基本法理根据。虽然这个“同等评价根据说”在一定意义上也是刑期折抵问题进入立法视野的重要理由，但它至多只是一个浅层次的或某一方面的理由。在以上理由背后，应当还有比实现以上刑罚目的和功能更重要、更基本、更深层次的理由。

实际上，如前所述，刑期折抵的立法设置是刑罚人权保障机能发展的产物，是实现人权保障机能的重要表现。罪刑法定原则，本就是在反对罪刑擅断中发展起来的，旨在保障被刑事追诉者的基本人权。为了在一定程度上防止该措施的滥用和弥补其功利性正当的不足，体现现代刑法的时代精神，[②]让羁押进入刑法视域进行刑期折抵，旨在刑法上更多地给予被羁押者人权保障，并以牺牲部分刑罚功能与目的为代价。

把羁押“约束自由造成的痛苦与执行自由刑进行同等评价”，在本质上，只是为了体现形式上的公平而进行“羁押与剥夺或限制人身自由的有期刑罚”间的“对等抵扣”，也即羁押只能用同是剥夺或限制人身自由的有刑期的自由刑抵扣。显然，这与几乎世界各国刑法都规定的刑期折抵可折抵财产刑或资格刑的立法取向是不合拍的。因此，把羁押“约束自由造成的痛苦与执行自由刑进行同等评价”，只是立法设置刑期折抵制度的某一个侧面的理由，但它不是刑期折抵立法设置的基本法理根据。刑期折抵的基本法理根据（价值取向）是为了保障被追诉者的权利，是为了有利于被告。虽然以上“同等评价根据说”在根本上也是为了保障人权，但毕竟它只是保障人权的价值取向下的一个理由，不能为保障人权的价值

① 参见［意］恩里科·菲利：《实证派犯罪学》，郭建安译，中国人民公安大学出版社 2004 年版，第 176～178 页。

② 参见石经海：《刑期折抵制度的刑法精神》，载《现代法学》2004 年第 6 期。

取向下的其他问题提供法理依据。据此，有理论认为，“临时性的措施，如刑事诉讼中的待审拘留，虽然不是刑罚，但对于当事人而言，此等临时性措施具有与刑罚相同的效果；因为为了共同利益而作出的个人牺牲（‘献身’的意思）应当尽可能地予以补偿，在执行刑罚时对这些不利之处加以考虑是理所当然的”，①虽然这个观点没有对刑期折抵必要性之根据作深入揭示，但把刑期折抵制度界定为对个人牺牲的人身自由权利的补偿的理解，是合理的。

然而，需要指出的是，从刑期折抵适用的实践弊害来看，刑期折抵的以上立法取向实际上也在很大程度上存在虚化的因素。因为，刑期折抵的适用在客观上与刑罚量的选择和刑罚目的的实现发生冲突。从刑罚量的选择来看，一些法官为了对先行羁押进行刑期折抵或为了避免刑罚“倒欠账”的现象出现，而在一定程度上人为地“轻罪重罚”，表现为拉动有罪、重刑、短期自由刑、实刑等的适用，而且，先行羁押时间越长，量刑也会越高。这样，刑期折抵意图实现的人权保障功能实际上被如此刑罚量的选择所抵消，并出现先行羁押和加大刑罚量的双重侵害。从刑罚目的的实现来看，假若量刑不随先行羁押时间的长短而“水涨船高”地拔高，则刑期折抵的适用就必然损害宣告刑所意图实现的刑罚目的。现代刑法表明，刑罚目的不仅仅是“报应”，还要考虑预防。那种仅仅把刑罚目的定位在“报应”的理论早已被社会防卫和罪犯改造的现实需要所抛弃。只要刑罚目的不仅仅是“报应”，则宣告刑的选择必然蕴含着对罪犯改造的需要。那种没有被先行羁押拉动的刑罚量宣告目标，必定被刑期折抵适用破坏。因此，刑期折抵的适用出现了两难境地：要么拉动刑罚量的“水涨船高”，要么破坏宣告刑的目标。前者使刑期折抵立法取向的人权保障虚化，后者使整个刑事追诉在不同程度上表现为“前功尽弃”。这样，刑期折抵作为取向于人权保障的现代法律制度，是不能孤立地存在的，它的存在及其价值发挥，必须建立在完善的现代羁押体制和科学量刑机制上，否则，它就只能是人权保障和刑罚目的的“隐形杀手”。

---

①　［德］汉斯·海因里希·耶赛克、［德］托马斯·魏根特：《德国刑法教科书（总论）》，徐久生译，中国法制出版社2001年版，第1077～1081页。

四、刑期折抵制度的制度渊源

渊源,其汉语本义为事物的本源,旨在表明事物间的承继关系。刑期折抵制度的制度渊源,也即通过寻找刑期折抵制度的源头,梳理和理顺刑期折抵制度的来龙去脉及其承继关系,从而为该制度的立法、司法现象解释和精神弘扬,奠定文化制度基础。深入考察刑期折抵制度的来龙去脉,它不仅是近代刑事法治的产物,而且也是近现代人权保障精神的传承,具有很重要的现代刑法地位。

(一)它是启蒙思想运动及资产阶级革命的成果

在罪刑擅断的专制社会里,统治阶级为了维护社会统治,可以随意地限制乃至剥夺公民的自由,犯罪者只不过是被野蛮、残酷、恣意地剥夺或限制人身自由的对象,其个体人身自由权利不可能受到尊重和得到保障。对此,资产阶级启蒙思想家们也曾进行过尖锐的批判。刑事古典学派创始人贝卡里亚在其《论犯罪与刑罚》中也尖锐地指出:“就社会自身的安全来说,同样违背其宗旨的一个错误是:允许执行法律的官员任意监禁公民,允许他根据微不足道的借口剥夺某个私敌的自由,或者无视最明显的犯罪嫌疑,使他的朋友不受处罚”,“一个多世纪以来,在民众、习俗和法律中仍保留着有辱国家现代文明的东西,仍保留着我们北方狩猎祖先的一些野蛮的痕迹和粗暴的观念”。[①] 在这种社会制度和文化环境下,没有(也不可能有)现代羁押及其刑期折抵制度。

资产阶级革命胜利后,资本主义国家构筑了保障个体权利不受恣意、任意剥夺的罪刑法定等现代法治原则、制度,刑法的机能也从简单的镇压犯罪转换为兼顾对公民自由的保障。1789 年《人权宣言》就宣称:“除非在法律所规定的情况下并按法律所批示的手续,不得控告、逮捕或拘留任何人。”如此种种之规定,是人类司法制度的巨大进步,是对人作为社会主

---

① [意]贝卡里亚:《论犯罪与刑罚》,黄风译,中国大百科全书出版社 1993 年版,第 17 ~ 18 页。

体的尊重,直接体现了对适用羁押措施的限制。[①] 也正是在观念上认识到了“羁押”措施的不足(功利性瑕疵)和在立法和制度上对适用羁押措施进行限制,刑期折抵制度,作为救济羁押正当性不足的手段,才有被创立的观念背景和可能。因此,实际上,刑期折抵制度,并非自古就有,而是近代文明的产物,是启蒙思想运动及资产阶级革命的成果。

(二)它的确立以刑法确立了罪刑法定原则为前提

前述分析表明,刑期折抵制度,作为专门保障受刑人人身自由权的现代刑法制度,其立法设置,需以在刑法中确立了人权保障机能为前提。其中,作为现代刑事法治精神实质的罪刑法定原则在刑法中的确立,既是现代刑法以保障人权为基本机能的重要标志,也是实现刑法人权保障机能的基本保证。这样说来,罪刑法定原则在刑法中的确立,就成了刑期折抵制度在刑法中确立的根本前提。

在封建专制时期,是君主专制,罪刑擅断,司法专横,刑罚权的发动没有或缺乏客观的标准,人民的人身、财产的安全完全取决于君主和司法官的意志,人权没有保障。为了反对和防止封建专制主义的罪刑擅断,以资产阶级启蒙思想家为代表的刑事古典学派,基于个人主义的意志自由,倡导了一场刑法改革运动,认为“公民的自由主要依靠良好的刑法”,[②]并疾呼罪刑法定原则,主张“法无明文规定不为罪,法无明文规定不处罚”,从而把公民个人权利的保障放到了首要的地位。罪刑法定就是这场刑法改革运动的产物,它以限制刑罚权、保障公民的人权为己任。[③] 因此,罪刑法定原则,本就是在反对罪刑擅断中发展起来的,旨在保障被刑事追诉者的基本人权。

当然,刑法中有了罪刑法定等保障个体权利的原则、制度,并不是说,就需立即具有保障个体权利的所有制度。任何问题的发展,都有一个从简单到复杂、从肤浅到深入的发展过程。刑法的人权保障制度的设置也

---

① 《人权宣言》的最伟大历史意义也就在于它的这个“限制国家权力、保障公民个人自由权利”的根本宗旨。

② [法]孟德斯鸠:《论法的精神》(上册),张雁深译,商务印书馆1961年版,第188页。

③ 参见陈兴良:《刑法机能二元论》,载《法制与社会发展》1997年第4期。

应是这样,需要人们对人权保障问题有个认识和实践过程。对于刑期折抵制度来说,作为针对刑事程序性羁押的一种刑事实体救济制度,应是随着对程序性羁押的立法、适用及其正当性瑕疵等问题的逐渐暴露与被认识,而创设的。这可从刑期折抵的早期立法得到证明。例如,法国早在其1789 年《人权宣言》中就规定了兼顾功利目的与保障人权的羁押制度,[①]但在 1791 年和 1810 年的《法国刑法典》中都没有规定救济羁押正当性瑕疵的刑期折抵制度。据考证,最早创立刑期折抵制度的刑法典是 1871 年《德意志刑法》(第 60 条)。[②] 随后,才逐步有刑法典对该制度作了规定。例如,1908 年 10 月 1 日施行的《日本刑法》[③]第 21 条规定:"未决前的羁押日数,可以全部或者一部分算入本刑"。[④] 1926 年《苏俄刑法典》第 29 条规定:"宣告判决前的这一段羁押期间,和从宣告判决的时候起到判决发生法律效力的时候止的这一段羁押期间,都必须算入法院所判处的剥夺自由的期限以内"(第 1 款);"法院在判处剥夺自由以外的其他司法改造性质的社会保卫方法的时候,有权考虑审判前的羁押期间,来适当地减轻它所采用的社会保卫方法,或者是作出裁定,使被判刑人完全不执行所判处的社会保卫方法"(第 2 款);"对于被判处劳动改造的人,可以用劳动改造工作 3 天抵剥夺自由 1 天"(第 3 款,此款属刑罚的易科,而非刑期折抵)。[⑤] 1962 年《美国模范刑法典》第 7.09 条也规定:"受拘禁刑宣告之被告,因该作为宣告基础之罪被(认定有罪)(逮捕)之时以后若此监禁宣告基础之罪被认定有罪或其被逮捕前,其已被拘留禁于州或地方公共团体之矫正设施或其他设施时,(有罪认定)(逮捕)时以后之拘期间

---

① 表现在第 7 条:"除非在法律所规定的情况下并按照法律所指示的手续,不得控告、逮捕或拘留任何人。凡动议、发布、执行或令人执行专断命令者应受处罚;但根据法律而被传唤或被扣押的公民应当立即服从;抗拒则构成犯罪。"

② 也即关于"未决羁押时间的计算"的规定:"犯人于判决确定前的羁押时间以及暂行留于医疗或保养处所的时间,得于判决时在所处的刑期内全部或一部扣算"。萧榕主编:《世界著名法典选编(刑法卷)》,中国民主法制出版社 1998 年版,第 345 页。

③ 也即《日本改正刑法》,是仿效德国 1870 年颁布、1871 年施行的刑法典制定而成,是日本在近代"西法东渐"中制定的第一部近代刑法典。参见[日]牧野英一:《日本刑法通义》,陈承泽译,中国政法大学出版社 2003 年版,第 3 页。

④ [日]牧野英一:《日本刑法通义》,陈承泽译,中国政法大学出版社 2003 年版,第 318 页。

⑤ 《苏俄刑法典》,郑华译,法律出版社 1956 年版,第 12 页。

应……”(第1款);“认定有罪之裁判被撤销而就同一之罪重新为刑之宣告时,在此之前已被执行拘留禁及拘禁刑之期间应算入重新被宣告之刑之长期与短期……”(第2款);[①]等等。

(三)刑期折抵制度在我国的确立

在我国,刑期折抵制度,也不是自古就有,是清末“西法东渐”的产物。经考证,我国第一部规制刑期折抵制度的法律是晚清政府于1908年(光绪三十三年)完成、于1911年1月25日(宣统二年十二月二十五日)公布的《大清新刑律》。该法第80条规定:“未决期内羁押之日,得以二日抵徒刑、拘役一日或抵罚金一元”。这个规定,实际上是在“间接学习西欧法,直接移植日本法”的“西法东渐”中,仿行1907年《日本改正刑法(草案)》[②]创制的。

如此法律设置,本与忽视个体权利的中国传统法律文化并不相容,也就是说,从中国传统法律文化来看,它不可能产生乃至存在,但它又客观地诞生于我国近代第一部刑法中。这并不意味着我国传统法律文化能容纳如此法律制度,相反,如此法律制度要在我国“落户”发展,就必须首先进行法律文化的革命和实现法律文化的转型。

事实上,刑期折抵制度之所以能落户于中国法律之中,应缘于清末“西力东渐”[③]所带来的法律文化革命。所谓“西力东渐”,又称“西风东渐”,是指西方由工业革命带来的巨大的生产力及与此相连的政治制度、价值观念、思想意识等汇成不可阻挡的潮流,随着鸦片战争的爆发而涌入东亚,冲击着东方农业民族的自然经济结构。纵观东亚历史,如此“西力东渐”,实际上是一种对东亚传统封建专制的政治制度、价值观念、思想意识等的根本性否定和对西方近代资产阶级的政治制度、价值观念、思想意

---

① 萧榕主编:《世界著名法典选编(刑法卷)》,中国民主法制出版社1998年版,第60页。

② 1906年中国在聘请日本法学博士冈田朝太郎帮助修订新刑律时,1908年《日本改正刑法》也只是在制定过程中,它的起草工作几乎与《大清新刑律》同时完成,因此,冈田朝太郎在帮助晚清政府修订新刑律时,仿行的日本刑法,也只是这部刑法的草案而已。又有资料显示,该日本刑法是仿效1871年《德意志刑法》的(参见[日]牧野英一:《日本刑法通义》,陈承泽译,中国政法大学出版社2003年版,第3页);关于刑期折抵问题,规定在1871年《德意志刑法》第60条,即“因预审而留置之日数得以全部或一部算入本刑”。

③ 所谓“西力”,是指西方的物质文明和制度文明。

识等的全盘性移植。虽然这个“根本性”和“全盘性”对同在东亚的日本和中国的实际的或最终的影响情况不同,但在法律方面,都表现出了不同程度和方式的“西法东渐”。[①] 先是日本在这个“西力东渐”和“西法东渐”中实现了法律近代化并一跃成为现代化强国。继而晚清“力求自跻于文明之域”而也开始“变法”,于是,“一切法规的形式和内容,直接模仿日本,间接效法西欧”,并且,“中国旧律的原则和精神,在起草者心目中毫无存在余地”。[②] 正如有学者考证的那样,“晚清西力东渐,中国屡受侵略,乃决心变法图强,两江总督刘坤一,湖广总督张之洞,曾奏请变法,仿行西法,清廷初命沈家本、武廷芳为修订法律大臣,设修订法律馆及法律学堂”。此为近代中国“法制史上划时代之图强变革”,亦即近代中国“法律脱离固有法之传统精神,全盘西化之始”。[③] 从现实来看,由于这个“西力东渐”:一方面,西方的个人价值本位观传入了中国,令国人耳目一新,演绎成了个人本位的国家主义法律观。这为清末法律改制提供了重要的思想基础。另一方面,将西方近代人性论之理性成分吸纳到中国传统人性论中来,强调人是平等自由的,享有不可剥夺的自然权利。[④] 这为清末法律改制提供了重要的制度基础。正是在这样的思想和制度的根本性变革的背景之下,刑期折抵制度,像其他诸多新型现代法律制度一样,能够冲破“根深蒂固”的中华法系传统法律文化的束缚,落户并成长于这个文明古国之中,并促使这个古老法系走向解体,致使“传承数千年的旧律

---

① 正如德国法科进士赫善心答清宣统时工部员外郎蒋楷时所言:“日本无法律,向用中国律,继抄法国律,近则抄德国律。以其中无所主,故外来得而据之。若中国律自为系统,与罗马律之系统并峙,一旦尽弃所有,强百姓以必行,则窒碍甚多,决不如日本收效之捷”(《赫善心与蒋楷关于中国法律改革之问答》)。日本实际上从来就没有自己的法律系统。可也正是这个原因,它在这场“西力东渐”中反而不受传统文化根基的束缚,较为彻底地移植和吸收了西方先进法律制度,并真正走上了法律近代化道路。而我国因有着几千年传统文化根基的中华法系束缚,在“西力东渐”中,“虽有渐变,而无突变”(虽然《大清新刑律》相对于旧律而言有突变的性质)(蔡枢衡:《中国法理自觉的发展》,清华大学出版社 2005 年版,第 73 页),最终没能像日本那样走上法律近代化道路。

② 参见蔡枢衡:《中国法理自觉的发展》,清华大学出版社 2005 年版,第 73 页。

③ 参见展恒举:《中国近代法制史》,台北,台湾商务印书馆 1973 年版,第 1 页。

④ 参见徐岱:《清末刑法改制与中国刑法近代化》,载高铭暄、赵秉志主编:《刑法论丛》第 6 卷,法律出版社 2002 年版。

(中华法系)随之成为历史上的名词”。[①]

刑期折抵制度能在我国近代第一部刑法典《大清新刑律》中落户,在法律层面的最重要的原因,还是该部刑法典第一次在我国规定了具有现代法治意义的罪刑法定原则(第 10 条)[②]。如前所述,该原则的确立,实际上为诸如刑期折抵等保障受刑者个体权益的现代法律制度在刑法中的确立奠定了法律文化前提和基础。因此,从这个意义上说,刑期折抵制度在我国刑法典中落户同罪刑法定原则在我国被确立是分不开的。虽然该刑法典因清廷覆亡而未来得及实施,但它给后来包括刑期折抵制度在内的近现代法律制度在中国的发展奠定了重要基础。这不仅因为它是民国时期刑法的直接渊源,而且还因为以后中国制定的多部刑法典在一定程度上以此为蓝本。也正因如此,理论上颂扬这部法典:“中国法律从此开始和世界先进的法律接轨,中国刑法现代化的进程由此展开”。[③]

(四)通过“司法造法”为无刑期折抵立法时之解释依据

如前所述,在新中国成立至新中国第一部规定有刑期折抵立法的刑法生效时的时期内,先后作出的 50 个指导刑期折抵适用的专门或相关司法指导性文件,既没有作为解释对象的“法律”“法令”,也不是理论上所谓的政策而解释,而是依据历史传承的刑期折抵制度的刑法精神等所作的“司法造法”。也就是说,审判机关在遇到没有任何法律根据的刑期折抵问题时,通过层层上报的程序[④]和请示,根据法理和惯例,经研究而出台解释。一方面,这种创制的“法律”,不是由立法机关以法律文本的形式出台,而只是以司法机关的“解释”文本出现。另一方面,如此解释,并非都直接以“司法造法”为依据,而是自从有了

① 参见蔡枢衡:《中国法理自觉的发展》,清华大学出版社 2005 年版,第 73 页。

② 规定“凡律无正条者不论何种行为不得为罪”。《清朝续文献通考》卷 245,浙江古籍出版社影印本,第 9895 页。

③ 梁根林、何慧新:《二十世纪的中国刑法学(上)》,载《中外法学》1999 年第 2 期。

④ 从具体个案中抽象出法律争议问题加以解决,进而通过最高人民法院的司法解释的制作程序或者采用在公报公布的形式,作为一般性规则适用于所有类似的案件,最终成为正式规则。

关于刑期折抵的最初几个因“司法造法”而作出的“解释”后，以后的相关司法解释的解释依据，有时以前一“司法造法”的所造之“法”为后一个解释的基本依据，有时在以前的解释同这个“解释”间没有参照关系时，又根据具体情况再“创造”新“法”，并作为后续相关解释的根据。但是，以上“司法造法”，并非空穴来风，而是以《大清新刑律》等关于刑期折抵制度所传承和蕴含的“权利救济”、“权利保障”和公平正义等精神为依据。

事实上，诸如以上种种“司法造法”，需至少具备如下条件：

首先，“司法造法”需体现司法正义。

司法是社会正义的最后一道防线，司法正义是社会正义的重要关口和表现。“无救济则无权利”，为了保障权利（包括受刑人的权利）不受或尽可能少受侵害，必须有相应的程序和实体救济措施。这是司法正义的基本要求，是社会正义的具体表现。为了实现正义，法官不能借口法无规定或者法律规定不明确、不完备而拒绝判决。否则，不仅会因正义得不到伸张而导致司法失信，而且会促使“为权利而斗争”的私力救济铤而走险。因此，相对于刑事司法正义来说，虽然惩罚犯罪之类的“法”不提倡甚至应当禁止“司法造法”，但救济权利之法，还是应当“司法造法”的。这样，在刑事司法实践中，在救济权利之法出现漏洞甚至缺失时，法官绝不应当只是机械地寻找法律和适用法律，而应当依公正和理性去探求社会正义所需要的“救济之法”。

从新中国关于刑期折抵的第一个司法解释出台的背景来看，就是因为“有一部分犯人提出意见，要求将管训期间折抵刑期”。显然，这个动因引发“司法造法”，是为了实现司法正义，是为了救济权利，而不仅仅是因为“犯人提出意见”本身。否则，司法就会出现主导主体的错误。而请示是否折抵的法官及法院的意见是，“视其在公安机关管训是否失掉自由而定。如在公安机关管训期间失掉自由，应折抵刑期；如仅系自由受限制，未到完全失掉自由的程度，则不应折抵刑期”。这个意见，是在没有折抵法律依据的前提下作出的，其中蕴涵了“权利救济”、“权利保障”和公平正义的精神。而最高司法机关的复函，也即“关于犯人在公安机关管训期间是否可以折抵刑期的问题，我院意见，犯人判刑前在公安机关管训队实施管训期间,其身体自由即已受到限制,管训队生活和看守所生活虽有某些不同,但剥夺自由的性质,基本上是相同的,因此除交保在外者外,管训期间是可以折抵刑期的”,体现的同样是“权利救济”、“权利保障”和公平正义的精神。

其次,刑事领域的“司法造法”,需体现有利于被告原则,需是有利于被告原则在刑事实体法上的重要要求和表现。

“有利于被告”,只是一个简称,作为规制刑事司法的一条原则,来源于“有疑问便有利于被告”的古老法谚,其基本含义是,当案件存在难以解决的疑问时,应该作出有利于被告人的选择。有利于被告原则,既是一个刑法原则,也是一个刑事诉讼法乃至民事、行政诉讼原则。作为刑事法原则,“存疑时有利于被告”,既是刑事诉讼的本质、特点决定的,也是刑法的机能、特点决定的。就后者而言,刑法保护机能与保障机能的协调与均衡的追求,必定限制国家刑罚权的行使,使个人免受国家刑罚权“无理”之侵害,使个人之自由真正获得保障。[①] “存疑时有利于被告”原则意味着,只允许司法者作出有利于被告的选择,而不允许其作出不利于被告的选择,而且只有在刑法适用发生难以解决的疑问时,才能存在。而刑法适用之所以产生疑问,无论是因为刑法没有明文规定还是因为刑法规定矛盾抑或刑法规定模棱两可,归根结底,都是立法不完善的体现。自然,这个责任,应由国家来承担,而不是由公民来承担。[②] 因此,在法无规定时的“司法造法”,只能从有利于被告出发,必须在法理和惯例等指导之下实施。

最后,刑事领域的“司法造法”,需与罪刑法定原则保持一致。

有利于被告的“司法造法”并非与罪刑法定原则相冲突。虽然罪刑法定原则已经经历了从保障人权的单一功能到惩罚犯罪和保障人权的双重功能的发展,但无论怎么发展,“保障人权”始终是其主体和核心。因为,如果把当代罪刑法定理解为国家与国民在刑事领域的社会契约的话,那么这个契约的主体双方实际上在力量上是不对等的:一方是有组织的

---

① 参见张明楷:《“存疑时有利于被告”原则的适用界限》,载《吉林大学社会科学学报》2002 年第 1 期。

② 参见邱兴隆:《有利被告论探究——以实体刑法为视角》,载《中国法学》2004 年第 6 期。

整体,是强者;另一方是众多独立的个体,是弱者。在当代,强者体恤弱者是政治文明、精神文明的应有之义。① 在法治社会,法的设置,本是为了增强作为契约主体的国民对抗作为契约主体的国家的"实力",而不是相反。正如韩忠谟先生所揭示的那样:"无论'法'在历史发展上的真相究竟怎样,就它本身的机能来说,总以济弱锄强,维持秩序为主要任务的,这种济弱锄强的作用,就是对于实力的一种克制,在任何法律秩序中,如果听凭强有力者任意妄为,使弱者屈服于实力之下,受其宰割,那么秩序势必瓦解,陷入强凌弱众暴寡的混争之局。"②因此,在这个特别的契约中,必须突出"人权保障"的主体和核心地位。为突出"人权保障"的主体和核心地位,一方面,罪刑法定原则需以"不伤及无辜,不重罚轻(罚)者"为底线,司法官的活动不能跨越这条底线;另一方面,"不伤及无辜,不重罚轻(罚)者"的底线并不排斥"有利于被告"。③ 正如有学者所认为的,"罪刑法定限制的是超越法律的犯罪化、重刑化,但它并不反对非犯罪化、轻刑化"。④ 有利于被告原则在功能上甚至可以作为罪刑法定原则获得法律效果和社会效果双优的必要补充。在有利于被告的立法缺位时,在法律效果和社会效果同时需要的情况下,适当的"司法造法"的功能就与罪刑法定原则关于人权保障的精神实质相契合,如此的"司法造法"自然就补充了罪刑法定原则的不足。对此,我国学者马克昌教授等也指出:"由于罪刑法定主义从一开始就是基于尊重人权的意旨而确定下来的,所以必须从实质上保障人权(实质的人权保障的原则)。这就要求超越形式的法律主义的要求而实现刑罚法规内容的正当。"⑤

因此,以上"司法造法"与英美法系的普通法又有很大不同之处。显然,普通法不仅要创造有利于被告的规则,而且也要创造惩罚被告的罪和罚的规则。这是以上"司法造法"所不允许的。因为,按大陆法系的司法

① 参见储槐植:《现在的罪刑法定》,载《人民检察》2007 年第 11 期。

② 韩忠谟:《法学绪论》,中国政法大学出版社 2002 年版,第 72 页。

③ 罪刑法定原则之所以要禁止适用习惯法、禁止法外施刑和不定期刑、禁止适用类推和扩大解释、禁止刑法溯及既往,就是因为不利于保障人权,不利于被告。相反,现代相对的罪刑法定原则表明,有利于被告的法外施恩、扩大解释、刑法溯及既往等,还是在一定范围内允许的。

④ 沈海平:《罪刑法定不是机械的》,载《人民检察》2007 年第 9 期。

⑤ 马克昌等主编:《刑法学全书》,上海科学技术文献出版社 1993 年版,第 605 页。

规则，法院需受具有人权保障功能的罪刑法定原则的拘束和指导。法院及其法官创造罪与罚因与罪刑法定原则的人权保障功能相违背而应当被禁止，但创制有利于被告的法律形式却是罪刑法定原则的人权保障机能的应有之义。

第四章　前提厘定：刑期折抵的先行羁押

羁押，本来是一个刑事程序法上的范畴，其法律设置本来是在必要的情况下为了防止犯罪嫌疑人、刑事被告人继续犯罪、毁灭罪证、串供来保证刑事诉讼活动的顺利进行。羁押除了因实体适用条件外还因刑期折抵而进入刑事实体领域或与刑法（刑事实体法）发生关系。正如日本学者木村龟二教授所认为的，“羁押虽不是刑罚，但在拘禁于一定设施中剥夺行动自由这一点上，同执行自由刑没有不同。若考虑到约束自由所造成的痛苦，便会产生可以按执行自由刑看待这样一种见解。算入本刑正是以这种见解为依据的”。① 在我国，综观82个关于刑期折抵的司法解释，其中所涉刑期折抵的“先行羁押”形式众多，如管训、逮捕、刑事拘留、行政拘留、新生公学、保外就医、收容审查、隔离审查、禁闭审查、监视居住、管制、海关扣留、司法拘留等。如此众多的形式，能否被界定为“先行羁押”，是它们能否被刑期折抵的关键。

一、可予折抵刑期的逮捕措施

与域外“逮捕”（arrest）仅为抓捕措施不同，我国的

---

① ［日］木村龟二主编：《刑法学词典》，顾肖荣等译校，上海翻译出版公司1991年版，第443～444页。

“逮捕”是必然带来羁押状态的最为典型的羁押措施。此措施的适用,是当然的可折抵刑期的“先行羁押“形式,具体在案件宣告的本刑为管制、拘役或有期徒刑时,就必定(法定和应当)折抵刑期。据此,逮捕的刑期折抵是最没有争议的刑期折抵适用。

(一)逮捕的概念、特征与适用条件

逮捕,作为刑事诉讼中最严厉的强制措施,是指公安机关、人民检察院和人民法院,为了防止犯罪嫌疑人或者被告人实施妨碍刑事诉讼的行为,逃避侦查、起诉、审判或者发生社会危险性,而依法暂时剥夺其人身自由的一种强制措施。它具有如下几个基本特征:

首先,逮捕是最严厉的一种刑事诉讼强制措施。它不仅剥夺了犯罪嫌疑人、被告人的人身自由,而且逮捕后除发现不应当追究刑事责任和符合变更强制措施条件的以外,对被逮捕人的羁押期间一般要到人民法院判决生效为止。

其次,逮捕不具有惩罚性。根据《刑事诉讼法》第 1 条的规定,逮捕的适用是为了“保证刑法的正确实施,惩罚犯罪,保护人民,保障国家安全和社会公共安全,维护社会主义社会秩序”。据此,逮捕在性质上只是保障刑事诉讼顺利进行的保障性措施,不具有惩罚性。否则,就违背《刑事诉讼法》第 12 条关于“未经人民法院依法判决,对任何人都不得确定有罪”的规定。

最后,逮捕还具有一定意义上的人权保障性。主要表现在:通过逮捕,可以防止犯罪嫌疑人、刑事被告人自杀,可以避免犯罪嫌疑人、刑事被告人受到来自被害人以及其他人的侵害。这意味着逮捕在保障犯罪嫌疑人、刑事被告人人权方面也能发挥一定的作用。

根据我国 2018 年《刑事诉讼法》第 71 条、第 77 条及第 81 条的规定,作为必然带来“羁押”的逮捕措施,[①]其适用须具备三个实体规范性的限制条件:一是有证据证明有犯罪事实,这是逮捕关于“犯罪事实”的基本

① 在我国,必然带来程序性羁押的法定刑事强制措施有逮捕和刑事拘留两种。前者是一种短期羁押措施,后者是较长时间适用的羁押措施。从这个意义上看,逮捕是带来我国程序性羁押的主要措施。

证据和证明要求;[①]二是可能判处徒刑以上刑罚,[②]这是逮捕的重罪限制条件;三是采取取保候审尚不足以防止发生社会危险性,这是逮捕的实质性限制条件,具体包括"可能实施新的犯罪的""有危害国家安全、公共安全或者社会秩序的现实危险的""可能毁灭、伪造证据,干扰证人作证或者串供的""可能对被害人、举报人、控告人实施打击报复的""企图自杀或者逃跑的""对有证据证明有犯罪事实,可能判处十年有期徒刑以上刑罚的""有证据证明有犯罪事实,可能判处徒刑以上刑罚,曾经故意犯罪或者身份不明的""被取保候审、监视居住的犯罪嫌疑人、被告人违反取保候审、监视居住规定,情节严重的"八种情形,[③]并需"将犯罪嫌疑人、被告人涉嫌犯罪的性质、情节,认罪认罚等情况,作为是否可能发生社会危险性的考虑因素"(第 81 条第 2 款)。如此三个条件,相互结合,缺一不可,[④]共同决定在什么情况下适用或不适用逮捕。这些实体规范条件和《刑事诉讼法》第 87 条至第 96 条等关于逮捕适用的程序规范条件,[⑤]都具有限制羁押适用的功能,但具体作用的机理不同。主要表现在前者既是适用性条件,又是排除性条件,也是决定逮捕适用与否的"门槛":对达到基本证据要求、重罪限制条件和实质性限制条件的,予以适用;对达不到如此三个条件的,排除适用。而后者只是适用性条件,只是为羁押适用提供程序性方法,是决定逮捕能否合理适用的基本"保证"。因此,逮捕的程序规范条件与实体规范条件都至关重要:两者既相互关联,又无法相互替代,任何一方面条件缺失或出现功能性瑕疵,都可能导致逮捕及其羁

---

① 这只是逮捕的基本证据要求,而不是整个逮捕的全部证据要求。其实,逮捕的另外两个条件也需证明,也有各自的证据要求。

② 我国 1954 年《逮捕拘留条例》第 2 条第 1 款规定,"对反革命分子和其他可能判处死刑、徒刑的人犯,经人民法院决定或者人民检察院批准,应即逮捕"。该条例关于逮捕的重罪限制条件,实质上与现行法的规定是一致的,因为按我国的刑罚体系设置,"可能判处死刑、徒刑"实际上就是"可能判处徒刑以上刑罚"。

③ 前五种为第 81 条第 1 款的列举,后三种为第 81 条第 3 款和第 4 款的规定;前七种为"应当逮捕"情形,最后一种为"可以逮捕"情形。

④ 对此,大多数学者都持肯定态度。但也有少数学者提出了异议,认为这不利于逮捕这种强制措施功能的发挥(参见樊崇义主编:《刑事诉讼法学研究综述与评价》,中国政法大学出版社 1991 年版,第 135 页)。笔者认为,这种观点在本质上是一种"逮捕工具主义",其结果必然导致逮捕适用泛化。

⑤ 也即关于逮捕的提请、审查、决定、执行、解除等规范。

押适用失控,带来羁押执法、司法自身无法解决之羁押问题。

2018年《刑事诉讼法》关于逮捕适用的以上三个实体规范条件,与2012年、1996年和1979年《刑事诉讼法》的规定都有所不同,对有效控制羁押适用能够发挥重要的积极作用。就1979年《刑事诉讼法》而言,其规定(第40条)的三个实体规范条件是:“主要犯罪事实已经查清”“可能判处徒刑以上刑罚”“采取取保候审、监视居住等方法,尚不足以防止发生社会危险性,而有逮捕必要(患有严重疾病的人或正在怀孕、哺乳自己婴儿的妇女除外)”。就1996年《刑事诉讼法》而言,其规定(第60条)的三个实体规范条件是:“有证据证明有犯罪事实”“可能判处徒刑以上刑罚”“采取取保候审、监视居住等方法,尚不足以防止发生社会危险性,而有逮捕必要(患有严重疾病的人,或者是正在怀孕、哺乳自己婴儿的妇女除外)”。就2012年《刑事诉讼法》而言,其规定(第79条)的三个实体规范条件是:“有证据证明有犯罪事实”“可能判处徒刑以上刑罚”“采取取保候审尚不足以防止发生下列社会危险性的:‘可能实施新的犯罪的’‘有危害国家安全、公共安全或者社会秩序的现实危险的’‘可能毁灭、伪造证据,干扰证人作证或者串供的’‘可能对被害人、举报人、控告人实施打击报复的’‘企图自杀或者逃跑的’‘对有证据证明有犯罪事实,可能判处十年有期徒刑以上刑罚的’‘有证据证明有犯罪事实,可能判处徒刑以上刑罚,曾经故意犯罪或者身份不明的’‘被取保候审、监视居住的犯罪嫌疑人、被告人违反取保候审、监视居住规定,情节严重的’等八种情形”。[①]

综观以上规定,关于逮捕适用的实体规范条件的发展变化,只体现在“犯罪事实”的基本证据证明要求(第一个条件)和关于“发生社会危险性”的实质性条件(第三个条件)上。在第一个条件即证据要求上,1996年以来的三次修订完全相同,即都延续了1996年《刑事诉讼法》对1979年《刑事诉讼法》逮捕条件的大大降低。1979年《刑事诉讼法》要求“主要犯罪事实已经查清”,也即在逮捕人犯之前,通过全面收集充分确实的、能够排除其他各种可能性的证据,证明某个行为人实施的犯罪事实能够

---

① 前五种为本条第1款的列举,后三种为本条第2款和第3款的规定;前七种为“应当逮捕”情形,最后一种为“可以逮捕”情形。

处徒刑以上刑罚,才可考虑适用逮捕;[①]而1996年《刑事诉讼法》只要求"有证据证明有犯罪事实",也即只要有七种法定证据种类中的任何一种能证明犯罪嫌疑人、被告人实施了犯罪行为,即可满足适用逮捕的基本要求。[②]

然而,第一个条件的证据要求降低,并不是逮捕条件的局部变化,而是逮捕条件之内在关系的整体变化。如果说1979年《刑事诉讼法》关于逮捕适用的三个条件是一种并列兼递进式的内在关系[③]的话,则1996年《刑事诉讼法》关于逮捕适用的实体规范条件因第一个条件的降低而使它们之间变成了单一的递进式内在关系。因为,以前的逮捕条件中的前两个条件的证明标准(the degrees of proof)基本上是在同一层级[④]:达到了"对主要犯罪事实已经查清"的证明要求,也就大致满足了"可能判处徒刑以上刑罚"的证明要求。可是,1996年以来《刑事诉讼法》修订后的逮捕条件,虽然第一个条件的证据要求大大降低,但其他条件的证据要求未变,若同时具备如此三个条件才能适用逮捕的话,则各逮捕条件的证明标准必定表现出层次性。也即仅"有证据证明有犯罪事实"[⑤]尚不足以证明"可能判处徒刑以上刑罚",尚需另外的证据予以证明;同时,是否"有逮捕必要",也需要特别证明是否"采取取保候审、监视居住等方法,尚不足以防止发生社会危险性"等。以上逮捕条件的层次关系,决定了逮捕条件在适用中的先后顺序性。表现为,是否适用逮捕,先过第

---

① 参见郝双禄主编:《刑事诉讼法教程》,法律出版社1988年版,第120页。

② 参见胡康生、李福成主编:《〈中华人民共和国刑事诉讼法〉释义》,法律出版社1996年版,第75页。

③ 前两个条件的证据要求是并列式的,第三个条件的证明需建立在前两个条件的证明的基础上,与前两个条件的证明要求间形成了递进式关系。

④ 理论上把以上第一个条件称为"逮捕的证据要求要件"或"证明标准要件"等,都是片面的。事实上,逮捕的三个条件都对证据有要求,都需达到一定的证明标准;只不过修订前的逮捕条件的证明标准是同一层级的,符合了第一个条件的证明要求,也就基本达到了第二个条件的证明要求。

⑤ 根据1998年1月19日最高人民法院、最高人民检察院、公安部、国家安全部、司法部、全国人大常委会法制工作委员会发布实施的《关于刑事诉讼法实施中若干问题的规定》(已失效)第26条的规定,"有证据证明有犯罪事实",是指同时具备下列情形:有证据证明发生了犯罪事实;有证据证明犯罪事实是犯罪嫌疑人实施的;证明犯罪嫌疑人实施犯罪行为的证据已查证属实的。其中,犯罪事实可以是犯罪嫌疑人实施的数个犯罪行为中的一个。

一道“门槛”：是否“有证据证明有犯罪事实”；再过第二道“门槛”：是否“可能判处徒刑以上刑罚”；最后过第三道“门槛”：是否“有逮捕必要”。[①]

综合以上 1996 年以来《刑事诉讼法》的修订情况，在逮捕的三个条件中，第二个条件（重罪限制条件）实际上是一个“承上启下”的关键性条件。虽然从羁押的适用实践来看，羁押适用的最重要依据，是防止潜逃的危险，[②]而不是罪行的严重程度和是否为“重罪”，[③]但这并不能替代重罪限制条件在限制逮捕适用中的地位及其对限制羁押权行使的重大作用。因为，一方面，就 1996 年《刑事诉讼法》规定的“有逮捕必要”而言，其在实质上是一个“口袋型”条件。[④] 这个条件的限制逮捕适用功能的发挥，必须建立在其他两个条件的基础上，即它本身也需要其他两个条件、两道“门槛”的限制。另一方面，重罪限制条件与逮捕必要性条件发生作用的机理是不同的：对于前者，虽然也有适用性，但更多的是一个“排除性”的条件，其主要作用并不是要求“重罪”适用逮捕，而是排除“轻罪”适用逮捕；对于后者，虽然也有排除性，但主要是一个“适用性”条件，其主要作用是根据是否“有逮捕必要”而决定适用逮捕与否。这样，一方面，“有逮捕必要”是逮捕的最后适用条件，也是其直接或主要适用依据；[⑤]另一方面，它又必须受重罪限制条件的限制，以防止其“口袋”任意扩大而导致逮捕泛化。因此，逮捕的重罪限制条件，虽不是逮捕适用的直接或主要依据，但它对限制逮捕适用的意义重大。

然而，1996 年以来的《刑事诉讼法》关于逮捕适用的上述重罪限制条件，实际上是一个虚化的条件。其一，逮捕条件的以上内在关系决定了该

---

① 现行逮捕立法条件的如此内在关系，虽然从有关资料来看，这不是立法者本来的意图，更不是其有意设定，但这确实是现行立法的客观表现。虽然这个条件关系对我国当前的侦查技术提出了挑战，但它符合由浅入深的认识规律和限制羁押权行使的基本原理，使逮捕的保证功能与保障功能趋于平衡。

② 属第三个条件，即“有逮捕必要”。

③ 在德国，超过 70% 的羁押是基于此原因而施行的；依据罪行的严重程度进行的羁押的比例，在 1985 年仅为 1.2%。参见［德］汉斯－乌尔里西·帕芬根：《审前羁押法》，载陈光中、［德］汉斯－约格·阿尔布莱希特主编：《中德强制措施国际研讨会论文集》，中国人民公安大学出版社 2003 年版，第 143～147 页。

④ 该条件若无其他条件配合，则任何犯罪都可被解释为符合该条件而纳入逮捕适用范围。

⑤ 逮捕的前两个条件主要是该条件的限制条件，一般不可能成为逮捕适用的直接依据。

条件的虚化。如前所述,逮捕的三个实体规范条件不仅都对证据有要求,而且还是有层次的。然而,理论上对这三个条件的权威解读认为,立法上的这三个条件分别是逮捕的证据要件、罪行要件和社会危害性要件,并且认为只要七种法定证据种类中的任何一种能证明犯罪嫌疑人、被告人实施了犯罪行为,就达到了逮捕的证据要求。[①] 如果说如此解读反映了立法者的意图,[②]也即,以第一个条件的证据要求代替所有逮捕条件的证据要求,则1996年《刑事诉讼法》对逮捕条件的修订就使逮捕适用走向了另一个极端:以前的"对主要犯罪事实已经查清"的规定,虽然条件规定过高,不利于及时、有力地打击刑事犯罪,但在防止错捕、减少滥捕和保护公民人身权利方面起到了较好的作用;[③]而根据修订后的"有证据证明有犯罪事实"规定,虽然逮捕的基本证据要求大大降低,但这只降低了第一个条件的证据要求,后两个条件的证据要求并未降低。易言之,如果说以前的"对主要犯罪事实已经查清"的证据要求,能大致满足"可能判处徒刑以上刑罚"的证明需要的话,则"有证据证明有犯罪事实"的证据要求,大多是满足不了"可能判处徒刑以上刑罚"的证明需要的。[④] 如果试图以最低证明标准的证据要求代替较高证明标准的证据要求,则必然导致后者虚化,从而使逮捕适用失去了最关键限制条件的限制而不利于防止错捕、减少滥捕和保护公民的人身权利。因此,逮捕的第一个条件降低后,以该条件的证据要求代替整个逮捕的证据要求,以前立法关于"逮捕适用条件过高"的矛盾不但没有解决,反而产生了逮捕重罪限制条件虚化、逮捕适用进一步泛化等新问题。其二,逮捕适用的诉讼阶段决定了该条件的虚化。根据现行《刑事诉讼法》关于逮捕的第一个条件的规

---

① 参见胡康生、李福成主编:《〈中华人民共和国刑事诉讼法〉释义》,法律出版社1996年版,第75页。

② 这个"解读"纵然符合立法者的意图,但不符合修订后逮捕条件间的内在关系。

③ 参见陈光中主编:《刑事诉讼法学(新编)》,中国政法大学出版社1996年版,第221页。

④ 虽然对"可能判处徒刑以上刑罚"的判断只是一个"可能性"判断,但这个"可能性"不能泛化到只要"有证据证明有犯罪事实"就算达到了其证明要求。毕竟,"可能判处徒刑以上刑罚"是一个涉及刑罚"度"的问题的定量判断,需建立在超过"有证据证明有犯罪事实"的基本证据要求之上。

定，逮捕在侦查起始甚至立案阶段[1]就可适用。从不同逮捕条件所要求的证明标准来看，在侦查起始甚至立案阶段，确实能达到“有证据证明有犯罪事实”的证明要求；但需达到“可能判处徒刑以上刑罚”的证明要求，对于大多数案件来说，是不可能的。虽然这只是一个“可能性”判断，但这个涉及刑罚“度”问题的定量判断，由侦查机关在侦查终结前作出，既不合法理也不切实际。若逮捕一定要在侦查起始甚至立案阶段适用，则必然闲置“可能判处徒刑以上刑罚”条件。其三，我国具体犯罪的法定刑设置，决定了该条件的虚化。从我国《刑法》分则关于具体犯罪的法定刑设置来看，不仅所有罪名都规定了“徒刑（有期徒刑或无期徒刑）”的刑罚方法，[2]而且其法定刑幅度的跨度之大，几乎所有进入侦查程序的案件，在侦查终结以前，都可纳入“可能判处徒刑以上刑罚”范围之内。这就意味着，逮捕及其羁押的“重罪”适用限制，在立法层面上实际是不存在的（虚化的）。[3]

因此，要有效控制羁押的适用，就必须在第三个条件即防止发生社会危险性（简称“逮捕必要性”条件）上，作出有效的限制。这也是2012年和2018年《刑事诉讼法》关于逮捕限制适用的重要进步所在。据前所述，2012年和2018年《刑事诉讼法》都改变了第三个实体规范条件的“口袋”性规定，采用严格的实质性要求与具体列举相结合的立法模式，并且后者进一步增加了“将犯罪嫌疑人、被告人涉嫌犯罪的性质、情节，认罪认罚等情况，作为是否可能发生社会危险性的考虑因素”的限制性规定，从而既有效限制了逮捕即羁押问题，又在很大程度上弥补了1996年以来《刑事诉讼法》降低逮捕适用证据门槛所导致的第二、第三个适用条件虚化问题。

根据1996年《刑事诉讼法》关于逮捕适用的实体规范条件的规定，导

---

① 根据我国2018年《刑事诉讼法》第112条的规定，立案的条件也是“有犯罪事实需要追究刑事责任”。

② 我国的有期徒刑本就包含了适用于各种犯罪；对各类犯罪分子适用都比较灵活；在我国《刑法》的分则条文中，凡是具体规定法定刑的，一般都包含有期徒刑等特点。参见高铭暄主编：《新编中国刑法学》，中国人民大学出版社1998年版，第327页。

③ “重罪”是相对于“轻罪”而言的；既然刑法中所有的犯罪都可为逮捕条件中的“重罪”，则也就无所谓重罪轻罪。

致逮捕重罪限制条件的虚化,起码有三个"渠道":一是立法设置的逮捕条件的内在关系,二是逮捕适用所处的诉讼阶段,三是与其对接的刑法规范(具体犯罪的法定刑设置)。这三个"渠道"都可带来逮捕的重罪限制条件虚化。这个条件虚化,进而失去防止第三个条件的"口袋"任意扩大的最关键性实体限制。这样,纵然通过严格的逮捕审批程序[①]以试图限制逮捕适用,但也因缺乏实体限制标准而无能为力,[②]只能听任逮捕及其羁押泛化。更何况在实践中,在我国侦查技术还相对落后的客观现实下,为了有利于刑事诉讼活动的顺利进行,即使是过失犯罪[③],也因逮捕重罪限制条件虚化而会被解释为符合逮捕条件[④]适用逮捕。1996年《刑事诉讼法》实施后,根据最高人民检察院工作报告,2002~2006年我国连续5年提起公诉案件的逮捕羁押率均在90%左右。[⑤] 显然,其中占相当比重的是包括过失犯罪在内的"轻罪"适用逮捕情形。以上任何一个渠道都可致逮捕的重罪限制虚化。从立法史来看,前两个渠道是1996年《刑事诉讼法》修改逮捕条件所致,第三个渠道则由来已久。纵观新中国的羁押立法,1954年12月20日通过、1979年2月23日修改的《逮捕拘留条例》和1979年7月1日通过、1980年1月1日起施行的《刑事诉讼法》,都对逮捕的证据条件作了较高的要求;[⑥]只是1996年《刑事诉讼法》修改第一个条件的证据要求大大降低后,才导致"可能判处徒刑以上

---

① 我国现行《刑事诉讼法》第66~70条的规定。

② 这也反映了前述程序规范与实体规范的内在关系。

③ 它们的法定刑设置中也都包含了"有期徒刑"的刑罚方法。

④ 虽然2001年8月6日最高人民检察院、公安部《关于依法适用逮捕措施有关问题的规定》规定"对有组织犯罪、黑社会性质组织犯罪、暴力犯罪和多发性犯罪等严重危害社会治安和社会秩序以及可能有碍侦查的犯罪嫌疑人,一般应予逮捕",但这只是对法律关于"有逮捕必要"的解释之一,并不是对"可能判处徒刑以上刑罚"的具体规定。从该规定全文来看,并没有任何关于"可能判处徒刑以上刑罚"的具体规定。

⑤ 其中,2002年共批准逮捕3,601,357人,提起公诉3,666,142人,逮捕率约为98.2%;2003年共批准逮捕764,776人,提起公诉819,216人,逮捕率约为93.4%;2004年共批准逮捕811,102人,提起公诉867,186人,逮捕率约为93.5%;2005年共批准逮捕860,372人,提起公诉950,804人,逮捕率约为90.5%;2006年共批准逮捕891,620人,提起公诉999,086人,逮捕率约为89.2%。

⑥ 1979年《逮捕拘留条例》和1979年《刑事诉讼法》都要求"主要犯罪事实已经查清",1954年《逮捕拘留条例》对此没有直接规定,但从逮捕只对"反革命分子和其他可能判处死刑、徒刑的人犯"适用来看,其证据要求起码要达到"主要犯罪事实已经查清"。

刑罚”条件虚化或闲置。可第三个渠道从新中国第一部刑法也即1979年《刑法》施行起就存在,因为这部《刑法》同样针对所有犯罪都设置了“徒刑”的刑罚方法。也正因如此,我国的逮捕羁押率在20世纪80年代至2012年《刑事诉讼法》施行前的一段时间,都在90%以上。[①] 2012年《刑事诉讼法》对逮捕适用的实质条件(第三个条件)采取了“实质限制+具体列举”的立法模式,从而使逮捕羁押率呈现较大降幅,近几年已降到80%以下。[②] 因此,要解决逮捕的第一个条件降低与第二个条件虚化及其羁押范围过大的矛盾,必须解决逮捕的重罪限制条件虚化问题。正如有学者所考查的那样,“羁押率下降是由于所有案件中都出现了非羁押现象,社会危险性审查功不可没”。[③]

(二)逮捕是最为典型的法定羁押措施

在我国,逮捕作为刑事强制措施,属于能够自动带来羁押状态的法定强制措施。这一方面是因为新中国自始就没有把“羁押状态”作为独立的刑事强制措施,从而使得这种措施成为自动或必然带来羁押状态的法定强制措施之一;另一方面是新中国的相关立法自始就规定了这种强制措施。这意味着,逮捕措施作为犯罪追诉的法定先行羁押措施,其羁押期间的刑期折抵是刑期折抵问题的当然之义。具体根据我国现行《刑法》第41条、第44条和第47条的规定,以及2018年《监察法》第44条的规定,可能是逮捕1日折抵拘役或有期徒刑刑期1日,也可能是逮捕1日折抵管制2日。

首先,早在新中国成立初期的相关立法中就明确地规定了这种羁押措施。主要表现在,1954年《逮捕拘留条例》第2条第1款规定,“对反革命分子和其他可能判处死刑、徒刑的人犯,经人民法院决定或者人民检察院批准,应即逮捕”。至于被逮捕的人犯需要关押多长

---

① 据学者统计,1990年至2009年,全国检察机关羁押率为93.76%。参见刘计划:《逮捕制度审查的中国模式及其改革》,载《法学研究》2012年第2期。

② 参见蒋安杰:《最高检报告为何首次分析二十年刑事犯罪数据变化——专访最高检第一检察厅厅长苗生明》,载《法制日报》2020年5月27日,第11版。

③ 谢小剑:《审前未决羁押率下降:基本特点与成因解析》,载《中国刑事法杂志》2021年第4期。

时间,在这个时期尚没有立法作出明确规定,具体取决于案件侦查、审查起诉和刑事审判的期限。因此,被适用逮捕的人犯被关押的时间往往较长。

其次,在“文化大革命”后的法律发展时期更是对该羁押措施作了规定。主要表现在:(1)1979 年《逮捕拘留条例》第 3 条第 1 款规定,“主要犯罪事实已经查清,可能判处徒刑以上刑罚的人犯,有逮捕必要的,经人民法院决定或者人民检察院批准,应即逮捕”。(2)1979 年《刑事诉讼法》第 92 条规定,“对被告人在侦查中的羁押期限不得超过二个月。案情复杂、期限届满不能终结的案件,可以经上一级人民检察院批准延长一个月。特别重大、复杂的案件,依照前款规定延长后仍不能终结的,由最高人民检察院报请全国人民代表大会常务委员会批准延期审理”;第 99 条规定,“人民检察院审查案件,对于需要补充侦查的,可以自行侦查,也可以退回公安机关补充侦查。对于补充侦查的案件,应当在一个月以内补充侦查完毕”;第 125 条规定,“人民法院审理公诉案件,应当在受理后一个月内宣判,至迟不得超过一个半月”;第 131 条规定,“不服判决的上诉和抗诉的期限为十日,不服裁定的上诉和抗诉的期限为五日,从接到判决书、裁定书的第二日起算”;第 142 条规定,“第二审人民法院受理上诉、抗诉案件后,应当在一个月以内审结,至迟不得超过一个半月”。综上,被适用逮捕的人犯最多可被关押 7 个月甚至更长时间。

再次,在 1996 年修订的《刑事诉讼法》中对该羁押措施作了较为详尽的规定,主要表现有:第 60 条第 1 款规定,“对有证据证明有犯罪事实,可能判处徒刑以上刑罚的犯罪嫌疑人、被告人,采取取保候审、监视居住等方法,尚不足以防止发生社会危险性,而有逮捕必要的,应即依法逮捕”;第 124 条规定,“对犯罪嫌疑人逮捕后的侦查羁押期限不得超过二个月。案情复杂、期限届满不能终结的案件,可以经上一级人民检察院批准延长一个月”;第 125 条规定,“因为特殊原因,在较长时间内不宜交付审判的特别重大复杂的案件,由最高人民检察院报请全国人民代表大会常务委员会批准延期审理”;第 126 条规定,“下列案件在本法第一百二十四条规定的期限届满不能侦查终结的,经省、自治区、直辖市人民检察院批准或者决定,可以延长二个月……”;第127条规定,“对犯罪嫌疑人可能判处十年有期徒刑以上刑罚,依照本法第一百二十六条规定延长期限届满,仍不能侦查终结的,经省、自治区、直辖市人民检察院批准或者决定,可以再延长二个月”;第128条第1款规定,“在侦查期间,发现犯罪嫌疑人另有重要罪行的,自发现之日起依照本法第一百二十四条的规定重新计算侦查羁押期限”;第138条规定,“人民检察院对于公安机关移送起诉的案件,应当在一个月以内作出决定,重大、复杂的案件,可以延长半个月。人民检察院审查起诉的案件,改变管辖的,从改变后的人民检察院收到案件之日起计算审查起诉期限”;第140条第2款、第3款规定,“人民检察院审查案件,对于需要补充侦查的,可以退回公安机关补充侦查,也可以自行侦查。对于补充侦查的案件,应当在一个月以内补充侦查完毕。补充侦查以二次为限。补充侦查完毕移送人民检察院后,人民检察院重新计算审查起诉期限”;第166条规定,“依照本法第一百六十五条第二项的规定延期审理的案件,人民检察院应当在一个月以内补充侦查完毕”;第168条规定,“人民法院审理公诉案件,应当在受理后一个月以内宣判,至迟不得超过一个半月。有本法第一百二十六条规定情形之一的,经省、自治区、直辖市高级人民法院批准或者决定,可以再延长一个月。人民法院改变管辖的案件,从改变后的人民法院收到案件之日起计算审理期限。人民检察院补充侦查的案件,补充侦查完毕移送人民法院后,人民法院重新计算审理期限”;第183条规定,“不服判决的上诉和抗诉的期限为十日,不服裁定的上诉和抗诉的期限为五日,从接到判决书、裁定书的第二日起算”;第194条规定,“第二审人民法院发回原审人民法院重新审判的案件,原审人民法院从收到发回的案件之日起,重新计算审理期限”;第196条规定,“第二审人民法院受理上诉、抗诉案件,应当在一个月以内审结,至迟不得超过一个半月。有本法第一百二十六条规定情形之一的,经省、自治区、直辖市高级人民法院批准或者是决定,可以再延长一个月,但是最高人民法院受理的上诉、抗诉案件,由最高人民法院决定”。综上,被适用逮捕的人犯最多可被关押16个月甚至更长时间。

最后,我国2012年和2018年的《刑事诉讼法》在适用期限上对上述规定作了大体传承。具体来说,无论依2012年《刑事诉讼法》第69条、第72条、第75条、第78条、第79条、第81条、第85~94条、第98条、第113条、第117条、第136条、第153条、第154条、第161条、第163条、第165条、第269条等的规定,还是依2018年《刑事诉讼法》第71条、第77条、第80条、第90条、第91条、第95~99条、第105条、第150条、第151条、第156~160条、第167条、第170条、第172条、第175条、第180条、第181条、第204~206条、第208条、第241条、第243条等的规定,被逮捕人被羁押时间可达31个月甚或更长。这具体涵盖了如下阶段:先被刑事拘留(最长37天)再被执行逮捕,并经过侦查(通常7个月,包括通常情况下的2个月和经上一级检察机关批准延长的1个月、经省级检察机关批准或者决定延长的2个月、可能被判处10年有期徒刑以上刑罚的再延长2个月,不包括报请全国人民代表大会常务委员会批准延期的情形)、审查起诉(通常5个月,包括通常情况下的1个月和重大复杂案件的延长半个月、补充侦查2个月及之后重新计算审查起诉期限的1个半月,不包括改变管辖的重新计算期限)、一审(通常9个月,包括通常情况下的3个月、特殊情况的延长3个月和补充侦查情况下的3个月,但不包括因特殊情况还需要报请最高人民法院批准延长的情形和改变管辖的重新计算审理期限)、二审(通常4个月,包括通常情况下的2个月和特殊情况的延长2个月,不包括因特殊情况还需报请最高人民法院批准延长的情形)、发回重审(通常5个月,包括一审两个半月,二审两个半月)。这样,被适用逮捕的人被羁押的时长,可能达到31个月甚至更长。

二、可予折抵刑期的四种拘留

在我国的法学理论与实践中,有着名称众多的“拘留”,常见的如行政拘留、治安拘留、民事拘留、刑事拘留、司法拘留等;除了这些常见的以外,还有如民事司法拘留、行政司法拘留、刑事司法拘留、民事制裁拘留等。这些不同名称的拘留大多有着不同的法律规制和不同的适用对象。具体可以根据我国现行各拘留立法及其创制目的和性质的不同,把它们分为行政拘留(治安拘留)、刑事先行拘留、司法拘留(包括民事司法拘留、行政司法拘留、刑事司法拘留)和民事制裁拘留四种情形。这些情形,在同一行为涉嫌犯罪而被追究刑事责任以及被判处管制、拘役和有期徒刑时,可以依法折抵刑期。

(一)我国拘留形式全景考察

关于我国拘留形式①的种类,在我国理论界曾有过不同的观点。概括起来主要为如下两种,即"三拘留说"和"四拘留说"。前者如:"我国法律共规定有三种拘留:刑事拘留、行政拘留和民事拘留,应注意区分,不得混淆。"②"在我国,除刑事拘留外,还有其他拘留,下面就刑事拘留与其他拘留的区别加以阐述。(一)刑事拘留与行政拘留的区别……(二)刑事拘留与司法拘留……司法拘留分为民事司法拘留和刑事司法拘留。"③这是我国关于拘留具体形式的主流观点。后者如:拘留是"公安、司法机关依法将特定的人短时间拘禁留置于一定处所。有性质不同的行政拘留、刑事拘留、民事拘留和司法拘留"。④ 这种观点,特别是把民事拘留与司法拘留相并列的拘留形式,在理论上所持者甚少。

本书认为,随着我国拘留实践和立法的发展,以上两种观点中对拘留具体形式的看法都是不正确的。其中,"三拘留说"把我国法律规定的拘留形式概括为刑事拘留、行政拘留和民事拘留,或概括为刑事拘留、行政拘留和司法拘留,都是不符合我国立法和司法实际的;而"四拘留说"把民事拘留与司法拘留并列为两种独立的拘留形式,这无论是在其理论上还是在我国当前立法上都是缺乏根据的。

实际上,我国当前立法下的四种拘留具体形式,即行政拘留(又称治

---

① "形式",从哲学上讲,"是内容的存在方式,是内容的结构和组织"[《辞海》(缩印本),上海辞书出版社 1980 年版,第 195 页];从日常生活用语来讲,指"事物的形状、结构等"[《现代汉语词典》(修订本),商务印书馆 1996 年版,第 1410 页];根据"形式"的以上意义,具体到拘留来说,其"形式",是指各以拘留为名的强制措施的存在方式和结构状况等,具体表现为性质、适用法律、适用对象、适用主体、适用期限等方面的差别。因此,仅从"拘留"这一名词来说,在该名词之下,拘留的形式实为拘留的具体种类。

② 陈光中主编:《刑事诉讼法学(新编)》,中国政法大学出版社 1996 年版,第 218 页。

③ 陈光中、徐静村主编:《刑事诉讼法学》(修订 2 版),中国政法大学出版社 2002 年版,第 186 ~ 187 页。

④ 《法学词典》(第 3 版),上海辞书出版社 1989 年版,第 534 ~ 535 页。

安拘留)、刑事先行拘留、司法拘留(又具体分为民事司法拘留、行政司法拘留和刑事司法拘留)和民事制裁拘留[①]在性质、适用法律、适用机关、适用权限、适用期限等方面都是有差别的。这具体表现为:

在性质上,行政拘留,是一种行政处罚[②]和治安管理处罚方式,[③]只适用于那些具有社会危害性、尚不够刑事处罚的行政管理违法行为,具体包括:“扰乱公共秩序”“妨害公共安全”“侵犯人身权利、财产权利”“妨害社会管理”四类;[④]刑事先行拘留,是一种临时性、保障性的刑事强制措施,“是一种程序性措施,不具有结论意义”,[⑤]不具有惩罚性;司法拘留,是一种兼有保障和惩罚性的诉讼保障措施,它在诉讼活动中具有相对的普遍适用性,即在理论上对所有严重妨害诉讼秩序而又尚不构成犯罪的行为都可适用;民事制裁拘留,是一种民事制裁方式,是并列于民事责任形式的一种补充方式,是相对独立于民事责任形式的一种独立的责任形式。[⑥]

在适用法律上,行政拘留适用的是行政法律,主要为行政实体法,也

---

① 行政拘留,又可称治安拘留,它是对实施了违反行政管理法规的行为人所给予的一种行政处罚。刑事先行拘留,即传统的“刑事拘留”,也就是刑事诉讼中作为五种刑事强制措施之一的拘留,为对现行犯或重大嫌疑分子采取的、临时限制其人身自由的一种保障侦查、审判顺利进行的刑事强制措施;笔者之所以称它为“刑事先行拘留”,一是为了突出其“先行性”即它往往是逮捕的先行措施,二是为了体现它的个别性也即避免混淆于刑事诉讼中的其他形式拘留。司法拘留是指对妨害诉讼秩序的行为人所采取的限制其人身自由的一种强制措施。民事制裁拘留,是指民事实体法所规定的为了制裁那些仅承担民事责任方式而不足以承担民事责任的行为人而由人民法院在裁判时直接适用的一种民事制裁方式。民事制裁拘留的法律依据本是1986年《民法通则》(第134条)。2020年《民法典》取消了该规定,这意味着在我国现行法中没有民事制裁拘留这种拘留形式,也并不存在民事制裁拘留的刑期折抵问题。不过,为了完整梳理立法史上的拘留形式并避免相关概念的混淆,在本书中还是以原《民法通则》的规定加以梳理。

② 1996年通过、2021年修订的《行政处罚法》第9条第5项明确规定了“行政拘留”的“行政处罚”性质,且它是法定行政处罚种类中最为严厉的一种处罚方式。

③ 2005年通过、2012年修正的《治安管理处罚法》第10条第1款将“行政拘留”作为法定的四种“治安管理处罚”之一。从法律性质上看,“治安管理处罚”应属于“行政处罚”中关于治安管理方面的处罚方式。

④ 参见《治安管理处罚法》第2条的规定。

⑤ 陈光中、徐静村主编:《刑事诉讼法学》(修订2版),中国政法大学出版社2002年版,第187页。

⑥ 参见石经海、石长起:《“民事制裁拘留”适用探析》,载《青海师专学报》2001年第4期。

包括一些行政程序法；[①]刑事先行拘留，适用的法律主要是刑事诉讼法，属于刑事程序法；[②]司法拘留适用的法律是诉讼程序法，具体为民事诉讼法、行政诉讼法和刑事诉讼法；[③]民事制裁拘留适用的法律是民事实体法，具体为原《民法通则》第 134 条第 3 款。[④]

在适用机关上，行政拘留的适用机关只能是公安机关和法律规定的其他机关（某些情况下的国家安全机关和军事机关）；[⑤]刑事先行拘留的适用机关有公安机关、人民检察院和国家安全机关以及监狱、军队内的保卫部门，[⑥]其他任何组织（包括人民法院）和个人都无权行使这种拘留权；司法拘留的

---

① 该种拘留适用的法律，除《行政处罚法》和原《治安管理处罚法》外，还可根据情况具体适用《集会游行示威法》《行政复议法》等行政法律法规。在这些法律法规中，《行政处罚法》和《行政复议法》中关于这种拘留的规定主要是程序性的规定，而原《治安管理处罚法》和《集会游行示威法》等行政管理法律法规中关于这种拘留的规定主要是实体性的规定。

② 目前具体适用 1979 年 7 月 1 日通过、2018 年 10 月 26 日修正的《刑事诉讼法》第 82、83 条等。另外，它还适用 2015 年 7 月 1 日颁布的《国家安全法》第 42 条规定。

③ 目前，民事司法拘留具体适用 2021 年修订的《民事诉讼法》第 113～120 条；行政司法拘留具体适用 2017 年修订的《行政诉讼法》第 59 条；刑事司法拘留具体适用 2018 年修正的《刑事诉讼法》第 193、199 条。

④ 该条款规定："人民法院审理民事案件，除适用上述规定外，还可以予以训诫、责令具结悔过、收缴进行非法活动的财物和非法所得，并可以依照法律规定处以罚款、拘留。"在司法实践中，为能更好地适用这种拘留，最高人民法院在 1988 年 1 月 26 日通过的《关于贯彻执行〈中华人民共和国民法通则〉若干问题的意见（试行）》的第 163 条和第 164 条对其作了进一步的具体规定。2020 年 5 月 28 日通过的《民法典》取消了"民事制裁拘留"这一拘留形式。但为了与我国法律史上各种拘留形式相区别，本书仍对其加以梳理与论述。

⑤ 1996 年通过、2021 年修订的《行政处罚法》第 18 条第 2 款规定："国务院或者省、自治区、直辖市人民政府可以决定一个行政机关行使有关行政机关的行政处罚权。"第 3 款规定："限制人身自由的行政处罚权只能由公安机关和法律规定的其他机关行使。"行政拘留是六种法定行政处罚方式中唯一限制人身自由的处罚方式。这意味着，有权实施行政拘留的机关只能是公安机关和法律规定的其他机关；其他非法律规定的机关和个人，包括人民法院和人民检察院都无权实施这种拘留形式。2015 年《国家安全法》第 42 条规定："国家安全机关、公安机关依法搜集涉及国家安全的情报信息，在国家安全工作中依法行使侦查、拘留、预审和执行逮捕以及法律规定的其他职权。有关军事机关在国家安全工作中依法行使相关职权"。这表明，有关国家安全工作的行政拘留权由国家安全机关、公安机关、有关军事机关行使。

⑥ 根据 2018 年修正后的《刑事诉讼法》第 4、82、165 条和第 308 条的规定，这种拘留的适用机关除了公安机关和人民检察院外，还应包括国家安全机关、军队保卫部门、中国海警局和监狱。这是作为基本法的《刑事诉讼法》赋予这些机关的权力，不可轻视和剥夺。当然，由于这些机关自身的职能、性质等原因，它们在具体的适用权上还是有较大区别的，但这不是轻视甚至剥夺它们作为这种拘留适用主体的资格与权利的理由。

适用机关一般是人民法院和公安机关;[①]民事制裁拘留的适用机关一般也为人民法院和公安机关。[②]

在适用权限上,应包括决定权和执行权两个方面。四种具体的拘留形式实际上都涉及这两方面的权限问题。其中,行政拘留的决定权和执行权都统一由公安机关行使;不过,根据我国公安机关目前的设置和立法规定,其决定权具体只能由县级以上(包括县级)的公安机关的负责人行使,[③]其执行权具体只能由县级以上公安机关(包括县市的公安局、公安分局)相应的职能部门如属地的公安派出所和统一的拘役所结合行使。行使刑事先行拘留决定权的机关包括公安机关、人民检察院和国家安全机关以及监狱、军队内的保卫部门;[④]而行使其执行权的法定机关应为公安机关、国家安全机关、监狱和军队内的保卫部门。[⑤] 实际上,这个执行权应当是由公安机关与国家安全机关、监狱或军队内的保卫部门结合行使,即后者执行后交公安机关的看守部门统一看管。司法拘留和民事制裁拘留的决定权与执行权都分别由人民法院和公安机关行使。

在适用期限上,应有三种情况:一是法定期限;二是宣告期限;三是实际执行期限。所谓法定期限即法律法规明确规定对于某种形式拘留的幅度;所谓宣告期限是指决定机关根据被拘留行为人的行为性质和情节在法定期限内所具体选择的在《拘留决定书》中所确定的期限;而所谓实际

---

① 在实践中的具体分工(做法),一般是人民法院决定和执行后交公安机关看管。

② 对此,虽无法律法规乃至司法解释作出明确规定,但考虑目前法院的设置以及公安机关的设置和职能,在实践中的具体分工(做法),一般也应是人民法院决定和执行后交公安机关看管。

③ 公安派出所、公安特派员等都无这个权力。

④ 参见2018年修正后的《刑事诉讼法》第4、82、165条和第308条。

⑤ 根据2018年修正后的《刑事诉讼法》第4、82、165条和第308条的规定,应当只有人民检察院被唯一地排除在这种拘留的执行机关之外。根据该法第4条的规定,"国家安全机关依照法律规定,办理危害国家安全的刑事案件,行使与公安机关相同的职权"。这样,国家安全机关也应享有刑事拘留的决定权和执行权,也是刑事先行拘留的适用主体。又根据该法第308条的规定,"军队保卫部门对军队内部发生的刑事案件行使侦查权。中国海警局履行海上维权执法职责,对海上发生的刑事案件行使侦查权。对罪犯在监狱内犯罪的案件由监狱进行侦查。军队保卫部门、中国海警局、监狱办理刑事案件,适用本法的有关规定"。既然军队保卫部门、中国海警局和监狱有对本领域内部的刑事案件的侦查权,而刑事先行拘留又是一种重要的侦查保障措施,则根据"适用本法的有关规定"的法律规定,军队保卫部门、中国海警局和监狱也应享有刑事拘留的决定权和执行权,也应都是刑事先行拘留完全适用主体。

执行期限是指实际上对被拘留人的最后适用期限。具体到四种形式的拘留来说,它们的具体适用期限分别是:行政拘留,其法定期限在我国目前有5日以下、5日以上10日以下、10日以上15日以下和合并执行不超过20日等四种规定。[①] 刑事先行拘留,其法定期限可概括为:公安机关侦查的案件有三种情况即一般案件的一般情况为10日,特殊情况为14日,特殊案件为37日;[②]人民检察院对直接受理的案件以及监察机关移送起诉的已采取留置措施的案件一般情况为10日,特殊情况为14日。[③] 司法拘留的法定期限、宣告期限和实际执行期限的存在是非常明确的。其法定期限在以前的三大诉讼法中均为15日以下,[④]2012年《刑事诉讼法》修改为了10日以下。[⑤] 根据这些法定期限,人民法院在实践中具体根据扰乱诉讼活动秩序的行为人的行为和情节选择一个适用期限即宣告期限,又由于法律规定对于这种拘留,若被拘留人承认并改正错误,就可随时解除拘留,这就决定了司法拘留的实际执行期限具有较大的灵活性,它既不一定要使宣告期限执行期满,也不一定要在1日以上,它可以是几个小时甚至是几分钟。民事制裁拘留的法定期限,原《民法通则》没有明确规定。司法实践中,根据有关司法解释的规定,也为15日以下;[⑥]人民法院可以根据行为人的行为情节,在这个法定期限内,具体决定其适用的宣告期限。一般来说,这个宣告期限就是对行为人的实际执行期限。这个期限的长短,体现了对民事违约或民事侵权行为人的民事制裁的轻重;它的适用期满,就是制裁的结束。

在适用范围(适用的对象)上,行政拘留适用于法定的各种行政违法的行为人,包括自然人和部分单位的负责人;刑事先行拘留适用的是现行犯或重大嫌疑分子;司法拘留适用的是妨害诉讼秩序情节严重而又构不

---

① 参见2005年通过、2012年修正的《治安管理处罚法》第23~74条以及第16条规定。

② 参见2018年修正后的《刑事诉讼法》第91条的规定。

③ 参见2018年修正后的《刑事诉讼法》第167条和第170条的规定。

④ 这在三部诉讼法中的规定是一致的,且只有上限没有下限。

⑤ 参见2012年修正后的《刑事诉讼法》第188条、2018年修正后的《刑事诉讼法》第193条的规定。

⑥ 参见1998年最高人民法院《关于贯彻执行〈中华人民共和国民法通则〉若干问题的意见(试行)》第164条。

成犯罪的人,包括诉讼参与人、旁听人和其他所有同诉讼活动有关的人;民事制裁拘留适用的是在适用法定的民事责任方式不足以承担民事责任的民事违约或民事侵权行为的人,包括自然人和单位的法定代表人、其他负责人或直接责任人员,[①]这与民事司法拘留适用于那些违反民事诉讼活动的行为人是有根本区别的。

(二)各拘留形式之刑期折抵

具体到四种具体的拘留形式,因都可能存在拘留行为又被追究刑事责任和判处有刑期的刑罚即可能出现符合刑期折抵的形式要件,而都存在刑期折抵的可能。只不过,具体会因各种拘留形式自身的特点而有差异。下面对各拘留形式的刑期折抵问题分别加以分析。

对于行政拘留,其刑期折抵问题已有法律的明确规定。1996 年制定、2021 年修订的《行政处罚法》第 35 条第 1 款规定,"违法行为构成犯罪,人民法院判处拘役或者有期徒刑时,行政机关已经给予当事人行政拘留的,应当依法折抵相应刑期"。据此,我们不妨把它称为"法定折抵"。这里需要指出的是,在我国的刑罚体系中,有刑期的主刑共有三个,即管制、拘役和有期徒刑;而在以上行政拘留可折抵刑期的法律中,可折抵的刑种[②]仅为拘役和有期徒刑,无管制。这不仅与我国现行《刑法》第 41 条、第 44 条和第 47 条的规定(管制、拘役和有期徒刑均可折抵)不相协调,而且也与我国法律关于行政拘留的可适用的行为及其由此而可能转化的被刑事追诉的刑事行为不相适应。根据我国现行《治安管理处罚法》的规定,违反社会治安管理的行为包括"扰乱公共秩序""妨害公共安全""侵犯人身权利、财产权利""妨害社会管理"四类,而这些行政违法行为与刑事行为的不同主要在于情节上的差别。易言之,以上违反社会治安管理的行为中的绝大多数,在其情节超过"行政违法"程度时,就转化成了刑事犯罪行为,要被进行刑事追诉和判处刑罚。既然以上行为在情

---

① 参见 1998 年最高人民法院《关于贯彻执行〈中华人民共和国民法通则〉若干问题的意见(试行)》第 164 条。

② 由于刑期折抵对"刑期"的特殊要求,因此羁押的刑期折抵问题只发生在有"刑期"的刑种和判决中。根据《刑法》的有关规定,我国《刑法》中有刑期的刑种仅为管制、拘役和有期徒刑三种。因此,拘留的刑期折抵也只可能涉及管制、拘役和有期徒刑三种刑种。

节上未超过“行政违法”程度而均可成为行政拘留的适用行为，则在其情节超过“行政违法”程度而在刑事程序介入之前适用了行政拘留时，均存在被进行刑事追诉和判处刑罚的可能。而当以上类型的行为在被进行刑事追诉又可能被判处包括管制在内的各种刑罚时，行政拘留的刑期折抵的刑罚也应包括管制在内。

对于刑事先行拘留，因其通常是犯罪追诉的先行措施，其羁押期间的刑期折抵是刑期折抵问题的当然之义。这种拘留也是最为常见的“拘留折抵刑期”形式。对于该种拘留的期间，只要被拘留的行为被判有“刑期”的刑罚，就应当有刑期折抵问题。对此种拘留的刑期折抵实为一种“当然折抵”。这种刑期折抵，根据我国现行《刑法》第 41 条、第 44 条和第 47 条的规定，可能是拘留 1 日折抵拘役或有期徒刑刑期 1 日，也可能是拘留 1 日折抵管制 2 日。

而对于司法拘留和民事制裁拘留，它们的适用期间也应存在刑期折抵的可能。对于司法拘留，当行为人因“聚众哄闹、冲击法庭或者殴打司法工作人员，严重扰乱法庭秩序”而被先行司法拘留并被以扰乱法庭秩序罪（《刑法》第 309 条）追究其刑事责任，并被判处 3 年以下有期徒刑或拘役、管制时，先行司法拘留期间应被折抵刑期；或者，在执行判决、裁定过程中，对拒不执行判决、裁定情节严重的人予以先行司法拘留，并以拒不执行法院判决、裁定罪（《刑法》第 313 条）判处行为人 3 年以下有期徒刑或拘役，则先行司法拘留期间也需被折抵刑期。对于民事制裁拘留（民事实体拘留），当行为人因被法院判处民事制裁拘留作为承担民事责任的补充措施，而该行为人对该拘留以外的判决或裁定仍“有能力执行而拒不执行，情节严重”，被以拒不执行法院判决、裁定罪（《刑法》第 313 条）判处 3 年以下有期徒刑或拘役时，已执行的民事制裁拘留期间应当折抵刑期。

三、可予折抵刑期的隔离审查

所谓隔离审查，又称隔离调查。一般而言，是指有关机关就其发现的有犯罪嫌疑的人，在司法机关采取刑事拘留或逮捕等刑事强制措施的条件尚不成熟之前，将其控制在特定场所，切断其与社会的接触，并调查了解有关情况的一种强制措施。这种措施，在本质上是一种部分限制自由的准刑事强制措施。从实践来看,通常有在看守所的隔离审查(已被废止)、在劳改机关的隔离审查(禁闭审查)、在招待所或宾馆的隔离审查、为监察机关留置调查(监察留置)等几种具体形式。对于这些隔离审查形式,其适用时间能否折抵刑期,在立法上没有明确规定。在司法上,对于前两种,司法解释明确要求给予折抵;对于第三种,虽然曾有司法解释规定折抵,但实践中似少见折抵;对于第四种,《监察法》对其刑期折抵作了明确规定。出于人权保障的需要,把作为部分限制自由的隔离审查视为(本不是)"先行羁押",以适用刑期折抵,不仅符合刑期折抵立法的价值取向,而且也是量刑公正的重要体现和必然要求。

(一)部分限制自由的措施,并非绝对不能适用刑期折抵

刑期折抵,作为约定俗成的法律术语,是指将先行羁押折抵判决中确定的、法定可折抵刑罚的法律保障制度和刑事实体救济措施。[①] 对于如此制度和措施,世界各国刑法都作了明确规定。我国 1979 年《刑法》第 36、39、42 条和 1997 年《刑法》第 41、44、47 条也明确规定:判决执行以前先行羁押的,羁押 1 日折抵管制刑期 2 日,折抵拘役和有期徒刑 1 日。据此,刑期折抵的成立与适用,需同时具备判决执行以前的先行羁押(以下简称先行羁押)、法定可折抵刑罚(以下简称本刑,具体为管制、拘役或有期徒刑)和被先行羁押的事实理由与刑事追诉间有密切的关联性(以下简称关联性)三个基本条件。因此,对实践中的哪些情形可适用刑期折抵,首先必须满足"先行羁押"的条件。

对于"先行羁押",是否必须是剥夺或完全限制人身自由的强制措施,易言之,能否包括部分限制人身自由的强制措施,在我国,立法上没有明确规定。司法上采用了两套做法:

一是对取保候审和监视居住两种部分限制人身自由的法定刑事强制措施,以司法解释给予了明确的否定。例如,最高人民法院《关于保外候审期间可否折抵刑期的批复》(1978 年 11 月 17 日),最高人民法院、最高人民检察院、公安部《关于对在押未决犯不采用保外就医办法的通知》

① 参见石经海:《审前羁押的刑事实体救济》,载陈泽宪主编:《刑事法前沿》第 3 卷,中国人民公安大学出版社 2006 年版,第 185~197 页。

(1984年11月26日)和最高人民法院研究室《关于怀孕女犯被监视居住如何计算刑期问题的电话答复》(1983年4月20日),都否定取保候审和监视居住日期折抵刑期。

二是对其他部分限制人身自由的非法定刑事强制措施,如保外就医、行政拘留、司法拘留等,以司法解释明确规定"可以"甚至"应当"适用刑期折抵。例如,1976年12月9日最高人民法院《关于在押未决犯保外就医期间是否折抵刑期问题的复函》、1981年9月17日最高人民法院《关于罪犯在判刑前被公安机关收容审查、行政拘留的日期仍应折抵刑期的复函》、1988年2月9日最高人民法院《关于海关扣留走私罪嫌疑人的时间可否折抵刑期的批复》等,都要求它们的适用时间折抵刑期。

事实上,允许部分限制人身自由时间折抵刑期,在域外也有立法例。例如,现行《意大利刑事诉讼法典》第284条(住地逮捕)第5款规定:"处于住地逮捕状态的被告人被视为处于预防性羁押状态";[①]另根据现行《意大利刑法典》规定,对于这个预防性羁押,需折抵判决中确定的有期徒刑或者拘役。[②] 综合以上两个规定,住地逮捕可折抵判决中确定的有期徒刑或拘役。显然,这里的"住地逮捕",不是剥夺或完全限制自由的"羁押",而只是"在实行住地逮捕的决定中,法官规定被告人不得离开自己的住宅、其他私人居住地、公共治疗场所或扶助场所",也即对自由的部分限制。

从理论上看,"先行羁押"似乎只能是剥夺或完全限制人身自由的强制措施,部分限制自由的措施似乎不可能为这个"羁押"。然而,以上情况表明,允许部分限制自由的强制措施(处分)的适用时间折抵刑期,并不是刑期折抵适用的错误,而是另有道理。从以上意大利的立法例来看,如此部分限制自由措施适用刑期折抵,不是因为它本就是"先行羁押",而是因为法律视之为"先行羁押"。质言之,部分限制自由措施适用刑期折抵的路径在于:出于人权保障的需要,而把较为严厉的部分限制自由措施视为"先行羁押",以适用刑期折抵。事实上,仅从"羁押"的视角也即

---

① 《意大利刑事诉讼法典》,黄风译,中国政法大学出版社1994年版,第96页。

② 《意大利刑法典》第137条第2款。参见《意大利刑法典》,黄风译,中国政法大学出版社1998年版,第44页。

实质内容为剥夺或完全限制人身自由来看，部分限制自由的措施显然不是“羁押”；但从羁押折抵刑期的价值取向也即保障受刑者权利来看，只允许剥夺或完全限制自由时间折抵刑期，而不允许部分限制自由时间折抵刑期，显属不公平。因此，把部分限制自由措施适用刑期折抵，在根本上是为了实现法律的人权保障、体现法律的公平公正（恕后详述）。我国以上部分限制自由措施适用刑期折抵，事实上也是基于同样的缘由，只不过，我国的如此做法既无立法也无司法解释明确地视它们为“先行羁押”罢了。

同时，以上情况表明，作为刑期折抵事实前提的“先行羁押”，与刑事程序上的“未决羁押”是不同的。综观相关立法、司法和理论，这个不同主要表现在法律根据和适用目的、法律意义、人身自由程度等方面。在法律根据上，前者是刑法等关于刑期折抵的规定，后者是刑事诉讼法等关于刑事强制措施的规定；在适用目的和功能上，前者是为了在一定程度上弥补和救济程序功利性目的的正当性的不足而适用刑期折抵，后者是为了保障刑事诉讼的顺利进行乃至保卫社会；在法律意义上，前者彰显了法律的公正性，后者主要体现了法律的功利性；在人身自由程度上，前者既可以是剥夺或完全限制自由也可以是部分限制自由，后者只能是剥夺或完全限制自由。因此，先行羁押通常是一个刑事实体上（为刑期折抵的事实前提）的概念，而未决羁押通常是一个刑事程序上的概念。从本书的研究实践来看，未决羁押，在我国现行法下，一般特指刑事拘留和逮捕，以及它们必然带来的结果和状态；而先行羁押，从我国刑期折抵立法、司法来看，它不仅包括程序上的未决羁押，还包括那些以完全甚至部分限制人身自由方式适用或变相适用的刑事、准刑事、行政甚至司法强制措施，如取保候审、监视居住、保外就医、收容审查、海关扣留、管训、先行管制①、行政拘留、司法拘留等，以及部分已执行之自由刑罚。这些“措施”或“刑罚”，在行为人被刑事追诉或再审并被判处法定可折抵刑期的刑罚时，也就是或被视作“先行羁押”，以适用刑期折抵。

---

① 在新中国成立初期，管制是一种刑事强制措施。为与后来作为刑罚的管制区分，在此称之为“先行管制”。

综上,我们不能把作为刑期折抵事实前提的"先行羁押",仅理解为剥夺或完全限制自由的刑事强制措施;出于人权保障和适用刑期折抵的需要,也可把一些严厉的部分限制自由措施视为"先行羁押"。因此,隔离审查,作为一种部分限制自由的强制措施,在行为人被刑事追诉并被判处法定可折抵刑期的刑罚时,自然也可视为"先行羁押"适用刑期折抵。关于隔离审查适用刑期折抵的司法实践,就充分地证明了这一点(恕后详述)。

(二)隔离审查时间折抵刑期,符合刑期折抵立法之取向

事实上,隔离审查时间折抵刑期,也是完全符合刑期折抵立法的价值取向的。从形式上来看,刑期折抵制度的法律设置,似乎是由于把羁押"约束自由造成的痛苦与执行自由刑进行同等评价",也即基于这样的见解:"羁押虽不是刑罚,但在拘禁于一定设施中剥夺行动自由这一点上,同执行自由刑没有不同。若考虑到约束自由所造成的痛苦,便会产生可以按执行自由刑看待这样一种见解。算入本刑正是以这种见解为依据的"。① 但从实质上看,法律设置刑期折抵制度,最主要的不是为了体现形式上的公平而进行"羁押与限制人身自由的有期刑罚"间的"对等抵扣"(也即羁押时间只能用同是限制人身自由的有刑期自由刑的刑期抵扣),而是为了在实质上实践刑法人权保障等现代刑法精神而给出的刑事实体性补偿和救济。因为,虽然未决羁押也能部分地实现刑罚目的和功能,如法制教育,但二者的不同目的和不同处遇(未决羁押处于犯罪未确定状态,当然不可能施以刑罚的教育改造),意味着羁押与刑罚执行还是有着本质和事实之区别的。因此,为了在一定程度上防止羁押措施的滥用、弥补其功利性正当的不足,体现现代刑法的时代精神,②而需让羁押进入刑法视域进行刑期折抵,以给被羁押者刑法上的人权保障,并以牺牲部分刑罚功能和目的(限制刑罚权)为代价,这才是刑期折抵立法的价值取向之所在。

显然,隔离审查时间折抵刑期,也具有刑期折抵立法的如此价值取

---

① [日]木村龟二主编:《刑法学词典》,顾肖荣等译校,上海翻译出版公司1991年版,第443~444页。

② 参见石经海:《刑期折抵制度的刑法精神》,载《现代法学》2004年第6期。

向。一方面,为了特定条件下的功利需要,隔离审查的法律设置和适用在一定时期内可能是必要的;另一方面,在"问题尚未最终搞清"(被推定为无罪)的情况下,就把最神圣的人身自由权利加以限制,像任何"羁押"形式的适用一样,其正当性总难以自圆其说。[①] 质言之,虽然隔离审查的存在和适用可能具有正当性根据,但其"临时性"、"未决性"和事实上的人权损害性不可规避;同时,若同一事实在审前和审后均予以强制限制行为者人身自由而不采取救济措施,则难免有"一事二罚"的嫌疑。因此,为了兼顾和平衡隔离审查的功利需要与被适用者人权的公正保障,[②]避免"一事二罚",需对因隔离审查的适用而客观上损害的权利予以救济和补偿,[③]这是隔离审查时间折抵刑期所体现的刑期折抵立法的价值取向之所在。

（三）隔离审查时间折抵刑期,符合量刑公正的基本要求

根据我国1979年《刑法》和1997年《刑法》的规定,刑期折抵被规定在"刑罚"章中,作为管制、拘役和有期徒刑等刑罚方法规范的一部分。[④]据此规定,我国的刑期折抵制度,到底是刑罚适用制度还是刑罚执行制度或其他,似乎并不明确。[⑤] 我国学者把它视为"行刑的变通",作为与监外执行等相并列的刑罚执行制度。[⑥] 本书认为,这种认识值得商榷。因为,刑期折抵的适用需在审判和刑罚等的裁量基础上才能实现,事实上是一

---

① 虽然根据社会契约论,为了维护社会公共安全,公民让渡出(被剥夺或限制)一部分人身自由权利,被认为是"正当"的,但这在客观上是设置一种"恶"通过"强权"对付另一种不确定的所谓的"恶"。

② 从功利与公正的关系来看,功利与公正是密不可分的,没有功利,公正无所依存;没有公正,功利必成公害。参见储槐植:《美国刑法》(第3版),北京大学出版社2005年版,"前言"第9页。

③ 出于特定时期打击腐败和追诉犯罪的功利性目的,"双规"在一定意义上和时期内的存在是必需的;但出于刑法公正需要,这个"补偿"的给予也是应当的。

④ 第三章"刑罚"中,第2节为"管制",第3节为"拘役",第4节为"有期徒刑、无期徒刑"。参见1997年《刑法》第41条的后段、第44条的后段和第47条的后段。

⑤ 有人把它定位为"行刑的变通",即认为它是与监外执行等相并列的刑罚执行活动。参见陈兴良:《本体刑法学》,商务印书馆2001年版,第828页;高铭暄主编:《刑法学原理》(第3卷),中国人民大学出版社1994年版,"说明"及第493、533页。

⑥ 参见陈兴良:《本体刑法学》,商务印书馆2001年版,第828页;高铭暄主编:《刑法学原理》(第3卷),中国人民大学出版社1994年版,"说明"及第493、533页。

种量刑活动,而非刑罚执行活动。具体表现在:刑期折抵的发生根据不是法院生效裁判,而是未决羁押;其法律根据不是刑事程序法或刑事实体法中的程序性规范,而是刑事实体法关于"刑罚"的规定;其适用方法不是简单的技术抵扣,而是需法院在全案审理的基础上对未决羁押和确定可折抵的本刑的前提下,以司法裁量权在刑事判决书中予以裁定。正如日本刑法学家大塚仁教授所描述的那样,刑期折抵的适用过程要根据情形,从公平观念出发,由裁判所根据裁量,将未决羁押算入本刑。[①] 虽然是否或如何适用刑期折抵"不是根据犯情",但是必须"按照对事件的审理经过来决定"。[②] 虽然刑期折抵适用最终影响刑罚实际执行时间,但显然不能由此就认定它在属性上是刑罚执行制度,正如自首、立功、相对负刑事责任年龄等最终也会影响刑罚实际执行时间但其并不为刑罚执行制度一样。所有的这一切决定了刑期折抵不仅与刑罚执行活动(制度)根本不同,而且也与监外执行等彻底相异。而且,刑法也并未把刑期折抵列入"刑罚的具体运用"一章中[③]与减刑、假释等刑罚执行制度相并列。虽然这个"并列"与否不是区分刑罚执行制度和刑罚适用制度的标准,但也在一定意义上表明,在立法上,刑期折抵与在刑罚执行中适用的减刑和假释还是有区别的。[④] 综上,我国现行刑法中的刑期折抵制度,实际上是一种量刑制度。这种量刑制度,其根据虽不是行为的社会危害性和行为人的人身危险性及其由此决定的刑事责任,而是为保证刑事诉讼顺利进行的先行羁押,但它的适用影响量刑结果(执行刑[⑤])的作出。事实上,把刑期折抵视作量刑制度,也是世界各国刑事立法的通例。[⑥]

---

① 参见[日]大塚仁:《刑法概说(总论)》(第3版),冯军译,中国人民大学出版社2003年版,第484页。

② [日]大塚仁:《刑法概说(总论)》(第3版),冯军译,中国人民大学出版社2003年版,第485页。

③ "刑罚的具体运用"为第四章,而"刑罚"为第三章。

④ 假释和减刑的适用实际上也需运用裁判权裁定。正因如此,理论上存在它们到底是刑罚适用制度还是刑罚执行适度的争论。但即便是这样,刑期折抵与它们也还存在"在案件处理时裁判"与"在刑罚执行过程中裁定"的差别。

⑤ 执行刑,也即在宣告刑基础上作出的、拟交付执行阶段执行的刑罚判决,其作出也是量刑活动的一部分;传统理论把量刑最终阶段界定为宣告刑的作出,是不符合量刑活动实际的。

⑥ 虽然由于刑法理论对刑期折抵问题关注不足而忽视了这一点,但这已在各国刑法关于刑期折抵的规定中有客观的体现。

既然刑期折抵在本质上是一种量刑制度，则它的适用与否或如何适用，也要符合罪责刑相适应原则和刑法面前人人平等原则对量刑公正的要求。所谓量刑公正，根据我国学者的观点，是指人民法院对犯罪人裁量、决定刑罚时要做到依法进行、罚当其罪、罪刑相称、公平裁判、不偏不倚。具体包括如下三个方面的基本要求：一是程序公正；这主要是要求对犯罪人的量刑权只能由人民法院行使，人民法院必须严格依照刑事诉讼法规定的程序行使量刑权。二是实体公正；这主要是要求对犯罪人裁量、决定刑罚时要做到罚当其罪、罪刑相当、不偏不倚；这是罪责刑相适应原则对量刑的要求和体现。三是公平裁判；这主要是要求法院中立地对类似性质和情节的案件适用相类似的刑罚，不能失轻失重，造成量刑失衡；这是刑法面前人人平等原则对量刑的要求和体现。

（四）监察留置作为隔离审查，其适用时间也应折抵刑期

2018 年 3 月 20 日通过的《监察法》第 44 条第 3 款规定，“被留置人员涉嫌犯罪移送司法机关后，被依法判处管制、拘役和有期徒刑的，留置一日折抵管制二日，折抵拘役、有期徒刑一日”。据此，监察留置的刑期折抵问题，已具有正式的法律依据。依此原理，作为监察留置前身的“两规”的限制人身自由时间，也应可以适用刑期折抵。

1. 监察留置的时间应当折抵刑期

这里的“监察留置”，特指《监察法》所规定的法律强制措施。《监察法》第 22 条规定：“被调查人涉嫌贪污贿赂、失职渎职等严重职务违法或者职务犯罪，监察机关已经掌握其部分违法犯罪事实及证据，仍有重要问题需要进一步调查，并有下列情形之一的，经监察机关依法审批，可以将其留置在特定场所：（一）涉及案情重大、复杂的；（二）可能逃跑、自杀的；（三）可能串供或者伪造、隐匿、毁灭证据的；（四）可能有其他妨碍调查行为的。对涉嫌行贿犯罪或者共同职务犯罪的涉案人员，监察机关可以依照前款规定采取留置措施。留置场所的设置、管理和监督依照国家有关规定执行。”据此，所谓“监察留置”，是指监察机关对涉嫌贪污贿赂、失职渎职等严重职务违法或者职务犯罪的被调查人，在已经掌握其部分违法犯罪事实及证据，但仍有重要问题需要进一步调查和具有特定情形的，经

依法审批而将其留置在特定场所的法律强制措施。

据《监察法》第 44 条第 3 款规定，监察留置的刑期折抵是：留置 1 日折抵拘役、有期徒刑 1 日，折抵管制 2 日。如此规定，与《刑法》第 41 条、第 44 条和第 47 条关于先行羁押折抵管制、拘役和有期徒刑的规定完全一致。这意味着，《监察法》已将“监察留置”视为具有与“刑事拘留”“逮捕”相同的“先行羁押”性。

2. 监察留置的前身“两规”的适用时间可以折抵刑期

党的十九大报告指出：“制定国家监察法，依法赋予监察委员会职责权限和调查手段，用留置取代‘两规’措施”。这意味着，“两规”措施是纪检监察机关在《监察法》出台前针对职务违法犯罪人适用的隔离审查措施；《监察法》所规定的监察留置，是“两规”的法治化制度完善。二者在机理与目标上，既具有发展提升的承继性，又在法治的规范要求上有所不同。它们的这种相同与不同，决定了在刑期折抵问题上，对“监察留置”采取的是法定必抵主义，而对“两规”采用的是理应可抵主义。

所谓“两规”，又称“双规”“隔离审查”“两指”，是指党纪检查机关和行政监察机关要求有关人员在规定的时间和地点就案件所涉及的问题作出说明的一种部分限制自由的强制措施。在性质上，“两规”既是一种隔离调查措施，也是一种保护措施，以避免被调查对象再犯错误，或受到不必要的干扰和影响。根据 1990 年 12 月 9 日国务院颁发的《行政监察条例》(1997 年 5 月 9 日废止)①和 1997 年 5 月 9 日第八届全国人大常委会第二十五次会议通过的《行政监察法》(2018 年 3 月 20 日废止)②的规定：对“两规”的适用，“不准使用司法手段，不准使用司法机关的办公、羁押场所和行政部门的收容遣送场所”；“不准修建用于采用‘两指’‘两规’措施的专门场所”；③“不得对其实行拘禁或者变相拘

① 1990 年《行政监察条例》规定：监察机关在案件调查中有权“责令有关人员在规定的时间、地点就监察事项涉及的问题作出解释和说明”。

② 1997 年《行政监察法》规定：监察机关有权“责令有违反行政纪律嫌疑的人员在指定的时间、地点就调查事项涉及的问题作出解释和说明”。

③ 中共中央纪律检查委员会、监察部《关于纪检监察机关依法采用“两指”“两规”措施若干问题的通知》(1998 年 6 月 5 日)。

禁”。[①] 因此，从法律法规上看，“两规”只是一种限制自由的隔离审查措施。虽然在实践中，将被隔离人放在招待所等特定场所与外界隔离并审查方式的适用，客观上可能造成对人身自由的限制，但其在本质上仍只是一种限制自由措施。对于这种限制自由措施，一方面，当前反腐倡廉的实践表明，它在一定时期内的存在是必要而又重要的；[②]另一方面，随着我国罪刑法定等基本原则的确立及人权保障的加强，对包括“两规”在内的限制自由措施适用刑期折抵，也是我们必须面对的、关系到刑法基本原则、刑期折抵立法取向和量刑公正等在该问题上能否得到贯彻和实现的现实问题。[③]

实际上，“两规”时间折抵刑期，早在“两规”施行后不久的司法实践中就为“司法解释”所确认。1991 年 12 月 17 日，最高人民法院研究室针对广西壮族自治区高级人民法院就“贪污、受贿案件，被告人在逮捕前，已由县纪检、监察部门放到招待所隔离审查，其期间可否折抵刑期”的请示，作出了《关于隔离审查日期可否折抵刑期问题的电话答复》，要求隔离审查时间折抵刑期。虽然如此“答复”尚不能称为严格意义上的司法解释，但我国司法实践表明，它对相关司法实践同样有着事实上的指导作用。

从以上答复来看，“两规”是被视作隔离审查而被允许折抵刑期的。根据相关法律法规的规定和实践，所谓隔离审查一般是指有关机关就其发现的有犯罪嫌疑的人，在司法机关采取刑事拘留或逮捕等刑事强制措施的条件尚不成熟之前，将其控制在特定场所，切断其与社会的接触，并调查了解有关情况的一种强制措施。这种措施，大体有如下几个突出特点：一是它不是法定的刑事强制措施，不在法定的刑事强制措施的体系之内，一般也不由司法机关适用；[④]二是它具有准刑事强制措施的性质，也就是，它是对有犯罪嫌疑的人的适用，是在司法机关采取刑事拘留或逮捕

---

① 1997 年《行政监察法》第 20 条第 3 项中对此也作了明确规定。

② 虽然它像其他任何强制措施一样有其自身的局限性而需要加以完善。

③ 在当前的司法实践中，“双规”限制人身自由的时间一般不予折抵判决中确定的法定刑罚的刑期。

④ 虽然在很多情况下由公安机关适用，但这时的公安机关，与适用刑事拘留等刑事强制措施和履行侦查职责的公安机关，在性质上应是不一样的；后者行使的是侦查权而前者行使的只是治安行政权。

等刑事强制措施的条件尚不成熟之前适用;三是它是一项限制人身自由的强制措施,表现在一般将被隔离人放在看守所以外的其他特定场所如招待所与外界相隔离。从上述请示报告来看,“两规”的适用情况与隔离审查的这些特点完全吻合。因此,所谓的“两规”,在本质上实为一种限制自由的隔离审查措施。

既然“两规”是一种限制自由的隔离审查措施,那么它也应像其他隔离审查措施一样,其适用时间应折抵判决中确定的刑期。从隔离审查的刑期折抵实践来看,已有众多隔离审查时间折抵刑期的司法例。例如,1978 年 10 月 21 日最高人民法院《关于罪犯被捕前在看守所隔离审查日期可否折抵刑期的批复》,[①]1979 年 4 月 27 日最高人民法院《关于罪犯在逮捕前被“隔离审查”的日期可否折抵刑期的复函》,[②]1979 年 9 月 24 日最高人民法院《关于留场(厂)就业人员重新犯罪后在劳改机关禁闭审查日期应否折抵刑期的批复》,[③]1980 年 4 月 17 日最高人民法院《关于揭批“四人帮”斗争中清查出来的犯罪分子在逮捕前被隔离审查的日期可否折抵刑期的批复》,[④]都规定隔离审查时间可以或应当折抵刑期。因此,把“两规”时间折抵刑期,实际上是隔离审查折抵刑期的一贯做法,表明了我国广泛地把部分限制自由措施适用刑期折抵以保障人权的司法惯例,也表明了不同具体被隔离审查者在刑法人权保障上的公平公正。

不仅如此,实践中,个别法院也有把“两规”时间折抵刑期的实践。例如,深圳某法院判处被告人沈某有期徒刑 19 个月,其刑期的折抵实际上是自“两规”之日起折抵的。[⑤] 虽然其对“两规”时间折抵判决中确定的

---

① 规定“对此种隔离审查日期可予折抵刑期,折抵办法以隔离审查一日折抵刑期一日”。

② 规定“我们同意你们的意见”,也即“‘行政看管’、‘隔离审查’都不是法律措施,本不应折抵刑期。但考虑到……被‘看管’、‘隔离’的人,人身自由事实上被剥夺了。因此……‘看管’和‘隔离’的时间可折抵刑期”。

③ 规定“同意你们提出的处理意见”,也即“……关押在禁闭室的生活待遇,基本上与关押在看守所的罪犯相似。不折抵刑期,不利于对罪犯的服刑改造。为此,参照关于罪犯在公安机关收容审查期间予以折抵刑期的精神,禁闭审查日期应当予以折抵刑期”。

④ 规定“……作为‘文化大革命’期间遗留的特殊问题,对隔离审查日期可予折抵刑期”。该批复于 1996 年 12 月 31 日被废止。

⑤ 参见《深圳市罗湖区人民法院刑事判决书·(2002)深罗法刑初字第 892 号》,载深圳市罗湖区人民法院网站,http://www. szlhfy. gov. cn/flws _ detail. php? InfoID = 0104000020041102002。

有期自由刑刑期没有说明理由和根据,但从本书的研究来看,这种做法符合刑期折抵立法的规定和精神,以及 1991 年 12 月 17 日最高人民法院研究室《关于隔离审查日期可否折抵刑期问题的电话答复》的规定,既正确地计算了刑期,也在一定程度上有利于实践中节制"两规"对人身自由的限制。

因此,虽然包括"两规"在内的几乎所有隔离审查措施的存在都是特定历史条件的产物,都是权宜之计,但只要它们还存在,就应适用刑期折抵。正因如此,2018 年《监察法》第 44 条第 3 款规定:"被留置人员涉嫌犯罪移送司法机关后,被依法判处管制、拘役和有期徒刑的,留置一日折抵管制二日,折抵拘役、有期徒刑一日"。

四、可予折抵刑期的监视居住

监视居住,也即司法机关依法责令犯罪嫌疑人、刑事被告人在一定期限内未经批准不得离开住处或指定居所,并对其行动自由加以监视的刑事强制措施,以部分限制自由为特点。[①] 对于如此措施的刑期折抵问题,2012 年《刑事诉讼法》第 74 条作了明确的肯定性规定,即"指定居所监视居住的期限应当折抵刑期。被判处管制的,监视居住一日折抵刑期一日;被判处拘役、有期徒刑的,监视居住二日折抵刑期一日"。然而,在我国 2012 年以前,对于如此措施的适用期限能否适用刑期折抵,立法上没有明确规定,司法上也被司法解释明确否定。事实上,基于刑期折抵立法的价值取向和刑法的公平公正精神,监视居住当然应当适用刑期折抵。[②]

(一)监视居住时间折抵刑期的必要性

1. 刑期折抵立法价值取向的要求

从形式上来看,刑期折抵制度的法律设置,似乎是由于把羁押"约束自由造成的痛苦与执行自由刑进行同等评价",也即基于这样的见解:

---

① 参见陈光中、徐静村主编:《刑事诉讼法学》(修订 2 版),中国政法大学出版社 2002 年版,第 181 页。

② 这一点,在《我国刑期折抵制度之检讨》中就做了较为充分的论证。参见石经海:《我国刑期折抵制度之检讨》,法律出版社 2008 年版,第 227~238 页。

“羁押虽不是刑罚,但在拘禁于一定设施中剥夺行动自由这一点上,同执行自由刑没有不同。若考虑到约束自由所造成的痛苦,便会产生可以按执行自由刑看待这样一种见解。算入本刑正是以这种见解为依据的”。[①]但从实质上看,法律设置刑期折抵制度,最主要的不是为了体现形式上的公平而进行“羁押与限制人身自由的有期刑罚”间的“对等抵扣”,也即羁押时间只能用同是限制人身自由的有刑期自由刑的刑期抵扣,而是为了在实质上实践刑法人权保障等现代刑法的精神而给出的刑事实体性补偿和救济。因为,虽然未决羁押也能部分地实现刑罚目的和功能如法制教育,但二者的不同目的和不同处遇(未决羁押处于犯罪未确定状态,当然不可能施以刑罚的教育改造),意味着羁押与刑罚执行还是有着本质和事实之区别的。因此,为了在一定程度上防止羁押措施的滥用,弥补其功利性正当的不足,体现现代刑法的时代精神,[②]而需让羁押进入刑法视域进行刑期折抵,以救济被适用者的人身自由损害,以实现刑法上的人权保障,并以牺牲部分刑罚功能和目的(限制刑罚权)为代价。这是刑期折抵立法的价值取向之所在。

显然,监视居住时间折抵刑期,也具有刑期折抵立法的如此价值取向。一方面,出于追诉犯罪的功利需要,监视居住的法律设置和在一定时期内适用是必要的;另一方面,在“问题尚未最终搞清”(被推定为无罪)的情况下,就把最神圣的人身自由权利加以限制,像其他任何“羁押”形式的适用一样,其正当性总难以自圆其说。[③] 质言之,虽然监视居住是为追诉犯罪等所必需,但其“临时性”“未决性”和事实上的人身自由受限性不可规避;同时,若同一事实在审前和审后均予以强制限制行为者人身自由而不采取救济措施,则难免有“一事二罚”的嫌疑。因此,为了兼顾和

---

① [日]木村龟二主编:《刑法学词典》,顾肖荣等译校,上海翻译出版公司1991年版,第443~444页。

② 参见石经海:《刑期折抵制度的刑法精神》,载《现代法学》2004年第6期。

③ 虽然根据社会契约论,为了维护社会公共安全,公民让渡出(被剥夺或限制)一部分人身自由权利,被认为是“正当”的,但这在客观上是设置一种“恶”通过“强权”对付另一种不确定的所谓的“恶”。

平衡监视居住的功利需要与被适用者人权的公正保障,[①]避免“一事二罚”,需对因监视居住的适用而客观上损害的权利予以救济和补偿。因此,监视居住时间折抵刑期,在一定意义上说,是刑期折抵立法价值取向的要求。

2. 刑法公平公正的要求

刑期折抵,作为当代世界各国刑法普遍规定的一项刑罚适用制度和刑法制度,[②]是当今刑法中众多特别保障个体正当利益的立法表现之一,它直接体现了刑法的公正性。按权威刑法理论,刑法公正包括刑法的正当、公平和平等三个特性。[③] 其中,刑法的公平性是刑法公正性所包括的天然特性,解决的是刑罚分配的正义性问题。从前述刑期折抵立法的价值取向来看,它蕴含了实质意义上的刑法公平。但它所蕴含的那种公平,虽然与“刑罚”有关,但并不是这种“刑罚分配之公平”。“分配”,从语义上说,是按一定的标准或规定分(某种东西)。[④] 据此可知,分配的核心是“分”,而分的对象是某种“东西”,分的尺度是特定的“标准或规定”,因此,我们可以说,“分配”的实质是按特定的“标准或规定”将某种“东西”让不同的所有者或同一所有者在不同的时间阶段占有或使用。然而刑期折抵,按其通常的法律意义,并不是将某种“东西”(刑罚)让不同的所有者或同一所有者在不同的时间阶段占有或使用。它不是对已经实施的犯罪行为及其社会危害性的“按劳分配”[⑤],也不是对犯罪人身危险性的“按需分配”[⑥],而仅仅是对为保障刑事诉讼活动顺利进行而采取的先行羁押的一个“交待”和“处理”。其中,如果“为保障刑事诉讼活动顺利进行而

---

① 从功利与公正的关系来看,功利与公正是密不可分的:没有功利,公正无所依存;没有公正,功利必成公害。参见储槐植:《美国刑法》(第3版),北京大学出版社2005年版,“前言”第9页。

② 在价值层面上,刑期折抵在刑法中的地位不仅表现在刑罚的具体适用上,而且更表现在它所体现的刑法公正、刑法人权保障、刑法的人性关怀等当代刑法的时代特征上。因此,从价值层面来看,刑期折抵也应是一项重要的刑法制度。

③ 参见陈兴良:《刑法公正论》,载《法学研究》1997年第3期。

④ 参见《现代汉语词典》(增补本),商务印书馆2005年版,第400页。

⑤ 这里所言的“按劳分配”,指的是根据犯罪本身确定刑罚;犯多重的罪判多重的刑罚,重罪重判,轻罪轻判,刑罚的分量以犯罪大小为转移。参见陈兴良:《刑法哲学》,中国政法大学出版社2004年版,第5页。

⑥ 这里所说的“按需分配”,是指根据预防犯罪这样一种功利需要分配刑罚。参见陈兴良:《刑法哲学》,中国政法大学出版社2004年版,第5页。

采取的先行羁押”体现的是法律的保护功能的话,则作为刑期折抵的这个“交待”和“处理”体现的就是刑法的保障功能。虽然它们相辅相成,共同为营造“正义的社会秩序”服务,[①]但毕竟它们的功能和价值取向都是不同的,不可能共同体现“刑罚分配之公平”。因此,刑期折抵制度所蕴含的公平是一种独立于“分配”的、建立在受刑人在判决执行前的人身自由被客观地强制剥夺或限制的基础上的特有公平。这种公平决定了,在刑法关于刑期折抵的立法取向下,凡“为保障刑事诉讼活动顺利进行而对自由的剥夺或限制(全部或部分)”,都应当纳入作为刑事实体救济的“补偿”的裁判范围。

因此,虽然与剥夺或完全限制自由相比,监视居住等部分限制自由对限制人身自由的程度相对较轻,但其立法设置也具有功利性目的和正当性瑕疵,在被部分限制自由者最终被判处有刑期的自由刑时,已部分限制自由的期间也应当折抵相应程度的刑期。只有这样,才能公平地保障被监视居住者的人权。相反,若不允许监视居住适用刑期折抵,则实际上就是把“为保障刑事诉讼活动顺利进行而部分对自由的限制”排除在这个“补偿”之外。这在客观上加重了对被适用者的刑罚而侵害了其正当权益。同时,从羁押折抵刑期的价值取向也即保障受刑者权利来看,只允许剥夺或完全限制自由时间折抵刑期,而不允许部分限制自由时间折抵刑期,显属不公平。[②] 刑期折抵本为保护受刑人利益而设,既然那些剥夺或完全限制人身自由的强制措施适用时间需折抵刑期,那么那些部分限制人身自由的强制措施适用时间也应折抵刑期,否则就会导致受刑人利益保障的不均衡和量刑的不平等。因此,从以上意义来说,监视居住时间折抵刑期,是刑法公平公正的要求。

(二)监视居住时间折抵刑期的可行性

无论是2012年《刑事诉讼法》明确规制指定监视居住可折抵刑期还

---

① 参见[美]E.博登海默:《法理学——法哲学及其方法》,邓正来、姬敬武译,华夏出版社1987年版,第302页。

② 就刑期折抵的折抵比例而言,既然拘留、逮捕期间能以“一比一”的比例折抵刑期,则部分限制自由期间也当然可以按“二比一”的比例折抵刑期,即部分限制自由2日折抵刑期1日。

是之前无此立法规制，监视居住作为限制人身自由的刑事强制措施，都具有可折抵刑期的可行性。这一点，从国外相关立法例和我国长期类似的司法例中都能得到印证。

1. 国外相关立法例的实践

出于人权保障的需要，国外有把部分限制自由的措施视为“先行羁押”和适用刑期折抵的立法例。例如，《意大利刑事诉讼法典》第284条（住地逮捕）第5款规定：“处于住地逮捕状态的被告人被视为处于预防性羁押状态”；[①]又根据其现行刑法典规定，对于这个预防性羁押，需折抵判决中确定的有期徒刑或者拘役。[②] 显然，这里的“住地逮捕”，只是“在实行住地逮捕的决定中，法官规定被告人不得离开自己的住宅、其他私人居住地、公共治疗场所或扶助场所”，本不是严格意义上的羁押，只是对人身自由的部分限制，但出于适用刑期折抵和保障受刑人人权的需要，也把这种部分地限制人身自由的状态或措施视为“先行羁押”，适用刑期折抵。

以上立法例及其实践，为监视居住适用刑期折抵提供了可行之路径。根据我国现行法律规定，被监视居住的犯罪嫌疑人、被告人在一定期限内未经执行机关批准不得离开住处或指定居所，且未经批准不得会见他人。[③] 因此，监视居住实际上是一种“较严厉的限制被监视人的人身自由”[④]的强制方法。这种强制方法只是限制被监视人的“活动区域”，也即一般只是对犯罪嫌疑人、被告人在指定活动区域内的行动自由加以监视，并没有完全限制其人身自由。与取保候审和拘留、逮捕相比较，被监视居住的犯罪嫌疑人、被告人的活动范围被限制在住处或指定的居所，其言行举止须受严密监视，人身自由受到严格限制，监视居住程度虽然低于拘捕，但高于取保候审。这样，从限制人身自由的程度来看，我国的监视居住相当于“住地逮捕”。而“住地逮捕”作为部分限制自由的措施，被视为“预防性羁押”模式适用刑期折抵，这为我国同为部分限制自由的监视居住的刑期折抵模式

---

① 《意大利刑事诉讼法典》，黄风译，中国政法大学出版社1994年版，第96页。

② 《意大利刑法典》第137条第2款。参见《意大利刑法典》，黄风译，中国政法大学出版社1998年版，第44页。

③ 参见1996年3月17日通过的《刑事诉讼法》第57条。

④ 陈光中、徐静村主编：《刑事诉讼法学》（修订2版），中国政法大学出版社2002年版，第181页。

提供了可行路径,也即为救济和保障监视居住者已被损害的人身自由权利,可将部分限制自由的监视居住视为“先行羁押”,适用刑期折抵。

2. 国内相关司法例的实践

事实上,除了监视居住和取保候审被司法解释明确规定不允许适用刑期折抵外,其他诸多部分限制自由的措施都在事实上适用着刑期折抵。

例一,保外就医。所谓保外就医,有对在押已决犯的保外就医和对在押未决犯的保外就医之分。前者指被判处无期徒刑、有期徒刑或拘役的罪犯因患有严重疾病,经有关机关批准取保在监外医治的一种监外执行方式,其期间应计算在刑期之内;后者指在押未决犯在具保的情形下,准其出外就医治疗的一种强制措施,这种措施,因 1979 年《刑事诉讼法》规定了取保候审和监视居住,而于 1984 年 11 月 26 日在最高人民法院、最高人民检察院、公安部《关于对在押未决犯不采用保外就医办法的通知》中予以取消,但对于之前对在押未决犯适用保外就医的,仍需折抵刑期。例如,1964 年 5 月 3 日最高人民法院、公安部《关于在押未决犯保外就医期间是否折抵刑期问题的联合批复》(〔64〕法研字第 38 号、〔64〕公发字第 284 号)规定:“根据《中华人民共和国劳动改造条例》第六十条第二项的规定,对于在押的未决犯(罪大恶极的除外),因病势严重需要保外就医的,经报请送押机关批准,可以保外就医,但应通知居住地人民公安机关加以监督。未决犯在保外就医期间,可以折抵刑期。”1976 年 12 月 9 日最高人民法院《关于在押未决犯保外就医期间是否折抵刑期问题的复函》规定:“关于在押未决犯保外就医期间是否折抵刑期的问题,我们意见,仍按最高人民法院、公安部〔64〕法研字第 38 号、〔64〕公发字第 284 号联合批复执行。”以上 1984 年《关于对在押未决犯不采用保外就医办法的通知》规定:“在本通知下达前,已经沿用保外就医办法的未决犯,除已进入第二审程序的要抓紧审结外,应即改用取保候审或者监视居住的办法。变更的手续,按照本条前款的规定办理。变更强制措施以前依法逮捕羁押的期间,包括保外就医的期间,仍予折抵刑期。”

例二,海关扣押。所谓海关扣押,是指海关对具有走私嫌疑的人适用的一种部分限制人身自由的强制措施,是刑事拘留或逮捕等刑事强制措施的准备或辅助措施。1988 年 2 月 9 日最高人民法院《关于海关扣留走私罪嫌疑人的时间可否折抵刑期的批复》规定，“该条规定的扣留，是限制了人身自由的。我们同意你院意见，人民法院对犯走私罪的被告人作出刑事判决后，原在海关扣留的时间可以折抵刑期，扣留一日折抵刑期一日”。

例三，管训。所谓管训，是指公安机关在管训队对判刑前的犯罪嫌疑人实施的特种教育措施；该措施除交保在外者外，被管训者的身体自由即已受到限制，应是一种对人身自由的部分限制。1950 年 10 月 1 日最高人民法院《关于犯人在公安机关管训期间的折抵刑期问题的复函》规定：“除交保在外者外，管训期间是可以折抵刑期的。”需要指出的是，该解释中指出：“管训队生活和看守所生活虽有某些不同，但剥夺自由的性质，基本上是相同的”，也即管训是“剥夺自由”。我们认为，这是对“剥夺自由”的误用。一方面，从管训的适用情况来看，不可能是“剥夺自由”，而只能是“（部分）限制自由”；另一方面，从解释中关于管训性质认定的规定，也是把管训认定为“（部分）限制自由”的，也即“犯人判刑前在公安机关管训队实施管训期间，其身体自由即已受到限制”。

例四，行政拘留。行政拘留本是一种行政处罚措施，但在实践中，在案件又要被刑事追诉和处刑时，原处的行政拘留是否应当作为这里的羁押进行刑期折抵？对此，1996 年《行政处罚法》第 28 条第 1 款和 2021 年修订的《行政处罚法》第 35 条第 1 款作出了明确规定。在此之前，行政拘留刑期折抵问题也一直为司法解释所要求。例如，1957 年 9 月 30 日最高人民法院《关于行政拘留日期应否折抵刑期等问题的批复》、1981 年 9 月 17 日最高人民法院《关于罪犯在判刑前被公安机关收容审查、行政拘留的日期仍应折抵刑期的复函》、1988 年 2 月 23 日最高人民法院研究室《关于行政拘留日期折抵刑期问题的电话答复》、1993 年 9 月 3 日最高人民法院《关于人民法院应否受理当事人不服治安管理处罚而提起的刑事自诉问题的批复》，都规定了“应当将拘留处罚天数折抵刑期”。

例五，司法拘留。司法拘留（具体包括民事司法拘留、行政司法拘留和刑事司法拘留）本是为了保证诉讼活动的正常和顺利进行，对严重妨害诉讼秩序而又构不成犯罪的人所采取的一种兼有保障性和惩罚性的司法保障措施。这种措施，也只是部分限制了人身自由，但在司法实践中，在被拘留者被刑事追诉并被判处法定可折抵刑罚时，司法拘留适用时间需折抵刑期。对此，1998 年 4 月 25 日实施的最高人民法院《关于审理拒不执行判决、裁定案件具体应用法律若干问题的解释》第 8 条第 2 款作了明确的规定，也即“人民法院依法对拒不执行判决、裁定的人定罪判刑，先行司法拘留的日期应当折抵刑期”。

综上，在我国刑期折抵司法实践中，已有众多部分限制自由的强制措施适用刑期折抵的先例。这些司法例直接从保障被适用者人身自由权利出发，根据“凡剥夺或严厉地限制被适用者人身自由就折抵”的刑期折抵适用惯例，把那些相对较为严厉的部分限制自由的措施，都视为“先行羁押”适用刑期折抵。如此模式，为监视居住适用刑期折抵奠定了广泛而又深厚的司法适用基础。

（三）监视居住的刑期折抵之折抵模式

综上，在我国，出于保障人身自由权利和维护刑法公平公正的需要，将部分限制人身自由的监视居住等强制措施，在行为人被刑事追诉并被判处法定可折抵刑罚时，视为“先行羁押”适用刑期折抵是必需的；同时，将部分限制人身自由的监视居住等强制措施适用刑期折抵，因既有国外立法例也有我国司法例的实践，所以也是可行的。为此，应在立法或司法上明确允许作为部分限制人身自由的监视居住时间折抵刑期。基于与那些剥夺或完全限制人身自由的强制措施的刑期折抵相均衡，我国监视居住的刑期折抵比例，应参照剥夺或完全限制自由措施的折抵比例相应确定。具体而言，若剥夺或完全限制人身自由的刑期折抵比例为 1 日折抵管制 2 日、折抵拘役或有期徒刑 1 日，则监视居住的刑期折抵比例应为监视居住 1 日折抵管制 1 日、折抵拘役或有期徒刑 1/2 日。正是基于以上机理，2012 年《刑事诉讼法》第 74 条规定：“指定居所监视居住的期限应当折抵刑期。被判处管制的，监视居住一日折抵刑期一日；被判处拘役、有期徒刑的，监视居住二日折抵刑期一日”。

需要指出的是，在限制自由的程度上，取保候审与监视居住是不同的。根据我国现行法律，取保候审是指司法机关依法责令犯罪嫌疑人、刑事被告人提出保证人或缴纳保证金，以保证其不逃避和妨碍侦查、起诉和审判,并随传随到的一种强制措施。该刑事强制措施在自由被限制程度上表现为:被取保候审的犯罪嫌疑人、被告人在一定期限内未经执行机关批准不得离开所居住的市、县,[①]这样,取保候审虽也“是一种限制人身自由的强制措施”,[②]但这种强制方法只是限制被取保人的“大的活动区域(不得离开所居住的市、县)”。其限制人身自由的程度不深、强度很弱,不仅与逮捕、拘留等剥夺或完全限制人身自由的强制措施不同,也与“不得离开住处或指定居所”的监视居住有较大差别。因此,本书并不赞成取保候审时间折抵刑期。质言之,纳入“先行羁押”适用刑期折抵的部分限制自由,也需达到一定程度;若限制自由没有达到一定程度,也不应适用刑期折抵。

五、可予折抵刑期的特定减刑

这里的“可予折抵刑期的特定减刑”,是指无期徒刑和死刑(死缓)减为有期徒刑后,是否存在或如何适用刑期折抵。显然,对于无期徒刑和死刑(死缓)本身,原则上是不存在刑期折抵问题的。既然“无刑期”,也就无“刑期”可折抵。给受刑人判处无刑期的无期徒刑,本就意味着终身监禁;死刑为生命刑,无所谓刑期,自然也不发生未决羁押期折抵刑期问题。然而,在死缓或无期徒刑减为有期徒刑的情况下,原未决羁押[③]期是否应当折抵减刑后的刑期,在立法上没有明确规定;在当前的司法实践中,采取的是一律不予折抵的做法。事实上,如此做法,不仅违背了现行刑期折抵立法及其相关司法解释的规定,而且背离了刑期折抵立法的价值取向和刑法公平公正的精神。

---

① 参见1996年3月17日通过的《刑事诉讼法》第56条。

② 参见陈光中、徐静村主编:《刑事诉讼法学》(修订2版),中国政法大学出版社2002年版,第174页。

③ 未决羁押与先行羁押是两个不同的概念。从笔者的研究视角来看,未决羁押通常是一个刑事程序上的概念,在我国现行法下,一般特指刑事拘留和逮捕及它们必然带来的结果和状态;而先行羁押,通常是一个刑事实体上(为刑期折抵的事实前提)的概念,从我国刑期折抵立法、司法来看,不仅包括程序上的未决羁押,还包括那些以完全甚至部分限制人身自由方式适用或变相适用的刑事、准刑事、行政甚至司法强制措施,如取保候审、监视居住、保外就医、隔离审查、海关扣留、管训、先行管制、行政拘留、司法拘留等,以及部分已执行之自由刑罚。这些“措施”或“刑罚”,在行为人被刑事追诉或再审并被判处法定可折抵刑期的刑罚时,也就被视作了“先行羁押”,以适用刑期折抵。本书中仅探讨原判死缓、无期徒刑的减刑案件的“原未决羁押”的刑期折抵问题。

(一)违背了刑期折抵立法的规定

刑期折抵,作为一个对先行羁押进行刑事实体救济的制度和措施,我国1979年《刑法》第36条、第39条、第42条和1997年《刑法》第41条、第44条、第47条均作出了明确的规定,即判决执行以前先行羁押的,羁押1日折抵管制刑期2日、折抵拘役和有期徒刑1日。据此,在本刑为管制、拘役和有期徒刑时,我国刑期折抵立法在折抵原则上采取的是强行必抵主义,也即凡被判处管制、拘役或有期徒刑的,原先行羁押均须折抵判决中确定的刑期。因而,对那些被判处死缓或无期徒刑而后减为有期徒刑的,其原未决羁押期折抵减刑后的刑期,也是刑期折抵立法的题中应有之义。这一点,可从刑期折抵成立或适用的事实前提、本刑范围和关联性三个基本条件得以证立。

从刑期折抵的事实前提也即"先行羁押"(包括"未决羁押",下同)来看,只要判决执行前被强制剥夺或限制人身自由的事实存在,且该事实行为又被刑事追诉和判处本刑,则作为刑期折抵事实前提的"先行羁押"就已成立;至于这个本刑,是原判决直接作出的,还是减刑后达到要求的,并不影响"先行羁押"的成立。从现实来看,对于那些被判处死缓或无期徒刑而后减为有期徒刑的被羁押者,其原未决羁押,与原判决直接判处有期徒刑的"未决羁押"并无二致。质言之,那些被判处死缓或无期徒刑而后减为有期徒刑的被羁押者,其原未决羁押完全符合刑期折抵立法关于"先行羁押"的要求。

从刑期折抵的本刑来看,根据我国关于刑期折抵法律的规定,这个本刑可以是有期徒刑、拘役或管制这三种有刑期的自由刑。至于这三种本刑,能否是减刑后达到要求的,在立法上没有明确规定;在司法上,最高人民法院《关于对罪犯减刑时应将判决前羁押的日期折抵为已执行的刑期的批复》(1985年11月14日)对此作出了明确规定,也即"根据刑法第四十二条的规定,罪犯在判决执行前被羁押的时间,羁押一日折抵刑期一日。因此,在对罪犯实行减刑时,应当把判决执行前羁押的日期折抵为已执行的刑期,计算在已服刑的时间以内"。从后文的分析来看,这个解释事实上不仅适用于普通减刑[①]时原未决羁押的刑期折抵问题，而且也适用于死缓或无期徒刑减为有期徒刑后原未决羁押的刑期折抵问题。因此，死缓或无期徒刑减为有期徒刑后，将其原未决羁押时间折抵为减刑后的刑期，是完全符合刑期折抵立法及其司法关于本刑要求的。

从刑期折抵的关联条件也即被先行羁押的事实理由与刑事追诉间有密切的关联性来看，这个关联条件需是被先行羁押的事实行为与被处罚的犯罪行为系同一行为；或虽不属同一行为，但与被处罚的犯罪行为有一定联系。[②] 显然，那些被判处死缓或无期徒刑而后减为有期徒刑的，其原未决羁押与减刑后裁定为有期徒刑的本刑之间具有这个关联性，即其原未决羁押的事实行为与被判处死缓或无期徒刑而后减为有期徒刑的犯罪行为系同一行为或有一定联系的行为。

综合以上三点，那些被判处死缓或无期徒刑而后减为有期徒刑的，其原未决羁押期折抵减刑后的刑期，完全符合刑法关于刑期折抵的所有条件；其刑期折抵问题是刑法关于刑期折抵的题中应有之义。如此不予折抵的做法，与刑期折抵立法并不相符。

（二）当前无禁止折抵的司法解释规定

据考证，自新中国成立以来，针对判处死缓或无期徒刑而后减为有期徒刑后，其原未决羁押期是否折抵减刑后的刑期问题，最高人民法院或单独或联合其他机关，先后共作出了 15 个专门的或相关的司法解释。从这些解释关于允许原未决羁押折抵刑期与否的做法，具体可分为三个时间阶段：自 1954 年至 1957 年 8 月 6 日前，共出台了 6 个司法解释，这些解释一致规定允许折抵；自 1957 年 8 月 6 日至 1979 年《刑法》生效（1980 年 1 月 1 日）前，共出台了 7 个司法解释，这些解释都不允许折抵；自 1979 年《刑法》生效（1980 年 1 月 1 日）后，又出台了 1 个司法解释允许折抵。综观这些解释，一方面，关于允许折抵的解释都有相应的“法律根据”，而禁止折抵的解释事实上没有任何“法律根据”；另一方面，这些司法解释

---

① 也即被判处管制、拘役、有期徒刑、无期徒刑的刑罚方法减为管制、拘役、有期徒刑。

② 参见石经海：《论刑期折抵的若干问题》，载《法律科学（西北政法学院学报）》2004 年第 6 期。

历史流变的现状表明,最后关于这个问题的司法解释,实际上是要求折抵的,只不过遗憾地被解释机关误读而不当地废止了。

1. 1954 年至 1957 年 8 月 6 日前的 6 个司法解释都允许折抵

在新中国司法史上,虽然在新中国成立至 1980 年我国尚没有刑法典及其他关于刑期折抵的立法规定,但在 1957 年 8 月 6 日之前的司法实践中,对死缓或无期徒刑减为有期徒刑后的刑期折抵问题,在折抵原则上,也一直采取的是“强行必抵”的做法。具体表现在 6 个司法解释[①]上:一是 1954 年 5 月 11 日最高人民法院《关于外侨杀人犯赖柴减刑后刑期起算问题的复函》[②],针对“杀人犯赖柴减刑至 13 年徒刑后刑期起算问题的请示”,要求“刑期应从被逮捕拘押之期日亦应一并计算在内”,也即作为未决羁押的逮捕拘押期,折抵无期徒刑减为 13 年有期徒刑后的刑期。二是 1954 年 6 月 29 日,最高人民法院和司法部《关于无期徒刑和刑期较长之有期徒刑人犯是否可以改判及改判后其刑期应自何日起算问题的指示》(以下简称《刑期起算问题指示》),要求“原来无期徒刑判决确定前的羁押日数,应在减刑后的刑期之内予以折抵。折抵办法是羁押一日抵徒刑一日”。三是 1954 年 9 月 30 日最高人民法院、司法部对前湖南省人民法院《关于“改判”与“减刑”的法律解释问题的函》,要求“今后处理死缓减刑后刑期起算日期,应该按此指示比照执行”。四是 1956 年 5 月 14 日,最高人民法院《关于由死缓减为无期徒刑再由无期徒刑减为有期徒刑的刑期应如何计算问题的复函》(以下简称《刑期计算问题复函》),要求“死缓减刑应该比照上述 1954 年 6 月 29 日原指示关于减刑的计算方法计算”,也即由死缓减为无期徒刑再由无期徒刑减为有期徒刑,原来死缓判决确定前的羁押日数,“应在减刑后的刑期之内予以折抵。折抵办法是羁押一日抵徒刑一日”。五是 1956 年 10 月 27 日最高人民法院《关于前北京市军事管制委员会军法处及华北军区军法处判处死刑缓期二年执行和无期徒刑的罪犯予以减刑时减刑前的羁押日数是否折抵问题的复函》,要求“对前北京市军事管制委员会军法处及华北军区军法处判处死刑缓

---

① 这些没有文本法律根据的司法指导文件能否被称为司法解释,尚有待探讨;从笔者的研究来看,主张仍称之为司法解释。

② 本复函是针对特定案件的处理意见,现已不再适用。

期二年执行和无期徒刑的罪犯予以减刑时,减刑前的羁押日数……以一日折抵徒刑一日”。六是 1956 年 11 月 6 日最高人民法院、最高人民检察院《关于死缓减刑等有关问题的联合批复》,要求“由死缓减为有期徒刑的刑期计算问题,应自原判决确定后宣告执行之日起算;原来判处死刑缓期二年执行的判决确定前的羁押日数,应在减刑后的刑期之内予以折抵,折抵办法是羁押一日抵徒刑一日”。

以上 6 个司法解释表明,虽然它们是分别针对不同的情况作出的,但它们在死缓或无期徒刑减为有期徒刑后的刑期折抵问题上,做法是完全一致的,都要求原判处死缓前或原判处无期徒刑的判决确定前的羁押日数应在减刑后的刑期之内予以折抵。考察这 6 个司法解释出台的背景,虽然当时尚没有刑法典及其他关于刑期折抵的立法,而是在“国家对这个问题(刑期折抵)未有明文规定”①的情况下作出,但上文第 2 个司法解释也即《刑期起算问题指示》,是“经政务院政治法律委员会会议通过”②并以最高人民法院和司法部的名义颁发的。因此,在当时特定历史条件下,《刑期起算问题指示》具有“法律”的意义。事实上,《刑期起算问题指示》也客观地成为此后 4 个相关司法解释作出的“法律依据”。正如最高人民法院在《刑期计算问题复函》所指出的,“今后处理死缓减刑后刑期起算日期,应该按此指示(即指本院与司法部 1954 年 6 月 29 日(54)法行字第 5703(54)司办自字第 33 号关于无期徒刑和刑期较长之有期徒刑人犯是否可以改判及改判后其刑期应自何日起算问题的指示)比照执行”。

2. 1957 年 8 月 6 日至 1980 年前的 7 个司法解释都不允许折抵

对于以上死缓或无期徒刑而后减为有期徒刑后,其原未决羁押期允许甚至要求折抵减刑后的刑期的做法及其司法解释规定,在没有任何关于刑期折抵的新的立法性文件出台的情况下,最高人民法院或单独或联合,共出台了 7 个司法解释禁止未决羁押的刑期折抵。具体表现为:1957 年 8 月 6 日,最高人民法院联合司法部作出了《关于死刑缓期执行期满后减刑的刑期计算问题的联合指示》,其中,以“关于死缓减刑的刑期计算

① 1954 年 6 月 29 日最高人民法院和司法部《刑期起算问题指示》。

② 1954 年 6 月 29 日最高人民法院和司法部《刑期起算问题指示》。

问题,过去的意见不甚一致”为由,越权地改变了以前具有“立法”意义及其依此作出的司法解释中的做法,规定死缓判决发生法律效力前的羁押日数不予折抵减为有期徒刑后的刑期,也即“被判处死刑宣告缓期二年执行的罪犯……予以减刑减为有期徒刑者……死缓判决发生法律效力前的羁押日数则均不予折抵……由死缓减为无期徒刑后……再减为有期徒刑时……死缓判决发生法律效力前的羁押日数不予折抵”。1959年10月13日,最高人民法院作出了《关于无期徒刑减为有期徒刑刑期计算问题的批复》,除了重申上一个解释对死缓减为有期徒刑后的先行羁押折抵刑期问题的否定性做法,还对无期徒刑减为有期徒刑后的先行羁押折抵刑期问题也给出否定性规定:“关于无期徒刑减为有期徒刑……减刑后的新刑期应从确定之日起算,减刑以前的关押日期不予折抵。关于死缓减为无期徒刑,再由无期徒刑减为有期徒刑,其新刑期同样从减为有期徒刑减刑确定之日起算”。除以上两个规定以外,之后还先后出台了5个此类司法解释,也即最高人民法院、最高人民检察院、公安部《有关特赦罪犯的刑期计算等问题的意见》(1959年10月17日),最高人民法院《关于无期徒刑减为有期徒刑和死刑缓期执行直接减为有期徒刑的刑期计算问题的复函》(1960年2月18日),最高人民法院、最高人民检察院、公安部《关于清理在押的死缓罪犯的联合通知》(1962年7月26日),最高人民法院、最高人民检察院、公安部《关于死缓和无期徒刑减为有期徒刑的刑期计算问题的联合批复》(1964年5月30日),最高人民法院、最高人民检察院、公安部《关于死缓犯和无期徒刑犯减刑问题的联合通知》(1979年10月10日)(以下简称《减刑问题联合通知》),这些司法解释分别对不予折抵问题作了强调或说明。

综观以上7个不予折抵的司法解释,笔者认为实际上它们都是越权和无效的。这不仅因为,它们关于不予折抵的做法都缺乏法律根据,还因为,它们是对以前有“法律根据”的做法的违背。具体而言,如果新中国成立初期的6个允许折抵的司法解释中的后4个是以“经政务院政治法律委员会会议通过”的《刑期起算问题指示》为“法律根据”的话,则以上7个不予折抵的司法解释(1957年8月6日至1980年前),既因这个时段没有出台任何关于刑期折抵的新的立法性文件,也因与《刑期起算问题指示》规定的做法相悖,而没有任何“法律根据”。

3. 1980 年至 1996 年 12 月 31 日前的司法解释允许折抵

随着新中国第一部刑法典也即 1979 年《刑法》的出台及刑期折抵问题法律根据的确立,①关于对罪犯减刑后原未决羁押期的刑期折抵问题,在司法上,应当依新的刑法立法重新作出解释。于是,最高人民法院针对山东省高级人民法院“关于死缓犯和无期徒刑犯减刑问题”的请示,于 1985 年 11 月 14 日作出了《关于对罪犯减刑时应将判决前羁押的日期折抵为已执行的刑期的批复》,规定“根据刑法第四十二条的规定,罪犯在判决执行前被羁押的时间,羁押一日折抵刑期一日。因此,在对罪犯实行减刑时,应当把判决执行前羁押的日期折抵为已执行的刑期,计算在已服刑的时间以内。然后按照刑法第七十一条②和最高人民法院、最高人民检察院、公安部 1979 年 10 月 10 日《关于死缓犯和无期徒刑犯减刑问题的联合通知》的规定,适用相应的减刑幅度,确定减刑的刑期”。如此解释,不仅适用于普通减刑时原未决羁押的刑期折抵问题,而且也适用于死缓或无期徒刑减为有期徒刑后原未决羁押的刑期折抵问题。事实上,从这个解释出台的背景来看,该解释本就是针对山东省高级人民法院关于死缓犯和无期徒刑犯减刑问题的请示作出的,③这样,其关于“同意你们提出的意见……在对罪犯实行减刑时,应当把判决执行前羁押的日期折抵为已执行的刑期,计算在已服刑的时间以内”的规定,当然就不仅是关于无期徒刑减为有期徒刑后原未决羁押的刑期折抵问题,也是关于死缓减为有期徒刑后原未决羁押的刑期折抵问题。质言之,依据这个解释,死缓或无期徒刑减为有期徒刑后,“应当”将其原未决羁押时间折抵为减刑后的刑期。

需要指出的是,以上解释中关于按照“最高人民法院、最高人民检察院、公安部 1979 年 10 月 10 日《关于死缓犯和无期徒刑犯减刑问题的联合

---

① 表现在 1979 年《刑法》第 36 条、第 39 条和第 42 条。

② 也即“被判处管制、拘役、有期徒刑、无期徒刑的犯罪分子,在执行期间,如果确有悔改或者立功表现,可以减刑。但是经过一次或者几次减刑以后实际执行的刑期,判处管制、拘役、有期徒刑的,不能少于原判刑期的二分之一;判处无期徒刑的,不能少于十年”。

③ 也即〔85〕鲁法研字第 20 号《关于死缓犯和无期徒刑犯减刑问题的请示报告》。

通知》的规定,适用相应的减刑幅度,确定减刑的刑期”的规定,并不是要求关于死缓、无期徒刑减为有期徒刑后原未决羁押的刑期折抵问题承继《减刑问题联合通知》的不予折抵的做法,而是承继其“减刑幅度”。再从该批复与之前相关的司法解释的关系来看,“该批复是对最高人民法院、最高人民检察院、公安部 1979 年 10 月 10 日《关于死缓犯和无期徒刑犯减刑问题的联合通知》有关问题的解释”,[①]但实际上关于“罪犯在判决执行前被羁押的时间”的刑期折抵问题,是依据“刑法第四十二条的规定”,[②]实行“羁押一日折抵刑期一日”,而不是按照《减刑问题联合通知》[③]“对死缓和无期徒刑减为有期徒刑的刑期,一律从裁定减为有期徒刑之日起计算,裁定减刑前关押的日期不予折抵”。因为,该批复关于刑期折抵的主体意义是依据“刑法第四十二条的规定”,“在对罪犯实行减刑时,应当把判决执行前羁押的日期折抵为已执行的刑期,计算在已服刑的时间以内”,这个意义与《减刑问题联合通知》关于“对死缓和无期徒刑减为有期徒刑的刑期,一律从裁定减为有期徒刑之日起计算,裁定减刑前关押的日期不予折抵”的意义刚好相反。也正因为这点,该批复才有出台的必要,或者说,《减刑问题联合通知》与该批复在主体意义上的不同以及关于刑期折抵立法的出台,恰恰就是该批复出台的背景所在。

然而,该批复的这种主体意义及其出台背景,并没有被司法解释机关掌握,而被错误地在 1996 年 12 月 31 日最高人民法院《关于废止 1979 年至 1989 年间发布的部分司法解释的通知(第二批)》(法发〔1996〕34 号)中予以废止,也即“该批复是对最高人民法院、最高人民检察院、公安部 1979 年 10 月 10 日《关于死缓犯和无期徒刑犯减刑问题的联合通知》有关问题的解释,该《联合通知》已废除,该批复不再适用”。废止的错误之处在于,没有真正理解该批复与《减刑问题联合通知》的关系:虽然该批

① 1996 年 12 月 31 日最高人民法院《关于废止 1979 年至 1989 年间发布的部分司法解释的通知(第二批)》(法发〔1996〕34 号)对废止该司法解释的说明。

② 也即“有期徒刑的刑期,从判决执行之日起计算;判决执行以前先行羁押的,羁押一日折抵刑期一日”。

③ 共有四个方面的规定:(1)关于死缓犯和无期徒刑犯的减刑条件和减刑幅度的规定;(2)关于死缓、无期减为有期后的刑期折抵问题规定;(3)关于死缓犯和无期徒刑犯的减刑如何申报问题的规定;(4)关于死缓犯和无期徒刑犯的减刑问题需依法办理问题的规定。

复确实存在对《减刑问题联合通知》有关问题的解释,但这只是其中一部分,而不是全部。表现在该批复的两个主体意义上:一是关于刑期折抵问题;二是关于如何减刑问题。虽然其中关于减刑问题的解释确实是对《减刑问题联合通知》有关问题的解释,但如前所述,其中关于刑期折抵问题的解释,与《减刑问题联合通知》关于刑期折抵问题的解释的主体意义刚好相反,这就意味着,该批复关于刑期折抵问题的解释,不能因为《减刑问题联合通知》的废除而不再适用。因此,在我国第一部刑法典出台后,对于死缓或无期徒刑减为有期徒刑后,把原未决羁押时间折抵减刑后的刑期,曾是有司法解释根据的,只不过这个根据已被错误地废止罢了。从下文我国关于刑期折抵立法的价值取向来看,这个"废止",事实上也是有悖刑期折抵立法的价值取向的。

(三)背离了刑期折抵立法的价值取向

理论上认为,"在死刑及无期徒刑减为有期徒刑后,其未决羁押及已执行之日数,均不算入减刑后刑期,因为减刑是因受刑人在刑罚执行中确有悔改或立功表现,而给予的一种奖励,是对前一阶段表现的评价结果,从死刑、无期徒刑减为有期徒刑,其中已包含了宽大与公平的思想,无需再予折抵,否则,反而过分轻纵犯罪分子"。① 如此观点,实际上是片面的:其只看到了减刑问题本身的基本精神,而忽视了刑期折抵立法的价值取向。

刑期折抵,作为一个约定俗成的法律术语,常常是指先行羁押的刑期折抵,也即把判决前的羁押折抵判决中确定的某些法定刑期。从形式上来看,刑期折抵制度的法律设置,似乎是由于把羁押"约束自由造成的痛苦与执行自由刑进行同等评价",而让羁押进入刑法视域进行刑罚折抵。也就是,"羁押虽不是刑罚,但在拘禁于一定设施中剥夺行动自由这一点

---

① 论者进一步举例说:"某甲因杀人被判处无期徒刑之前已先行羁押3个月,执行10年后减为有期徒刑10年,若将未决羁押期及已执行期将均算入的话,则减刑后的刑期尚不够折抵,受刑人应立即释放,从其所犯之罪及所判之刑来看,显然过于宽纵。若采不算入制,则受刑人仍需执行10年。所以应以不算入为妥"。这实际上是把应当折抵的"未决羁押"与不应当折抵的"已执行期"糅合在一起,并赋予相同的理由。详见下文的分析。参见周红梅:《刑罚执行论》,辽宁人民出版社1994年版,第236页。

上,同执行自由刑没有不同。若考虑到约束自由所造成的痛苦,便会产生可以按执行自由刑看待这样一种见解。算入本刑正是以这种见解为依据的”。[①] 据此观点,刑期折抵立法的价值取向是“把约束自由造成的痛苦与执行自由刑进行同等评价”,其适用的现实表现为“对等抵扣”。本书赞同这为羁押进入刑法视域进行刑期折抵的重要理由,但它解释不了“在未决前羁押期间不能施行有利于改造更新的处置待遇”而表现出与刑罚功能和目的的冲突等问题。从现实来看,在很多(特别是判处短期自由刑)情况下,羁押的刑期折抵适用会导致判决中确定的刑罚因折抵而虚化的现象,这已是客观事实。[②] 虽然未决羁押也能部分地实现刑罚目的和功能如法制教育,但二者的不同目的和不同处遇(前者处于犯罪未确定状态,当然不可能施以刑罚的教育改造),意味着羁押与刑罚执行还是有着本质和事实之区别的。[③] 因此,羁押的刑期折抵在客观上有可能损害刑罚目的和功能实现的事实决定了在以上理由背后,应当还有深层次的、比实现以上刑罚目的更重要的立法价值取向。考察羁押的刑期折抵制度产生的背景和理论渊源,事实上,羁押的刑期折抵制度的法律规制,也是资产阶级大革命和资产阶级民主、自由、人权思想的产物。因为,从本质上讲,刑事程序实践中的未决羁押是出于特定功利目的而不得已为之的功利性强制措施;这种措施的设置和适用至多只具有正当的“合法性”根据,而不真正具有正当的“伦理性”根据。为了在一定程度上防止该措施的滥用和弥补其功利性正当的不足,体现现代刑法的时代精神,[④]需让羁押进入刑法视域进行刑期折抵,给予被羁押者刑法上的人权保障、人性关怀,并以牺牲部分刑罚功能和目的(限制刑罚权)为代价。这样说来,刑期折抵制度的法律设置,在本质上主要不是为了体现形式上的公平而进

① [日]木村龟二主编:《刑法学词典》,顾肖荣等译校,上海翻译出版公司 1991 年版,第 443~444 页。

② 对自由刑特别是短期自由刑者适用刑期折抵,常常出现判决中确定的刑罚,因适用刑期折抵而所剩无几甚至透支现象,致使判决所预期实现的刑罚目的虚化,这不仅使整个刑事追诉活动变为徒劳,而且潜在地危及刑法的机能。

③ 虽然这是由羁押体制问题所带来的弊端,应通过改革羁押体制去修补,但任何一个完善的羁押体制在实践中都可能出现特殊情况。

④ 参见石经海:《刑期折抵制度的刑法精神》,载《现代法学》2004 年第 6 期。

行“羁押与剥夺或限制人身自由的有期刑罚”间的“对等抵扣”，也即羁押只能用同是剥夺或限制人身自由的有刑期的自由刑抵扣，而是为了在实质上实践刑法的人权保障、人性关怀和公平公正等现代刑法的精神而给出的刑事实体救济。

诚然，人身自由不能“无因无果”地被限制或剥夺。那些没有最终确定性裁判根据的羁押适用，纵然可能具有合法性的根据，但这也只是解决对人身自由进行限制或剥夺的“有因”问题，而没有解决“有果”问题，更何况这个“因”的实质也仅仅是暂时满足法律的功利需要而已：一方面，为了追诉犯罪、维护社会公共安全，未决羁押的法律设置是必要的；另一方面，在“问题尚未最终搞清”（被推定为无罪）的情况下，就把最神圣的人身自由加以剥夺或限制，其正当性总难以自圆其说。① 质言之，虽然未决羁押是为追诉犯罪等所必需，但其“临时性”、“未决性”和事实上的人身自由侵害性不可规避；同时，若同一事实在审前和审后均予以强制剥夺或限制行为者人身自由而不采取救济措施，则难免有“一事二罚”的嫌疑。因此，为了兼顾和平衡未决羁押的功利需要与公民人身权利的公正保护，避免“一事二罚”，需对因未决羁押的适用而客观上“侵害”的权利予以救济。正如储槐植教授所言，功利与公正是密不可分的，没有功利，公正无所依存；没有公正，功利必成公害。② 这样，一方面，出于特定功利性目的，未决羁押的存在是必须的；另一方面，出于刑法公正需要，这个“补偿”的给予也是应当的。既然“应当”补偿，则在本刑为死缓、无期徒刑减为有期徒刑情况下，也不例外。虽然对于已执行的死缓、无期徒刑的时间不应计入减为有期徒刑后的刑期内，但原未决羁押期应当计入减刑后的刑期。

死缓、无期徒刑的已执行时间，之所以不应计入减为有期徒刑后的刑期内，是因为死缓、无期徒刑的已执行时间是基于对犯罪行为的报应或预防而适用，这些执行时间与减刑后的刑期之间不存在“补偿”的因果关系；而原未决羁押期是基于对被未决羁押者的人权保障而与减刑后的刑

---

① 虽然根据社会契约论，为了维护社会公共安全，公民让渡出（被剥夺或限制）一部分人身自由权利，被认为是“正当”的，但这在客观上是设置一种“恶”通过“强权”对付另一种不确定的“恶”。

② 参见储槐植：《美国刑法》（第3版），北京大学出版社2005年版，“前言”第9页。

期之间存在“补偿”的因果关系。同时,在立法的价值取向上,如前述有论者所言,减刑是因受刑人在刑罚执行中确有悔改或立功表现而给予的一种奖励,是对前一阶段表现的评价结果,从死刑、无期徒刑减为有期徒刑,其中已包含了宽大与公平的思想,因而,已执行的时间,无须再予折抵,否则,反而过分轻纵犯罪分子。从前述有论者提出的例证来看,某甲因杀人被判处无期徒刑,之前已先行羁押 3 个月,执行 10 年后减为有期徒刑 10 年,若将已执行时间折抵减刑后的刑期,则受刑人需立即释放,这确实背离了减刑制度的基本精神,使“减刑不成为减刑”;但对于先行羁押期,无论长短与否,其折抵减刑后的刑期不仅不会损害减刑制度的基本精神,反而有利于实现减刑制度的价值取向与刑期折抵制度的价值取向的平衡,避免顾此失彼、从一个极端走向另一个极端。前述相关论者的见解,除了只看到减刑制度的价值取向而忽视刑期折抵制度的价值取向外,还把性质不同的、应当折抵的“未决羁押”与不应当折抵的“已执行期”混在一起,并放大后者所存在的问题,弱视前者所存在的合理性,从而走向“以偏概全”的错误道路。综上,实践中此种不予折抵的做法,实际上是与刑期折抵立法的以上价值取向背道而驰的。

(四)背离了刑法公平公正的精神

刑期折抵,作为当代世界各国刑法普遍规定的一项刑罚适用制度和刑法制度,[①]是当今刑法中众多特别保障个体正当利益的立法表现之一,它直接体现了刑法的公正性。按权威刑法理论,刑法公正包括刑法的正当、公平和平等三个特性。[②] 其中,刑法的公平性是刑法公正性所包括的天然特性,解决的是刑罚分配的正义性问题。从前述刑期折抵立法的价值取向来看,它蕴含了实质意义上的刑法公平。但它所蕴含的那种公平,虽然与“刑罚”有关,但并不是这种“刑罚分配之公平”。“分配”,从语义上说,是指按一定的标准或规定分(某种东西)。[③] 据此可知,分配的核心

---

① 在价值层面上,刑期折抵在刑法中的地位不仅表现在刑罚的具体适用上,而且更表现在它所体现的刑法公正、刑法人权保障、刑法的人性关怀等当代刑法的时代特征上。因此,从价值层面来看,刑期折抵也应是一项重要的刑法制度。

② 参见陈兴良:《刑法公正论》,载《法学研究》1997 年第 3 期。

③ 参见《现代汉语词典》(增补本),商务印书馆 2005 年版,第 400 页。

是“分”,而分的对象是某种“东西”,分的尺度是特定的“标准或规定”,因此,我们可以说,“分配”的实质是按特定的“标准或规定”将某种“东西”让不同的所有者或同一所有者在不同的时间阶段所占有或使用。可刑期折抵,按其通常的法律意义,并不是将某种“东西”(刑罚)让不同的所有者或同一所有者在不同的时间阶段所占有或使用,它不是对已经实施的犯罪行为及其社会危害性的“按劳分配”①,也不是对犯罪人身危险性的“按需分配”②,而仅仅是对为保障刑事诉讼活动顺利进行而采取的先行羁押的一个“交待”和“处理”。其中,如果“为保障刑事诉讼活动顺利进行而采取的先行羁押”体现的是法律的保护功能的话,则作为刑期折抵的这个“交待”和“处理”体现的就是刑法的保障功能。虽然它们相辅相成,共同为营造“正义的社会秩序”服务,③但毕竟它们的功能和价值取向都是不同的,不可能共同体现“刑罚分配之公平”。因此,刑期折抵制度所蕴含的公平是一种独立于“分配”的、建立在受刑人在判决执行前的人身自由被客观地强制剥夺或限制的基础上的特有公平。这种公平决定了,在刑法关于刑期折抵的立法取向下,凡“为保障刑事诉讼活动顺利进行而采取的先行羁押”,都应当纳入作为刑事实体救济的“补偿”的裁判范围。那些把无期徒刑和死刑(死缓)减为有期徒刑后,原判前的羁押日数一律不予折抵刑期的做法和司法解释,实际上是把“为保障刑事诉讼活动顺利进行而采取的先行羁押”排除在这个“补偿”之外,在客观上加重了对被羁押者的刑罚,侵害了被羁押者的正当权益。

此外,如此不予折抵的做法,也会因受不同羁押适用时间者之间的实际关押时间的不均衡而有损刑法的公平公正。从实践来看,经常有一些被未决羁押多年甚至十几年的被判死缓或无期徒刑者,他们与那些仅被(未决)羁押几个月或其他相对较短时间的被判死缓或无期徒刑者相比,

---

① 这里所言的“按劳分配”,指的是根据犯罪本身确定刑罚:犯多重的罪判多重的刑罚,重罪重判,轻罪轻判,刑罚的分量以犯罪大小为转移。参见陈兴良:《刑法哲学》,中国政法大学出版社2004年版,第5页。

② 这里所说的“按需分配”,是指根据预防犯罪这样一种功利需要分配刑罚。参见陈兴良:《刑法哲学》,中国政法大学出版社2004年版,第5页。

③ 参见[美]E.博登海默:《法理学—法哲学及其方法》,邓正来、姬敬武译,华夏出版社1987年版,第302页。

在同被依法减为有期徒刑而都得不到刑期折抵的情况下,这里的不公平是显而易见的。但若被判死缓或无期徒刑而后减为有期徒刑,这个有期徒刑允许用于折抵原未决羁押,则以上情况所表现出的"不公平"也就基本消除。因此,为消除因不同原未决羁押时间而产生的不均衡后果,体现刑法的公平公正,有必要允许那些被判处死缓或无期徒刑而后减为有期徒刑的被羁押者,其原未决羁押折抵减刑后的刑期。

综上,死缓或无期徒刑减为有期徒刑后的刑期折抵问题,本在刑法关于刑期折抵的立法旨意之内。司法中那些关于死缓或无期徒刑减为有期徒刑后原未决羁押期折抵刑期,事实上是有司法解释根据的;那些不允许折抵的司法解释,不仅没有任何"法律根据",而且实际上也早被废止。当前实践中,不允许死缓或无期徒刑减为有期徒刑后原未决羁押期折抵刑期,不仅违背刑期折抵立法的价值取向,而且也背离刑法公平公正的精神。因此,在当前的司法实践中,凡死缓或无期徒刑减为有期徒刑后,原未决羁押均应纳入刑期折抵的司法裁量范围之内。基于依法作出的允许折抵的司法解释被解释机关不当废止的事实,以及我国审判人员惯于过分依赖司法解释的不良习惯和状况,解释机关有必要重新承认 1985 年 11 月 14 日最高人民法院《关于对罪犯减刑时应将判决前羁押的日期折抵为已执行的刑期的批复》效力的司法解释,或者重新出台专门的关于死缓或无期徒刑减为有期徒刑后原未决羁押期允许折抵刑期的司法解释。

第五章 制度展望:一体化下的相应完善

综合以上我国刑期折抵在立法和司法上所存在的问题,完善我国刑期折抵制度,需特别完善我国刑期折抵的立法模式、折抵原则、先行羁押立法、司法裁量等方面。实际上,这些方面的完善,针对的不仅是这些制度本身,还有刑期折抵制度等现代刑法制度所蕴含的现代化刑事法治。

一、刑期折抵立法的完善

前述研究表明,我国现行关于刑期折抵的立法存在诸多问题,包括立法模式、折抵原则等方面需予以立法完善。至于如何完善,应当有很多路径。但是,基于我国本土化实际,合理借鉴域外的先进做法,才是弘扬刑期折抵制度精神和避免刑期折抵不当适用的有效途径。

(一)我国刑期折抵立法之问题

综前所述,我国刑期折抵的现行规范体系,包括刑法典、附属刑法和司法解释三个方面。从刑法典关于刑期折抵的规定来看,具体是1979年7月1日通过、1980年1月1日施行、1997年3月14日修订的《刑法》第10条、第41条、第44条和第47条。在附属刑法关于刑期折抵的立法规定上,有国内法如2018年《监察法》第44

条第 3 款、2018 年《刑事诉讼法》第 76 条和 2021 年《行政处罚法》第 35 条第 1 款；也有国际法的多边和双边条约，包括 3 个多边国际公约、13 个双边引渡和刑事司法协助条约。在司法解释上，有至少 30 个司法解释性文件仍然有效。综观以上规范体系中的国内和国际立法规定，至少存在如下四个方面的问题：

一是折抵本刑过于狭隘。也就是，只允许折抵管制、拘役和有期徒刑等有期自由刑，对于可单独适用的资格刑如剥夺政治权利和财产刑如罚金等，不允许折抵；同时，对于行政拘留的时间折抵刑期，在本刑上，只能折抵拘役和有期徒刑，不能折抵管制。这与域外普遍规定的刑期折抵的本刑可以是几乎所有作为主刑适用的有期自由刑或有限资格刑、财产刑的立法显著不同。

二是未允许域外适用的先行羁押折抵刑期。在国内刑法中，只规定域外既服刑折抵本国判决中确定的刑罚，对域外施行的未决羁押是否折抵本国判决中确定的刑罚，则没有规定。这与域外较为普遍地规定了在域外的先行羁押的刑期折抵问题不同。在我国缔结或参加的有关国际条约或公约中，对此有相关规定，这些规定从国际法上看，就已对我国生效；虽然从作为国内法的刑事法来看，它们不具有刑事法上的直接适用性，但在国内刑法有相应规定时，应可直接适用。

三是折抵原则过于简单绝对。综观以上立法，对于本刑为管制、拘役和有期徒刑的先行羁押的刑期折抵问题，采取的折抵原则是法定必抵主义；对于域外既服刑折抵本国判决中确定的刑罚问题，采用的折抵原则是自由裁量主义的折抵原则，也即“可以免除或者减轻处罚”，至于在实践中是否免除或者减轻处罚，由法官予以自由裁量；对于国际法关于刑期折抵的规定，均要求采用法定必抵主义的折抵原则。如此三方面情况的折抵原则中，采用法定必抵主义的折抵原则显然过于简单绝对，不利于刑罚目的与功能的维护与裁量。

四是立法过于简单或不具有司法适用性。国内刑期折抵立法规定都只有寥寥数语，概括极其简单，且都是作为其他主题内容的附属内容予以规定。国际法中关于刑期折抵的规定，因都属于不具有司法适用性的附属刑法规定而不能直接作为适用刑期折抵的法律根据，必须同刑法典的相应规定相结合,或转化为国内刑法的规定,才具有司法适用性。

(二)完善我国刑期折抵立法之思路

从刑期折抵规范体系的视角来看,刑期折抵制度的完善,首先应当从协调和规范各类刑期折抵规范间的关系入手。具体而言:

其一,完善刑期折抵立法规定,减少立法漏洞,避免出现过多司法解释。前述研究表明,如此众多的司法解释,不仅给刑期折抵实践适用带来困难,而且解释毕竟是解释,解释再多也没有从根本上解决刑期折抵问题,也无法替代立法。解决刑期折抵的关键还是应当完善立法。这正如杀毒软件与系统的关系一样,若系统存在漏洞,则杀毒软件再怎么强大,也不能替代系统本身,也只是权宜之计。当不使用杀毒软件或病毒产生抗体时,病毒又会活跃起来。只有完善系统,才是治本的长效机制。因此,靠司法解释及准司法解释性文件是不能真正解决刑期折抵的所有问题的,毕竟,这些解释只是对法律的解释。在法律存在功能性缺陷的情况下,无论司法解释的数量有多少,也无论司法解释的内容有多详尽,都不可能替代法律的效用。从长效机制上考虑,应从源头入手,完善刑期折抵的立法。

其二,协调附属刑法与关于刑期折抵立法的规定。关键是那些我国已缔结或参与的国际双边或多边公约关于刑期折抵的规定,明确它们的司法适用力。既然这些规定为附属刑法规定,那么在刑法典有相应明确规定时,就应具有直接的司法适用力。不过,鉴于我国司法实践中,还没有形成普遍地结合国内法直接适用国际公约或条约的做法,有必要以单行法或刑法修正案或司法解释的方式,明确这些附属刑法的直接司法适用力。

其三,根据刑事司法实践需要和国际形势发展状况,把某些情形纳入刑期折抵立法中。例如,随着经济、法律等全球化的发展,人员的国际活动和流动越来越广泛,这势必会带来越来越多的域外违法犯罪“先行羁押”问题。显然,对于这部分“先行羁押”,从刑期折抵制度的立法取向来看,应当纳入刑期折抵立法之中。又如,随着经济的发展和人民群众生活水平的普遍提高,人们的经济观念等已发生了巨大变化,一定范围和程度的"以钱赎刑",对于减少犯罪行为造成的客观损害,降低被害方于犯罪发生后遭受的不良影响,既是现实的也是必要的,因此,曾在我国被排除在刑期折抵本刑之外的罚金刑,也应以适当的方式纳入刑期折抵本刑立法中。

(三)我国刑期折抵立法完善之展望

基于前述探讨,我国刑期折抵立法应在设置模式、折抵原则、折抵本刑等方面予以完善。

1. 设置之模式:应采用专门规制的立法模式

我国立法不仅没有把刑期折抵制度予以专条规定,而且即使是其他主题关于刑期折抵的 3 个规定[①],也是附带性的,仅是关于刑期折抵适用标准的简略规定。虽然还有附属刑法对行政拘留刑期折抵问题的规制,但关于"违法行为构成犯罪,人民法院判处拘役或者有期徒刑时,行政机关已经给予当事人行政拘留的,应当依法折抵相应刑期"的原则性规制,同样称不上"详尽"。如此立法模式,不仅使我国刑期折抵制度的地位被潜隐,而且使人们对关于刑期折抵的 82 个专门或相关司法解释视而不见;甚至还会导致人们误认为这是一个不值得研究的"技术问题"。因此,在我国以专门条款对刑期折抵的诸多要素作出明确具体的规定,也显属必要。

2. 折抵之原则:应采用混合的折中主义

刑期折抵的折抵原则有法定主义与裁定主义之分。世界各国的立法,大体有:仅采用法定主义或仅采用裁定主义,以及采折中性的混合式也即兼采法定主义和裁定主义等两种立法模式。其中,兼采法定主义和裁定主义的立法模式,是世界各国刑事立法的主流。其他两种立法模式虽然也有部分国家采用,但其流弊确实很多。特别是在某些情况下,羁押期间全部折抵刑期(特别是短期自由刑的刑期)可能损害刑罚目的和功能的实现,因而,应当在特殊情况下赋予法官自由裁量权予

① 1997 年《刑法》第 41 条的后段、第 44 条的后段和第 47 条的后段。

以必要衡平,也即在特殊情况下辅之裁定主义。据此,在刑期折抵的折抵原则上,我国也应当像世界上绝大多数国家的刑法规定一样,采用以法定主义为原则、以裁定主义为补充的混合立法模式。

3. 折抵之本刑:应为所有可独立适用的刑罚

如前所述,世界上绝大多数国家,如德国、意大利、俄罗斯、日本等,对刑期折抵本刑所采用的立法模式是针对所有可独立适用刑罚。这种本刑,实际上仅指那些有折抵内容的刑罚方法,如有期自由刑、有折抵内容的财产刑和资格刑。死刑、无期徒刑、没收财产等刑罚方法无可折抵内容,不存在刑期折抵问题。附加刑因不能独立适用也不能折抵。目前只发现我国采用有期自由刑,包括管制、拘役和有期徒刑,为刑期折抵本刑的立法模式。有折抵内容的财产刑(如罚金刑)和资格刑(如剥夺政治权利),不能作为刑期折抵的本刑予以刑期折抵。

事实上,这种把未决羁押的刑期折抵本刑仅仅限制在自由刑上的立法模式是缺乏法理根据的。首先,这与刑期折抵制度的属性定位相悖。如前所述,刑期折抵制度只能是刑罚裁量制度。这就决定了,刑期折抵的本刑并非剥夺或限制人身自由的技术性抵扣,而是可以包括自由刑、财产刑和资格刑在内的任何有折抵内容的刑罚方法。其次,鉴于刑期折抵无法实现刑罚目的和功能的特点,也即刑期折抵只是为了体现刑法的公平正义、体现刑罚的人性关怀和人权保障,未决羁押的适用不能代替刑罚执行的教育改造等处遇,因此,对未决羁押的刑事实体救济并非也要采用折抵自由刑的方式。相反,未决羁押折抵刑期的本刑应是包括财产刑和资格刑在内的所有可对未决羁押进行刑事实体救济的刑罚方法。再次,虽然罚金刑或资格刑确实在很多情况下存在不公平的情况,但这只表明要慎用,而不是一概否定。在被羁押者只被判处罚金刑或资格刑的情况下而否认折抵,则反显不公平。这样,不仅在罚金刑和资格刑作为主刑时应当折抵未决羁押期,而且在它们作为附加刑独立适用时也应当折抵未决羁押期。最后,这是对“刑期折抵”进行表面化和机械化理解的结果。实际上,刑期折抵作为一个约定俗成的术语,随着其立法和实践的发展,它的内涵远不限于其字面含义。从字面意义上理解,刑期折抵的

“刑期”似乎只是指“服刑的期限”，也即刑期折抵的本刑只能是有“刑期”的刑罚方法。与这种理解相一致，刑期折抵也就只能在刑罚执行制度的属性定位下进行“对等抵扣”，也即羁押只能用同是剥夺或限制人身自由的有刑期的自由刑抵扣。显然，这是与刑期折抵的价值取向和刑期折抵立法的刑罚裁量制度的属性定位相违背的。如前所述，在世界各国立法上，刑期折抵都是在刑罚裁量制度的属性定位下给予被羁押者实体救济性补偿。既然是“补偿”，则当然不限于“对等抵扣”，其本刑还可包括剥夺或限制人身自由以外的任何有折抵内容（实体救济性补偿）的刑罚方法。

综上，采用本刑为有折抵内容的所有可独立适用刑罚方法之立法模式更加合理。为了体现刑罚的人权保障、公平公正等刑法精神和实现对未决羁押的救济性补偿，我国的刑期折抵本刑也应扩大到某些情况下的可单独适用的、作为财产刑或资格刑的附加刑等刑罚方法上。

二、羁押立法体制的完善

对于羁押立法体制，因现有羁押立法体制导致程序性羁押与刑期折抵的先行羁押的不对接，而产生大量的刑期折抵问题。而且，刑期折抵适用所产生的弊害，在很大程度上都同当前羁押立法体制有关，或者说，这些弊害无法或难以从刑期折抵制度本身的完善中得到解决，必须或关键以完善我国的羁押立法体制为前提。因此，改革和完善我国的羁押体制是完善刑期折抵制度的关键。

（一）刑期折抵视角下我国羁押立法体制所存之问题

如前所述，实践中存在的刑期折抵制度适用弊害，在很大程度上都直接或间接地同我国当前羁押体制存在的问题有关。例如，逮捕的适用比例高、羁押的时间过长等现象的存在使刑期折抵被广泛地适用，而为了避免折抵“倒欠账”现象，对于一些相对轻微的犯罪，实践中势必会以已羁押时间作为短期自由刑的量刑参考基数，从而可能人为拉动短期自由刑的适用。以上羁押问题的存在，因刑期折抵的需要而人为拉动实刑的适用。在很多（特别是判处短期自由刑）情况下，羁押的刑期折抵适用会导致判决中确定的刑罚因折抵而虚化,这在客观上损害了刑罚目的和功能的实现;先行羁押的广泛存在及其刑期折抵使很多情况下的财产刑和资格刑适用虚化,从而变为事实上的监禁。因此,要完善刑期折抵制度就必须完善我国的羁押立法体制。

我国羁押立法体制所存在的问题,可以刑期折抵视角为切入点加以揭示。在刑期折抵视角下,羁押可作实体性羁押与程序性羁押的划分。前者是指作为刑期折抵事实前提的先行羁押;后者是指那些剥夺或完全限制人身自由的刑事强制措施。程序性羁押因适用刑期折抵而与实体性羁押发生关系。[①] 刑期折抵的最初立法设置是"为了弥补和救济程序性羁押的功利性立法和适用的正当性不足[②]而让程序性羁押进入刑法视域适用刑期折抵"。[③] 以此来看,实体性羁押与程序性羁押表现为形式上的对应,也即刑期折抵的先行羁押范围就是程序性羁押的范围。但随着时代的发展和受刑者权利保障观念的加强,实体性羁押也逐渐从形式化向实质化发展,也就是,当今实体性羁押并非只是对应于作为法定刑事强制措施的程序性羁押,还可以是其他任何具有剥夺或限制人身自由实质内容、与判决中确定的可折抵法定刑罚有关联性的强制措施,甚至是已执行

---

① 程序性羁押与实体性羁押在法律根据、适用目的与功能、法律意义等方面也存在根本不同。在法律根据上,前者是刑事程序法关于刑事强制措施的规定,而后者是刑法等关于"羁押的刑期折抵"的规定;在适用目的与功能上,前者既是为了保障刑事诉讼顺利进行、保护社会,也是为了保障犯罪嫌疑人、被告人的人身自由权利不受任意剥夺,而后者是为了弥补和救济程序性羁押的功利性立法和适用的正当性不足;在法律意义上,前者体现了法律的功利性和权利的保障性,后者彰显了法律的公正性。

② 未决羁押的设置和适用的正当性根据,从本质上讲,属于"目的证明手段正当",是利用"强权"剥夺未经审判者的人身自由权利,其事实上的人身自由"损害性"不容回避。以社会契约论的观点(让渡部分人身自由权利是为了维护公共安全之必要)作为未决羁押设置和适用的正当性根据,纵使成立,其"让渡"也只是"临时"和"预支"而不是"永远"和"终结"的,尚需"秋后算账":有折抵内容的,予以刑期折抵,没有折抵内容的,需国家赔偿等;而事实上社会契约论在羁押问题上的基点是值得质疑的,因为,契约论上的"让渡"应建立在"自愿"基础上,可未决羁押的设置和适用实质上只不过是以"自愿让渡"之名,行"强权剥夺"之实;而且,也与作为刑事诉讼灵魂的"无罪推定原则"相冲突。因此,程序性羁押的正当性,无论怎么描述,在本质上都是功利性的;只不过这个功利性,是为了取向特定立法目的而不得已为之。

③ 参见石经海:《刑法视域中的羁押探究》,载《中国社会科学院研究生院学报》2006 年第 4 期。

之刑罚。[1] 显然,实体性羁押与程序性羁押的这种与时俱进关系,是刑期折抵立法趋向合理和健全的重要表现,是创设一种“正义的社会秩序”(just social order)[2]之必要,是功利与公正辩证统一关系[3]的具体体现。

从法规范上看,程序性羁押与实体性羁押的对应,并非程序规范与实体规范的对应。事实上,无论是程序性羁押立法还是实体性羁押立法,都有各自的实体规范与程序规范,也都是实体规范与程序规范的有机统一体。这个“对应”,是实体规范属性下的形式与内容的对应,具体表现为:程序性羁押的法定形式对应实体性羁押的部分具体内容。这样,实体性羁押实质上是一个“动态”概念,它的范围和内容的确定,在一定范围内依赖于程序性羁押的法定形式。在立法上,程序性羁押形式特定,实体性羁押内容也就相对稳定和具体;程序性羁押形式不特定,实体性羁押因缺乏与之具体对接的稳定内容而必然泛化。因此,在实体规范上,对“动态”的实体性羁押的具体内容的确定,需要程序性羁押的特定化。

然而,我国现行羁押立法所规定的程序性羁押,实际上是不特定的。所谓的程序性羁押,实质上只是剥夺或完全限制人身自由的刑事强制措施如刑事拘留和逮捕适用所带来的必然结果和法定状态,这个“状态”,不是独立的法定刑事强制措施,在法定刑事强制措施体系中没有名分和地位,不具有立法上的特定性。综观新中国羁押立法体系,关于程序性羁押的立法主要有1954年12月20日通过、1979年2月23日修改的《逮捕拘留条例》和1979年7月1日通过、1980年1月1日起施行、1996年、2012年和2018年修正的《刑事诉讼法》中关于程序性羁押的规定。从这

---

① 因再审或因刑事管辖权变更而重审的案件,原已执行的自由刑刑期可折抵新判决中确定的可折抵的法定刑罚。这在性质上是“刑期折抵”,而不是刑罚的易科或其他。这里的“具有剥夺或限制人身自由实质内容、与判决中确定的可折抵法定刑罚有关联性的已执行之刑罚”,完全符合刑期折抵立法关于“先行羁押”的规定。这同时表明了“先行羁押”与“未决羁押”是有差别的。显然,这个可折抵刑期的“已执行之刑罚”是已决“羁押”而不是未决“羁押”。

② [美]E.博登海默:《法理学:法律哲学与法律方法》,邓正来译,中国政法大学出版社2004年版,第330页。

③ 程序性羁押兼有保护和保障功能,实体性羁押具有保障功能。按照储槐植教授的说法,保护功能的价值体现是功利,保障功能的价值体现是公正;功利强调的是秩序、功效和利益,而公正强调的是公平和正义,它们都是人类永恒的追求;功利与公正关系密切,没有功利,公正无所依存,没有公正,功利必成公害(参见储槐植:《美国刑法》,北京大学出版社1987年版,“前言”)。因而,程序性羁押与实体性羁押的这种内在关系,实际上是功利与公正辩证关系的具体体现。

些法律关于程序性羁押内容的修改替代关系①来看，现行的程序性羁押立法只是2012年和2018年修正的《刑事诉讼法》中关于程序性羁押的规定。据考查，2012年修正的《刑事诉讼法》中，有16处"羁押"提法（2018年修正的《刑事诉讼法》完全延续了2012年的以上规定）。相较于1996年修正的《刑事诉讼法》中有9处"羁押"提法，2012年的这一修正，主要增加了不得在羁押场所执行监视居住、要求把被拘留人和被逮捕人送看守所羁押、要求对被送看守所的犯罪嫌疑人的讯问在看守所内进行以及自诉案件被告人根据其被羁押与否的审限计算等防止刑讯逼供和提升人权保障方面的内容，并未解决程序性羁押的特定化问题。

因此，若"羁押"应当是一种持续地剥夺或完全限制人身自由的状态的话，则我国所谓的程序性羁押，并不具有立法上的意义。② 它在本质上只不过是一个理论上和实践（包括立法）中的习惯概括而已。虽然相关立法中也有"羁押"的提法，③但这些"提法"，实际上也只是对刑事拘留或

---

① 1954年12月20日通过的《逮捕拘留条例》，是新中国成立后最早规定羁押的法律，该法律于1979年2月23日被修改后的《逮捕拘留条例》取代，而1979年修改后的《逮捕拘留条例》又被1980年1月1日新生效的《刑事诉讼法》的相关内容取代而自然失效（1980年4月16日全国人大常委会通过的《关于实施刑事诉讼法规划问题的决议》要求公安机关和人民检察院按照1979年《刑事诉讼法》关于拘留逮捕的各项规定适用拘留逮捕）。

② 不是立法意义上的"羁押"，当然就无法依"法定原则"对其进行适用控制，致使羁押"逍遥法外"。

③ 2018年《刑事诉讼法》的16处"羁押"提法分别是第67条、第74条、第75条、第98条关于逮捕的羁押期限届满而变更强制措施为取保候审、监视居住的规定，第85条、第93条、第118条、第263条关于将被拘留人、被逮捕人送看守所羁押及讯问、死刑执行地点的规定，第95条关于羁押必要性审查的规定，第156条、第160条、第212条是关于侦查羁押期限和自诉案件审判羁押期限的规定；2012年《刑事诉讼法》的16处"羁押"提法在内容上与2018年的规定完全相同，只是条文序号有变化，分别是第65条、第72条、第73条、第83条、第91条、第93条、第96条、第116条、第154条、第158条、第206条、第252条；1996年《刑事诉讼法》共有9处使用了"羁押"的提法，分别是第52条关于"羁押"的取保候审申请权的规定、第64条关于拘留后告知"羁押"地点的规定、第71条关于逮捕后告知"羁押"地点的规定、第74条关于超期"羁押"变更强制措施的规定、第124条关于侦查"羁押"期限的规定、第128条关于计算或重新计算侦查"羁押"期限的规定和第212条关于死刑可在"羁押"场所执行的规定。另外，1954年的《逮捕拘留条例》中，仅有1处规定了"羁押"问题，也即"逮捕后，除有碍侦查或者无法通知的情形外，逮捕机关应当把逮捕的原因和羁押的处所告知被逮捕人的家属"（第4条中）。1979年修改的《逮捕拘留条例》，对如此提法没作实质性变动，仅把原来第4条改为第5条。1979年的《刑事诉讼法》中共有3处规定了"羁押"问题，分别是第43条关于拘留后告知羁押地点的规定、第50条关于逮捕后告知羁押地点的规定和第92条关于侦查羁押期限的规定。

逮捕及其适用状态与结果的概括而已,[①]均不具有独立刑事强制措施的意义,都不在法定刑事强制措施体系之内。虽然2012年和2018年《刑事诉讼法》对羁押制度做了较多完善,但并没有将其作为一种独立和具有特定程序性羁押地位的强制措施,并没有在立法上赋予其"特定性"。这样说来,我国的所谓程序性羁押,从现行刑事诉讼立法来看,似乎只是对作为法定刑事强制措施的刑事拘留或逮捕适用结果和状态的概括,好像是相对特定的;但在整个法律体系上,它实际上可以是对任何能带来剥夺或完全限制人身自由结果和状态的情形的概括,是不特定的。因为,作为剥夺或完全限制人身自由的其他强制措施,也像刑事拘留和逮捕一样,一方面,因不是独立的法定刑事强制措施而不具有程序性羁押的形式性特征;另一方面,因它们也都能带来剥夺或完全限制人身自由的结果和状态,而都完全符合程序性羁押的实质性特征。既然那些法定刑事强制措施(如刑事拘留、逮捕)的适用能自动带来这种概括意义上的羁押,则其他任何剥夺或完全限制人身自由的强制措施的适用也都能自动带来这种羁押。这一点已为我国刑期折抵的适用实践所证明。在我国的刑期折抵实践中,不仅法定的刑事强制措施(如刑事拘留、逮捕)可带来这种结果和状态,那些非法定的刑事强制措施,如行政拘留、司法拘留、民事实体拘留、海关扣押、留置盘问等,也可带来这种结果和状态,甚至那些部分限制人身自由的强制措施如监视居住、劳动教养、拘传等,也可变相地以这种状态适用。

程序性羁押形式的这种不特定,必然导致实体性羁押缺乏与之具体对接的羁押形式,继而不断催生关于刑期折抵的司法解释。具体而言,面对以上如此不特定的程序性羁押,要不要或如何适用刑期折抵,既无刑事程序法的具体规定,也无刑事实体法的具体规定,而法官对此又无权自由裁量,因而,地方法院不得不每遇这些不特定的实质性羁押情形就要逐级向最高人民法院请示要不要或如何适用刑期折抵问题,这样,一个又一个相近、相关甚至相同的关于刑期折抵的司法解释也就相继出台。经考证,

---

① 虽然理论上认为"我国刑事诉讼法中并没有使用羁押提法"缺乏考证,但认为"人们习惯用羁押这个名词来概括拘留和逮捕等限制人身自由的强制措施"是正确的。参见隋光伟:《羁押属性及适用原则》,载《当代法学》2004年第3期。

在新中国成立以来出台的至少82个关于刑期折抵的司法解释中,关于实体性羁押的司法解释,就有46个。[①] 显然,"区区"一个先行羁押问题,就需出台如此众多的司法解释,这不仅在域外没有,而且即使同是在刑事司法领域内也未曾出现。这一方面是我国法官和地方法院缺乏相应的法律解释权和自由裁量权的体现,另一方面是我国程序性羁押不特定的结果。

从立法上看,我国程序性羁押的不特定,主要源于我国的羁押立法体制。因为,程序性羁押在形式上是否特定,主要取决于采用什么样的羁押立法体制。纵观世界法律发达史,从羁押与逮捕关系来看,主要有"前置主义"和"一体主义"两种羁押立法体制。在"逮捕前置主义"的立法体制中,羁押与逮捕是分别独立的两个阶段。其中,逮捕是羁押的前置措施(第一阶段),逮捕适用后并不必然带来羁押;逮捕适用后是否羁押(第二阶段),尚需经过是否具有羁押理由的审查。在这种立法体制下,将逮捕与羁押分开,旨在"在逮捕时实施司法抑制,在羁押时也实施司法抑制,即保障双重检查"。[②] 目前采用这种立法体制的主要是日本。在"一体主义"立法体制下,将逮捕和羁押规定同样的理由,视逮捕为羁押的根据,视羁押为逮捕的结果。这是目前绝大多数国家所采用的羁押体制。综观这两种羁押体制,虽然有很多不同,但在"羁押"本身是独立于其他强制措施的一种刑事强制措施这一点上,是相同的。这个相同点意味着,在这两种羁押体制中,羁押在法律形式上不仅是独立的,而且是特定的。其中,"独立的"意味着适用程序独立,这为限制羁押权的行使提供了可能和条件;"特定的"意味着羁押的具体形式不会被任意扩大或变相适用,这为程序性羁押与实体性羁押相对接提供了可能和条件。因此,"前置主义"和"一体主义"两种羁押立法体制虽有很大不同,但它们在各自核心问题上是一致的。显然,持续剥夺或完全限制人身自由的羁押,与暂时剥夺或完全限制人身自由的刑事拘留、逮捕,分别作为独立的法定刑事强制措施

---

① 包括作为刑事强制措施或准刑事强制措施的刑事拘留、取保候审、监视居住、保外就医、隔离审查、海关扣留、管训、先行管制等的,有29个;作为行政处罚或强制措施的行政拘留等的,有5个;作为司法强制措施的司法拘留的,有1个。而且,若程序性羁押仍不特定,则必将继续催生如此司法解释,例如,关于"双规"问题、传染病防治的隔离问题等。

② [日]田口守一:《刑事诉讼法》,刘迪等译,法律出版社2000年版,第54页。

在程序上进行分离,是极其必要的。毕竟,它们对人身自由的损害程度不同,而且也具有不同的程序功能意义。把它们均作为独立的法定刑事强制措施,分别适用不同的对象与程序,可以有效地对羁押适用进行控制,并使其成为"例外"。[①]

从前述考证来看,我国现行的羁押立法体制,既不是"逮捕前置主义"也不是"一体主义"的立法体制,而是一种独特的立法体制。这种体制,虽然具有"一体主义"的部分实质性特点,也即"逮捕和羁押具有基本同样的适用理由,羁押为逮捕的结果",但不具有"一体主义"的法律形式,也即羁押是独立于逮捕等的一种刑事强制措施。这种立法体制决定了我国所谓的程序性羁押在法律形式上,既不独立也不特定。"不独立",意味着适用程序、适用对象、适用范围也不独立,这不仅使得从程序上限制拘留、逮捕适用带来的羁押状态几乎成为不可能,而且使得作为"抓捕行为"的刑事拘留、逮捕与作为"剥夺人身自由状态"的羁押有着几乎同样的适用范围和适用对象,继而导致羁押自动形成,并出现两难境地:若为防止羁押泛化而过于严格限制逮捕、拘留的适用,则不利于刑事诉讼的顺利进行;若为了有利于刑事诉讼的顺利进行而放宽逮捕、拘留的适用,又使羁押适用泛化。"不特定",意味着羁押的具体形式会随司法实践的需要而任意添加或变相适用,从而使程序性羁押与实体性羁押难以进行具体对接,继而催生过多司法解释。因此,要改变程序性羁押的不特定及其带来的羁押问题,就必须重构我国羁押的立法体制,使我国的程序性羁押在立法上特定化。

(二)重构羁押立法体制,把羁押设置为独立强制措施

如前所述,程序性羁押不是特定化的刑事强制措施,不仅会带来羁押滥施,而且也将导致实体性羁押无法与之对接,催生过多关于刑期折抵的

---

① 从世界刑事司法大趋势来看,鉴于控制羁押适用(特别是使羁押适用成为例外)的需要,都会将先行羁押与刑事拘留、逮捕等短期性、临时性措施相分离而成为独立的强制措施,使刑事拘留、逮捕并不必然带来羁押状态,并赋予羁押比刑事拘留、逮捕更严格的适用条件(包括实体条件和程序条件),使羁押适用成为例外。参见何家弘主编:《刑事司法大趋势:以欧盟刑事司法一体化为视角》,中国检察出版社2005年版,第279页。

司法解释,进而有损自由刑特别是短期自由刑的目的和功能的实现。[①]这些弊害,无法或难以从刑期折抵制度本身的完善中得到解决,必须以完善我国的羁押立法体制为前提。又如前所述,西方两种羁押立法体制虽然在诸多内容上很不相同,但它们在把程序性羁押设置为一种独立的法定刑事强制措施问题上,是一致的。把程序性羁押设置为一种独立的法定刑事强制措施,实际上是羁押立法体制中的核心问题。虽然由于我国的法律文化和法律体制与西方国家存在较大差异而不必完全模仿以上两种立法体制,但是在羁押立法体制的最核心问题上还是应当借鉴的。否则,我们的羁押立法体制无论怎么改革,恐怕最终均会无功而返。因此,把羁押作为一种独立的刑事强制措施明确纳入刑事强制措施的法定体系中,应是我国羁押立法完善的关键之举。具体可以是:把羁押作为一种独立于刑事拘留和逮捕的刑事强制措施,明确地纳入刑事强制措施的法定体系中,赋予其独立和健全的适用程序、适用理由及其违法适用的惩处等,使其处于"法定原则"的控制之下。对此,在我国理论上也早有呼吁。[②] 然而,遗憾的是,纵然是先后于2012年和2018年两次做了体系化修正的《刑事诉讼法》,也都未赋予"羁押"在刑事强制措施中的独立法律地位,其仍只是作为非独立于刑事拘留和逮捕的必然后果和法定状态存在。[③] 其结果,不仅是对羁押立法体制核心问题的忽视,而且会影响精心推行改革羁押立法体制所试图达到的效果。因为,刑事诉讼的功利性目的与人权保障的均衡,既需要"短平快"的、适用对象和范围相对广泛的抓捕行为,也需要持续控制危险的适用对象和范围相对较小的羁押及其配套制度,如取保候审、监视居住、保释等;试图让逮捕或刑事拘留承担不

---

① 对自由刑特别是短期自由刑者适用刑期折抵,因出现判决中确定的刑期被折抵后所剩无几甚至透支现象,而使判决所预期达到的刑罚目的和功能虚化。

② 参见刘松山:《有关羁押理论和实践的几个问题》,载《中央政法管理干部学院学报》1995年第6期;陈瑞华:《超期羁押问题的法律分析》,载《人民检察》2000年第9期;汪建成、冀祥德:《我国未决羁押制度的批判性重构》,载《山东公安专科学校学报》2004年第1期;樊崇义等:《刑事诉讼法修改专题研究报告》,中国人民公安大学出版社2004年版,第325页。

③ 虽然2012年和2018年《刑事诉讼法》分别于第93条和第95条设置了逮捕羁押的必要性审查,但这个"审查"只是对逮捕羁押适用的限制,并未将"羁押"设置为独立的刑事强制措施。纵然通过必要性审查限制了逮捕羁押的适用,但将逮捕变更为取保候审和监视居住并没有解决拘留、逮捕必然带来的"羁押"状态问题。

同适用对象和范围的功能需要，是很难的，也是不现实的。实际上，把羁押设置为一种独立的刑事强制措施，在立法上应是没有多大障碍的。[①]

三、相关刑法立法的完善

从功能发挥上看，刑法中的任何规定都是以相对某个事项的“有机整体”形式存在和发挥作用的。一方面，刑法中的任何一个规定，都不可能孤立地存在和脱离该有机体而发挥其应有的功能；另一方面，刑法中某个规定所存在的问题，也不完全是该规定自身的问题，也可能包括有机体中其他规定所存在的问题促成或放大了该规定的问题。因此，无论是刑期折抵立法的完善还是刑法中其他规定的完善，都应放在刑法体系中予以通盘考虑。这意味着，刑期折抵制度的完善，也需同时完善其相关的重要立法规定，包括罪刑法定原则、刑法立法目的和立法任务等规定。

（一）修改罪刑法定原则以为有利于被告的裁量留有余地

法官自由裁量权有刑事上的法官自由裁量权、民事上的法官自由裁量权与行政上的法官自由裁量权之分。如果说民事上的自由裁量是指由于在审理案件中，缺乏明确的法律、法规、司法解释及其相关的法律原则、审理思路、有关政策等裁判依据，而要求法官直接面对证据，通过其在法庭上的所见所闻，结合其自身的审判经验和生活阅历，形成对作为判决基础的事实的确认，酌情对案件作出裁判的情形，[②]那么刑事上的自由裁量权则是指“法官在刑事审判过程中在认定事实、采纳证据和定罪量刑时所拥有的具有相对灵活性的判断权”。[③] 质言之，法官自由裁量权有规范外的法官自由裁量权和规范内的法官自由裁量权之分。在大陆法系的立法体制中，民事上的法官自由裁量权既可以是一种规范内的自由裁量权（因规范的概括性和抽象性而以自由裁量权加以补充），也可以是一种规范外的自由裁量权（因规范缺陷而以自由裁量权加以补充），这是由意思自治

---

① 在实践中也应是可行的。

② 参见2002年12月9日北京市高级人民法院审判委员会通过的《关于民商事上诉案件改判和发回重审若干问题的意见（试行）》。

③ 中华人民共和国最高人民法院刑事审判第一庭、第二庭：《刑事审判参考》（2001年第11辑）（总第22辑），法律出版社2001年版。

的民法精神决定的；而刑事上的法官自由裁量权到底属于哪一种情况，需具体问题具体分析。本书认为，在严格的罪刑法定原则下，一方面，这两种自由裁量权都可能存在；另一方面，它们并非在任何情况下都适用。具体而言，对被告作出不利的定罪和处罚的法官自由裁量权，只能在法律的框架下存在，法官只能根据法律的规定或授权，在多种合法的可供选择中斟酌裁量；而在对被告有利的情况下，定罪和处罚的法官自由裁量权可以适当超越法律，这既不违背“法无明文规定不为罪，法无明文规定不处罚”的罪刑法定原则的基本要求，也与以人权为保障功能的罪刑法定原则的基本精神相一致。因此，在法律没有规定或规定有缺陷时，法官可以对民事案件作出处断，但对刑事案件是否可以超出刑法规范进行自由裁量，关键在于是否有利于被告。当然，这个有利于被告也不是无边界的，应受社会公正原则的约束。从价值根基来看，法官自由裁量权的法律设置，应当是为了应付纷繁复杂的案件情况和追求案件的实质公正的结果。与此同时，因自由裁量权易于被滥用，以及因个别对待而似乎影响平等保护的价值取向，①因而必须予以控制。这个“控制”，就刑事案件而言，表现为当时情况下的正义、公正、正确、公平和合理等价值要素。因此，理论上认为，法官根据法律授予的职权，可以在有限范围内按照公正原则处理刑事案件，②是对罪刑法定原则的科学解读，是对刑事上的法官自由裁量权的正确界定。

然而，根据我国现行《刑法》第 3 条的规定：“法律明文规定为犯罪行为的，依照法律定罪处刑；法律没有明文规定为犯罪行为的，不得定罪处刑”。虽然这个既要依法保护社会又要依法保障人权的罪刑法定原则也是一种相对罪刑法定趋势的体现，③但这种无论是对被告有利还是不利的裁量都控制在规范内的做法未必合适。毕竟，“存疑”是立法缺陷问题，是国家责任的表现，这个责任应由国家和社会承担，而不应由孤立弱

① 这是一种形式上的“平等保护”；实质上的平等保护，是与自由裁量权的使用不相矛盾的。

② 参见陈兴良主编：《刑事司法研究——情节 · 判例 · 解释 · 裁量》，中国方正出版社 1996 年版，第 443 页；李正华：《论“自由裁量权”》，载《当代法学》2000 年第 4 期；等等。

③ 参见王作富：《罪刑法定与扩大解释》，载《检察日报》（《法学院》专刊）2007 年第 1 期。

小的被告承担。

因此，虽然这种具有“双重价值”的罪刑法定原则的立法有利于保护社会，但其人权保障的机能不能因保护社会而弱化。我国现行刑法的“双重”规定，实际上就把立法缺陷上的“存疑”排除在罪刑法定原则之外。诚然，传统罪刑法定原则从绝对走向相对，是罪刑法定原则发展的必然趋势，但也并非就一定要发展到我国现行刑法的“双重”规定上。事实上，其他国家刑法均未作出如此“双重”规定，但同样不失罪刑法定原则的“相对”价值。从刑法的规范功能来看，不作出如此“双重”规定，一方面，也仍不失其“保护社会”的功能，因为“报应”的文化观念在我们的司法人员头脑中已根深蒂固，更何况罪刑法定原则的明确化并写进法典中本就是试图在司法人员的头脑中强占必要的人权保障的空间；但另一方面，这可为“存疑有利于被告”的法官自由裁量留下必要空间。虽然“存疑有利于被告”的法官自由裁量会导致擅断和司法腐败，但这只是配套制度的完善问题，否则，“因噎废食”只会断送罪刑法定原则意图建立的人权保障功能。综上，根据我国现行《刑法》第 3 条关于“法律明文规定为犯罪行为的，依照法律定罪处刑；法律没有明文规定为犯罪行为的，不得定罪处刑”的规定，仍应回归到世界通行的“法无明文规定不为罪，法无明文规定不处罚”的精神上。

当然，以《刑法》第 13 条的但书规定作为该原则规定的补充，也可在一定程度上弥补这个规定的不足。实际上，如此但书与罪刑法定原则在价值和功能上具有一致性。因为，我国刑法中规定的犯罪，有定量和定性两类，其中，后者又大致包括行为本身性质严重足以反映其社会危害程度的犯罪，如杀人罪、强奸罪、抢劫罪，以及行为本身性质并不严重，不足以反映其社会危害程度的犯罪等两类，对于上述这两类犯罪，尽管行为已经符合构成要件，但是如果符合但书的规定，仍然可以以“不认为是犯罪”的方式予以出罪，[①]从而使具有“中国特色”的罪刑法定原则在实质上也具有通行罪刑法定原则的精神实质。当然，鉴于我们的司法文化，这个学

---

① 参见储槐植、张永红：《善待社会危害性观念——从我国刑法第 13 条但书说起》，载《法学研究》2002 年第 3 期。

理性解读还不具有司法适用力，尚需要立法或司法以某种方式（如解释）予以明确化。

（二）修改刑法立法目的以与保障人权的刑法制度相一致

我国《刑法》在关于“立法目的”的规定中，没有体现“刑期折抵”等关于“保障犯罪嫌疑人、被告人和受刑人合法权益”的内容。在关于这方面的条文中，仅规定“惩罚犯罪和保护人民”，从而使“刑法目的”带有“专政工具”的色彩，这自然与当代刑法的精神和实质是不相符的。因为“保护人民”是人民民主专政的概念，而并没有把保障所谓敌人或犯罪分子的人权包括在内；实际上人权是作为人都应享有的权利，即使是犯罪嫌疑人、被告人、被判刑的人也有人权。[①] 而“立法目的”作为一部法律最根本性的内容之一，无论是对人们的价值导向还是对其具体内容的立法指导和司法适用，都具有极其重要的意义。否则，在此基础上的刑法，既不符合时代精神，也不可能真正走向现代化。同时，也与“刑期折抵”这些保障受刑人被依法惩罚外的合法利益的规定不相符合。因此，在刑法关于“立法目的”的条文中，有必要明确或体现关于保障受刑人等被追诉刑事责任者的依法惩罚外的合法利益的内容。

（三）修改刑法立法任务以与保障人权的刑法制度相一致

我国刑法在关于“任务”的规定中，同样只规定了刑法的“专政”职能，而没有明确其“保障”职能。只规定了“用刑罚同一切犯罪行为作斗争”，及其所要达到的目标，而没有明确刑法除了这个职能以外，还应同时“保障犯罪嫌疑人、被告人和受刑人被依法惩罚外的合法权益”。这样规定的缺失，同样既与当代刑法的精神不符，也与现行刑法关于“刑期折抵”等保障人权的制度规定不合。

（四）修改完善以上刑法立法之方案选择

综上，基于刑期折抵制度的价值取向，为充分地贯彻刑法关于诸如刑期折抵等保障犯罪嫌疑人、被告人、受刑人等合法权益的制度的立法精

---

① 参见陈光中：《立法进行时：刑事诉讼法再修改前瞻》，载《人民日报》2004年4月14日，第14版。

神,实现刑法通过这些制度和规定保障人权的任务,有必要对刑期折抵及其相关内容在立法上予以完善。有如下方案可供选择。

其一,由立法机关以刑法修正案的方式对刑法的立法目的、任务、基本原则以及刑期折抵的含义和适用要件、所要折抵的期限等作出总则性规定。可以是:

把现行《刑法》第1条修改为"为了惩罚犯罪和保障人权……"

把现行《刑法》第2条修改为"……保障社会主义建设事业的顺利进行和任何人的合法权益不受侵犯"。

在现行《刑法》第4条中增加1款作为第2款:"对于任何人的合法权益,法律都予以平等地保护。"并把现行刑法中的"适用刑法平等原则"改称为"惩罚和权益保障在法律上一律平等原则"。

在现行《刑法》第35条之后、第36条之前增加一条,规定:"为体现刑法的社会公正性和保障受刑人的被刑事追究以外的合法权益,在行为人的判决执行以前,其先行被剥夺或被完全或部分地限制人身自由行为又被刑事追诉和判处管制、拘役和有期徒刑等有刑期的刑罚,以前被剥夺或被完全或部分地限制人身自由的期间应当折抵刑期。其中,被剥夺或被完全地限制人身自由一日,折抵管制二日,折抵拘役或有期徒刑一日;被部分地限制人身自由一日,折抵管制一日,折抵拘役或有期徒刑半日。"同时,可以考虑在立法上设定一定条件下的先行羁押折抵罚金刑的规则,以多元化地保障被羁押人的权益。

其二,或由立法机关以立法解释的方式对判决执行以前的先行被剥夺或被完全或部分地限制人身自由的刑期折抵作出具体规定。可以是:"本法所称刑期折抵,是指为体现刑法的社会公正性和保障受刑人的被刑事追究以外的合法权益,在行为人的判决执行以前的先行被剥夺或被完全或部分地限制人身自由行为又被刑事追诉和判处管制、拘役和有期徒刑等有刑期的刑罚时,以前被剥夺或被完全或部分地限制人身自由的期间被换算为判决后执行的刑期。""前款判决执行前的被剥夺或被完全或部分地限制人身自由包括刑事侦查、起诉、审判期间的被剥夺或被完全或部分地限制人身自由的情形以及以上情形以外的特定情况下的被剥夺或被完全或部分地限制人身自由情形,包括行政拘留、司法拘留、民事制裁拘留、留置盘问以及其他所有判决执行以前的先行被强制剥夺或限制人身自由行为又被刑事追诉和判处管制、拘役和有期徒刑等有刑期的刑罚的情形。”“以上刑期的折抵,被剥夺或被完全地限制人身自由一日,折抵管制二日,折抵拘役或有期徒刑一日;被部分地限制人身自由一日,折抵管制一日,折抵拘役或有期徒刑半日。”

四、刑期折抵司法的完善

对于刑期折抵的司法,因当前存在大量刑期折抵问题,确实反映了司法领域中法官自由裁量权不足和法律解释权缺乏的弊端。若从一滴水里看世界,则这些弊端自然不是刑期折抵司法所独有的,在其他刑事司法问题上也都不同程度地存在着。易言之,刑期折抵所存在的诸多司法问题,在很大程度上是我国刑事司法中存在的较为普遍性问题。这些问题,实际上是造就诸多刑事司法问题的重要桎梏所在。因此,要想尽可能少地出现刑事司法问题,就不能不改革刑事司法体制,在不断走向司法公正的过程中,赋予法官更多必要的自由裁量权和法律解释权。

(一)我国刑期折抵司法本身的完善

鉴于刑期折抵制度适用的负面效果,在刑期折抵的司法适用(量刑)中,应扬长避短,避免因刑期折抵的适用而拉动短期自由刑的适用、拉动实刑的适用和损害刑罚目的和功能的实现等。具体而言,可在以下几个方面完善刑期折抵本身的司法适用。

其一,避免拉动短期自由刑的适用。如前所述,我国当前的刑事司法实践中存在的严重羁押问题使刑期折抵被广泛地适用,而为了避免折抵“倒欠账”现象,对于一些相对轻微的犯罪,实践中势必会以已羁押时间作为短期自由刑的量刑参考基数,从而可能人为拉动短期自由刑的适用。基于此,要防止因刑期折抵适用而拉动短期自由刑的适用,一方面,应出台相应的配套制度,严格“羁押”的适用期限,对超期羁押现象予以严惩;另一方面,在完善国家赔偿制度和修改刑期折抵的折抵原则基础上,应采取刑期折抵以外的救济措施,如国家刑事赔偿,以避免拉动短期自由刑的适用。

其二,避免拉动实刑的适用。同样由于当前严重羁押问题的存在,在司法实践中,因有些法官考虑到对已被羁押者的刑期折抵的对等问题,而对一些本可适用缓刑、管制等的情形,适用实刑,以至于因刑期折抵的需要而人为拉动实刑的适用。基于此,在刑事司法实践中,如上所述,一方面,同样应严格"羁押"的适用条件,对于那些轻微犯罪行为或其他可适用缓刑、管制等的犯罪行为,尽可能避免适用羁押,同时还应当通过完善羁押立法体制使"羁押"成为例外;另一方面,在完善国家赔偿制度和修改刑期折抵的折抵原则基础上,应采取刑期折抵以外的救济措施,以避免拉动实刑的适用。

其三,避免因刑期折抵适用而损害刑罚目的和功能的实现。如前分析,在刑期折抵实践中,很多(特别是判处短期自由刑)情况下都存在刑期折抵适用导致判决中确定的刑罚因折抵而虚化的现象。基于此,一方面,应严格羁押的适用期限,严格控制和惩处超期羁押现象;另一方面,应对刑期折抵的适用原则进行完善,主要是对这种情况下的刑期折抵问题,采用裁定主义的折抵原则,也即是否适用刑期折抵或如何适用刑期折抵,由法官根据刑罚改造的需要予以裁量,并通过其他方式救济被羁押者的被剥夺或限制的人身自由权利。

(二)我国刑事司法解释技术的完善

如前所述,从刑期折抵视角来看,我国的司法解释在体制上存在解释的技术性不高、解释的公开性不够等突出问题,表现在重复的司法解释过多(包括同一内容的重复解释和概括性内容的重复性解释)、司法解释缺乏清理、司法解释缺乏正式公布或有效的正式公布等。鉴于此,在司法解释体制的完善上应当注重如下几个问题:

其一,根据我国法官和地方法院的自由裁量权和法律解释权状况,对解释对象或解释事项作概括性的解释。这种解释的"概括性"程度以在法律和司法对法官和地方法院的自由裁量权和法律解释权的许可限度为限。例如,关于刑期折抵的"先行羁押"解释,完全可以规定"凡是以剥夺或完全限制人身自由的方式适用的强制措施,在同一事实或相关事实被刑事追诉和判处某些法定可折抵刑期的刑罚时,即为这里的'先行羁押'"。这就可避免出台 42 个关于"先行羁押"的司法解释的情况。

其二,定期对司法解释进行清理。如前所述,在我国的司法解释中,旧的司法解释没有废除,新的司法解释因内容相关又不好吸收旧司法解释的有效部分而又予以出台,从而在客观上增加司法解释的数量。定期对司法解释进行清理,不仅可以减少司法解释的数量,而且还可以避免那些失效的司法解释对司法实践的干扰。从关于刑期折抵的 82 个司法解释来看,若对失效的司法解释进行清理的话,则从前面的考证来看,现在仍然有效的只有 9 个。[①] 例如,关于死缓、无期徒刑减为有期徒刑后的刑期折抵问题,现在真正有效的司法解释实际上只有 1 个,也即 2016 年 11 月 14 日最高人民法院作出的《关于办理减刑、假释案件具体应用法律若干问题的规定》。

其三,创造有效方式提高司法解释的公开性和透明度。如前所述,司法解释缺乏正式公布或有效的正式公布,是导致针对众多重复请示作出重复的司法解释的重要原因之一。在关于刑期折抵的司法解释中,之所以有诸多针对重复请示而作出的司法解释,主要是因为这些已出台的司法解释的公开性不够。从新中国成立初期的情况来看,被公布的司法解释主要是公开性非常有限的《法院工作通讯》以及大量非公开作出的"电话答复"等。从司法解释的法律效力来看,虽然其效力来源于其解释的法律,但由于被解释法律的不明确性等,明确性的司法解释相对于公众乃至法官来说是一个凭自身的知识和能力无法确定的内容,因此司法解释也应当具有必要的公开性和透明性,只有具有公开性和透明性,它们才能获得法律效力。从我国现在的司法解释状况来看,随着网络信息化的发展以及司法机关对于"阳光司法"的不断推进(包括对"解释"举办"发布会"或"答记者问"),司法解释的公开性和透明性相较于新中国成立初期乃至几年前,已有了极大提升。但在未来,仍可以通过开发检索系统和推进核心内容的平易化,让更多的人和不同群体都能够较为简便地检索到和较为轻松地把握这些解释的内容。

---

① 这 9 个分别是本书附录关于"司法解释的规定"中的第 37、41、59、66、76、77、79、80 和 82 号解释。

附录　我国刑期折抵的立法与司法规范

一、刑法的规定

1. 1908 年《大清新刑律》

第 80 条:未决期内羁押之日,得以二日抵徒刑、拘役一日或抵罚金一元。

2. 1912 年《暂行新刑律》

第 80 条:未决期内羁押之日,得以二日抵徒刑、拘役一日或抵罚金一元。

3. 1928 年《中华民国刑法》

第 64 条:裁判确定前羁押之日数,得以二日抵有期徒刑或拘役一日,或以一日抵第五十五条第七项裁判所定之罚金额数。

4. 1931 年《赣东北特区苏维埃暂行刑律》

第 44 条:未决期内,羁押之日,得以二日抵徒刑、拘役一日。

5. 1935 年《中华民国刑法》

第 46 条:裁判确定前羁押之日数,以一日抵有期徒刑或拘役一日,或第四十二条第六项裁判所定之罚金额数。

6. 1979 年《中华人民共和国刑法》

第 7 条:凡在中华人民共和国领域外犯罪、依照本法应当负刑事责任的,虽然经过外国审判,仍然可以依照本法处理;但是在外国已经受过刑罚处罚的,可以免除或者减轻处罚。

第 36 条:管制的刑期,从判决执行之日起计算;判决执行以前先行羁押的,羁押一日折抵刑期二日。

第 39 条:拘役的刑期,从判决执行之日起计算;判决以前先行羁押的,羁押一日折抵刑期一日。

第 42 条:有期徒刑的刑期,从判决执行之日起计算;判决执行以前先行羁押的,羁押一日折抵刑期一日。

7. 1997 年《中华人民共和国刑法》

第 10 条:凡在中华人民共和国领域外犯罪,依照本法应当负刑事责任的,虽然经过外国审判,仍然可以依照本法追究,但是在外国已经受过刑罚处罚的,可以免除或者减轻处罚。

第 41 条:管制的刑期,从判决执行之日起计算;判决执行以前先行羁押的,羁押一日折抵刑期二日。

第 44 条:拘役的刑期,从判决执行之日起计算;判决执行以前先行羁押的,羁押一日折抵刑期一日。

第 47 条:有期徒刑的刑期,从判决执行之日起计算;判决执行以前先行羁押的,羁押一日折抵刑期一日。

二、附属刑法的规定

1.《中华人民共和国行政处罚法》(1996 年 3 月 17 日第八届全国人民代表大会第四次会议通过、2009 年 8 月 27 日第十一届全国人民代表大会常务委员会第十次会议修正、2017 年 9 月 1 日第十二届全国人民代表大会常务委员会第二十九次会议修正、2021 年 1 月 22 日第十三届全国人民代表大会常务委员会第二十五次会议修订)

第 35 条:违法行为构成犯罪,人民法院判处拘役或者有期徒刑时,行政机关已经给予当事人行政拘留的,应当依法折抵相应刑期。

违法行为构成犯罪,人民法院判处罚金时,行政机关已经给予当事人罚款的,应当折抵相应罚金;行政机关尚未给予当事人罚款的,不再给予罚款。

2. 中华人民共和国和大韩民国关于刑事司法协助的条约(2000 年 3 月 24 日生效)

第 15 条(安排在押人员作证或协助调查):

一、经请求方请求,被请求方应将在其境内的在押人员临时移交至请求方协助调查、起诉或诉讼,但须该人同意,而且双方中央机关已就移交条件事先达成书面协议。

二、如果依被请求方法律该被移交人应予羁押,请求方应对该人予以羁押,并在该请求执行完毕后,将该人押送回被请求方。

三、如果被请求方通知不再需要羁押该被移交人,请求方应将该人释放并作为第十四条所指的人员对待。

四、为本条的目的,该被移交人在请求方被羁押的期间,应折抵在被请求方判处的刑期。

3. 中华人民共和国政府和美利坚合众国政府关于刑事司法协助的协定(2001 年 3 月 8 日生效)

第 12 条(移送在押人员以便作证或协助调查):

一、如果为本协定规定的协助的目的而要求羁押在被请求方境内的人前往请求方,在该人及双方中央机关同意的情况下,可为此目的将该人从被请求方移送到请求方。

二、如果为本协定规定的协助的目的而要求羁押在请求方境内的人前往被请求方,在该人及双方中央机关同意的情况下,可将该人从请求方移送到被请求方。

三、为本条的目的:

(一)接收方有义务根据本国法律继续羁押被移送人,但移送方另有授权的除外;

(二)接收方应当在被移送人作证或协助调查完毕后或在双方商定的期限内,将被移送人送回移送方;

(三)接收方不得要求移送方就被移送人的送回提出引渡程序;并且

(四)被移送人在接收方受羁押的时间,应折抵在移送方被判处的服刑期。

4.《制止恐怖主义爆炸的国际公约》(自2001年12月13日起对中国生效)

第13条:

(1)被一缔约国拘押或在该国领土服刑的人,如被请求为作证、鉴定或提供协助的目的送往另一缔约国以取得调查或起诉本公约下的罪行所需的证据,则如满足以下条件可予移送:

(a)其本人自由表示知情的同意;和

(b)两国主管当局同意,但须符合两国认为适当的条件。

(2)为本条的目的:

(a)被移送人被移交送往的国家应有权力和义务拘押被移送人,除非移送国另有要求或授权;

(b)被移送人被移交送往的国家应不加拖延地履行其义务,按照两国主管当局事先商定或另外商定将被移送人交还原移送国;

(c)被移送人被移交送往的国家不得要求原移送国为交还被移送人而提出引渡程序;

(d)被移送人在被移交送往的国家羁押期应折抵在移送国的服刑期。

(3)除非获得按照本条将人移送的缔约国的同意,该人无论其国籍为何,不得因其在离开移送国领土前的行为或判罪,而对其起诉或拘留,或在被移交送往的国家领土内受到对其人身自由的任何其他限制。

5.《联合国打击跨国有组织犯罪公约》(2003年9月29日公约正式生效,并对中国生效)

第18条(司法协助):

……

十、在一缔约国境内羁押或服刑的人,如果被要求到另一缔约国进行辨认、作证或提供其他协助,以便为就与本公约所涵盖的犯罪有关的侦查、起诉或审判程序取得证据,在满足以下条件的情况下,可予移送:

（一）该人在知情后自由表示同意；

（二）双方缔约国主管当局同意，但须符合这些缔约国认为适当的条件。

十一、就本条第十款而言：

（一）该人被移送前往的缔约国应有权力和义务羁押被移送人，除非移送缔约国另有要求或授权；

（二）该人被移送前往的缔约国应毫不迟延地履行义务，按照双方缔约国主管当局事先达成的协议或其他协议，将该人交还移送缔约国羁押；

（三）该人被移送前往的缔约国不得要求移送缔约国为该人的交还启动引渡程序；

（四）该人在被移送前往的国家的羁押时间应折抵在移送缔约国执行的刑期。

……

6. 中华人民共和国和哥伦比亚共和国关于刑事司法协助的条约（2004 年 5 月 27 日生效）

第 13 条（在押人员到请求方出庭作证或协助调查）：

一、应请求方的请求，并且在被请求方同意或接受该请求的情况下，可以将在被请求方境内的在押人员临时移交至请求方作证或协助调查，但须该人同意。

二、有下列情形之一的，被请求方可拒绝移交：

（一）在押人员有必要在被请求方境内的刑事诉讼中出庭；

（二）移交可能导致对该人羁押期的延长；

（三）存在不宜移交的情形。

三、请求方应对被移交的人员予以羁押，并在其出庭已无必要时，在被请求方设定的期限内或在此之前将该人送回被请求方。

四、在押人员在请求方受到羁押的期间，应折抵其在被请求方的羁押期或服刑期。

五、如被请求方通知请求方不再需要羁押被移交人，请求方应将该人释放并按第十二条所指的人员对待。

7. 中华人民共和国和南非共和国关于刑事司法协助的条约(2004 年 11 月 17 日生效)

第 11 条(移送在押人员以便作证或者协助调查):

一、经请求国请求,被请求国在其法律允许的范围内,可以将在其境内的在押人员临时移送至请求国境内以便出庭作证或者协助调查,条件是该人同意,而且缔约国已经就移送条件事先达成书面协议。

二、如果依被请求国法律该被移送人应当予以羁押,请求国应当对该人予以羁押。

三、作证或者协助调查完毕后,请求国应当尽快将该被移送人送回被请求国。

四、为本条的目的,该被移送人在请求国被羁押的期间,应当折抵在被请求国判处的刑期。

8. 中华人民共和国和泰王国关于刑事司法协助的条约(2005 年 2 月 20 日生效)

第 11 条(移送在押人员以便作证):

一、经请求方请求,被请求方可以将在其境内的在押人员临时移送至请求方境内以便出庭作证,条件是该人同意,而且双方已经就移送条件事先达成书面协议。

二、如果依被请求方法律该被移送人应当予以羁押,请求方应当对该人予以羁押。

三、作证完毕后,请求方应当尽快将该被移送人送回被请求方。

四、为本条的目的,该被移送人在请求方被羁押的期间,应当折抵在被请求方判处的刑期。

9. 中华人民共和国和拉脱维亚共和国关于刑事司法协助的条约(2005 年 9 月 18 日生效)

第 11 条(移送在押人员以便作证或者协助调查):

一、经请求方请求,被请求方可以将在其境内的在押人员临时移送至请求方境内以便出庭作证或者协助调查,条件是该人同意,而且双方已经就移送条件事先达成书面协议。

二、如果依被请求方法律该被移送人应当予以羁押,请求方应当对该人予以羁押。

三、请求方应当在被移送人作证或者协助调查完毕后,尽快将该人送回被请求方。

四、为本条的目的,该被移送人在请求方被羁押的期间,应当折抵在被请求方判处的刑期。

10.《联合国反腐败公约》(自 2006 年 2 月 12 日起对中国生效)

第 46 条(司法协助)第 11 款:

就本条第十款而言:

(一)该人被移送前往的缔约国应当有权力和义务羁押被移送人,除非移送缔约国另有要求或者授权;

(二)该人被移送前往的缔约国应当毫不迟延地履行义务,按照双方缔约国主管机关事先达成的协议或者其他协议,将该人交还移送缔约国羁押;

(三)该人被移送前往的缔约国不得要求移送缔约国为该人的交还而启动引渡程序;

(四)该人(在一缔约国领域内被羁押或者服刑的人)在被移送前往的国家的羁押时间应当折抵在移送缔约国执行的刑期。

……

11. 中华人民共和国和突尼斯共和国引渡条约(2005 年 12 月 29 日生效)

第 14 条(移交被请求引渡人):

一、如果同意引渡,缔约双方应商定移交的地点、时间,被请求方应通知请求方被请求引渡人受到羁押的时间,以便折抵该人的刑期。

二、请求方有义务在自商定之日起二十天内接收被请求引渡人。

三、如果缔约一方因无法控制的原因不能在约定的期限内移交或接收被请求引渡人,该缔约方应通知缔约另一方。缔约双方应商定新的日期,在此情形下,应适用本条第二款的规定。

四、如果在本条第二款和第三款所规定的期限内请求方未接收被请求引渡人,则该人将被释放。如果接到请求方对同一人就同一犯罪提出的新的引渡请求,被请求方可以拒绝引渡。

12. 中华人民共和国和墨西哥合众国关于刑事司法协助的条约(2006年12月30日生效)

第11条(移送在押人员以便作证或者协助调查):

一、经请求方请求,被请求方可以将在其境内的在押人员临时移送至请求方境内以便出庭作证或者协助调查,条件是该人同意,而且双方已经就移送条件事先达成书面协议。

二、如果根据被请求方法律被移送人应当予以羁押,请求方应当对该人予以羁押。

三、须移送在押人员的诉讼程序完毕后,请求方应当尽快将该人送回被请求方。

四、除本条第一款所指书面协议规定的条件外,请求方不应当要求被请求方为确保送回在押人员而提出引渡或者任何其他程序。

五、为本条的目的,该被移送人在请求方被羁押的期间,应当折抵在被请求方判处的刑期。

13. 中华人民共和国和澳大利亚关于刑事司法协助的条约(2007年3月28日生效)

第12条(移交在押人员以便作证或者协助侦查):

一、经请求方请求,被请求方可以在本人同意,而且双方已经就移交条件事先达成书面协议的条件下,将在其境内的在押人员临时移交给请求方,以便作证或者协助侦查。

二、如果依被请求方法律应当对该被移交人予以羁押,请求方应当对该人予以羁押,并在一旦不需该人继续在其境内停留时,迅速将其送回被请求方。

三、如果被请求方告知请求方不再要求羁押被移交人,该人应被释放并按第十三条所指人员对待。

四、为本条的目的,被移交人在请求方被羁押的期间,应当折抵在被请求方判处的刑期。

14. 中华人民共和国和西班牙王国关于刑事司法协助的条约(2007年4月15日生效)

第11条(移送在押人员以便作证或者协助调查):

一、经请求方请求,被请求方可以将在其境内的在押人员临时移送至请求方境内以便出庭作证或者协助调查,条件是该人同意,而且双方已经就移送条件事先达成书面协议。

二、被移送人在请求方领域内应当予以羁押,除非被请求方允许该人被释放。在后一种情况下,该人应当被作为本条约第十条所指的人对待。

三、作证或者协助调查完毕后,请求方应当尽快将该被移送人送回被请求方。

四、为本条的目的,该被移送人在请求方被羁押的期间,应当折抵在被请求方判处的刑期。

15. 中华人民共和国和爱沙尼亚共和国关于刑事司法协助的条约(2011年3月31日生效)

第11条(移送在押人员以便作证或者协助调查):

一、经请求方请求,被请求方可以将在其境内的在押人员临时移送至请求方境内以便出庭作证或者协助调查,条件是该人同意,而且双方已经就移送条件事先达成书面协议。

二、如果依被请求方法律该被移送人应当予以羁押,请求方应当对该人予以羁押。

三、作证或者协助调查完毕后,请求方应当尽快将该被移送人送回被请求方。

四、为本条的目的,该被移送人在请求方被羁押的期间,应当折抵在被请求方判处的刑期。

16. 中华人民共和国和菲律宾共和国关于刑事司法协助的条约(2012年11月17日生效)

第11条(移送在押人员以便作证或者协助调查):

一、经请求方请求,被请求方可以将在其境内的在押人员临时移送至请求方境内以便出庭作证或者协助调查,条件是该人同意,而且双方已经就移送条件事先达成书面协议。

二、如果依被请求方法律该被移送人应当予以羁押，请求方应当羁押该人。

三、作证或者协助调查完毕后，请求方应当立即将该被移送人送回被请求方。

四、为本条的目的，该被移送人在请求方被羁押的期间，应当折抵在被请求方判处的刑期。

17.《中华人民共和国刑事诉讼法》（2012 年 3 月 14 日新增，2018 年 10 月 26 日修正后改为第 76 条）

第 74 条：指定居所监视居住的期限应当折抵刑期。被判处管制的，监视居住一日折抵刑期一日；被判处拘役、有期徒刑的，监视居住二日折抵刑期一日。

18. 中华人民共和国和巴西联邦共和国引渡条约（2014 年 8 月 16 日生效）

第 15 条（对被引渡人的权利保障）：

一、被请求引渡人在被请求方享有该国法律赋予的所有权利和保障，包括辩护权和必要的翻译协助。

二、被引渡人在被请求方因引渡请求被羁押的时间应折抵其被判处的刑期。

19.《中华人民共和国监察法》（2018 年 3 月 20 日）

第 44 条第 3 款：被留置人员涉嫌犯罪移送司法机关后，被依法判处管制、拘役和有期徒刑的，留置一日折抵管制二日，折抵拘役、有期徒刑一日。

三、司法解释的规定

1. 最高人民法院关于犯人在公安机关管训期间的折抵刑期问题的复函（1950 年 10 月 1 日颁布实施）[①]

西北分院：

关于犯人在公安机关管训期间是否可以折抵刑期的问题，我院意见，

---

① 本复函是对特定历史时期作为行政性强制措施的“管训”刑期折抵问题的处理意见，现已不再适用。

犯人判刑前在公安机关管训队实施管训期间,其身体自由即已受到限制,管训队生活和看守所生活虽有某些不同,但剥夺自由的性质,基本上是相同的,因此除交保在外者外,管训期间是可以折抵刑期的。至折抵办法应以一日折抵一日。

附:最高人民法院西北分院关于犯人在管训期间是否折抵刑期的请示(法秘第3293号)

最高人民法院:

一、据甘肃省人民法院7月27日秘字第1786号呈称:"我省各级法院受理案件中,有公安机关起诉、审判之案犯,曾经在某机关管训队管训过一个时期。判决后执行时,对各案犯之刑期计算,原来强调管训队为特种教育机关,均未将在管训队的管训期间折抵刑期。现在有一部分犯人提出意见,要求将管训期间折抵刑期。究应如何处理,我院未敢决定,特请核示"等情。

二、我院对于公安机关管训期间是否折抵刑期问题的意见,是视其在公安机关管训是否失掉自由而定。如在公安机关管训期间失掉自由,应折抵刑期;如仅系自由受限制,未到完全失掉自由的程度,则不应折抵刑期。这样处理是否适当,请核示,以便批复甘肃省人民法院。

2. 最高人民法院对被告在诉讼中死亡的裁判问题及裁判前羁押日数的折抵问题之意见(1951年6月25日颁布实施)[①]

华东分院:

本年3月12日东法编字第1037号报告请示刑事被告在诉讼中死亡的裁判问题及裁判前羁押日数折抵问题,经研究后,我们基本上同意你院所提意见;但尚有下列意见,希予研究:

(一)刑事案件被告在诉讼中死亡,一般的可即以裁定宣示被告死亡,本案不予审判或不应继续审判,其在上诉审者亦然(原判决即因此并不确定)。但案件得宣示没收、追征(追征似非刑罚可不列入)或剥夺"政治权利"者(旧时对于普通刑事罪犯所用"公权",今后称稿政治权利,政治权或其他名称尚未确定),政治上有重大意义、或对社会有重大影响者、

---

① 本意见因1979年《刑事诉讼法》对被告人在诉讼中死亡的审判问题作了明确规定而自此实际上失效。

或已死被告的配偶、直系亲属等请求为被告洗刷其罪嫌者,法院即有仍予继续审判的必要,其结果如认为有罪应罚,虽因该被告先已死亡不必再予判处死刑或徒刑,仍应以判决宣示其所犯之罪,并于必要时宣示没收或剥夺“政治权利”。反之,如认为已死被告没有犯罪,亦仍以判决宣示其无罪。除属于惩治反革命的案件外,被告的配偶、直系亲属等对于法院就已死被告宣示其犯罪的判决,得以其自己的名义声明不服,提起上诉。

至于得科罚金的案件,虽在被告死亡后仍可就其遗产执行;但如被告所犯之罪仅得判处罚金,则就一般说来,其对社会影响及其犯罪恶性均必不大,在被告已死亡后,仍予审判,似无甚意义,故可不予审判。

(二)被告在裁判确定前羁押日数折抵刑期的问题,我们以为今后应在各该判决内记明按羁押日数以一日折抵刑期一日,使其明确,免得监所方面在计算刑期时有所忽略。

附:最高人民法院华东分院关于被告在诉讼中死亡的裁判问题及裁判前羁押日数折抵问题的请示(东法编字第01037号)

最高人民法院:

一、刑事被告在诉讼中死亡的裁判问题:刑事被告在诉讼中死亡,应为如何的处置,本院同志初有歧见,有主张宣示不受理者,有主张宣示“免诉”或“免予追究”者。亦有主张应就案件内容审理,分别为“无罪”或“有罪”的裁判,不过在认为有罪经科处死刑徒刑或其他专对被告本身执行之刑罚时,宣示“免予执行”,如系科处罚金,没收,或追征时,即照判迳就遗产执行。

我们认为刑事裁判原则上应以被告的存在为前提,被告既在判决前死亡,对于死者再加裁判,一般地无甚意义,关于判处死刑徒刑,或其他应就被告本身执行的判决,事实上亦无从执行,似毋庸就案件内容审理裁判,即使像判处罚金,没收或追征之类可以就被告遗产执行的,然而死者的权利能力既已消灭,不能作为受刑罚的主体,此项裁判,实际上只是对遗产继承人承受遗产的一种限制,遇有案情明确,且有判处罚金,没收或追征的必要时,似应用裁定向被告的遗产继承人为上开的宣示,并许遗产继承人得依抗告程序声明不服,仍不必对已死的被告为处罚裁判,只有在被告生前享有荣誉称号而其所犯之罪有剥夺政治权之必要的情形之下,因为荣誉称号系政治权的一种，如被告所犯之罪有剥夺政治权之必要，自不能任其沿用，剥夺政治权在法律上既可独立论科，那么在这种情形之下似有宣示判决的必要，因此，我们认为：刑事被告在诉讼中死亡时，除应科处罚金，没收或追征案件及被告生前享有荣誉称号而其所犯罪行有剥夺政治权之必要时依前述办法处理外，其余案件一律宣示"免诉"，如在上诉中死亡，即将原判决撤销，宣示免诉，至宣示"不受理"本系对于原告的起诉宣示不予受理而言，我刑事诉讼并非必须经过原告起诉，遇有不经起诉之刑事案件宣示不受理，似属欠妥，又被告是否成立犯罪，尚未明确认定，亦不应即用"免予追究"字样，惟如各人民法院已经宣示"不受理"或"免予追究"，结果无甚出入，自无特加纠正之必要。

二、被告在裁判确定前羁押日数的折抵问题：刑事案件判处被告的刑罚，当然应俟判决确定后开始执行，不过判决确定前，被告的羁押日数可否折抵，有主张应于本案裁判时斟酌情形将准许折抵与否以及应以几日折抵刑期一日明白宣示，其未经宣示即不得折抵者，亦有主张前项羁押日数当然以一日折抵刑期一日，无须在裁判内特别宣示，如宣示不许折抵，如属违法，应由上级依法撤销者。

我们认为，被告在裁判确定前，因案羁押，系为防止脱逃或保全证据的不得已办法。羁押目的虽与刑罚不同，但被告身受之痛苦，一般的几与刑罚相等。且重大繁难的案件，往往押过较长时间，方能判决确定，尤增加被告之痛苦不少，似以上述第二种主张较为适当。惟各人民法院的判决所采办法不一，除明白宣示不准折抵之情形尚未发现外，其未经宣示折抵或经宣示以一日折抵刑期一日者，在执行时拟一律以羁押日数一日折抵刑期一日，其宣示以几日折抵刑期一日或宣示刑期自某年某月某日起算者，如经提起上诉，亦拟予以改判。倘未经上诉，且因无从发现，未能依监督司法程序撤销改判时，为维持确定判决的效力，似只可照判办理，俟奉指示后，再通令遵办，至此项羁押日数，本以被告实际受押之日数为标准，即使解放前曾经反动政府非法羁押，拟亦一并算入羁押日数，准予折抵，使被告不致因意外牵累，蒙受不利影响，此外羁押日数，如何折抵罚金，因两种性质，迥然不同，自应在判决内明定折抵标准，其未经宣示者，应用裁定补行宣示，以资执行。

三、以上意见当否报请核示。

3. 最高人民法院刑事审判庭关于管制期间计算问题的意见的函(1952 年 8 月 21 日颁布实施)[①]

运城镇人民政府司法科：

来信已悉。关于贪污分子被判机关管制的，其管制日期应由何时起算的问题，本院 1951 年 6 月 23 日批复华东分院“对被告在诉讼中死亡的裁判问题，及裁判前羁押日数的折抵问题之意见”（法院工作通讯第十一期）内载“被告在裁判确定前羁押日数折抵刑期的问题，我们以为今后应在各该判决内记明按羁押日数以一日折抵一日使其明确免得监所方面在计算刑期时有所忽略”。根据以上规定贪污分子被判处管制之日期，应将判决前限制自由之日期按日折抵，不能由判决后起算。

4. 最高人民法院刑事审判庭对于贪污犯在判决以前的机关管制期间能否顶算刑期的意见的函(1952 年 10 月 23 日颁布实施)[②]

最高人民法院华北分院：

一、1952 年 10 月 16 日华法刑书字第 3922 号函悉。

二、贪污犯在逮捕法办前，已经机关管制，是在实际上已失去自由，我们认为，应从限制自由日起，按日顶算刑期。

三、本院 1951 年 6 月 25 日批复华东分院对于被告裁判前羁押日数，一日折抵刑期一日的意见，可以参考（法院工作通讯第 4 期）。

四、希转知山西省人民法院并分发长治分院。

附：最高人民法院华北分院关于山西省人民法院所询三反中贪污犯在判决以前在机关之管制期间是否能顶算刑期的问题的函

最高人民法院：

兹接山西省人民法院来函，为请示关于三反运动中贪污犯在判决以前在机关之管制期间，是否能顶算刑期的问题到院。据称：“顷接长治分

---

① 本函是对特定历史时期作为行政性强制措施的“管制”（与 1979 年《刑法》规定的作为刑罚措施的“管制”不同）刑期折抵问题的处理意见，现已不再适用。

② 本函是对特定历史时期作为行政性强制措施的“管制”（与 1979 年《刑法》规定的作为刑罚措施的“管制”不同）刑期折抵问题的处理意见，现已不再适用。

院请示:三反中贪污分子在判决徒刑劳改或机关管制后,其在判决以前在机关管制的期间,是否能顶算刑期? 对此问题,我院意见是:在宣判以前之机关管制、如果经过宣布逮捕法办而在机关管制者,就应该顶算刑期;如果没有经过宣布逮捕法办,则宣判以前之管制,不应顶算刑期",我们同意该院以上意见,是否正确,特函请示!

1952 年 10 月 16 日

5. 最高人民法院关于三反运动中被判处徒刑、劳役或机关管制的贪污分子其刑期起算问题的通知(1953 年 11 月 28 日颁布实施)①

关于三反运动中被判处刑事处分的贪污分子,其刑期如何起算的问题,各方面执行颇不一致,有的从逮捕日期起算刑期,有的从判决日起算刑期。最近各机关与下级法院对这问题提请本院解答的颇多。经与中央有关机关研究,决定:三反运动中被判处徒刑、劳役或机关管制的贪污分子,其刑期应从判决确定后交付执行之日起算。判决确定前在机关反省或限制行动自由的期间,除判决书已注明折抵外,均不予折抵;但在判决前如已经公安、司法部门羁押,或经宣布逮捕法办,虽未送公安、司法部门羁押,而事实上与羁押在公安、司法部门之看守情形相同者,其羁押或与羁押情形相同的限制行动自由的期间,应以一日折抵刑期一日。

6. 最高人民法院关于缓刑起算日期的批复(1954 年 1 月 2 日发布实施)②

最高人民法院东北分院:

你院 1953 年 11 月 20 日司行字第 1266 号报告,提出关于"判决徒刑缓刑的起算日期"问题。我们认为缓刑期间,应从判决确定之日起算,因为缓刑是要定一个适当期间来考验被告在判刑之后的行为,如被告在缓刑期间不犯新罪,就根本不执行了。至于判决前曾否羁押,与缓刑期间起算的问题无关。就是判处徒刑不宣告缓刑而执行时,其执行徒刑的起算

---

① 本通知是对特定历史时期遗留问题的处理意见,现已不再适用。

② 本批复因被最高人民法院 1956 年 9 月 26 日作出的《关于被判处徒刑缓刑、管制前羁押日数如何折抵的问题的答复》替代而实际失效。

日期,也是从判决确定后开始执行之日起算。被告如在判决前曾被羁押一个时期,这羁押时期,也只是要从执行徒刑的期间中扣除,并不是将执行徒刑的期间从羁押日期起算。

附:最高人民法院东北分院关于判决徒刑缓刑的
起算日期问题的请示(司行字第1266号)

最高人民法院:

我院前接吉林省人民法院函询:法院判处徒刑缓刑的人犯,判决前已监押两个月、其缓刑应从何时起算?是从监押(失掉自由)之日起算,还是从判决确定之日起算?并提出两种不同意见:

一、判处徒刑缓刑的与判处徒刑的均应同样于监押之日起算;

二、判处徒刑缓刑的与判处徒刑的起算日期,不应相同,因判处徒刑缓刑的目的,主要是在于对判处缓刑的罪犯于判决出狱后,在行动上给予一定约束,故应从判决之日起算。

我院对此两种不同意见究属何者为宜,尚无把握,特请你院希予批示以便答复吉林省人民法院。

1953年11月20日

7. 最高人民法院关于外侨杀人犯赖柴减刑后刑期起算问题的复函(1954年5月11日颁布实施)①

天津市高级人民法院:

你院1954年4月17日发出一庭办字第29号关于外侨杀人犯赖柴减刑后刑期起算问题之请示报告收悉。关于刑期起算,应从判决确定之日算起,但以前实际已经关押的日期,应该予以折算。故本案刑期的计算,对被告在解放前刑期应从被逮捕拘押之期日亦应一并计算在内。

附:天津市高级人民法院关于外侨杀人犯赖柴减刑后
刑期起算问题的请示(一庭办字第29号)

本院关于1952年12月刑一字第3749号函报告杀人犯外侨赖柴在监狱表现情况、拟请予以减刑,接指示经与高院来津工作组李主任联系处理。于1953年元月29日在李主任的主持下,由本院召集有关部

① 本复函是对特定案件的处理意见,现已不再适用。

门开会研究，最后意见："减刑问题，根据该犯的具体情况可以改处十三年徒刑，但不以判决形式而以该犯在监狱的具体表现，由监狱予以处理：……"业经本院通知天津市监狱执行在案。兹据天津监狱提出，该犯系于1947年8月18日经伪法院扣押的，刑期究应自何时算起？经我们研究，原对该犯的处理是采取由监狱根据劳改表现予以减刑的办法，同时又是解放前的老案，似应以解放最初扣押之日起算为宜，是否有当，请予以指示。

1954年4月17日

8. 最高人民法院、司法部关于无期徒刑和刑期较长之有期徒刑人犯是否可以改判及改判后其刑期应自何日起算问题的指示（1954年6月29日颁布实施）[①]

关于无期徒刑和刑期较长之有期徒刑人犯是否可以改判及改判后其刑期应自何日起算问题，我部院经与有关方面研究，提出处理意见，经政务院政治法律委员会会议通过。兹将此项处理意见开列如下，在国家对这个问题未有明文规定以前，希即遵照执行：

（一）无期徒刑犯和刑期较长的有期徒刑犯，如在执行期间确有悔改表现或有其他立功表现；或由于国家从社会利益方面考虑需要行使减刑权时，可以由法院将无期徒刑改为有期徒刑，或将刑期较长的有期徒刑改为刑期较短的有期徒刑。但这种刑期的改变，都是减刑，而非改判。只有因原判决错误而重新判决，才能叫做改判。

（二）在减刑或改判后，其刑期自何日起算的问题，应分别处理：

一、减刑是在原判决的基础上提出的，是以较轻的刑来代替原来较重的刑，是根据原判决确定后在执行过程中的新情况而决定对原判决确定刑期的减轻和缩短，它不是推翻原判决所认定的事实和量刑情况而重行判决，故减刑后其刑期的计算应自原判决确定后宣告执行之日起算，即原判无期徒刑或刑期较长的有期徒刑已执行的时间，应分别计算在减为有

---

① 本复函因被最高人民法院于1956年10月27日颁布的《关于前北京市军事管制委员会军法处及华北军区军法处判处死刑缓期二年执行和无期徒刑的罪犯予以减刑时减刑前的羁押日数是否折抵问题的复函》等新规定替代而实际已失效。

期徒刑或刑期较短的有期徒刑的刑期之内。例如：张某原判为无期徒刑，并于1950年2月1日宣告执行，至1954年3月1日由于他在劳动改造中表现很好或有其他立功表现而减为有期徒刑十五年，则其减刑后的刑期仍应自1950年2月1日算起，即原判他无期徒刑已执行的四年零一个月应计算在减为十五年有期徒刑的刑期之内。

在此情况下，原来无期徒刑判决确定前的羁押日数，应在减刑后的刑期之内予以折抵。折抵办法是羁押一日抵徒刑一日。

二、改判是撤销原来有错误的判决而重行判决，故改判后的刑期应从改判后宣判之日起算，但应将已执行的日数和原判决确定前的羁押日数都在改判后的刑期之内予以折抵。例如：李某于1950年1月1日被羁押，于1950年2月1日宣告执行无期徒刑判决，至1954年3月1日由于原判决有错误而改判五年徒刑，则其改判后的刑期应于1954年3月1日起算，其已执行的四年零一个月及原判决确定前的羁押一个月，都应在改判后的五年徒刑期内予以折抵，即再执行十个月徒刑。

9. 最高人民法院关于怀孕女犯保外如何计算刑期问题的批复（1956年1月26日颁布实施）①

湖南省高级人民法院：

1955年11月18日法办字第346号关于怀孕女犯保外如何计算刑期的请示已收悉。按劳改条例第三十七条第一款第三项的规定，是指怀孕女犯不许收押，此时刑罚尚未开始执行，不发生刑期计算问题，来文所说女犯刘金秀被判处徒刑一年，扣押后发现怀孕，如果此时判决尚未发生法律效力，应该延期执行；如果判决已经发生法律效力，正在执行，参照劳改条例第三十七条第一款第三项规定不收押怀孕女犯的精神，可以比照同条例第六十条的规定，经主管人民公安机关审核批准后，取保监外执行，并通知犯人所在地人民公安机关加以监督。犯人在监外期间，算入刑期之内。

---

① 本批复因“刑事诉讼法及相关司法解释已有规定”而失效，并被2012年8月21日最高人民法院《关于废止部分司法解释和规范性文件（第八批）的决定》废止。

附:湖南省高级人民法院关于女犯怀孕保外计算刑期比照劳改条例问题的请示报告(法办字第346号)

最高人民法院:

衡阳市人民法院最近请示我院,以虐待婆婆引起自杀之女犯刘金秀被判处有期徒刑1年。扣押后发现并经医生检验,确系怀孕,已保外,可否比照劳动改造条例第60条病犯取保监外执行的规定计算刑期。

关于这一问题,我们尚有不够明确之处。劳动改造条例第37条所列不许收押之犯人,如病已痊愈,已分娩满6个月,是否继续收押执行,没有明确规定。而同条例第60条却只规定了"病势严重需要保外就医的;但罪大恶极的犯人除外,和年龄在55岁以上或者身体残废刑期5年以下,已失去对社会危害可能的"犯人,可以准许取保监外执行。前者,我们理解为病愈和已分娩满6个月仍须扣押执行;而后者已明文规定,当然可以算入刑期以内,折抵刑期。上述情况,比照上述劳动改造条例之第37条或60条都似可以。如认定该女犯虽已入监,但系由于监所未进行健康检查的结果,可以比照第37条;如认定该女犯既已入监,与其他病势严重需要保外就医的犯人没多大区别,可以比照第60条。但两者的区别却很大,比照前者,该女犯分娩满6个月后仍须执行刑期1年;而比照后者,估计该女犯分娩满6月时,刑期已届满甚至超过即不必执行刑期了。

究竟该案应比照劳改条例的哪一条,其理由,均请研究示复。

10. 最高人民法院关于在国外逮捕的反革命罪犯刑期之折抵从何时起算问题的复函(1956年3月19日颁布实施)[①]

云南省高级人民法院:

1956年法刑字第2057号报告收悉。关于在国外逮捕的反革命罪犯折抵刑期从何时起算问题,我们的意见,应从罪犯在国外被逮捕之日起算。

---

① 本复函因1997年全面修订的《刑法》废除"反革命罪"规定而自此失效。

11. 最高人民法院关于由死缓减为无期徒刑再由无期徒刑减为有期徒刑的刑期应如何计算问题的复函(1956 年 5 月 14 日颁布实施)[①]

上海市高级人民法院：

你院 1955 年 7 月 29 日(55)沪高法办字第 2939 号、1956 年 2 月 3 日(56)沪高法办字第 0552 号及 1956 年 5 月 3 日(56)沪高法办字第 1915 号关于由死缓减为无期徒刑,再由无期徒刑减为有期徒刑的刑期应如何计算的报告均已收到,判处死刑缓期二年执行,在缓刑期满后减为无期徒刑,后又减为有期徒刑,其刑期应自何日起算? 本院与司法部 1954 年 9 月 30 日法行(56)/司普字第 87420096 号对前湖南省人民法院"改判"与"减刑"的解释问题的复函指出:"今后处理死缓减刑后刑期起算日期,应该按此指示(即指本院与司法部 1954 年 6 月 29 日(54)法行字第 5703(54)司办自字第 33 号关于无期徒刑和刑期较长之有期徒刑人犯是否可以改判及改判后其刑期应自何日起算问题的指示)比照执行"。这一复函所指是死缓减刑应该比照上述 1954 年 6 月 29 日原指示关于减刑的计算方法计算。兹将本院与司法部 1954 年 9 月 30 日对前湖南省人民法院的复函抄送一份,希遵照执行。

附一:最高人民法院、司法部关于"改判"与"减刑"的法律解释问题的函

法行字第 8742 号　1954 年 9 月 30 日　(54)司普字第 0096 号

湖南省人民法院：

关于 1953 年中央人民政府政务院政机密齐字第 4 号批复,关于"判处死刑缓期两年执行的反革命犯在缓刑期满的处理意见"中第一、二两点:"确有悔改的具体事实表现者,得改判……""尚无悔改的具体表现,但亦无拒绝改造的事实表现者,可改判……"在当时为了争取反革命犯认罪,悔罪、接受改造,这种措施是正确的,并已收到良好效果。现在由于法制工作的发展,为了把减刑、改判两个概念弄得更清楚、更明确,更便利于掌握与执行,经政务院政法委员会议讨论通过,由本院部发布"关于无期

---

① 本复函因被最高人民法院于 1956 年 10 月 27 日颁布的《关于前北京市军事管制委员会军法处及华北军区军法处判处死刑缓期二年执行和无期徒刑的罪犯予以减刑时减刑前的羁押日数是否折抵问题的复函》等新规定替代而实际已失效。

徒刑和刑期较长之有期徒刑人犯是否可以改判及改判后其刑期应自何日起算问题”(法行字第5703号司办自字第33号)的指示并已报政务院备案。今后处理死缓减刑后刑期起算日期,应该按此指示比照执行。

附二:最高人民法院、司法部关于无期徒刑和刑期较长之有期徒刑人犯是否可以改判及改判后其刑期应自何日起算问题的指示

(54)法行字第5703号 1954年6月29日 (54)司办字第33号

关于无期徒刑和刑期较长之有期徒刑人犯是否可以改判及改判后其刑期应自何日起算问题,我院部经与有关方面研究,提出处理意见,经政务院政治法律委员会会议通过。兹将此项处理意见开列如下,在国家对这个问题未有明文规定以前,希即遵照执行:

(一)无期徒刑犯和刑期较长的有期徒刑犯,如在执行期间确有悔改表现或有其他立功表现;或由于国家从社会利益方面考虑需要行使减刑权时,可以由法院将无期徒刑改为有期徒刑;或将刑期较长的有期徒刑改为刑期较短的有期徒刑。但这种刑期的改变,都是减刑,而非改判。只有因原判决错误而重新判决,才能叫改判。

(二)在减刑或改判后,其刑期自何日起算的问题,应分别处理:

一、减刑是在原判决的基础上提出的,是以较轻的刑来代替原来较重的刑,是根据原判决确定后在执行过程中的新情况而决定对原判决确定刑期的减轻和缩短,它不是推翻原判决所认定的事实和量刑情况而重行判决,故减刑后其刑期的计算应自原判决确定后宣告执行之日起算,即原判无期徒刑或刑期较长的有期徒刑已执行的时间,应分别计算在减为有期徒刑或刑期较短的有期徒刑的刑期之内。例如:张某原判为无期徒刑,并于1950年2月1日宣告执行,至1954年3月1日由于他在劳动改造中表现很好或有其他立功表现而减为有期徒刑十五年,则其减刑后的刑期仍应自1950年2月1日算起,即原判他无期徒刑已执行的四年零一个月应计算在减为十五年有期徒刑的刑期之内。

在此情况下,原来无期徒刑判决确定前的羁押日数,应在减刑后的刑期之内予以折抵。折抵办法是羁押一日抵徒刑一日。

二、改判是撤销原来有错误的判决而重行判决,故改判后的刑期应从改判后宣判之日起算,但应将已执行的日数和原判决确定前的羁押日数

都在改判后的刑期之内予以折抵。例如:李某于 1950 年 1 月 1 日被羁押,于 1950 年 2 月 1 日宣告执行无期徒刑判决,至 1954 年 3 月 1 日由于原判决有错误而改判五年徒刑,则其改判后的刑期应于 1954 年 3 月 1 日起算,其已执行的四年零一个月及原判决确定前的羁押一个月,都应在改判后的五年徒刑期内予以折抵,即再执行十个月徒刑。

12. 最高人民法院、最高人民检察院、公安部、司法部关于外籍案犯刑期计算问题的通知(1956 年 6 月 6 日颁布实施)①

最近接到某些地方人民法院询问外籍案犯刑期的计算问题,兹经共同商定:在国家未颁布刑事法典以前,对外籍案犯刑期起算问题,可以暂援旧例。即:从判决宣告之日起开始计算,判决前的羁押日数以一日折抵刑期一日。

13. 最高人民法院关于被判处徒刑缓刑、管制前羁押日数如何折抵的问题的答复(1956 年 9 月 26 日颁布实施)②

上海市第二中级人民法院:

你院 1956 年 5 月 21 日〔56〕沪法二发字第 4889 号请示关于被判处徒刑缓刑,管制前羁押日数如何折抵的问题,兹答复如下:一、缓刑是对犯罪分子的一种考验;被宣告缓刑的犯罪分子,在缓刑期限内,如果没有再犯新罪,缓刑期满,原判的刑罚就不再执行。因此,不必把判决前的羁押日数折抵缓刑日期。二、关于被判处管制前羁押日数的折抵问题,在未有正式法律规定之前,希参考本院 1953 年 11 月 28 日法行字第 9429 号关于三反运动中被判处徒刑、劳役或机关管制的贪污分子其刑期起算问题的通知。至于反革命分子被判处管制前羁押日数的折抵问题,不在上述问题答复范围之内;如你院对这问题需要解决,当于你院提出后,再行研究并与有关机关联系后答复。

---

① 本通知因"刑法对刑期计算问题已有规定"而失效,并被 2012 年 8 月 21 日最高人民法院、最高人民检察院《关于废止 1979 年底以前制发的部分司法解释和司法解释性质文件的决定》废止。

② 本答复因 1979 年《刑法》对先期羁押折抵管制等刑罚的刑期有明确规定而自此不再适用。

14. 最高人民法院关于印发“各级人民法院刑、民事案件审判程序总结”的通知(1956 年 10 月 17 日颁布实施)[①]

全国各级人民法院:

为了提供国家立法机关草拟刑、民事诉讼法的实际资料,督促各地人民法院贯彻人民法院组织法,总结各地人民法院审判程序的实践经验用以改进审判工作,本院在 1955 年上半年内,总结了北京、天津、上海等 14 个大城市高级人民法院和中级人民法院的刑、民事案件审判程序的经验,作出了“关于北京、天津、上海等大城市高、中级人民法院刑、民事案件审理程序的初步总结”,于同年 8 月印发给北京、天津、上海等 14 个大城市高级人民法院和中级人民法院参酌试行,并发给全国各级人民法院在准备总结自身审判程序和干部业务学习时参考。今年上半年内,本院根据各大城市高级人民法院和中级人民法院的试行经验和部分省、市高级人民法院和中级人民法院报来的第二审刑、民事案件审判程序的总结材料,以及若干基层人民法院审判程序的实践经验,提出了对上述“初步总结”的进一步修改、补充的意见,提请本年 2 月召开的第三届全国司法工作会议讨论研究;又在同年 6 月邀请河北省和北京市的几个法院的部分审判人员进行座谈,征求意见;以后又反复作了修改。这次总结和上述“初步总结”在轮廓上基本相同。在内容方面,则根据各地试行经验和实际工作需要,作了较大的补充和修改,并定名为“各级人民法院刑、民事案件审判程序总结”,经本院审判委员会第十四次会议讨论通过。除报请全国人民代表大会常务委员会备案外,特印发全国各级人民法院参酌试行。应当指出,这个“总结”是在各地现有的审判实践经验的基础上加以总结和提高的,各地在试行中如有新的经验和意见,仍希随时提出,以供国家立法机关草拟诉讼法时参考。关于死刑案件的判决和核准权限问题,中央最近将有新的规定,新的规定下达后,应即遵照新的规定执行。

---

① 本通知是对特定历史时期的工作安排,不具有指导司法办案的效力。

附:各级人民法院刑事案件审判程序总结
(1956 年 10 月 17 日最高人民法院发布)

……

四、裁判

案件经辩论终结,被告人作最后陈述以后,审判员宣布休庭,并同人民陪审员退庭进行评议,在评议中应当研究解决以下问题:被告人的被控事实是否确实;是否为被告人的行为;被告人的行为是否构成犯罪,所犯罪名是什么,应否判处刑罚;判处何种刑罚,是否数罪并罚如系数罪并罚,怎样确定应当执行的刑罚;有无附加刑;是否缓刑;附带民事诉讼如何解决;赃、证物如何处理。在确认被告人有罪的情况下,则作出犯何种罪判处何种刑罚或者免予刑事处分的判决,反之,即作出无罪的判决。判决只能以本案在审判庭上已经审理过的事实为根据,如果事实不够清楚,应当确定继续审理的措施;在评议过程中,人民陪审员与审判员享有同等权力,一切问题均须共同研究解决,如果意见不一致的时候,按少数服从多数的原则决定,但必须将不同意见记入评议记录。参加评议的人员都应当在评议记录内签名(评议记录应当保守秘密,当事人及辩护人不能阅览)。

关于第一审刑事案件判决书的格式和方法,各地过去极不统一,现在根据各地人民法院的实践经验。提出如下意见:

……

其次,在被告人有罪的判决书中应当说明事实、理由、判决三项内容。事实部分应当写明具体的犯罪事实,包括犯罪时间、地点、手段、动机、结果等。理由部分应当说明认定事实的证据和适用政策、法律、法令的根据或者应受刑罚或者免予刑事处分的理由。判决部分应当写明被告人所犯罪名,判处的刑罚或者免予刑事处分,判处刑罚的判决书内还应当写明是否数罪并罚和决定应执行的刑罚,有无附加刑,是否缓刑,刑期起算日期及判决前羁押日数同刑期的折抵,对于附带民事诉讼的案件,应当写明附带民事诉讼部分如何解决,案内有赃、证物需要处理的,应当写明如何处理。如系无罪的判决书,只需写明认定被告人无罪的理由,并在判决部分内写明被告人无罪。在具体写法上,有罪的判决书中的事实与理由两部分可以合并写,也可以分开写。判决书须注意有思想性和说服力,段落层次分明,力求通俗。

15. 最高人民法院关于前北京市军事管制委员会军法处及华北军区军法处判处死刑缓期二年执行和无期徒刑的罪犯予以减刑时减刑前的羁押日数是否折抵问题的复函(1956 年 10 月 27 日颁布实施)①

北京市高级人民法院:

你院(56)京高法刑字第 957 号函悉。关于对前北京市军事管制委员会军法处及华北军区军法处判处死刑缓期二年执行和无期徒刑的罪犯予以减刑时,减刑前的羁押日数是否折抵的问题,同意你院意见,准以一日折抵徒刑一日。关于对徒刑期已满而欠缴赃款的罪犯,可否判处易服劳役的问题,已用电话与你院联系。

16. 最高人民法院、最高人民检察院关于死缓减刑等有关问题的联合批复(1956 年 11 月 6 日颁布实施)②

甘肃省高级人民法院、甘肃省人民检察院:

甘肃省高级人民法院本年 10 月 17 日来电请示死缓减刑等有关问题,兹联合批复如下:

(一)由死缓减为徒刑的判决书,应由组成合议庭作出减刑判决的审判员三人署名。

(二)由死缓减为有期徒刑的刑期计算问题,应自原判决确定后宣告执行之日起算;原来判处死刑缓期二年执行的判决确定前的羁押日数,应在减刑后的刑期之内予以折抵,折抵办法是羁押一日抵徒刑一日。

(三)对于判处死刑缓期二年执行的罪犯,需要判决执行死刑时,根据当前政策精神,必须特别慎重。此类案件,虽无须经由人民检察院另行起诉,但应由劳动改造机关报请主管人民公安机关审核,并且转请犯人服刑地的省人民检察院审查后,由省人民检察院移送同级人民法院判决。

---

① 本复函是对特定历史时期遗留问题的处理意见,现已不再适用。

② 本批复因"该批复的内容与刑法、刑事诉讼法及相关司法解释的规定不一致"而被 2010 年 12 月 13 日最高人民法院、最高人民检察院《关于废止部分司法解释和规范性文件的决定》废止。

高级人民法院对于执行死刑的判决,如果当事人不服,可以申请最高人民法院复核,如果当事人不申请复核,应当报请最高人民法院核准。

17. 最高人民法院关于死刑缓期二年执行的犯人减刑等问题的批复(1957 年 1 月 14 日颁布实施)[①]

辽宁省高级人民法院:

你院 1956 年 9 月 10 日办研字第 109 号《关于在处理死缓改判有期徒刑和劳改犯减刑假释案件中遇到的几个具体问题的请示》已收悉。经研究,除由死缓改判有期徒刑的刑期计算问题将由我院与司法部另行研究答复外,兹就其余几个问题答复如下:

一、关于对判处死刑缓期二年执行的犯人在缓刑期满后改判减刑的幅度问题,这是涉及立法的问题。在国家的刑法未颁布前,在目前仍应参照前中央人民政府政务院 1953 年 1 月 9 日政机密齐字第 4 号批复前华东公安部、司法部、华东分院"关于判处死刑缓刑两年的反革命犯在缓刑期满时的处理意见",结合案件的具体情况斟酌处理。关于对判处无期徒刑或有期徒刑犯人减刑的具体标准问题,也是涉及立法问题,有待国家立法机关在刑事立法中加以解决。在刑法未公布前,各地对于经劳动改造机关提请减刑的案件,可就犯人在劳动改造中的具体悔改表现、立功表现、原来所犯罪行及原判所处的刑罚等方面,作全盘考虑,适当掌握减刑的分寸,加以处理。

二、对于判处死刑缓期二年执行的犯人,在缓刑期满后,按照他在劳动改造中的具体表现应当再缓一年,但人民法院接到劳动改造机关送核材料的时间是在缓刑期满一年以后的时候,即应从究应立即执行死刑或者改判减刑两个方面,根据当前进一步实行宽大政策的精神,来加以考虑,而不宜改判为再缓一年。

三、关于处理劳改犯的减刑、假释,究竟是由审判员 3 人组成合议庭审核裁定,还是由审判员 1 人审核提出意见报经庭长或院长签发问题,在目前法律尚无明文规定以前,上述两种办法可由你院根据过去工作经验

---

① 本批复因被最高人民法院、司法部于 1957 年 8 月 6 日发布的《关于死刑缓期执行期满后减刑的刑期计算问题的联合指示》等新规定替代而实际失效。

和目前实际工作情况酌量决定。

此复

附:辽宁省高级人民法院关于在处理死缓改判和劳改犯减刑假释案件中遇到的几个具体问题的请示(办研字第109号)

最高人民法院:

现就我们在处理死缓改判和劳改犯减刑、假释案件中遇到的几个具体问题,作如下请示:

一、关于判处死缓的案犯在缓刑期满后改判有期徒刑时,其刑期如何计算问题。高院在1953年曾以法行字第2696号批复指示"应从改判之日起计算"。后于1954年11月30日司法部以司干字第156号函告知,高院上一批复是属于"已有修改或正在修改,或已另有规定、指示"的文件,并提出"对此问题可参考司法部与高院1954年6月20日会衔所发关于无期徒刑和刑期较长之有期徒刑人犯是否可以改判及改判后其刑期应自何日起算问题的指示",即:应自原判决确定后宣告执行之日起算。原判决确定前的羁押日数应以一日折抵一日。但是,这里提的只是"参考",高院也始终没有明文指示。因此,我们认为高院应就死缓改处有期徒刑的刑期计算问题发一明确指示,以便下级法院遵照执行。

在实际执行中,去年以前由于我们未能认真研究,执行中发生一些问题,有的案件是按高院1953年批复计算刑期,有的案件则是参照司法部与高院1954年联合指示执行的。今年以来经过研究,已统一参照后一联合指示计算刑期了。

在我们研究这一问题时,有两个意见:其一是认为,死缓改判有期徒刑是属于减刑范围之内,是在原判决的基础上提出的,是根据犯人劳改表现用较轻的刑罚来代替原来较重的刑罚,因此,改判后的刑期,应自原判决确定后宣告执行之日起算,判决确定前羁押一日应折抵徒刑一日。另一意见认为,死缓改判有期徒刑虽属减刑范围,但它与无期徒刑、有期徒刑的减刑有所不同,不同之点在于它是原判已处死刑,但暂时不杀,缓期二年执行,其缓刑期间是强迫劳动以观后效,对被告来说是本应处死但仍给被告以生路,给他们一个最后改造的机会。此缓刑期间与执行徒刑期间有所不同,因此,在改判有期徒刑计算刑期时,缓刑期间(两年或三年)

不应计算在刑期以内,而应自改判之日起计算刑期,改判前羁押日数应扣除缓期执行期间的日数。其余以 1 日折抵徒刑 1 日。

因此,对死缓改判有期徒刑的其刑期究应如何计算,请予指示。我们在去年以前处理的死缓改判案件,刑期计算方法不统一,是否应该统一起来,对计算不当者应如何纠正?

二、判处无期徒刑或有期徒刑的案犯,具备了哪些条件可以减刑?这在劳改条例中已有规定,但应如何减法(减刑的幅度),就没有一个象 1953 年前政务院对死缓案犯缓刑期满时的处理意见那样的具体规定可以遵循,因而批处此类案件,特别是审批无期徒刑和长期徒刑的减刑条件时,感觉很不好掌握。我们认为一般的说减去的刑罚不能过多,否则不符合减刑(对劳改犯奖励)的性质,如原判徒刑十五年,一次减刑一般不宜减到十年以下。但基于我们这种想法来审批,在工作中却又遇到另一个问题,即:由于有期徒刑最高刑有一定限制,在劳改表现相仿的案犯中,必然形成原判死缓者减的最多,原判无期徒刑者次之,原判长期徒刑的却减的最少。甚至个别的,从减刑后的刑罚看,原判死缓的案犯比原判无期徒刑的还轻了,原判无期徒刑的案犯比原判长刑的还轻了。因此我们就死缓改判、无期徒刑和有期徒刑的减刑问题通盘加以研究并统一作个原则规定或指示。把这几种减刑案件在处理时应各掌握怎样一个标准(或幅度)明确起来,以便更正确地处理此类案件。

三、我们受理的死缓改判案件中,有的按劳改表现应裁定再缓一年。但劳改机关送核此类案件往往是在缓刑期满后甚至又超过一时才报来。对此,我们除通知劳改机关纠正外,对已报送的案件,我们所作“再缓一年”的裁定都是从裁定之日起算,这样做,是否合适?

四、劳改犯减刑、假释的案件,按劳改条例规定是由省、市人民法院批准,宣布执行。但这种审批工作应组成何种审判组织进行,才算合法,没有明文规定。我们过去都是参照法院组织法关于审理上诉审案件的规定做的。即:由 3 名审判员组成合议庭合议裁定。经过研究,我们认为劳改犯减刑、假释的审批工作,与上诉审案件的审判工作不同,一般地说前者比较简单,因此,可由 1 名审判员审核提出意见,再由庭长或院长签发。这个意见是否妥当?

以上几个问题,都是我们实际工作中急需解决的问题,请能尽快批示为盼。

18. 最高人民法院关于 1955 年以前被判处徒刑犯人的刑期起算问题的批复(1957 年 2 月 9 日颁布实施)①

新疆军区生产建设兵团军事法院:

你院〔57〕兵军法请字第 105 号请示收悉。关于 1955 年以前被判处徒刑犯人的刑期起算问题,兹答复如下:

1. 在原则上,被判处徒刑犯人的刑期应自判决发生法律效力后交付执行之日起算。判决前的羁押日数,以一日折抵刑期一日。

2. 有些判决书上已经写明了刑期起止日期,对于这种犯人的刑期计算,我们同意你院提出的意见,即:"……其刑期起止应按原判决执行,不再变更。其理由是:在判决时已经根据犯人犯罪事实表现及拘禁长短作了全面考虑而决定的。"

有些犯人的刑期起算,如无判决书、执行书可查,仅有逮捕证,其刑期也可从逮捕之日起算。在这种情况下,实际上已将判决前的羁押日数折抵在内。

3. 判决前的羁押日数,如因现有材料(判决书、执行书、逮捕证等)缺乏,不能确定时,仍应尽可能地向有关部门调查了解。在调查了解中如有具体困难,应由你院研究解决。如经研究后仍感到不好解决,也可将具体困难写明,再报我院研究。

19. 最高人民法院关于反革命犯被判处管制以前的羁押期间折抵问题的批复(1957 年 2 月 22 日颁布实施)②

安徽省、浙江省、江苏省高级人民法院:

你院本年 1 月 19 日〔57〕院办字第 013 号、1 月 21 日〔57〕浙法研字第 4987 号、2 月 12 日法刑一字第 182 号报告及附件均已收悉。关于反革命罪犯被判处管制以前的羁押期间的折抵问题,我们与有关机关联系后

---

① 本复函是对特定历史时期遗留问题的处理意见,现已不再适用。

② 本复函是对特定历史时期遗留问题的处理意见,现已不再适用。

认为,在刑法尚未公布以前,可暂以羁押一日折抵管制一日。

20. 最高人民法院对于判处有期徒刑的罪犯在判决发生法律效力前的羁押时间已经超过徒刑期限的不再发生宣告缓刑问题的复函(1957 年 7 月 1 日颁布实施)①

江西省高级人民法院:

你院 1957 年 5 月 17 日〔57〕研字第 75 号函悉。所问判处徒刑缓刑的罪犯,在判决发生法律效力前的羁押时间已经超过判处的徒刑期限,应当如何折抵的问题,我们同意你院对这类罪犯不宜用缓刑的意见。因为对于判处徒刑的罪犯,如果在判决发生法律效力前的羁押时间已经超过判处的徒刑期限,则判处徒刑期限已经折抵完了,刑期等于执行完了,宣告缓刑已失去了意义。因此不再发生宣告缓刑的问题。

21. 最高人民法院、司法部关于死刑缓期执行期满后减刑的刑期计算问题的联合指示(1957 年 8 月 6 日颁布实施)②

各省、自治区、直辖市高级人民法院、司法厅(局):

关于死缓减刑的刑期计算问题,过去的意见不甚一致,各地迭有来问,现经共同研究,重新作如下指示:

一、被判处死刑宣告缓期二年执行的罪犯,缓期执行期满后,根据其悔改程度,予以减刑减为有期徒刑者,其减为有期徒刑的刑期,从减刑确定之日起计算;缓期执行期满后至减刑确定前的监管时间,应计算在减为有期徒刑的刑期以内(即予折抵)。但在死刑缓期执行期间的二年监管及死缓判决发生法律效力前的羁押日数则均不予折抵。

二、被判处死刑宣告缓期二年执行的罪犯,缓期执行期满减为无期徒刑者,不发生刑期计算问题。由死缓减为无期徒刑后,根据其劳改表现,如再减为有期徒刑时,其刑期应从原来减为无期徒刑的减刑确定之日起

① 本复函因“刑法及第八修正案关于缓刑的适用条件已有规定,复函与现行法律规定相冲突”而被 2012 年 8 月 21 日最高人民法院《关于废止部分司法解释和规范性文件(第八批)的决定》废止。

② 本指示因被最高人民法院于 1959 年 10 月 13 日《关于无期徒刑减为有期徒刑,刑期计算问题的批复》替代而实际上已失效,并被 2012 年 8 月 21 日最高人民法院《关于废止部分司法解释和规范性文件(第八批)的决定》废止。

计算;同时,在缓期执行期满后至减为无期徒刑之减刑确定前的监管时间,亦应计算在减为有期徒刑的刑期以内。但在死刑缓期执行期间的二年监管及死缓判决发生法律效力前的羁押日数不予折抵。

三、死刑缓期二年执行期满后,判决再缓一年者,再缓的一年,从原判死缓二年期满的次日起计算。再缓一年期满后,如减刑为有期徒刑或者先减为无期徒刑后又减为有期徒刑,减刑后的刑期,按照上述一、二两项的计算方法计算;惟在再缓一年期间的监管亦不予折抵。

在中华人民共和国刑法典未颁布以前,关于死缓减刑的刑期计算方法,统照本指示执行。但,在接到本指示前已按过去计算方法作了处理的,可不再变更。

22. 最高人民法院关于行政拘留日期应否折抵刑期等问题的批复(1957 年 9 月 30 日颁布实施)[①]

浙江省高级人民法院:

你院本年 9 月 2 日(57)浙法研字第 2225 号关于行政拘留是否可以折抵刑期等问题的请示收悉。兹提出如下意见,供参考。

关于人民检察院或被害人对因违警行为而受过行政拘留处分的人又向人民法院提起公诉或自诉的,如果被告人的行为构成犯罪,应予处刑的,法院应予受理。如果被告人被判处刑罚的犯罪行为和以前受行政拘留处分的行为系同一行为,其被拘留的日期,应予折抵刑期;如果被判处刑罚的是另一犯罪行为,则其被拘留的日期当然不应折抵刑期。(下略)

23. 最高人民法院关于在伪政权关押之刑事犯羁押日数如何折抵刑期问题的复函(1957 年 11 月 26 日颁布实施)[②]

云南省高级人民法院:

你院今年 9 月 20 日〔57〕法督研字第 9008 号请示收悉。关于伪政权关押的刑事犯,解放后由我们接收关押并仍应判刑人犯刑期的折抵问题,经我们研究,同意你院意见,即判决前的羁押日数一般可以一日折抵徒刑

---

① 本批复因“已被刑法及相关司法解释代替”而失效,并被 2012 年 8 月 21 日最高人民法院《关于废止部分司法解释和规范性文件(第八批)的决定》废止。

② 本复函是对特定历史时期遗留问题的处理意见,现已不再适用。

一日,包括伪政权关押日数在内。此复。

24. 最高人民法院关于在新生公学期间应否折抵刑期问题的批复(1958 年 3 月 3 日颁布实施)[①]

河北省高级人民法院:

你院 1957 年 9 月 11 日〔57〕院请字第 15 号请示收悉。关于在新生公学期间应否折抵刑期问题,经与有关部门联系,新生公学不是管训队的性质,在校期间,不应折抵刑期。

25. 最高人民法院关于管制期间可否折抵徒刑刑期问题的复函(1958 年 4 月 7 日颁布实施)[②]

安徽省、辽宁省高级人民法院:

你院一九五七年十二月二十四日普刑上字第 70 号、一九五八年二月九日法研字第 8 号函悉。关于管制的刑期可否折抵徒刑刑期的问题。我们的意见,徒刑的刑罚较管制的刑罚为重,徒刑和管制的执行方法也不同,徒刑是在劳动改造机关监管执行,而管制并不这样执行。因此,管制的刑期不宜折抵徒刑的刑期。

26. 最高人民法院关于无期徒刑减为有期徒刑刑期计算问题的批复(1959 年 10 月 13 日颁布实施)[③]

浙江、湖北、北京市高级人民法院:

你们请示关于无期徒刑减为有期徒刑,其刑期从何日起算问题,我们同意浙江、湖北省院的意见,即减刑后的新刑期应从减刑确定之时起算,减刑以前关押日期不予折抵。

关于死缓减为无期徒刑,再由无期徒刑减为有期徒刑,其新刑期同样从减为有期徒刑确定之日起算。

---

① 本批复因 1979 年颁布的《刑法》立法及司法没有规定该制度而自此失效。

② 本复函因“根据刑法的规定,管制期间折抵徒刑刑期的问题已不存在,复函已不再适用”而失效,并被 2012 年 8 月 21 日最高人民法院《关于废止部分司法解释和规范性文件(第八批)的决定》废止。

③ 本批复被最高人民法院、最高人民检察院、公安部于 1962 年 7 月 26 日联合发布的《关于清理在押的死缓罪犯的联合通知》替代而失效。

过去减过刑的案件已经按旧规定计算刑期的，一般不再变动。

27. 最高人民法院、最高人民检察院、公安部有关特赦罪犯的刑期计算等问题的意见(1959年10月17日颁布实施)①

各省、市、自治区高级人民法院、公安厅(局)：

特赦令公布后，不少省、市、自治区高级人民法院向我们提出有关特赦罪犯刑期、服刑时期的计算和剥夺政治权利等问题，要求解答。我们根据确实改恶从善这一特赦罪犯的主要标准和中央规定的政策精神，提出如下意见：

一、过去已经减过刑而现在符合特赦条件的罪犯，其刑期和服刑时间的计算问题

1. 原判死刑缓期二年执行，后经减为无期徒刑的罪犯，应按特赦令第五条，即无期徒刑罪犯特赦的规定处理；计算服刑时间是否已满七年，从减为无期徒刑之日起算。在这以前关押的时间不得折抵。

2. 原判死缓，曾经减为无期徒刑，又经减为有期徒刑的罪犯，或者原判死缓，曾经减为有期徒刑的罪犯，应按特赦令第二、三条，即有期徒刑罪犯特赦的规定处理；计算服刑时间是否已达到三分之二、二分之一或者三分之一以上，从减为有期徒刑之日起算，在这以前的关押时间不得折抵。

3. 原判无期徒刑，后减为有期徒刑的罪犯，应按特赦令第二、三条，即有期徒刑罪犯特赦的规定处理；计算服刑时间是否已达到三分之二、二分之一或者三分之一以上，从减为有期徒刑之日起算，在这以前的关押时间不得折抵。

4. 原判有期徒刑，已经减过刑的罪犯，划分其刑期属五年以上还是五年以下，应按减刑后的刑期计算；计算服刑时间是否已达三分之二、二分之一或者三分之一以上，从关押之日起算。

二、特赦罪犯的剥夺政治权利的问题

……

① 本意见被2012年8月21日最高人民法院、最高人民检察院《关于废止1979年底以前制发的部分司法解释和司法解释性质文件的决定》废止。

28. 最高人民法院关于管制的刑期计算问题的复函(1960 年 2 月 1 日颁布实施)[①]

浙江省高级人民法院:

你院 1959 年 11 月 20 日浙法办字第 5388 号请示收悉。关于管制的刑期计算问题,同意你院意见,即从管制宣判之日起算,管制以前的拘留日期不予折抵。另外,今后在审判工作执行党的方针、政策方面遇有不能解决的问题,希按照我院 1958 年 9 月 19 日法研字第 90 号函的精神办理。

29. 最高人民法院关于无期徒刑减为有期徒刑和死刑缓期执行直接减为有期徒刑的刑期计算问题的复函(1960 年 2 月 18 日颁布实施)[②]

四川省高级人民法院:

你院〔59〕法一字第 117 号请示收悉。关于无期徒刑减为有期徒刑,其刑期从何日起算问题,本院在 1959 年 10 月 13 日法研字第 25 号对浙江、湖北、北京市高级人民法院的批复中已经解决。即减刑后的新刑期应从减刑确定之日起算,减刑以前的关押日期不予折抵。

关于死刑缓期执行直接减为有期徒刑,其刑期从何日起算,也应根据上述批复的精神处理。

30. 最高人民法院关于刑期折抵问题给陕西省高级人民法院刘子义院长的复函(1960 年 8 月 1 日颁布实施)[③]

陕西省高级人民法院刘子义院长:

你院请示关于罪犯在判决前关押日期折抵刑期的问题,经我院研究提出意见后,报经中央政法小组审核同意。现答复如下:

关于宣判以前的关押日期折抵刑期的问题,我院在 1957 年 12 月 9 日法研字第 23362 号对新疆军区生产建设兵团军事法院的批复中,曾经规定:“在原则上,被判处徒刑犯人的刑期应自判决发生法律效力后交付执行之日起算,判决前的羁押日数以一日折抵一日”。在 1956 年 6 月 6

---

① 本复函因 1979 年《刑法》对刑期折抵制度作了明确规定而失效。

② 本复函因“刑法对无期徒刑减为有期徒刑和死缓减为有期徒刑已有规定”而失效,并被 2012 年 8 月 21 日最高人民法院《关于废止部分司法解释和规范性文件(第八批)的决定》废止。

③ 本复函因 1979 年《刑法》对先行羁押的刑期折抵问题作了明确规定而失效。

日我院与公安部、最高人民检察院、司法部关于外籍案犯刑期计算的联合通知上也做了相同的规定。据了解，各地人民法院历来也都是这样做的。

我们认为，对有期徒刑的罪犯，在判决确定以前的关押日期，仍应折抵刑期，折抵的办法，以一日折抵一日。因为人民法院对犯罪事实的认定，重证据不轻信口供，罪犯是否认罪，不是认定犯罪事实的主要根据。如果罪证确凿而罪犯拒不认罪，法院在判决时，应当根据抗拒从严的精神从重判处。所以有期徒刑罪犯在判决确定以前的关押日期折抵刑期的办法，并不影响对犯罪的有力打击和改造。

31. 最高人民法院、最高人民检察院、公安部关于清理在押的死缓罪犯的联合通知(1962 年 7 月 26 日颁布实施)[①]

各省、市、自治区高级人民法院、检察院、公安厅(局)：

根据青海、陕西、黑龙江、贵州、广西、内蒙古、河北等 7 个省和自治区检察院的报告，判处死刑缓期二年执行的罪犯，逾期没有处理的数量很大。(中略)造成这种情况的原因，主要的是：一、有些劳改管理部门和监狱从 1958 年以来对生产抓的多，对执行政策注意不够，认为死缓罪犯即令减刑，也是无期徒刑，早一天晚一天没有关系；二、犯人调动频繁，制度不严，手续不清，档案不全，犯人刑期何时期满也不清楚；三、由于法院与劳改机关和监狱无领导关系，平时对死缓犯人的刑期没有检查，等等。这种情况，不仅反映了政法机关对执行党和国家的政策、法律表现了极不认真和极不严肃的态度，而且也影响了对罪犯的改造。现在应当迅速改变这种状况，为此决定：

一、各地劳改机关和监狱，应当对现在关押的判处死刑缓期二年执行的罪犯，全部彻底地进行一次清理，凡死缓罪犯缓期二年的期限已满，确有悔改表现的，监所、劳改队应根据其悔改程度分别提出减刑意见，对表现一般的可减为无期徒刑，个别特殊表现好的，也可以减为十五年徒刑，报送本省(市、自治区)公安厅(局)审查。公安厅(局)审查同意后，分别

---

① 本通知因被最高人民法院、最高人民检察院、公安部于 1964 年 5 月 30 日联合颁布的《关于死缓和无期徒刑减为有期徒刑的刑期计算问题的联合批复》替代而失效，并被 2012 年 8 月 21 日最高人民法院、最高人民检察院《关于废止 1979 年底以前制发的部分司法解释和司法解释性质文件的决定》废止。

提请各该罪犯原判法院所在的省、市、自治区高级人民法院审查,并依法作出裁定,然后交监所或劳改队执行。

二、凡死缓罪犯减为有期徒刑时,其有期徒刑的刑期,应从减刑确定之日起计算。缓期二年执行期满后至减刑确定前关押的日数应计算在新的刑期以内。

凡原判死缓以后减为无期徒刑,现在又减为有期徒刑时,其有期徒刑的刑期,应自判决有期徒刑之日起计算。判决有期徒刑以前的关押日数,不得计算在新刑期以内。

三、为了切实按期对死缓罪犯进行处理,今后各高级人民法院应经常对在劳改机关和监狱关押的死缓罪犯进行了解,凡死缓二年期满的,应及时通知罪犯所在地区的公安厅(局),以便转知有关劳改机关和监狱。劳改机关和监狱对判处死缓的罪犯,在死缓二年期满后,应根据罪犯的表现主动及时提出处理意见,报本省公安厅(局)审查,不要拖延。

各级人民检察院对按期处理死缓罪犯的情况,应经常进行检查,发现问题,及时向有关部门反映。

四、今后各地人民法院向劳改机关和监狱移送犯人时,必须附送判决书、执行书,没有这些文件,劳改机关和监狱应及时提出意见要求补送。监狱如果发现这些文件的记载和实际情况不符或不完备的时候,应当及时退交有关法院说明或者补充。

五、对这一清理工作应迅速进行,越快越好。你们应根据本省(市、自治区)的实际情况,共同协商统一作出安排下达执行,并在清理工作结束以后分别报告我们。

32. 最高人民法院关于犯人在公安机关刑事拘留期间是否可以折抵刑期问题的批复(1963 年 7 月 4 日颁布实施)[①]

江苏省高级人民法院:

你院 6 月 10 日法办李字第 120 号请示已收阅。关于犯人在公安机关刑事拘留期间是否可以折抵刑期的问题,我们同意你们的意见,刑事拘留日

---

① 本批复因“已被刑法的相关条文(第 41 条、第 44 条、第 47 条)代替”而失效,并被 2012 年 8 月 21 日最高人民法院《关于废止部分司法解释和规范性文件(第八批)的决定》废止。

期可以折抵刑期；至于折抵办法，应以拘留一日折抵刑期一日。此复。

33. 最高人民法院关于管制的刑期可否折抵有期徒刑刑期问题的批复（1963 年 7 月 27 日颁布实施）①

甘肃省高级人民法院：

你院 6 月 19 日〔63〕刑字第 163 号关于管制的刑期可否折抵有期徒刑刑期的请示已收阅。经与最高人民检察院和公安部研究认为，管制的刑期不能折抵有期徒刑的刑期。至于罪犯马永康被判处管制后，由公安机关送往酒泉夹边沟劳教农场劳动的一段时间，仍属执行管制的刑期，同样不能折抵有期徒刑的刑期。此复。

34. 最高人民法院办公厅关于管制刑期计算问题的复函（1963 年 10 月 19 日颁布实施）②

"人民公安"编辑室：

你们转来上海县公安局杜行派出所王梅生同志的来信已收阅。关于该同志询问的管制的刑期计算问题，我们的意见如下：

一、管制的刑期应从判决执行之日起计算；

二、判决执行以前的羁押日期和刑事拘留日期，可以折抵管制的刑期，至于折抵办法，应以羁押、拘留一日折抵管制一日。

三、过去判处管制的犯罪分子，其管制刑期的计算和折抵，可不必变动。

由于我院对个人来信询问工作上的问题，一般不直接答复，故仍将原信退给你们，并提出以上几点意见，供你们研究答复时参考。此复。

35. 最高人民法院办公厅关于羁押日期是否可以折抵徒刑缓刑日期问题的复函（1963 年 11 月 22 日颁布实施）③

内蒙古自治区高级人民法院：

你院 11 月 9 日〔63〕法研字第 55 号函已收阅。关于被判处徒刑缓刑的罪犯在判决前的羁押日期是否可以折抵缓刑日期的问题，我院 1956 年

---

① 本批复因 1979 年《刑法》对此作了明确规定而实际上自此失效。

② 本批复因 1979 年《刑法》对此作了明确规定而实际上自此失效。

③ 本批复因 1979 年《刑法》对此作了明确规定而实际上自此失效。

9 月 26 日法研字第 9664 号关于被判处徒刑缓刑、管制前羁押日数如何折抵问题的批复曾经作过解答,即:“缓刑是对犯罪分子的一种考验,被宣告缓刑的犯罪分子,在缓刑期限内,如果没有再犯新罪,缓刑期满,原判的刑罚就不再执行。因此,不必把判决前的羁押日数折抵缓刑日期。”这个批复曾抄送各省、市、自治区高级人民法院,请你院仍按此批复转告有关的人民法院。此复。

36. 最高人民法院关于我院(63)法研字第 85 号批复下达以前处理的案件的刑事拘留期间是否重新折抵刑期问题的批复(1963 年 12 月 14 日颁布实施)①

江苏省高级人民法院:

你院 11 月 15 日〔63〕法办李字第 202 号报告已收阅。关于在我院〔63〕法研字第 85 号批复下达以前已处理的案件,没有把刑事拘留期间折抵有期徒刑刑期的,是否要重新予以折抵的问题,我们同意你们的意见,对于这类案件,可不必再作变动。此复。

37. 最高人民法院、公安部关于在押未决犯保外就医期间是否折抵刑期问题的联合批复(1964 年 5 月 3 日颁布实施)②

湖南省高级人民法院:

你院(63)法办研字第 121 号关于在押未决犯保外就医期间是否折抵

① 本批复的工作处理意见与现行刑事诉讼法的立法精神相冲突,不具有适用的效力。

② 本批复现行有效,但应修改完善。最高人民法院研究室于 1996 年 6 月 7 日作出了《关于取保候审、监视居住期间是否折抵刑期问题的答复》,因其主张“取保候审、监视居住期间不予折抵刑期”而与 2012 年《刑事诉讼法》关于指定监视居住可以折抵刑期的规定相冲突,为 2013 年 1 月 14 日最高人民法院《关于废止 1980 年 1 月 1 日至 1997 年 6 月 30 日期间发布的部分司法解释和司法解释性质文件(第九批)的决定》废止。据此,一方面,本通知在相关机关的多次清理中没有被废止,结合 2012 年全面修订的《刑事诉讼法》第 257 条第 3 款规定的“不符合暂予监外执行条件的罪犯通过贿赂等非法手段被暂予监外执行的,在监外执行的期间不计入执行刑期。罪犯在暂予监外执行期间脱逃的,脱逃的期间不计入执行刑期”的立法精神,在形式上应现行有效。另一方面,根据 2012 年全面修订的《刑事诉讼法》第 74 条的规定,“指定居所监视居住的期限应当折抵刑期。被判处管制的,监视居住一日折抵刑期一日;被判处拘役、有期徒刑的,监视居住二日折抵刑期一日”,被监视居住期间的保外就医期间也应当折抵刑期。这意味着,与本通知在保外就医的刑期折抵上有承继关系的第 43、60 和 74 号司法解释或解释性文件的相应内容,并不因新旧替代而先后失效。

刑期问题的请示已收阅。经我们研究后认为,根据《中华人民共和国劳动改造条例》第 60 条第 2 项的规定,对于在押的未决犯(罪大恶极的除外),因病势严重需要保外就医的,经报请送押机关批准,可以保外就医,但应通知居住地人民公安机关加以监督。未决犯在保外就医期间,可以折抵刑期。此复。

附:湖南省高级人民法院在押未决犯保外就医期间是否
折抵刑期问题的请示[(63)法办研字第 121 号]

最高人民法院:

据我省湘潭地区中级人民法院请示:已经逮捕尚未判刑的人犯在保外就医期间,是否折抵刑期,我们认为:被告逮捕以后,判决确定以前而保外就医的期间,因为实际上对被告没有关押,也没有作已决的罪犯一样对待,所以不应折抵刑期。对罪犯判处徒刑交付执行以后,需要保外就医的,根据《中华人民共和国劳动改造条例》第 60 条的规定,由主管公安机关审核批准,并通知犯人所在地的公安机关加以监督,犯人在保外就医的期间,算入刑期以内。

以上意见当否,请批示。

38. 最高人民法院、最高人民检察院、公安部关于死缓和无期徒刑减为有期徒刑的刑期计算问题的联合批复(1964 年 5 月 30 日颁布实施)[①]

福建、安徽、湖南、黑龙江省、宁夏回族自治区高级人民法院,并各省、市、自治区高级人民法院、人民检察院、公安厅(局):

福建、安徽、湖南、黑龙江省、宁夏回族自治区高级人民法院来文请示的,关于死缓减为有期徒刑、无期减为有期徒刑的计算问题,经我们研究后,联合批复如下:

一、对于死缓减为有期徒刑、无期徒刑减为有期徒刑、死缓减为无期徒刑后又减为有期徒刑的刑期,今后一律从裁定减为有期徒刑之日起计算,裁定减刑前关押的日数一律不得折抵。但过去已裁定减为有期徒刑,

---

① 〔64〕法研字第 53 号;〔64〕高检发字第 20 号;〔64〕公发(劳)字第 323 号。本批复因被 1979 年 10 月 10 日最高人民法院、最高人民检察院、公安部联合发布的《关于死缓犯和无期徒刑犯减刑问题的联合通知》替代而失效,并被 2010 年 12 月 13 日最高人民法院、最高人民检察院《关于废止部分司法解释和规范性文件的决定》废止。

并按当时的规定计算了刑期的,可不必再作变动。

……

39. 最高人民法院关于判处有期徒刑宣告缓刑的期限如何起算等问题的批复(1964年8月13日颁布实施)①

甘肃省高级人民法院:

你院(64)法办研字第35号函已收阅。现对你们提出的,关于判处有期徒刑宣告缓刑的期限如何起算等两个问题,答复如下:

一、经人民法院判处有期徒刑宣告缓刑的犯罪分子,其缓刑考验期限,应从判决确定之日起计算。

二、对判处有期徒刑宣告缓刑的犯罪分子,在判决前先行羁押的,其受羁押的日期是否折抵缓刑考验期限的问题,我院在一九五六年九月二十六日关于被判处徒刑缓刑、管制前羁押日数如何折抵问题的批复中已作过解答:"缓刑是对犯罪分子的一种考验,被宣告缓刑的犯罪分子,在缓刑期限内,如果没有再犯新罪,缓刑期满,原判的刑罚就不再执行。因此,不必把判决前的羁押日数折抵缓刑日期"。该批复曾抄送各省、市、自治区高级人民法院,请继续遵照办理。此复。

40. 最高人民法院关于流窜盗窃犯屡拘屡逃其屡次被拘留的时间是否可以折抵刑期问题的批复(1964年12月17日颁布实施)②

安徽省高级人民法院:

你院1964年12月4日办研字第110号请示收悉。

关于流窜盗窃犯屡拘屡逃其屡次被拘留的时间是否可以折抵刑期问题,我院同意你院的意见,即罪犯屡拘屡逃,并继续犯罪,最后被逮捕判刑时,其最后一次拘留时间应予折抵刑期,以前被拘留的时间均不应折抵

---

① 〔64〕法研字第70号。本批复因"刑法第73条对缓刑的期限确定已有规定"而失效,并被2012年8月21日最高人民法院《关于废止部分司法解释和规范性文件(第八批)的决定》废止。

② 法研〔1964〕100号。本批复因"关于刑期折抵刑法已有规定,批复不再适用"而失效,并被2012年8月21日最高人民法院《关于废止部分司法解释和规范性文件(第八批)的决定》废止。

刑期。

此复。

附:安徽省高级人民法院关于流窜盗窃犯屡拘屡逃其屡次被拘留的时间是否可以折抵刑期的请示[(64)办研字第110号]

最高人民法院:

我省徽州地区中级人民法院请示:流窜盗窃犯程志祥于1959年被祁门县公安局拘留7天,释放后又流往沈阳市作案,被沈阳市公安局拘留135天,在押回途中逃跑至合肥市作案,被合肥市公安局拘留56天,押至芜湖市又逃跑作案又被拘留120天,捕获后关押在黟县公安局看守所,后又越狱潜逃至徐州市作案,于1962年11月被徐州市公安局捕获,再次解回黟县原籍,被黟县法院判处有期徒刑5年。其前后5次被拘留的300多天时间,是否可以折抵刑期。我们认为,根据最高人民法院1963年7月4日(63)法研字第85号对江苏省高级人民法院关于犯人在公安机关刑事拘留期间是否可以折抵刑期问题的批复中"刑事拘留日期可以折抵刑期"的规定,程犯在最后一次被公安机关拘留的时间,应予折抵刑期。对于前4次被拘留的日期,不应折抵。

以上意见,是否妥当,请予批示。

41. 最高人民法院关于在拘押期间发了工资的犯人判处徒期后刑期应如何计算的批复(1974年12月30日颁布实施)[①]

江西省高级人民法院:

你院1974年12月11日〔74〕赣法字第31号《关于在拘押期间发了工资的犯人判处徒刑后刑期应如何计算的请示报告》收悉。我们原则上同意你院报告上所提的意见,犯人判处刑期以前拘留期间,不论发给工资与否,应予以折抵刑期,拘留一天折抵刑期一天。但此类案件,情况可能较为复杂,又不尽一致,需报请省委批准后执行。

此复。

---

① 本批复现行有效。

42. 最高人民法院关于在押未决犯保外就医期间是否折抵刑期问题的复函(1976 年 12 月 9 日颁布实施)①

广西壮族自治区高级人民法院:

你院法刑字〔76〕第 13 号请示已收阅。关于在押未决犯保外就医期间是否折抵刑期的问题,我们意见,仍按最高人民法院、公安部〔64〕法研字第 38 号、〔64〕公发字第 284 号联合批复执行。

43. 最高人民法院关于罪犯在公安机关收容审查期间可否折抵刑期的批复(1978 年 7 月 11 日颁布实施)②

辽宁省高级人民法院:

你院辽法字〔1978〕20 号请示已收阅。关于罪犯在公安机关收容审查期间是否可以折抵刑期的问题,我们同意你们的意见,收容审查日期可以折抵刑期。至于折抵办法,应以收容一日折抵刑期一日。

此复。

44. 最高人民法院关于罪犯被捕前在看守所隔离审查日期可否折抵刑期的批复(1978 年 10 月 21 日颁布实施)③

陕西省高级人民法院:

你院陕高法办〔1978〕18 号请示已收阅。关于罪犯在逮捕前被送进

---

① (76)法办研字第 2 号。本复函现行有效,但应修改完善。最高人民法院研究室于 1996 年 6 月 7 日作出了《关于取保候审、监视居住期间是否折抵刑期问题的答复》,因其主张"取保候审、监视居住期间不予折抵刑期"而与 2012 年《刑事诉讼法》关于指定监视居住可以折抵刑期的规定相冲突,为 2013 年 1 月 14 日最高人民法院《关于废止 1980 年 1 月 1 日至 1997 年 6 月 30 日期间发布的部分司法解释和司法解释性质文件(第九批)的决定》废止。据此,一方面,本通知在相关机关的多次清理中没有被废止,结合 2012 年全面修订的《刑事诉讼法》第 268 条第 3 款规定的"不符合暂予监外执行条件的罪犯通过贿赂等非法手段被暂予监外执行的,在监外执行的期间不计入执行刑期。罪犯在暂予监外执行期间脱逃的,脱逃的期间不计入执行刑期"的立法精神,在形式上应现行有效。另一方面,根据 2018 年全面修订的《刑事诉讼法》第 74 条的规定,"指定居所监视居住的期限应当折抵刑期。被判处管制的,监视居住一日折抵刑期一日;被判处拘役、有期徒刑的,监视居住二日折抵刑期一日",被监视居住期间的保外就医期间也应当折抵刑期。这意味着,与本通知在保外就医的刑期折抵上有承继关系的第 38、60 和 74 号司法解释或解释性文件的相应内容,并不因新旧替代而先后失效。

② 〔78〕法办研字第 14 号。本批复因"刑事诉讼法已取消收容审查,批复不再适用"而失效,并被 2012 年 8 月 21 日最高人民法院《关于废止部分司法解释和规范性文件(第八批)的决定》废止。

③ 〔78〕法办研字第 25 号。本批复因"隔离审查属违法行为,不得适用,批复实际上已失效"而为 2012 年 8 月 21 日最高人民法院《关于废止部分司法解释和规范性文件(第八批)的决定》废止。

看守所隔离审查的日期可否折抵刑期的问题,我们同意你们的意见,对此种隔离审查日期可予折抵刑期,折抵办法以隔离审查一日折抵刑期一日;已经刑满释放的,可不必再作变动。至于有的罪犯原系国家职工,在看守所隔离审查期间仍照发工资,是否折抵刑期的问题,我们认为,这些人被送进看守所后,人身自由已受到剥夺,故对其隔离审查日期仍应予以折抵刑期为宜。应当指出,把未经逮捕、拘留的人送进看守所隔离审查的做法,是违反国家法律规定的,今后不得使用。

此复。

45. 最高人民法院关于保外候审期间可否折抵刑期的批复(1978 年 11 月 17 日颁布实施)[①]

河南省高级人民法院:

你院豫法办字〔1978〕第 25 号请示已收阅。关于罪犯马长青、朱荣权保外候审期间是否折抵刑期的问题,我们同意你们提出的处理意见,对马、朱二犯保外候审的日期不予折抵刑期。

此复。

46. 最高人民法院关于罪犯在公安机关收容审查期间折抵刑期两个具体问题的批复(1979 年 1 月 19 日颁布实施)[②]

云南省高级人民法院:

你院法司字〔1978〕第 50 号《关于执行罪犯在公安机关收容审查期间可以折抵刑期几个具体问题的请示报告》已收阅。现答复如下:

一、在我院(78)法办研字第 14 号批复下达以前,已判处的有期徒刑罪犯,收容审查日期没有折抵刑期,现在是否予以折抵的问题,我们同意你们的意见,对这类犯人中仍在服刑的,可予以折抵;已服刑期满的,即不必再作变动。

---

① 〔78〕法办研字第 28 号。本批复因"刑法关于刑期折抵已有规定,批复不再适用"而失效,并被 2012 年 8 月 21 日最高人民法院《关于废止部分司法解释和规范性文件(第八批)的决定》废止。

② 本批复因"刑事诉讼法已取消收容审查,批复不再适用"而失效,并被 2012 年 8 月 21 日最高人民法院《关于废止部分司法解释和规范性文件(第八批)的决定》废止。

二、犯人在判刑前多次被收容审查,应如何折抵刑期的问题,我们同意你们的意见,应以最后一次收容审查(即与逮捕、起诉相衔接的那次收容审查)的日期折抵刑期。

此复。

47. 最高人民法院关于罪犯在逮捕前被"隔离审查"的日期可否折抵刑期的复函(1979 年 4 月 27 日颁布实施)①

中国人民解放军军事法院:

你院四月十六日函收到。关于罪犯在逮捕、判刑前被"行政看管"、"隔离审查"的日期可否折抵刑期和是否需追回在"看管"和"隔离"期间已发工资的问题,我们同意你们的意见。折抵办法以"看管"、"隔离"一日折抵刑期一日。至于已经判处有期徒刑的罪犯,"看管"或"隔离"日期没有折抵刑期的问题,我们意见,现仍在服刑的,可补行折抵;已服刑期满的,即不必再作变动。

此复。

附件:关于罪犯在逮捕前被"隔离审查"的
日期可否折抵刑期的请示

最高人民法院:

最近,广州军区、新疆军区、国防科委军事法院请示:在《中华人民共和国逮捕拘留条例》公布前,有些单位用"行政看管"、"隔离审查"代替逮捕、拘留,剥夺了被告人的人身自由,现在判刑时,"看管"和"隔离"的时间应否折抵刑期?如折抵刑期,是否需要追回在"看管"和"隔离"期间已发的工资?

我们认为,"行政看管"、"隔离审查"都不是法律措施,本不应折抵刑期。但考虑到"文化大革命"期间,国家法制遭到林彪、"四人帮"的严重破坏,以"行政看管"、"隔离审查"代替逮捕、拘留的现象相当普遍,被"看管"、"隔离"的人,人身自由事实上被剥夺了。因此,可作为"文化大革命"期间遗留的特殊问题妥善解决。凡《中华人民共和国逮捕拘留条例》

---

① 本复函因"隔离审查属违法行为,不得适用,复函实际上已失效"而被 2012 年 8 月 21 日最高人民法院《关于废止部分司法解释和规范性文件(第八批)的决定》废止。

公布前被“看管”、“隔离”的，现在判决时，“看管”和“隔离”的时间可折抵刑期。已经判决了而未折抵刑期的，不必补行折抵，可视情适当提前释放。无论折抵刑期或提前释放，在“看管”、“隔离”期间已经发过的工资都不必追退。

我们拟作如上答复，不知当否，请审示。

中国人民解放军军事法院

1979 年 4 月 16 日

48. 最高人民法院关于罪犯被收容审查日期折抵刑期问题的批复(1979 年 6 月 11 日颁布实施)①

吉林省高级人民法院：

你院吉高法〔79〕35 号请示已收阅。关于罪犯于逮捕、判刑前在“强劳队”、“不法人员学习班”、“群专队”和“民兵指挥部”受审查的日期是否可以折抵刑期的问题，经我们研究，并征求了最高人民检察院和公安部的意见，同意你们提出的处理意见。

此复

附件：关于罪犯被收容审查日期折抵刑期问题的请示

最高人民法院：

我院最近转发了最高人民法院(78)法办研字第 14 号批复，罪犯在公安机关收容审查日期可以折抵刑期。有些法院在执行中感到有些问题尚不明确。主要是除公安机关收容审查外，公安机关的“不法人员学习班”和“群专队”、“民兵指挥部”的收容审查，是否可以折抵刑期？手续应怎样办理？押过了头的如何处理？

我们认为，所说的“收容审查”，是指判刑前已被监管，限制了人身自由的。如我省某些地方公安机关办的“强劳队”、“不法人员学习班”、“收容审查站”，以及“群专队”、“民兵指挥部”办的收容审查等，都应折抵刑期。对此问题的处理：已经刑满释放的，不再变动；正在服刑的，可由原判

---

① 〔79〕法办研字第 15 号。本批复因“刑事诉讼法已取消收容审查，批复不再适用”而失效，并被 2012 年 8 月 21 日最高人民法院《关于废止部分司法解释和规范性文件(第八批)的决定》废止。

法院根据实际情况,重新补发执行通知书,减去其被收容审查的时间;尚未判决的,判决时要按收容审查日期折抵刑期的规定,填发执行通知书。有的押过了头,可以向其说明情况,一般不给予什么"经济补偿"。

以上是否适当,请予批示。

吉林省高级人民法院

一九七九年四月七日

49. 最高人民法院关于留场(厂)就业人员重新犯罪后在劳改机关禁闭审查日期应否折抵刑期的批复(1979年9月24日颁布实施)[①]

上海市高级人民法院:

你院(79)沪高法办字第702号请示报告已收阅。关于刑满和劳教期满留场(厂)就业人员重新犯罪后在劳改机关禁闭审查期间应否折抵刑期的问题,经我们与公安部共同研究,同意你们提出的处理意见。同时,应当指出,对于留场(厂)就业人员重新犯罪的案件,应由当地公安机关、人民检察院和人民法院按照法律规定的程序处理。过去有的劳改机关对这类案件的被告人先禁闭审查,然后报请逮捕,这种做法是违反法律规定的,今后不应采用,请你们转告有关的劳改机关。此复。

附件:关于留场(厂)就业人员重新犯罪后在劳改机关
禁闭审查期间应否折抵刑期的请示报告

最高人民法院:

我院在受理劳改机关报来刑满、劳教期满留场(厂)就业人员重新犯罪的案件中,经常碰到罪犯在报请逮捕前先予禁闭审查时间较长,禁闭期间是否折抵刑期问题,我们的意见是:

一、劳改机关对刑满、劳教期满留场(厂)就业人员重新犯罪的案件,基本上是在案发后,由场队领导批准先将犯罪分子禁闭审查,调查清楚后,再报请逮捕。禁闭审查日期往往长达数月,多达一、二年的也不少。关押在禁闭室的生活待遇,基本上与关押在看守所的罪犯相似。不折抵刑期,不利于对罪犯的服刑改造。为此,参照关于罪犯在公安机

---

① 本批复因"禁闭审查属违法行为,劳改机关不得适用,批复不再适用"而失效,并被2012年8月21日最高人民法院《关于废止部分司法解释和规范性文件(第八批)的决定》废止。

关收容审查期间予以折抵刑期的精神，禁闭审查日期应当予以折抵刑期。对这类犯人中现仍在服刑的，可予以折抵；已服刑期满的，可不必再作变动。

二、犯人在判刑前，有的多次被禁闭审查，禁闭日期的折抵应以最后一次禁闭审查（即与逮捕、起诉相衔接的那次禁闭审查）的日期折抵刑期。

当否，请核示。

上海市高级人民法院

1979 年 8 月 14 日

50. 最高人民法院、最高人民检察院、公安部关于死缓犯和无期徒刑犯减刑问题的联合通知（1979 年 10 月 10 日颁布实施）①

各省、市、自治区高级人民法院、人民检察院、公安局：

十几年来，由于林彪、“四人帮”的严重干扰破坏，对死缓犯、无期徒刑犯的减刑工作未能正常进行……这种情况，严重地违反了党的政策和国家的法律，不利于对罪犯的改造工作。为了落实党的劳改政策，严格执行国家法律，现对死缓犯和无期徒刑犯的减刑问题，通知如下：

一、对判处死刑缓期二年执行的罪犯，凡遵守法律、监规，老实劳动改造，确有悔改表现的，缓刑期满以后，应区别表现一般、表现较好和有立功表现等不同情况，立即予以减刑。对已服刑二年以上不满五年的，可减为无期徒刑或十五年以上二十年以下有期徒刑；已服刑五年以上不满十年的，可减为十二年以上十五年以下有期徒刑；已服刑十年以上不满十五年的，可减为七年以上十年以下有期徒刑；已服刑十五年以上不满二十年的，可减为二年以上五年以下有期徒刑；已服刑二十年以上的，可减为二年以下有期徒刑。

对无期徒刑犯，凡遵守法律、监规，老实劳动改造，确有悔改或者立功表现的，服刑满二年以后，均应酌情予以减刑。对已服刑二年以上不满五

① 〔79〕法研字第 22 号；〔79〕高检三字 39 号；公发〔1979〕148 号。本通知因“刑法、刑事诉讼法及相关司法解释对判处死缓和无期徒刑后在刑罚执行期间的减刑条件、幅度、程序等问题已作出明确规定”而被 2010 年 12 月 13 日最高人民法院、最高人民检察院《关于废止部分司法解释和规范性文件的决定》废止。

年的，可减为十三年以上十八年以下有期徒刑；已服刑五年以上不满十年的，可减为十年以上十三年以下有期徒刑；已服刑十年以上不满十五年的，可减为五年以上八年以下有期徒刑；已服刑十五年以上不满二十年的，可减为三年以下有期徒刑；已服刑二十年以上的，可减为一年以下有期徒刑或释放。

二、对死缓和无期徒刑减为有期徒刑的刑期，一律从裁定减为有期徒刑之日起计算，裁定减刑前关押的日期不予折抵。

三、对死缓犯和无期徒刑犯的减刑，应由犯人所在监狱、劳改队提出意见，报请本省、市、自治区公安局审查同意后，提请当地高级人民法院依法裁定。减刑裁定书除交监狱、劳改队执行外，并应抄送原判法院备查。

四、今后，对死缓犯和无期徒刑犯的减刑，应严格按照刑法、刑事诉讼法和最高人民法院、公安部一九六三年三月二十一日《关于无期徒刑罪犯需服刑多久才能考虑减刑问题的联合通知》及时办理。凡死缓犯和无期徒刑犯应予减刑的，监狱、劳改队应根据他们的改造表现及时提出处理意见，省、市、自治区公安局应认真进行审查，高级人民法院应及时予以裁定。人民检察院对死缓犯和无期徒刑犯的判决执行、劳改表现和处理等情况，应经常进行检察。

以上通知，请你们抓紧研究执行，争取年底以前基本搞完，并将执行结果报告最高人民法院、最高人民检察院、公安部。

51. 最高人民法院关于揭批“四人帮”斗争中清查出来的犯罪分子在逮捕前被隔离审查的日期可否折抵刑期的批复(1980 年 4 月 17 日颁布实施)①

福建省高级人民法院：

你院闽法研字〔1979〕139 号请示已收阅。关于罪犯在逮捕判刑前被隔离审查的日期可否折抵刑期的问题，我院〔79〕法办研字第 14 号给军事

① [80]法研字第 13 号。本批复因“是对特定历史时期遗留问题的处理意见，现已不再适用”而被 1996 年 12 月 31 日最高人民法院《关于废止 1979 年至 1989 年间发布的部分司法解释的通知(第二批)》废止。

法院的复函，同意作为“文化大革命”期间遗留的特殊问题，对隔离审查日期可予折抵刑期。现在，你们提出，对揭批“四人帮”斗争中清查出来的犯罪分子在逮捕判刑前被隔离审查的日期可否折抵刑期的问题，经我们研究认为，对此问题仍可参照上述复函办理。但应指出，刑法、刑事诉讼法实行以后，刑期折抵问题应当按照刑法关于羁押日期折抵刑期的规定办理。

此复

52. 最高人民法院关于劳动教养日期可否折抵刑期问题的批复（1981 年 7 月 6 日颁布实施）①

安徽省高级人民法院：

你院法研字（81）第 16 号请示收悉。关于劳动教养日期可否折抵刑期的问题，经我们研究，并征求了最高人民检察院和公安部的意见，同意你们提出的参照本院 1957 年 9 月 30 日法研字第 20358 号《关于行政拘留日期应否折抵刑期等问题的批复》办理的意见。即：如果被告人被判处刑罚的犯罪行为和被劳动教养的行为系同一行为，其被劳动教养的日期可以折抵刑期；至于折抵办法，应以劳动教养一日折抵有期徒刑或拘役的刑期一日，折抵管制的刑期二日。在本批复下达以前，已判处有期徒刑、拘役和管制的罪犯，劳动教养日期没有折抵刑期，现仍在服刑的，可补行折抵；已服刑期满的，即不必再作变动。此复。

53. 最高人民法院关于罪犯在判刑前被公安机关收容审查、行政拘留的日期仍应折抵刑期的复函（1981 年 9 月 17 日颁布实施）②

山东、甘肃省高级人民法院：

你们（81）鲁法研字第 15 号和甘法研字〔1981〕第 012 号报告均已收悉。关于罪犯在判刑前被公安机关收容审查和因同一犯罪行为被行政拘留的日期是否继续折抵刑期的问题，我们同意你们的意见，仍应按照我院

---

① 法研字［1981］第 14 号。本批复因“劳动教养制度已废除，不再适用”而被 2019 年 7 月 8 日最高人民法院《关于废止部分司法解释（第十三批）的决定》废止。

② 本复函因 1996 年修正的《刑事诉讼法》取消了 1979 年的《刑事诉讼法》中规定的收容审查制度和 1996 年颁布的《行政处罚法》规定了行政拘留的刑期折抵制度而于 1996 年失效。

1978 年 7 月 11 日《关于罪犯在公安机关收容审查期间可否折抵刑期的批复》、1979 年 1 月 19 日《关于罪犯在公安机关收容审查期间折抵刑期两个具体问题的批复》和 1957 年 9 月 30 日《关于行政拘留日期应否折抵刑期等问题的批复》的规定，予以折抵刑期。

最高人民法院、最高人民检察院、公安部 1981 年 3 月 18 日《关于侦查羁押期限从何时起算问题的联合通知》是解释刑事诉讼法第九十二条规定的对被告人在侦查中的羁押不得超过二个月的期限应从何时起算的问题。我院上述三个批复的规定，则是解决罪犯被收容审查和因同一犯罪行为被行政拘留而实际上剥夺了人身自由的时间也应计算折抵刑期的问题。这三个批复与《联合通知》并不矛盾，仍应继续执行。

此复。

54. 最高人民法院关于在逮捕前交“群众监督劳动”的日期可否折抵刑期问题的批复(1982 年 9 月 8 日颁布实施)①

湖南省高级人民法院：

你院(1982)湘法发字第 15 号请示已收悉。关于你省在揭批“四人帮”斗争中清查出来的犯罪分子唐忠富在逮捕前交“群众监督劳动”的日期，可否折抵刑期的问题，经研究，鉴于犯罪分子唐忠富在交“群众监督劳动”时，曾被限制了人身自由和政治权利，并在待遇上停发了工资。因此，可以参照我院 1980 年 4 月 17 日(80)法研字第 13 号《关于揭批“四人帮”斗争中清查出来的犯罪分子在逮捕前被隔离审查的日期可否折抵刑期的批复》办理，即：作为“文化大革命”遗留的特殊问题，对犯罪分子唐忠富在逮捕前交“群众监督劳动”的日期，可以折抵刑期，办法是以“群众监督劳动”一日折抵刑期一日。

此复

---

① [1982]法研字第 7 号。本批复因“是对个案问题的处理意见，现已不再适用”而被 1996 年 12 月 31 日最高人民法院《关于废止 1979 年至 1989 年间发布的部分司法解释的通知(第二批)》废止。

55. 最高人民法院研究室关于怀孕女犯被监视居住如何计算刑期问题的电话答复(1983 年 4 月 20 日颁布实施)[①]

湖南省高级人民法院:

你院湘法办字(83)第 1 号《关于怀孕女犯被监视居住如何计算刑期的请示》收悉。经研究,答复如下:

关于监视居住的日期能否折抵刑期的问题,同意你们的意见,即:依照刑事诉讼法第三十八条的规定,对被告人监视居住的日期不应折抵刑期。

附:湖南省高级人民法院关于怀孕女犯被监视居住如何计算刑期的请示

湘法办字(83)第 1 号

最高人民法院:

我省邵阳市中级人民法院请示:公安机关对怀孕女犯在审查阶段实行了监视居住,判刑后,其监视居住的日期能否折抵刑期。我们研究认为:根据《刑法》关于判决执行以前对犯罪分子先行羁押的日期才能折抵刑期的规定,只能对在判决执行前被关押在看守所或其他规定的场所,完全限制其人身自由的才能折抵刑期,而监视居住只是规定人犯或刑事被告人不得擅自离开指定的区域,限制其某些人身自由,并没有完全剥夺其人身自由。因此,对怀孕女犯在判决执行前被监视居住的日期不能折抵刑期。

以上意见,妥否,请批示。

1983 年 3 月 31 日

56. 最高人民法院研究室关于因错判在服刑期"脱逃"后确有犯罪其错判服刑期限可否与后判刑期折抵问题的电话答复(1983 年 8 月 31 日颁布实施)[②]

湖北省高级人民法院:

你院 1983 年 8 月 12 日鄂法研字(83)第 19 号对因错判在服刑期"脱

---

① 本答复因"刑事诉讼法已有明确规定"而失效,并被 2013 年 1 月 14 日最高人民法院《关于废止 1980 年 1 月 1 日至 1997 年 6 月 30 日期间发布的部分司法解释和司法解释性质文件(第九批)的决定》废止。

② 本答复内容不合理,并与最高人民法院研究室于 1989 年 5 月 24 日发布的《关于对再审改判前因犯新罪被加刑的罪犯再审时如何确定执行的刑罚问题的电话答复》相冲突,现不再适用。

逃”后确有犯罪其错判服刑期限可否与后判刑期折抵的请示已收悉。我们同意你院报告中所提出的意见，即：对被错判徒刑的在服刑期间“脱逃”的行为，可不以脱逃论罪判刑；但在脱逃期间犯罪的，应依法定罪判刑；对被错判已服刑的日期与后来犯罪所判处的刑期不宜折抵，可在量刑时酌情考虑从轻或减轻处罚。

附：湖北省高级人民法院对因错判在服刑期“脱逃”后确有犯罪其错判服刑期限可否与后判刑期折抵的请示

鄂法研字(83)第19号

最高人民法院：

武汉市中级人民法院为陈会群抢劫案刑期折抵问题请示我院。经我院研究后，认为没有把握答复，特请示如下：

陈会群于1976年3月30日因抢劫一案经武昌县法院判处有期徒刑十年。1980年5月服刑期间脱逃，被沙洋人民法院加刑一年。于1982年3月13日又脱逃，持刀拦路抢劫，被武汉市中级法院以脱逃罪判处有期徒刑三年，以抢劫罪判处有期徒刑十五年，加上前罪尚未执行完的刑期，决定执行有期徒刑二十年。上诉后，因事实不清，被发回重审。武汉中院指令武昌县院对陈的抢劫前案进行再审。经武昌县院再审后撤销了1976年以抢劫罪判处陈有期徒刑十年的判决，宣告陈无罪。武汉中院根据上述情况，除认定陈犯“脱逃”罪已失去前提，不能成立外，但陈在“脱逃”后的行为确已构成抢劫罪，故判处陈有期徒刑八年。但陈因前案错判，已服刑六年四个月又七天，后来的犯罪与前案的错判也有一定的关系，因此，该院请示可否在这次判处的有期徒刑中如数折抵。如不能折抵其原错判而执行了的刑期应如何处理。

经我们研究，根据最高人民法院(81)法研字第14号文的规定，我们认为，陈会群原被错判服刑与后来犯罪的行为并非同一行为，因此其刑期不宜折抵。但考虑到陈原因错判服刑而“脱逃”又犯罪的这一事实，在量刑时可相应酌情从轻或减轻。

以上意见妥否，请批示。

1983年8月12日

57. 最高人民法院关于人民法院审判严重刑事犯罪案件中具体应用法律的若干问题的答复(二)(1983 年 12 月 30 日颁布实施)[1]

……

二十五、问:开展严厉打击刑事犯罪活动的斗争以来,有些被告人曾被收容审查。其中,有的关押于看守所,有的则关押于临时收审点中。对这些被告人判刑时,其被收容审查的日期,应否折抵刑期?我们研究认为,如果收容审查时剥夺了被告人的人身自由的,即可以折抵刑期。(福建、湖南)

答:同意你们的意见,即:在严厉打击刑事犯罪活动的斗争中,有的被告人,在被人民检察院批准逮捕前,已先被公安机关收容审查,如果当时实际上已被剥夺了人身自由,人民法院在判刑时应参照刑法的有关规定予以折抵刑期。

……

58. 最高人民法院研究室关于对拘役犯在缓刑期间发现其隐瞒余罪判处有期徒刑应如何执行问题的电话答复(1984 年 9 月 17 日颁布实施)[2]

上海市高级人民法院:

你院(84)沪高法研字第 58 号《关于对拘役犯在缓刑期间发现其隐瞒余罪判处有期徒刑应如何执行问题的请示报告》收悉。经研究,答复如下:

判决前羁押一日折抵刑罚拘役一日,我国刑法第三十九条有明文规定,但拘役是否能折抵有期徒刑,我国刑法尚无明文规定。关于不同刑种如何换算、如何实行数罪并罚的问题,目前我国刑法也还没有具体的规定。这些问题我们已报请全国人大常委会研究解决。因此,将有限制的剥夺人身自由的刑罚拘役一日,换算为完全剥夺人身自由的刑罚有期徒刑一日的作法,我们现在还不能同意,须由全国人大常委会作决定。根据

---

① [1983]法研字第 27 号。本答复因“答复依据已被废止,不再适用”而失效,并被 2013 年 1 月 14 日最高人民法院《关于废止 1980 年 1 月 1 日至 1997 年 6 月 30 日期间发布的部分司法解释和司法解释性质文件(第九批)的决定》废止。

② 本答复因“刑法已作规定”而被 2019 年 7 月 8 日最高人民法院《关于废止部分司法解释(第十三批)的决定》废止。

刑法第六十五条、第七十条的有关规定,对拘役犯在缓刑期间发现有隐瞒的罪行,应撤销缓刑,将根据确认的前罪所判拘役与隐瞒的后罪所判刑罚,按刑法第六十四条关于数罪并罚的规定,决定应执行的刑罚。如对所隐瞒的罪判处有期徒刑,需对罪犯合并执行拘役和有期徒刑时,我们认为,以先执行有期徒刑、后执行拘役为宜,即在有期徒刑执行完毕后再执行拘役,以免在对罪犯先执行拘役时,罪犯为逃避有期徒刑而发生逃跑等意外情况。

附:上海市高级人民法院关于对拘役犯在缓刑期间发现其隐瞒余罪判处有期徒刑应如何执行问题的请示报告

(84)沪高法研字第 58 号

最高人民法院:

1984 年 5 月 7 日,本市中级人民法院以《关于拘役犯在缓刑期间隐瞒余罪被判处有期徒刑应如何执行问题》向我院请示。据称:被告人刘根龙于 1983 年 2 月犯诈骗罪,由本市静安区人民法院判处拘役六个月,缓刑一年。在缓刑考验期间,发现刘根龙隐瞒了伙同其兄何金龙诈骗他人现金 500 元的罪行。为此,本市普陀区人民法院以诈骗罪判处刘根龙有期徒刑一年;撤销原判缓刑,执行拘役六个月,决定执行有期徒刑一年六个月。市中级人民法院受理了刘根龙诈骗上诉一案后认为:由于拘役和有期徒刑不属同一刑种,执行的方法、场所不同,待遇不同,对重新犯罪是否构成累犯也不一样,原判对被告并罚执行有期徒刑一年六个月,则将拘役升格为有期徒刑。因此,他们意见:可在执行前罪所没有执行的拘役后,再执行有期徒刑。

我们认为:根据刑法第六十五条、第七十条规定,判决宣告以后,刑罚还没有执行完毕以前,发现漏罪,应当对新发现的罪作出判决,把前后两个判决所判处刑罚,依照刑法第六十四条的规定,决定执行的刑罚。刑法第六十四条规定,执行的刑罚应当在总和刑期以下,数刑中最高刑期以上。刘根龙被判处的刑罚有拘役和有期徒刑,按此精神应执行有期徒刑以上刑罚。拘役和徒刑虽不属同一刑种,但均剥夺了被告的人身自由,故刑法规定的判决前羁押日期折抵原则也完全相同。据此,我们意见,普陀区人民法院对刘根龙决定执行有期徒刑一年六个月是正确的。

以上意见当否,请批示。

1984 年 5 月 19 日

59. 最高人民法院、最高人民检察院、公安部关于对在押未决犯不采用保外就医办法的通知(1984 年 11 月 26 日颁布实施)[①]

各省、自治区、直辖市公安厅(局)、高级人民法院、人民检察院,总政保卫部、军事法院、军事检察院,铁路公安局、铁路运输高级法院、铁路运输检察院:

近来有些地方请示,对在押未决犯可否采用保外就医的办法,经我们研究确定:根据刑事诉讼法第四十条、第一百五十七条的规定,对在押未决犯不采用保外就医的办法。现将有关事项通知如下:

一、对应当逮捕而患有严重疾病的人犯,除有可能被判处死刑(含死刑缓期执行)以及其它重大案犯,不逮捕关押确有社会危险性或有串供、自杀可能的外,都应按照刑事诉讼法第四十条第二款的规定,采用取保候审或监视居住的办法。对此,公安机关、人民检察院和人民法院都要严格执行,注意把关。人民检察院的监所检察部门发现看守所收押了不应羁押的人犯时,要及时提出纠正。

二、对于罪大恶极的重大案犯,不逮捕关押确有社会危险性或有串供、自杀可能的,虽患有严重疾病也应当逮捕关押。对这类人犯,看守所要给予积极治疗,病势严重的,可以在严密看管下就地住院治疗,承办案件单位要抓紧审理,尽快办结。

---

① (84)高检发(三)27 号。本通知现行有效,但应修改完善。最高人民法院于 1996 年 6 月 7 日作出了《关于取保候审、监视居住期间是否折抵刑期问题的答复》,因其主张“取保候审、监视居住期间不予折抵刑期”而与 2012 年《刑事诉讼法》关于指定监视居住可以折抵刑期的规定相冲突,为 2013 年 1 月 14 日最高人民法院《关于废止 1980 年 1 月 1 日至 1997 年 6 月 30 日期间发布的部分司法解释和司法解释性质文件(第九批)的决定》废止。据此,一方面,本通知在相关机关的多次清理中没有被废止,结合 2012 年全面修订的《刑事诉讼法》第 257 条第 3 款规定的“不符合暂予监外执行条件的罪犯通过贿赂等非法手段被暂予监外执行的,在监外执行的期间不计入执行刑期。罪犯在暂予监外执行期间脱逃的,脱逃的期间不计入执行刑期”的立法精神,在形式上应现行有效;另一方面,根据 2012 年全面修订的《刑事诉讼法》第 74 条“指定居所监视居住的期限应当折抵刑期。被判处管制的,监视居住一日折抵刑期一日;被判处拘役、有期徒刑的,监视居住二日折抵刑期一日”的规定,被监视居住期间的保外就医期间也应当折抵刑期。这意味着,与本通知在保外就医的刑期折抵上有承继关系的第 38、43 和 74 号司法解释或解释性文件的相应内容,并不因新旧替代而先后失效。

三、对患有严重疾病但已经逮捕，或逮捕后又患有严重疾病的在押未决犯，凡不属于本通知第二条规定的，均应当变更强制措施，采用取保候审或者监视居住的办法。变更的手续，由正在办理该案的单位负责办理，并通知批准或者决定逮捕的人民检察院或人民法院。

在本通知下达前，已经沿用保外就医办法的未决犯，除已进入第二审程序的要抓紧审结外，应即改用取保候审或者监视居住的办法。变更的手续，按照本条前款的规定办理。变更强制措施以前依法逮捕羁押的期间，包括保外就医的期间，仍予折抵刑期。

四、对于取保候审或者监视居住的未决犯，按照《全国人民代表大会常务委员会关于刑事案件办案期限的补充规定》第四条"取保候审或者监视居住期间，不计入刑事诉讼法规定的办案期限"，不予折抵刑期。因被告人患有严重疾病，难以进行讯问或无法查实案情的案件，承办单位即应中止诉讼。

60. 最高人民法院关于依法监视居住期间可否折抵刑期问题的批复(1984 年 12 月 18 日颁布实施)①

河南省高级人民法院：

你院〔84〕豫法办字第 15 号《关于监视居住是否折抵刑期的请示》已收悉。经研究，并征求了最高人民检察院和公安部的意见，我们认为，依照我国刑事诉讼法第三十八条第二款的规定，"被监视居住的被告人不得离开指定的区域"，这一强制措施只是限定了被告人的活动区域，并对被告人在此活动区域内的行动自由加以监视，而并没有规定完全限制其人身自由。依照我国刑法第三十六条、第三十九条和第四十二条的规定，只有在"判决执行以前"或者"判决以前先行羁押的"，即限制了人身自由的，才予折抵刑期。因此，对于被告人在被拘留或者被逮捕以前，被依法执行监视居住的期间，不予折抵刑期。

但是，你院请示中所提的被告人，在被逮捕以前，是被送到县行政拘留

---

① 法研字[1984]第 16 号。本批复因"刑事诉讼法已有明确规定"而失效，并被 2013 年 1 月 14 日最高人民法院《关于废止 1980 年 1 月 1 日至 1997 年 6 月 30 日期间发布的部分司法解释和司法解释性质文件(第九批)的决定》废止。

所执行“监视居住”的,完全限制了人身自由。这是对被告人采取的羁押措施,而不是法定的监视居住的方法。依照法律规定,如果被告人被判处刑罚的犯罪行为和被拘留或者被逮捕以前被羁押的行为系同一行为,不论羁押在何处,只要是完全限制了人身自由的,被羁押期间,即可予折抵刑罚,羁押一日折抵管制刑期二日或者折抵拘役、有期徒刑刑期一日。同时,必须指出,把执行监视居住自行变成羁押,是不符合法律规定的。请转告有关机关,今后对依法执行监视居住的,要切实按照公安部1979年12月28日公发〔1979〕185号《关于管制、拘役、缓刑、假释、监外执行、监视居住的具体执行办法的通知》执行,即:“分别由公安派出所、公安特派员或者有关单位的保卫组织,依靠治安保卫委员会具体执行监督考察。”

此复。

61. 最高人民法院关于人民法院审判严重刑事犯罪案件中具体应用法律的若干问题的答复(三)(1985年8月21日颁布实施)①

……

三十五、问:在缓刑考验期限内,发现犯罪分子有漏罪没有判决的,是撤销缓刑,对前罪和漏罪所判处的刑罚实行数罪并罚,还是按照审判监督程序全部重新审判?(北京、广西、江西)

答:在缓刑考验期限内,发现被宣告缓刑的犯罪分子在缓刑宣告以前还有其他罪没有判决的,应当参照我国刑法第七十条的规定,并依照刑法第六十五条的规定,对漏罪定罪判刑,再对前罪与漏罪实行数罪并罚,决定执行的刑罚。如果必须判处实刑,则应撤销对前罪所宣告的缓刑,已经执行的缓刑考验期,不予折抵刑期;但是,判决执行以前先行羁押的日期应当予以折抵刑期;如果仍符合缓刑条件,仍可宣告缓刑,已经执行的缓

---

① 法(研)发[1985]18号。最高人民法院就“审判严重刑事犯罪案件中具体应用法律的若干问题”发过三个司法解释,分别是1983年9月20日发布的最高人民法院《关于人民法院审判严重刑事犯罪案件中具体应用法律的若干问题的答复》,1983年12月30日发布的最高人民法院《关于人民法院审判严重刑事犯罪案件中具体应用法律的若干问题的答复(二)》,1985年8月21日发布的最高人民法院《关于人民法院审判严重刑事犯罪案件中具体应用法律的若干问题的答复(三)》。这些答复因全面推行宽严相济的刑事政策使得“答复依据已被废止,不再适用”而失效,并被2013年1月14日最高人民法院《关于废止1980年1月1日至1997年6月30日期间发布的部分司法解释和司法解释性质文件(第九批)的决定》废止。

刑考验期,应当计算在新决定的缓刑考验期以内。

……

62. 最高人民法院关于对罪犯减刑时应将判决前羁押的日期折抵为已执行的刑期的批复(1985 年 11 月 14 日颁布实施)①

山东省高级人民法院:

你院(85)鲁法研字第 20 号《关于死缓犯和无期徒刑犯减刑问题的请示报告》已收悉。经研究,同意你们提出的意见,即:根据刑法第四十二条的规定,罪犯在判决执行前被羁押的时间,羁押一日折抵刑期一日。因此,在对罪犯实行减刑时,应当把判决执行前羁押的日期折抵为已执行的刑期,计算在已服刑的时间以内。然后按照刑法第七十一条和最高人民法院、最高人民检察院、公安部 1979 年 10 月 10 日《关于死缓犯和无期徒刑犯减刑问题的联合通知》的规定,适用相应的减刑幅度,确定减刑的刑期。

此复

63. 最高人民法院研究室关于管制刑期能否折抵有期徒刑刑期问题的电话答复(1986 年 10 月 6 日颁布实施)②

内蒙古自治区高级人民法院刑二庭:

你庭《关于管制刑期能否折抵有期徒刑刑期》的电话请示已悉。经研究,答复如下:

1958 年我院曾以法研字 58 号批复答复辽宁、安徽省高级法院:“管制的刑期不宜折抵徒刑的刑期”。故该犯已执行的管制刑期,不宜折抵为有期徒刑的刑期。但是,在改判时,考虑到被告人已执行管制一年的实际情况,可适当酌情从轻处罚。

---

① 本批复因“是对最高人民法院、最高人民检察院、公安部 1979 年 10 月 10 日《关于死缓犯和无期徒刑犯减刑问题的联合通知》有关问题的解释,该《联合通知》已废除,该批复不再适用”而被 1996 年 12 月 31 日最高人民法院《关于废止 1979 年至 1989 年间发布的部分司法解释的通知(第二批)》废止。

② 本答复因“刑法已有明确规定”而失效,并被 2013 年 1 月 14 日最高人民法院《关于废止 1980 年 1 月 1 日至 1997 年 6 月 30 日期间发布的部分司法解释和司法解释性质文件(第九批)的决定》废止。

附:内蒙古自治区高级人民法院刑二庭关于管制
刑期能否折抵有期徒刑刑期的电话请示

最高人民法院研究室:

我们受理一起流氓案件,原判管制一年。自治区检察院提出抗诉,认为应定为强奸未遂。区高级法院审理后认为检察院抗诉有理,改判有期徒刑三年。现管制刑期已满,刑期如何折抵?

请指示。

1986 年 9 月 29 日

64. 最高人民法院关于海关扣留走私罪嫌疑人的时间可否折抵刑期的批复(1988 年 2 月 9 日颁布实施)①

山东省高级人民法院:

你院鲁法(研)发〔1987〕79 号请示报告收悉。现对海关扣留走私罪嫌疑人的时间可否折抵刑期的问题,答复如下:

海关法第四条第(四)项中规定:"对走私罪嫌疑人,经关长批准,可以扣留移送司法机关,扣留时间不超过二十四小时,在特殊情况下可以延长至四十八小时。"该条规定的扣留,是限制了人身自由的。我们同意你院意见,人民法院对犯走私罪的被告人作出刑事判决后,原在海关扣留的时间可以折抵刑期,扣留一日折抵刑期一日。

65. 最高人民法院研究室关于行政拘留日期折抵刑期问题的电话答复(1988 年 2 月 23 日颁布实施)②

湖北省高级人民法院:

你院鄂法研字(1988)3 号《关于行政拘留日期折抵刑期的请示报告》收悉。经研究,答复如下:

我院 1957 年法研字第 20358 号批复规定:"如果被告人被判处刑罚

---

① 法(研)复〔1988〕12 号。本批复因"批复依据已被修正,不再适用"而失效,并被 2013 年 1 月 14 日最高人民法院《关于废止 1980 年 1 月 1 日至 1997 年 6 月 30 日期间发布的部分司法解释和司法解释性质文件(第九批)的决定》废止。

② 本答复因"行政处罚法已规定"而为 2019 年 7 月 8 日最高人民法院《关于废止部分司法解释(第十三批)的决定》废止。其实,本答复以"行政处罚法已规定"为由予以废止是不合适的。因为,这个答复所解释的"同一行为"在行政处罚法对行政拘留的刑期折抵作了规定后,仍然适用。

的犯罪行为和以前受行政拘留处分的行为系同一行为,其被拘留的日期,应予折抵刑期。”这里所说的“同一行为”,既可以是判决认定同一性质的全部犯罪行为,也可以是同一性质的部分犯罪行为。只要是以前受行政拘留处分的行为,后又作为犯罪事实的全部或者一部分加以认定,其行政拘留的日期即应予折抵刑期。

附:湖北省高级人民法院关于行政拘留日期折抵刑期问题的请示报告

鄂法研字(1988)3 号

最高人民法院:

罪犯胡治雄(男,现年 22 岁)因流氓和盗窃罪于 1984 年被分别判刑七年和五年,决定执行十一年。在此之前,胡于 1982 年曾因流氓活动和结伙殴打他人被行政拘留过两次,一次十天,一次十五天。1984 年在追究其流氓犯罪行为中,除了新的流氓犯罪事实外,也对胡的上述违法行为作为流氓犯罪事实加以认定。

对胡两次被行政拘留的拘留期是否折抵刑期的问题意见不一。一种意见认为:根据最高人民法院 1957 年法研字第 20358 号文的规定,犯罪行为和以前受行政拘留处分的行为系同一行为,应折抵刑期。这里所指的“同一行为”是指判决认定同一性质的全部犯罪事实或部分犯罪事实,只要是以前被行政拘留的行为,后又作为犯罪认定,都应折抵刑期。另一种意见认为:最高法院批复所指的“同一行为”是指判决认定同一性质的全部犯罪事实,上述胡的流氓犯罪仅是判决认定流氓罪的一部分,不属于“同一行为”,应不予折抵刑期。不知上述哪一种理解适当,特予请示,请给予答复。

1988 年 1 月 18 日

66. 最高人民法院研究室关于对再审改判前因犯新罪被加刑的罪犯再审时如何确定执行的刑罚问题的电话答复(1989 年 5 月 24 日颁布实施)①

湖北省高级人民法院:

你院鄂法研(1988)33 号《关于对再审改判前因犯新罪被加刑的罪犯

① 本答复现行有效。

再审时应如何确定执行的刑罚问题的请示报告》收悉。经研究,答复如下:

原则上同意你院意见,即对于再审改判前因犯新罪被加刑的罪犯,在对其前罪再审时,应当将罪犯犯新罪时的判决中关于前罪与新罪并罚的内容撤销,并把经再审改判后的前罪没有执行完的刑罚和新罪已判处的刑罚,按照刑法第六十六条的规定依法数罪并罚。关于原前罪与新罪并罚的判决由哪个法院撤销,应视具体情况确定:如果再审法院是对新罪作出判决的法院的上级法院,或者是对新罪作出判决的同一法院,可以由再审法院撤销;否则,应由对新罪作出判决的法院撤销。对于前罪经再审改判为无罪或者免予刑事处分的,其已执行的刑期可以折抵新罪的刑期。执行本答复中遇有新的情况或问题,请及时报告我们。

附:湖北省高级人民法院关于对再审改判前因犯新罪被加刑的罪犯再审时应如何确定执行的刑罚问题的请示报告

鄂法研(1988)33 号

最高人民法院:

我省法院在审判实践中,经常碰到对再审改判前因犯新罪被加刑的罪犯在再审时难以确定其执行的刑罚的问题。我们认为,对再审改判前因犯新罪被加刑的,再审时应按刑法第六十六条的规定,将前罪经再审改判而未执行完的刑罚同后罪所判处的刑罚合并,依照数罪并罚的原则,决定执行的刑罚。

但上述作法中存在两个问题:一是对罪犯犯新罪时的判决中关于新罪与前罪并罚的内容是否撤销?同哪几个法院撤销?二是对前罪再审改判无罪或者免予刑事处分的,其已执行的刑期是否应当折抵新罪的刑期?我们认为,对同一犯罪事实不能有两个相互矛盾的发生法律效力的判决并立,再审改判时,对罪犯犯新罪进行判处的判决中关于新罪与前罪并罚的内容应当撤销。如果再审法院与对新罪作出判决的是同一法院,或者再审法院是对新罪作出判决法院的上级法院,上述内容由再审法院撤销;若不是,则由对新罪作出判决的法院撤销为宜,前罪经再审改判为无罪或免予刑事处分的,其已执行的刑期与新罪判处的刑罚虽然所依据的不是同一事实,但考虑到罪犯是不应受到的限制自由,因而将原已执行的刑期折抵新罪的刑期比较合理。

当否，请指示。

1988 年 9 月 20 日

67. 最高人民法院研究室关于因同一犯罪事实两次被收容审查应如何折抵刑期问题的电话答复(1990 年 2 月 6 日颁布实施)①

湖北省高级人民法院：

你院《关于因同一犯罪事实两次被收容审查应如何折抵刑期的请示报告》收悉。经研究，答复如下：

同意你院意见，即因同一犯罪事实两次被收容审查，其第一次和第二次被收容审查的日期均应折抵刑期。

附：湖北省高级人民法院关于因同一犯罪事实两次
被收容审查应如何折抵刑期的请示报告

最高人民法院：

你院 1979 年 1 月 19 日《关于罪犯在公安机关收容审查期间折抵刑期两个具体问题的批复》规定"犯人在判刑前多次被收容审查、应如何折抵刑期的问题……应以最后一次收容审查的日期折抵刑期"。但是，这个批复未区分是因同一犯罪事实被收容审查，还是因不同行为被收容审查。我们认为，如果因同一犯罪事实两次被收容审查，其第一次被收容审查和第二次被收容审查的日期均应折抵刑期。

以上意见妥否，望批示。

1990 年 1 月 22 日

68. 最高人民法院研究室关于监外执行的罪犯重新犯罪的时间是否计入服刑期问题的答复(1990 年 3 月 30 日颁布实施)②

广东省高级人民法院：

你院粤法研(1989)39 号《关于监外执行的罪犯重新犯罪后的时间是

---

① 本答复因"收容审查制度已被取消，答复不再适用"而失效，并被 2013 年 1 月 14 日最高人民法院《关于废止 1980 年 1 月 1 日至 1997 年 6 月 30 日期间发布的部分司法解释和司法解释性质文件(第九批)的决定》废止。

② 本答复因"原依据的劳动改造条例已失效，不再适用"而失效，并被 2013 年 1 月 14 日最高人民法院《关于废止 1980 年 1 月 1 日至 1997 年 6 月 30 日期间发布的部分司法解释和司法解释性质文件(第九批)的决定》废止。

否计入服刑期的请示》收悉。经研究,答复如下:

一、关于监外执行的罪犯,擅自离开居住地到外地犯罪的时间能否计入服刑期的问题。1989年8月30日最高人民法院、最高人民检察院、公安部、司法部〔89〕高检会(监)字第7号《关于依法加强对管制、剥夺政治权利、缓刑、假释和暂予监外执行罪犯监督考察工作的通知》第五条规定:"经过批准外出的监外罪犯,其被许可外出的期间,应计入执行期,但超过许可的时间不计入执行期;对于未经批准而擅自离开所在地域的监外罪犯,其外出期间,不得计入执行期。"据此,对于监外执行的罪犯擅自离开居住地到外地犯罪的这段时间,不得计入服刑期。

二、关于监外执行的罪犯在居住地犯罪或经批准离开居住地后又犯罪的时间能否计入服刑期的问题。刑事诉讼法第一百五十七条规定,罪犯暂予监外执行,由有关部门执行和监督。劳动改造条例第六十条规定,经批准监外执行的罪犯,其在监外期间,计入刑期以内。据此,暂予监外执行的罪犯,从其被准予监外执行之日起至犯新罪后新判决执行前这段时间,应视为所服前罪判决的刑期。但是,在此期间,如前罪判决已执行完毕而尚在羁押的,其羁押日期应折抵新判决判处的刑期。

69. 最高人民法院研究室关于隔离审查日期可否折抵刑期问题的电话答复(1991年12月17日颁布)①

广西壮族自治区高级人民法院:

你院桂法〔1991〕64号《关于隔离审查期间可否折抵刑期的请示报告》收悉。经研究,答复如下:

你院请示中所提到的被告人,在被逮捕前被隔离审查期间,事实上完全限制了人身自由。这是对被告人采取的羁押措施。根据我院1984年(84)法研字第16号《关于依法监视居住期间可否折抵刑期问题的批复》的原则,如果被告人被判处刑罚的犯罪行为和被拘留或者被逮捕以前被

---

① 本答复因"社会形势发生变化,不再适用"而失效,并被2013年1月14日最高人民法院《关于废止1980年1月1日至1997年6月30日期间发布的部分司法解释和司法解释性质文件(第九批)的决定》废止。

羁押的行为系同一行为,不论羁押在何处,只要是完全限制了人身自由的,被羁押期间,即应予折抵刑期,羁押一日折抵管制刑期二日或者折抵拘役、有期徒刑刑期一日。同时,必须指出,对被告人应当依法采取强制措施,而不应以隔离审查代替羁押。

附:广西壮族自治区高级人民法院关于隔离
审查期间可否折抵刑期的请示报告
桂法〔1991〕64 号

最高人民法院:

最近,我院接到玉林地区中级人民法院请示,该院受理的一批贪污、受贿案件,被告人在逮捕前,已由县纪检、监察部门放到招待所隔离审查(检察部门亦有同志参加),不能与家人见面,不能与外界联系,白天晚上派人看守。审查时间长的达半年多,短的也有一、二个月。问这些罪犯被隔离审查期间可否折抵刑期?

经研究,我们认为,隔离审查不是法律措施。按照最高人民法院1980 年 4 月 17 日(80)法研字第 13 号《关于揭批“四人帮”斗争中清查出来的犯罪分子在逮捕前被隔离审查的日期可否折抵刑期的批复》规定,刑法、刑事诉讼法施行后,刑期折抵问题应当按照刑法关于羁押日期折抵刑期的规定办理。因此,刑法施行后,隔离审查期间不应再折抵刑期。但是,也有的同志认为,对于刑法施行后,被隔离审查期间可否折抵刑期问题,应具体分析,实事求是处理。如果被告人被隔离审查期间事实上已被限制了人身自由,且判处刑罚的犯罪行为和被逮捕前隔离审查的行为系同一行为,应予折抵刑期。类似玉林地区中级人民法院请示中所说的贪污、受贿案件的被告人虽不是羁押在看守所,也不是政法部门决定羁押,但这些人事实上已被限制了人身自由,因此应折抵刑期。

上述意见,究竟哪一种正确,对此我们把握不大,专此请示,请批示。

1991 年 10 月 7 日

70. 最高人民法院印发《关于办理假释案件几个问题的意见(试行)》的通知(1993 年 4 月 10 日颁布实施)①

各省、自治区、直辖市高级人民法院、解放军军事法院：

现将《关于办理假释案件几个问题的意见(试行)》印发给你们，请认真组织试行。在试行中有何问题和意见，望及时报告我院。

附：最高人民法院关于办理假释案件几个问题的意见(试行)

根据刑法、刑事诉讼法和有关法律的规定，结合当前假释工作的实践经验，现对办理假释案件中几个具体问题，提出以下意见：

……

四、关于执行原判有期徒刑二分之一以上的起始时间的计算问题

根据刑法第四十二条"有期徒刑的刑期，从判决执行之日起计算；判决执行以前先行羁押的，羁押一日折抵刑期一日"的规定，对判处有期徒刑的罪犯适用假释，执行原判刑期二分之一以上的起始时间，应从羁押之日起计算。

……

六、关于对在看守所服刑的罪犯的假释问题

根据有关规定，在看守所服刑的必须是判处有期徒刑一年以下和判决生效后经折抵余刑不足一年的罪犯，以及个别余刑一年以上，因特殊需要，经有关部门批准的罪犯。在司法实践中，对判处有期徒刑一年以下和判决生效后经折抵余刑不足一年的罪犯，一般不予假释；对余刑在一年以上的罪犯，符合法定假释条件的，应由关押罪犯的看守所提出书面意见，经主管公安机关审查同意后，报请同级人民法院裁定。

……

① 法〔1993〕28 号。本通知因被最高人民法院于 1997 年 10 月 29 日颁布、1997 年 11 月 8 日施行的《关于办理减刑、假释案件具体应用法律若干问题的规定》替代而失效，且其"从羁押之日起计算"的刑期折抵规定也不合理。

71. 最高人民法院关于人民法院应否受理当事人不服治安管理处罚而提起的刑事自诉问题的批复(1993年9月3日颁布实施)[①]

各省、自治区、直辖市高级人民法院,解放军军事法院:

近年来,一些高级法院请示,对于公安机关的治安管理处罚决定生效后,当事人在法定期间内未提起行政诉讼,而向人民法院提起刑事自诉的,人民法院是否应当受理的问题。经研究,现批复如下:

治安管理处罚决定生效后,当事人在法定期间内未就治安管理处罚决定提起行政诉讼,而就同一事实向人民法院提起刑事自诉的,只要符合刑事诉讼法的有关规定,并且被告人的行为是在追诉时效期限内的,人民法院均应受理。经审理如果认为被告人的行为构成犯罪,应当依法追究刑事责任。被告人被判处管制、拘役或者有期徒刑的,如果其在原治安管理处罚决定中已受过拘留处罚,应当将拘留处罚天数折抵刑期。对于自诉人提起附带民事诉讼,人民法院经调解或判决被告人赔偿损失的,应当将原治安管理处罚决定中的赔偿部分一并考虑。人民法院审理这类自诉案件所制作的调解书、裁定书或判决书,一经生效即送达作出原治安管理处罚决定的公安机关。

72. 最高人民法院关于收容审查决定经行政判决撤销后被收审人又因同一事实被判刑原收审日期应否折抵刑期的答复(1995年9月13日颁布实施)[②]

上海市高级人民法院:

你院沪高法(1995)6号《关于被告人被收容审查决定经行政判决撤销被收容审查的日期应否折抵刑期的请示》收悉。经研究,答复如下:

公安机关的收容审查决定经人民法院行政判决撤销,被收审人依法获得赔偿后,又因同一事实被人民法院判处刑罚的,其被收容审查的日期不予折抵刑期。

---

① 法复〔1993〕8号。本批复因"已被《最高人民法院关于适用〈中华人民共和国刑事诉讼法〉的解释》代替"而被2019年7月8日最高人民法院《关于废止部分司法解释(第十三批)的决定》废止。

② 本答复因1996年修正的《刑事诉讼法》取消了1979年的《刑事诉讼法》中规定的收容审查制度而失效。

73. 最高人民法院关于取保候审、监视居住期间是否折抵刑期问题的答复(1996 年 6 月 7 日颁布)[①]

江西省高级人民法院:

你院赣高法[1996]58 号《关于在押未决犯保外就医期间是否折抵刑期问题的请示》收悉。经研究,答复如下:

保外就医只适用于在押服刑的罪犯。对于被羁押的犯罪嫌疑人、被告人,如果患有严重疾病,可以依法变更强制措施,取保候审或者监视居住。取保候审、监视居住期间不予折抵刑期。

附件:江西省高级人民法院关于在押未决犯保外

就医期间是否折抵刑期问题的请示

赣高法〔1996〕58 号

最高人民法院:

目前有些在押未决犯在关押期间患病,经有关单位批准保外就医,在刑期计算与折抵时发生争论:一种意见认为,可以折抵。理由是:1964 年 5 月,最高人民法院、公安部《关于在押未决犯保外就医期间是否折抵刑期问题的联合批复》,已有明确规定:“未决犯在保外就医期间,可以折抵刑期”。另一种意见认为,此批复是在刑法、刑事诉讼法未颁布实施前下发的,“两法”实施后已没有这方面的规定,不应折抵刑期。

为此,特向钧院请示,在押未决犯保外就医期间是否折抵刑期?

1996 年 4 月 27 日

---

① 本答复因“刑事诉讼法已有明确规定”以及与 2012 年修订的《刑事诉讼法》冲突而被 2013 年 1 月 14 日最高人民法院《关于废止 1980 年 1 月 1 日至 1997 年 6 月 30 日期间发布的部分司法解释和司法解释性质文件(第九批)的决定》废止。2012 年修订的《刑事诉讼法》第 74 条规定:“指定居所监视居住的期限应当折抵刑期。被判处管制的,监视居住一日折抵刑期一日;被判处拘役、有期徒刑的,监视居住二日折抵刑期一日。”

74. 最高人民法院关于办理减刑、假释案件具体应用法律若干问题的规定(1997 年 10 月 29 日颁布、1997 年 11 月 8 日施行)①

为正确适用刑法、刑事诉讼法,依法办理减刑、假释案件,根据刑法、刑事诉讼法和有关法律的规定,结合减刑、假释工作的实践经验,制定本规定。

……

第十八条　对判处有期徒刑的罪犯减刑、假释,执行原判刑期二分之一以上的起始时间,应当从判决执行之日起计算,判决执行以前先行羁押的,羁押一日折抵刑期一日。

75. 最高人民法院关于审理拒不执行判决、裁定案件具体应用法律若干问题的解释(1998 年 4 月 17 日颁布、1998 年 4 月 25 日实施)②

为正确适用刑法第三百一十三条规定,保证人民法院判决、裁定的执行,现就审理拒不执行判决、裁定案件具体应用法律的若干问题解释如下:

……

第八条　人民法院在执行判决、裁定过程中,对拒不执行判决、裁定情节严重的人,可以先行司法拘留。认为拒不执行判决、裁定人的行为已构成犯罪的,应当将案件依法移送行为发生地的公安机关立案查处。

人民法院依法对拒不执行判决、裁定的人定罪判刑,先行司法拘留的日期应当折抵刑期。

---

①　法释〔1997〕6 号。本规定因“已被《最高人民法院关于办理减刑、假释案件具体应用法律若干问题的规定》代替”而失效,并被 2013 年 2 月 26 日最高人民法院《关于废止 1997 年 7 月 1 日至 2011 年 12 月 31 日期间发布的部分司法解释和司法解释性质文件(第十批)的决定》废止。

②　法释〔1998〕6 号。本解释因“已被《最高人民法院、最高人民检察院、公安部关于依法严惩查处拒不执行判决裁定和暴力抗拒法院执行犯罪行为有关问题的通知》代替”而失效,并被 2013 年 2 月 26 日最高人民法院《关于废止 1997 年 7 月 1 日至 2011 年 12 月 31 日期间发布的部分司法解释和司法解释性质文件(第十批)的决定》废止。但因其中关于“人民法院依法对拒不执行判决、裁定的人定罪判刑,先行司法拘留的日期应当折抵刑期”的规定是合理的,应对此作出新的司法解释予以明确。

76. 最高人民法院关于刑事裁判文书中刑期起止日期如何表述问题的批复(2000 年 2 月 19 日颁布、2000 年 3 月 4 日实施)①

江西省高级人民法院:

你院赣高法〔1999〕第 151 号《关于裁判文书中刑期起止时间如何表述的请示》收悉。经研究,答复如下:

根据刑法第四十一条、第四十四条、第四十七条和《法院刑事诉讼文书样式》(样本)的规定,判处管制、拘役、有期徒刑的,应当在刑事裁判文书中写明刑种、刑期和主刑刑期的起止日期及折抵办法。刑期从判决执行之日起计算。判决执行以前先行羁押的,羁押一日折抵刑期一日(判处管制刑的,羁押一日折抵刑期二日),即自××××年××月××日(羁押之日)起至××××年××月××日止。羁押期间取保候审的,刑期的终止日顺延。

此复

77. 最高人民法院办公厅关于实施《法院刑事诉讼文书样式》若干问题的解答(2001 年 6 月 15 日颁布实施)②

经最高人民法院审判委员会第 1051 次会议讨论通过的《法院刑事诉讼文书样式》(以下简称修订样式),自 1999 年 7 月 1 日施行以来,各地提出了一些问题。为正确理解和执行修订样式,现解答如下:

……

(四)判决结果

……

22. 问:适用数罪并罚"先减后并"的案件,对前罪"余刑"从何日起算?在裁判文书中如何表述?

答:前罪"余刑"的起算日期,可以从犯新罪之日起算。判决结果的刑期起止日期可表述为:"刑期从判决执行之日起计算。判决执行以前先行羁押的,羁押一日折抵刑期一日,即自××××年××月××日(犯新

① 法释〔2000〕7 号。本批复于 2000 年 2 月 13 日最高人民法院审判委员会第 1099 次会议通过,由 2000 年 2 月 19 日最高人民法院公告公布,自 2000 年 3 月 4 日起施行,现行有效。

② 法办〔2001〕155 号。本解答现行有效。

罪之日)起至××××年××月××日止。”

……

八、再审刑事裁判文书

……

51. 问:被判处死刑缓期二年执行的罪犯,在缓期二年执行期满后被减为有期徒刑,后又经再审将原判死缓改判为有期徒刑的,其刑期折抵在再审刑事判决书中应当如何表述?

答:刑期折抵的起始日仍应从被告人犯罪后被羁押之日起计算。

……

78. 最高人民法院研究室关于监视居住期间可否折抵刑期问题的答复(2001 年 11 月 30 日颁布实施)①

福建省高级人民法院:

你院闽高法[2001]288 号《关于监视居住可否折抵刑期的请示》收悉。经研究,答复如下:根据刑事诉讼法第五十七条的规定,监视居住并未完全剥夺犯罪嫌疑人、被告人的人身自由。监视居住的期间,不能折抵刑期。

79. 最高人民法院关于撤销缓刑时罪犯在宣告缓刑前羁押的时间能否折抵刑期问题的批复(2002 年 4 月 10 日颁布、2002 年 4 月 18 日实施)②

各省、自治区、直辖市高级人民法院,解放军军事法院,新疆维吾尔自治区高级人民法院生产建设兵团分院:

最近,有的法院反映,关于在撤销缓刑时罪犯在宣告缓刑前羁押的时间能否折抵刑期的问题不明确。经研究,批复如下:

---

① 法研〔2001〕99 号。本答复因“与刑事诉讼法的规定相冲突”而失效,并被 2013 年 2 月 26 日最高人民法院《关于废止 1997 年 7 月 1 日至 2011 年 12 月 31 日期间发布的部分司法解释和司法解释性质文件(第十批)的决定》废止。2012 年修订的《刑事诉讼法》第 74 条规定:“指定居所监视居住的期限应当折抵刑期。被判处管制的,监视居住一日折抵刑期一日;被判处拘役、有期徒刑的,监视居住二日折抵刑期一日”。这个规定与本书原作的主张一致。

② 法释〔2002〕11 号。本批复现行有效,与本规定在内容上有承继关系的第 40、36、19、13 和 6 号司法解释或解释性文件的相应内容,因新旧替代而先后失效。

根据刑法第七十七条的规定,对被宣告缓刑的犯罪分子撤销缓刑执行原判刑罚的,对其在宣告缓刑前羁押的时间应当折抵刑期。

80. 最高人民法院办公厅关于印发一审未成年人刑事案件适用普通程序的刑事判决书样式和一审未成年人刑事公诉案件适用简易程序的刑事判决书样式的通知(2009 年 10 月 12 日颁布实施)①

全国地方各级人民法院、各级军事法院、各铁路运输中级法院和基层法院、各海事法院,新疆生产建设兵团各级法院:

根据未成年人刑事案件审判工作实际的需要,现将一审未成年人刑事案件适用普通程序的刑事判决书样式和一审未成年人刑事公诉案件适用简易程序的刑事判决书样式印发给你们,请认真执行。

2001 年 6 月 11 日最高人民法院办公厅《关于印发一审未成人刑事案件适用普通程序的刑事判决书等 4 份补充样式的通知》(法办发[2001]1 号)中的法院刑事诉讼文书补充样式 2,即一审未成年人刑事案件适用普通程序的刑事判决书样式,不再执行。

中华人民共和国
最高人民法院办公厅
二〇〇九年十月十二日

×××人民法院

刑事判决书

(一审未成年人刑事案件适用普通程序用)

(××××)×刑初字第××号

……

第一,定罪判刑的,表述为:

"一、被告人×××犯××罪,判处……(写明主刑、附加刑)。(刑期从判决执行之日起计算。判决执行以前先行羁押的,羁押一日折抵刑期一日,即自××××年××月××日起至××××年××月××日止)。

……

① 法办发〔2009〕25 号。本通知现行有效。

×××人民法院

刑事判决书

（一审公诉未成年人刑事案件适用简易程序用）

（××××）×刑初字第××号

……判决如下：

被告人×××犯××罪，判处……（写明判处的具体内容）。（刑期从判决执行之日起计算。判决执行以前先行羁押的，羁押一日折抵刑期一日，即自××××年××月××日起至××××年××月××日止）。

……

81. 最高人民法院关于办理减刑、假释案件具体应用法律若干问题的规定（2012年1月17日颁布、2012年7月1日实施）①

……

第十六条　有期徒刑罪犯假释，执行原判刑期二分之一以上的起始时间，应当从判决执行之日起计算，判决执行以前先行羁押的，羁押一日折抵刑期一日。

……

82. 最高人民法院关于办理减刑、假释案件具体应用法律的规定（2016年11月14日颁布、2017年1月1日实施）②

……

第二十三条　被判处有期徒刑的罪犯假释时，执行原判刑期二分之一的时间，应当从判决执行之日起计算，判决执行以前先行羁押的，羁押一日折抵刑期一日。

被判处无期徒刑的罪犯假释时，刑法中关于实际执行刑期不得少于

---

① 法释〔2012〕2号。本规定因“已被《最高人民法院关于办理减刑、假释案件具体应用法律的规定》代替”而被2019年7月8日最高人民法院《关于废止部分司法解释（第十三批）的决定》废止。

② 法释〔2016〕23号。本规定现行有效，与本规定在内容上有承继关系的第82、78、63、51、39、32、28、27、26、20、17、16、15、11和8号司法解释或解释性文件的相应内容，因新旧替代而先后失效。

十三年的时间,应当从判决生效之日起计算。判决生效以前先行羁押的时间不予折抵。

被判处死刑缓期执行的罪犯减为无期徒刑或者有期徒刑后,实际执行十五年以上,方可假释,该实际执行时间应当从死刑缓期执行期满之日起计算。死刑缓期执行期间不包括在内,判决确定以前先行羁押的时间不予折抵。

……

参考文献

1. [意]贝卡里亚:《论犯罪与刑罚》,黄风译,中国大百科全书出版社 1993 年版。

2. [意]杜里奥·帕多瓦尼:《意大利刑法学原理》(注评版),陈忠林译评,中国人民大学出版社 2004 年版。

3. [德]李斯特:《德国刑法教科书》,徐久生译,法律出版社 2006 年版。

4. [德]汉斯·海因里希·耶赛克、[德]托马斯·魏根特:《德国刑法教科书(总论)》,徐久生译,中国法制出版社 2001 年版。

5. [德]克劳思·罗科信:《刑事诉讼法》(第 24 版),吴丽琪译,法律出版社 2003 年版。

6. [日]牧野英一:《日本刑法通义》,陈承泽译,中国政法大学出版社 2003 年版。

7. [日]木村龟二主编:《刑法学词典》,顾肖荣等译校,上海翻译出版公司 1991 年版。

8. [日]大塚仁:《刑法概说(总论)》(第 3 版),冯军译,中国人民大学出版社 2003 年版。

9. [日]西原春夫:《刑法的根基与哲学》,顾肖荣等译,法律出版社 2004 年版。

10. [日]野村稔:《刑法总论》,全理其、何力译,法律出版社 2001 年版。

11. [日]田口守一:《刑事诉讼法》,刘迪等译,法律出版社2000年版。

12. [美]约翰·罗尔斯:《正义论》,何怀宏等译,中国社会科学出版社1998年版。

13. [美]E.博登海默:《法理学—法哲学及其方法》,邓正来、姬敬武译,华夏出版社1987年版。

14. [苏]H.A.别利亚耶夫、[苏]M.Л.科瓦廖夫主编:《苏维埃刑法总论》,马改秀、张广贤译,群众出版社1987年版。

15. 夏勇主编:《走向权利的时代:中国公民权利发展研究》(修订版),中国政法大学出版社2000年版。

16. 公丕祥主编:《法理学》,复旦大学出版社2002年版。

17. 程燎原、王人博:《赢得神圣:权利及其救济通论》,山东人民出版社1993年版。

18. 韩忠谟:《刑法原理》,中国政法大学出版社2002年版。

19. 陈朴生编著:《刑法总论》,台北,正中书局1969年版。

20. 林山田:《刑法通论》,台北,三民书局1986年版。

21. 张灏编著:《中国刑法理论及实用》,台北,三民书局1980年版。

22. 高仰止:《刑法总则之理论与实用》,台北,五南图书出版公司1986年版。

23. 陈弘毅:《刑法总论》,台北,汉林出版社1983年版。

24. 展恒举:《中国近代法制史》,台北,台湾商务印书馆1973年版。

25. 王金龙:《羁押裁量标准之研究》,载《刑事法杂志》1991年第2期。

26. 董必武:《旧司法工作人员的改造问题》,载《中央政法公报》第3期(1950年2月15日)。

27. 蔡枢衡:《中国法理自觉的发展》,清华大学出版社2005年版。

28. 李光灿主编:《中华人民共和国刑法论》,吉林人民出版社1984年版。

29. 甘雨沛、何鹏主编:《外国刑法学》(上册),北京大学出版社1984年版。

30. 张希坡编著:《中华人民共和国刑法史》,中国人民公安大学出版社 1998 年版。

31. 高铭暄主编:《刑法学原理》(第 3 卷),中国人民大学出版社 1994 年版。

32. 高铭暄主编:《新中国刑法科学简史》,中国人民公安大学出版社 1993 年版。

33. 高铭暄、赵秉志主编:《刑法论丛》(第 6 卷),法律出版社 2002 年版。

34. 高铭暄主编:《刑法学》,北京大学出版社 2000 年版。

35. 屈学武主编:《刑法总论》,社会科学文献出版社 2004 年版。

36. 马克昌:《比较刑法原理:外国刑法学总论》,武汉大学出版社 2002 年版。

37. 储槐植:《试论刑罚机制》,载高铭暄主编:《刑法学研究精品集锦》,法律出版社 2000 年版。

38. 储槐植:《美国刑法》(第 3 版),北京大学出版社 2005 年版。

39. 陈光中主编:《刑事诉讼法学(新编)》,中国政法大学出版社 1996 年版。

40. 陈光中、徐静村主编:《刑事诉讼法学》(修订 2 版),中国政法大学出版社 2002 年版。

41. 陈光中主编:《中华人民共和国刑事诉讼法再修改专家建议稿与论证》,中国法制出版社 2006 年版。

42. 裴智勇:《刑事诉讼法、再修改前瞻》,载《人民日报》2004 年 4 月 14 日。

43. 陈卫东、严军兴主编:《新刑事诉讼法通论》,法律出版社 1996 年版。

44. 陈泽宪主编:《刑事法前沿》(第 3 卷),中国人民公安大学出版社 2006 年版。

45. 陈泽宪:《罪刑法定与扩大解释》,载《人民检察》2007 年第 19 期。

46. 陈瑞华:《问题与主义之间——刑事诉讼基本问题研究》,中国人民大学出版社 2003 年版。

47. 陈兴良:《刑法公正论》,载《法学研究》1997 年第 3 期。

48. 陈兴良:《刑法哲学》,中国政法大学出版社 2004 年版。

49. 陈兴良:《刑法的人性基础》,中国方正出版社 1996 年版。

50. 陈兴良:《本体刑法学》,商务印书馆 2001 年版。

51. 陈兴良:《陈兴良刑法学教科书之规范刑法学》,中国政法大学出版社 2003 年版。

52. 陈兴良:《刑法适用总论》(下卷)(第 2 版),中国人民大学出版社 2006 年版。

53. 陈正云:《刑法的精神》,中国方正出版社 1999 年版。

54. 周红梅:《刑罚执行论》,辽宁人民出版社 1994 年版。

55. 陈晓枫主编:《中国法律文化研究》,河南人民出版社 1993 年版。

56. 梁根林:《刀把子、大宪章抑或天平——刑法价值的追问、批判与重塑》,载《中外法学》2002 年第 2 期。

57. 刘松山:《有关羁押理论和实践的几个问题》,载《中央政法管理干部学院学报》1995 年第 6 期。

58. 阎少华:《管制刑研究》,吉林人民出版社 2005 年版。

59. 陈志军:《刑法司法解释研究》,中国人民公安大学出版社 2006 年版。

60. 隋光伟:《羁押属性及适用原则》,载《当代法学》2004 年第 3 期。

61. 赵秉志:《人权保障是当代刑法之鲜明主题》,载赵秉志主编:《刑法评论》第 7 卷,法律出版社 2005 年版。

62. 乐欣:《刑法现代化:要借鉴更要创造》,载《检察日报》2003 年 2 月 12 日。

63. 关福金、杨书文:《论刑法的功能》,载《中国刑事法杂志》2001 年第 3 期。

64. 徐岱:《清末刑法改制与中国刑法近代化》,载高铭暄、赵秉志主编:《刑法论丛》第 6 卷,法律出版社 2002 年版。

65. 黄京平、蒋熙辉:《量刑制度宏观问题研究》,载《政法论坛》2004 年第 4 期。

66. 李秀清:《新中国刑事立法移植苏联模式考》,载《法学评论》2002

年第6期。

67. 张庆风、陈金发:《替人服刑被判包庇 原服刑期能否折抵》,载《检察实践》2000年第5期。

68. 张希坡、韩延龙主编:《中国革命法制史》(上),中国社会科学出版社1987年版。

69.《中国近代法制史资料选辑》(第3辑),西北政法学院法制史教研室1985年编印。

70.《法学词典》编辑委员会编:《法学词典》(第3版),上海辞书出版社1989年版。

71. 中国社会科学院语言研究所词典编辑室编:《现代汉语词典》(第2版),商务印书馆1983年版。

72. 辞海编辑委员会编:《辞海》(缩印本),上海辞书出版社1980年版。

73.《法学词典》编辑委员会编:《法学词典》,上海辞书出版社1980年版。

74.《德国刑法典》(2002年修订),徐久生、庄敬华译,中国方正出版社2004年版。

75.《德国刑事诉讼法典》,李昌珂译,中国政法大学出版社1995年版。

76.《德意志刑法》,修订法律大臣鉴定,光绪丁未法律馆印。

77.《法国新刑法典》,罗结珍译,中国法制出版社2003年版。

78.《法国刑事诉讼法典》,余叔通、谢朝华译,中国政法大学出版社1997年版。

79.《奥地利联邦共和国刑法典》(2002年修订),徐久生译,中国方正出版社2004年版。

80.《瑞士联邦刑法典》(2003年修订),徐久生、庄敬华译,中国方正出版社2004年版。

81.《西班牙刑法典》,潘灯译,中国政法大学出版社2004年版。

82.《芬兰刑法典》,肖怡译,北京大学出版社2005年版。

83.《瑞典刑法典》,陈琴译,北京大学出版社2005年版。

84.《丹麦刑法典与丹麦刑事执行法》,谢望原译,北京大学出版社2005年版。

85.《挪威一般公民刑法典》,马松建译,北京大学出版社2005年版。

86.《泰国刑法典》,吴光侠译,中国人民公安大学出版社2004年版。

87.《俄罗斯联邦刑法典》,黄道秀译,中国法制出版社2004年版。

88.《日本刑法典》(第2版),张明楷译,法律出版社2006年版。

89.《韩国刑法典及单行刑法》,金永哲译,中国人民大学出版社1996年版。

90.《意大利刑法典》,黄风译,中国政法大学出版社1998年版。

91.法学教材编辑部《外国法制史》编写组编:《外国法制史资料选编》,北京大学出版社1982年版。

92.萧榕主编:《世界著名法典选编(刑法卷)》,中国民主法制出版社1998年版。

93.隋光伟:《羁押法论》,吉林人民出版社2006年版。

94. Philadelphia PA., *Model Penal Code*, American Law Institute, 1985.

95. Joseph Raz, *The Concept of a Legal System, An Introduction to the Theory of Legal System*, Clarendon Press, 1970.

96. Robinson & Paul H., *Punishing Dangerousness: Cloaking Preventive Detention as Criminal Justice*, Harvard Law Review, Vol. 114, p. 1429 – 1455(2001).